XUN HUA WEN SHI CONG SHU

循化文史丛书

主　编　韩大全

副主编　韩新华

政协循化撒拉族自治县委员会　编

SHI KONG HUI XIANG

时空回响

中国文史出版社

图书在版编目（CIP）数据

时空回响 / 政协循化撒拉族自治县委员会编 ． -- 北
京：中国文史出版社，2022.11
　（循化文史丛书）
　ISBN 978-7-5205-3860-2

　Ⅰ．①时… Ⅱ．①政… Ⅲ．①循化撒拉族自治县－地
方史－史料 Ⅳ．① K294.44

　中国版本图书馆 CIP 数据核字（2022）第 197030 号

责任编辑：王文运　李晓薇

出版发行：中国文史出版社

社　　址：北京市海淀区西八里庄路 69 号　　邮编：100142
电　　话：010-81136606　81136602　81136603（发行部）
传　　真：010-81136655
印　　装：深圳市国际彩印有限公司
经　　销：全国新华书店
开　　本：889mm×1194mm　1/16
印　　张：27.25
字　　数：375 千
版　　次：2024 年 1 月北京第 1 版
印　　次：2024 年 1 月第 1 次印刷
定　　价：460.00 元（全四册）

主　　编：韩大全　循化县政协主席

副 主 编：韩新华　青海省政协学习和文史委员会原副主任

编　　审：马成俊　青海民族大学副校长

　　　　　韩新华　青海省政协学习和文史委员会原副主任

统　　筹：马海龙　循化县政协秘书长兼办公室主任

　　　　　马国祥　循化县政协原秘书长兼办公室主任

　　　　　韩文明　循化县政协办公室副主任

编　　务：马进仓　循化县政协办公室秘书

　　　　　马丽莎　循化县政协办公室秘书

　　　　　韩德明　循化县政协办公室秘书

工作人员：田喜平　韩晓光　马德明　桑　杰　李萍华　韩梅娟　马宗智

增强中华文化认同　构筑共有精神家园

习近平总书记在党的二十大报告中指出："中华优秀传统文化源远流长、博大精深，是中华文明的智慧结晶，其中蕴含的天下为公、民为邦本、为政以德、革故鼎新、任人唯贤、天人合一、自强不息、厚德载物、讲信修睦、亲仁善邻等，是中国人民在长期生产生活中积累的宇宙观、天下观、社会观、道德观的重要体现，同社会主义核心价值观具有高度契合性。我们必须坚定历史自信、文化自信，坚持古为今用、推陈出新，把马克思主义思想精髓同中华优秀传统文化精华贯通起来、同人民群众的共同价值观念融通起来，不断赋予科学理论鲜明的中国特色，不断夯实马克思主义中国化时代化的历史基础和群众基础，让马克思主义在中国牢牢扎根。"习总书记2023年6月2日在全国文化传承座谈会上进一步指出："中国文化源远流长，中华文明博大精深。只有全面深入了解中华文明的历史，才能更有效地推动中华优秀传统文化创造性转化、创新性发展，更有力地推进中国特色社会主义文化建设，建设中华民族现代文明。"县政协征集编纂的《积石古风》《福天宝地》《泉润四庄》《时空回响》四部反映各民族历史文化史料著作即将与读者见面，这是新一届政协为全县民族文化事业奉献的倾情之作，也是我县近百年文化遗珍的一次拾遗和汇集，对于保护和传承文化遗产、推动文化事业繁荣发展具有十分重要的意义。

循化是全国唯一的撒拉族自治县，是春天的使者踏访高原最早的一方热土，是黄河上游流动的风情画廊。多年以来，撒拉族、藏族、回族、汉族等各民族交往交流交融，手足相亲、守望相助，休戚与共、和衷共济，共同演绎了你中有我、我中有你的生动历史，共同创建了全国民族团结进步示范县。在这片热土上，循化各族儿女在清水湾的惊涛骇浪里演绎了"英雄救英雄"的壮举，在红光村的悲壮历史中赓续传承红色基因，诞生了十世班禅大师额尔德尼·确吉坚赞、爱国老人喜饶嘉措等爱党爱国爱教名人及邓春兰、邓春膏博士等文化先驱，留下了"各民族像石榴籽一样紧紧抱在一起"的深厚根基，凝结成了中华民族多元一体、团结融合的一个缩影。

存史资政，继往开来，是中华民族的优良传统，也是时代文明进步的重要标志。县政协征集、编纂的四部历史文化专辑，以新的视角挖掘民族文化的题材，提炼民族文化的丰厚资源，全面系统介绍各民族社会文化、交流交往等，笔墨生动，图文并茂，创意新颖，富有时代感，是可信度较高的史料。该系列书籍的付梓问世，既吸收了传统史料之精华，又凝聚了现代发展之新篇，是一部展示各民族辉煌发展历程的成就展，也是一部记述各民族开拓进取推动时代变迁的奋斗史，更是一部描绘各民族热爱生活、追求生活、创造生活的生动写照，四部著作犹如四片连接紧密的拼图，填补了循化汉族、藏族、回族文史资料著作空白，向读者呈现出了一幅全面反映循化社会、经济、文化状况的宏伟历史画卷，提供了高品质的文化产品和精神食粮。

历史是一面镜子，文化是精神、是脊梁。前事不忘，后事之师，通过大量阅读和深刻认识全县各民族的文化与发展，才能更进一步增强中华民族的认同感，提升中华民族的凝聚力，为建设"黄河上游丹山碧水、浓郁风情、产业鲜明、宜业宜居现代化和美循化"做出积极贡献，惟勤惟实，把"十四五"规划擘画的美好蓝图变为现实。希望这套丛书能够给读者呈现出各民族丰富多彩、波澜壮阔的美丽画卷，愿勤劳、智慧、勇敢的循化各族人民在中国共产党的领导下，承先辈之壮志，穷集体之智慧，尽民众之力量，施发展之大计，展富裕之蓝图，人尽其才，物尽其用，浓墨重彩地描绘和美循化美好的明天！

中共循化撒拉族自治县委书记

2023 年 6 月 18 日

以史为鉴　开创未来

在蒙昧初开的洪荒年代，大禹率众抡斧斫山，疏浚导河，开启了这一方土地的文明先河。公元13世纪初，撒拉族先民拔寨起营，从遥远的中亚举族东迁，沿着古丝绸之路万里辗转，来到祁连山东南脚下的黄河谷地——循化，将这一方风景秀丽、气候宜人的温润河川选择为无数次转场的最后一站，在东方乐土上续写一个民族新的生命之歌。

新中国成立后，获得新生的撒拉族、藏族、回族、汉族等各族人民共同依偎在伟大祖国的怀抱，沐浴着党的阳光雨露，在沿着中国特色社会主义阔步前行的征途中，守望相助，互鉴共荣，共同见证了积石山下、黄河岸畔的沧桑巨变，聆听了华夏盛世、九州太平的百年乐章。从争取国家独立到建设社会主义，再到全面建成小康社会，回望一个世纪的来时路，多少风卷云舒，沧海桑田，在历史的大舞台一次次拉开帷幕，又一次次终场谢幕。而在跌宕起伏的历史进程中，被大禹治水的史前文明浸润过的这片土地从来没有缺席过，一代代循化人紧跟时代潮流，融通四方，博采众长，在黄河浪尖上表达生存的姿态，谱写气势如虹的生命壮歌，在丹山碧水间创造风情卓著的民族文化、瑰丽多彩的民俗文化、深邃悠远的黄河文化、感天动地的红色文化、高山仰止的人文景观，为博大精深的中华文化增添了独特亮眼的活力。

值此党的二十大胜利召开、全面开启中华民族伟大复兴第二个百年奋斗目标新征程之际，由县政协组织编纂的文史资料《积石古风》《福天宝地》《泉润四庄》《时空回响》即将付梓，这是继《兴旺之路》《中国撒拉族百年实录》《凝固的乐章》《筑梦之路》等文献后，循化文史工作又一项丰硕成果，为审视循化的前世今生提供了新的历史坐标，打开了崭新的视觉维度。

这套文史资料是历史见证人亲力亲为、所见所闻的实录，也是考究者对循化各民族历史文化的追寻探索、研究考证、抢救挖掘的重要成果，其时间跨度之大、人物类型之多、选材角度之宽、内容涉猎之广，无疑是循化文史宝库的重要收获。借此，我们不仅能够直观感受到循化多元文化交织相融的瑰丽与厚重，更是对研究循化历史文化提供了比较丰赡的第一手资料，在宣传循化、增强地域文化自信方面必将产生积极意义。

县政协调集各方力量，在不到一年时间里，能完成如此宏大的史诗性文化工程，实属不易。我们应当感谢参与此次文史编纂工作的同志们，是他们在历史深井中的钩沉，在时光河流中的淘洗，在阡陌村巷间的捡拾，用一行行文字擦亮尘封的岁月，用四部书的纵横度采撷那些在大时代大变革大发展波峰上闪耀的浪花，释放岁月缝隙里的光芒，使那些不该忘记的、可圈可点的人物鲜活如初地呈现在我们面前，使那些游弋在我们的记忆之外的事件变得清晰如昨，使循化历史人文底蕴变得更加深厚，文化循化的魅力得以充分彰显。

作为黄河上游历史文化资源相对富集之地，循化在全省乃至全国都有不可忽略的吸引力和关注度。希望政协文史工作以这套丛书的出版为契机，进一步增强文化使命感，不断延伸探寻历史的目光，挖掘整理好尚未面世的珍贵文史资料，为建设"黄河上游丹山碧水、浓郁风情、产业鲜明、宜业宜居的现代化和美循化"提供历史经验、精神动力和智力支持。

祝贺《循化文史丛书》出版。

中共循化撒拉族自治县委员会副书记、县长

2023 年 6 月 20 日

留住历史记忆　回望百年沧桑

循化县政协文史资料征编工作始于 20 世纪 80 年代初，当时征编的两本油印本《循化文史资料专辑》《循化文史》开启了循化文史资料的先河。从此，历届政协高度重视文史资料征编工作，先后征集出版了《兴旺之路》《凝固的乐章》《筑梦之路》等八辑文史专辑，发挥了文史资料"存史、资政、团结、育人"的作用，为研究循化的近现代历史留下了真实、鲜活的珍贵资料，对挖掘地方文化资源、弘扬爱国主义精神、繁荣文化事业、促进民族团结发挥了积极作用，获得了社会各界的广泛好评。

循化是全国唯一的撒拉族自治县，历史悠久，人杰地灵，文化独特。长期以来，各民族在长期交往交流中相互尊重、相互欣赏、相互学习、相互借鉴，形成了你中有我、我中有你、谁也离不开谁的和谐民族关系。循化是撒拉族、藏族、回族和汉族等各民族文化和情感记忆的载体，是各民族休戚与共、荣辱与共、生死与共、命运与共的共同精神家园，各民族历史源远流长，文化底蕴深厚，民族风情浓郁，这些丰富的遗产为循化县创建民族团结进步事业打下了良好的基础。如何保护、挖掘、整理和开发循化各民族丰厚的文化底蕴和优秀文化，提升循化历史文化品位，振奋民族精神，传承民族文化，是人民政协文史资料工作面临的重要课题。为此，循化县十六届政协以对历史负责、为各民族负责的求实态度，在广泛听取各族各界人士的意见、建议后，结合循化历史传承、区域文化、民族特点，本着创建民族团结进步事业、促进各民族交往交流交融、构建中华民族共有精神家园、铸牢中华民族共同体意识的精神，为进一步增进民族团结，增强民族自信心，填补汉族、藏族、回族文史专辑空白，决定征编以四个世居民族为主体的系列文史专辑，最终形成《积石古风》《福天宝地》《泉润四庄》《时空回响》四部全面展示循化各民族的史料著作，并将之政协历年来征集的存稿编入《时空回响》专辑中一并出版。

各专辑的撰稿人，大多是循化近百年来重大历史事件的亲历、亲见、亲闻者，内容涵盖了循化各民族社会变迁、名人贤士、社会贤达、重大历史事件、重要历史人物和各界人士艰苦创业兴办企业、从事金融外贸、潜心科研、致力教育、关注民生的事迹史料及研究成果。协助当事人整理史料或代笔撰稿的同志，有许多是资深的专家、学者和文史爱好者。

此次征集和编纂文史资料，在短短一年时间内征集了近200万字的稿件，这得益于县委、县政府的关心和支持，特别是县委书记黄生昊，原县长韩兴斌，县长何林多次听取工作汇报，提出指导意见，为征集工作的顺利进行给予了大力支持。同时得益于各位专家、学者的无私帮助，凝聚着编纂工作者的心血和汗水，融入了广大文史爱好者的爱心。青海民族大学党委副书记、校长、博士生导师马维胜教授，从文史征集思路、定位、策划及人才支援等方面给予了指导和帮助；青海民族大学党委常委、副校长、博士生导师马成俊教授，致力反哺家乡文史事业，充分发挥研究撒拉族历史文化的专业特长，亲自参与征集、撰稿、编辑、审稿工作；青海省政协学习和文史委员会原副主任韩新华同志，充分发挥30余年征集、编辑政协文史资料的深厚功底和丰富经验，全程参与征集、撰稿、审稿及版式设计等各环节工作，不遗余力、无私奉献；青海民族大学经济管理学院黄军成教授，负责征编《泉润四庄》专辑，牺牲个人的业余时间，多次深入循化，走村入户征集史料，保质保量地完成了该专辑的征编任务；青海省《群文天地》执行主编侃本同志，将长期以来研究藏族文化历史的心血倾注到《福天宝地》的征编工作中，使得该专辑内容全面，丰富多彩；县政协文史委员会原主任彭忠同志和《中国青年报》驻青海记者站原站长、著名记者唐钰同志，联手深入挖掘循化地区汉族的历史故事、著名人物、民俗风情等内容，展示出了循化汉族深厚的文化底蕴。

为了在较短的时间里高质量完成文史资料的征编和出版工作，2021年暑假期间，马成俊教授带领黄军成教授、韩学俊老师、姚鹏、方玮蓉、刘子平等几位博士深入循化县帮助撰写文史资料。在最后的审稿环节，马成俊副校长还邀请青海民族大学唐仲山、张科、李建宗、王刚等教授，姚鹏、方玮蓉、刘子平、冶敬伟四位博士以及马汀楠等，集中精力进行审稿，为此次文史资料的顺利完成做出了贡献。终稿阶段，马成俊、韩新华二位同志进行全面统稿，在严格把好政治关、史实关的基础上，从文章结构、字词句段、标点符号等方面全面把关。文稿审定后，韩新华同志又参与了整部丛书的装帧设计与图文录入工作及出版的后期工作。

此次呈现给大家的四本文史资料专辑凝聚了大家的心血和汗水，比较全面地反映了循化县各民族近现代以来的重要人物、重大事件，特别是被历史遗忘或者是在历史的尘埃中即将消失的重要人物和事件，为大家呈现出了很多原始的资料。在这套文史资料丛书即将付梓面世之际，我谨代表循化县政协向所有参与征集、编辑、审阅、修改、校对、编印的各位专家、学者和工作人员致以崇高的敬意和衷心的感谢！

文史资料工作是人民政协一项富有统一战线特色的基础性工作，发挥着"存史、资政、团结、育人"的重要作用。期待此次出版发行的四部文史资料，能为循化县新时代社会主义文化建设、增强文化自信发挥积极的作用。

我们要深入学习贯彻习近平总书记关于加强和改进人民政协工作的重要思想，深刻把握时代要求、深化规律性认识，推动政协文史工作从以抢救挖掘为主，向抢救挖掘与做好经常性文史工作并重转变，从重视史料征集向更加重视史料研究、利用转变，使之更好成为人民政协专门协商机构特色优势的基础支撑，成为促进中华儿女大团结的有利抓手，成为发挥委员主体作用的有效载体。要继续积极、主动地开展抢救性保护工作，启动循化县口述史的采集编辑工作，进一步深入挖掘循化地区社会变迁、生产生活、民风民俗、民族语言、文化艺术等史料，运用现代化的音像存储手段，将面临消失的珍贵历史、文化资源，生动、直观地保存下来，留住历史记忆，发挥社会效益，为打造人文循化、书香政协做出积极的贡献。

是为序。

循化县政协党组书记、主席

2023 年 6 月 30 日

○目录 CONTENTS

小村逸事

大河涛声远

韩新华*

1949 年 9 月 1 日，是循化历史上值得纪念的日子。中国人民解放军一兵团第二军全体指战员从草滩坝、乙麻目、查汗都斯 3 个渡口同时北渡黄河。五师十三团二营营长柴恩元带领 167 名战士，在草滩坝抢渡黄河时遭遇险情，幸好被清水乡乙么亥和阿什江两个村的撒拉族群众成功营

◎黄河清水湾

救。英雄救英雄的壮举，为中国革命保留了一支英雄的队伍，谱写了一支军民鱼水情深的赞歌。

作为清水湾人，我自幼对发生在故乡的英雄壮举充满敬意。这些年来，我多次在乙么亥村进行田野调查，走访了不少"故事老人"，试图从他们零零星星的回忆中"复原"70 多年前那场惊心动魄、可歌可泣的历史场景。1937 年生人的韩学林老人，是那场生死大救援的目击者，也是我重点访问的对象之一。

韩学林，乳名乙奴，还有个响亮的名号叫"阿尔顿班长"。其实，在乙么亥村里，

* 韩新华，青海省政协学习和文史委员会原副主任。

知道他的"官名"和"乳名"的人并不多，倒是"阿尔顿班长"的名号被老人小孩、男人女人们叫了几十年，周边十里八村的人们都知道"阿尔顿班长"是一位人如其名的好人。"阿尔顿"在撒拉语里指的是黄金，以黄金的名义命名一个人，在清水湾绝无仅有，可见韩学林的品德之美、性格之好、人缘之广、威望之高。

年轻时的韩学林是中国人民解放军黄南军分区一名英俊骁勇的骑兵战士，退伍回家后，连续担任了20多年的村党支部书记。即便是到了银须白发的高龄，德高望重的他依然是村里名副其实的"拿事"，大事小情上还靠着这块"金疙瘩"压秤。

英雄救英雄的故事发生那一年，韩学林刚满12岁。"跟在父亲屁股后面看热闹"的他亲身经历、亲眼目睹了救援的全过程。

"避难"的恓惶日子

临近1949年8月下旬的几天里，循化清水一带被一些莫名而来的传言搅得天昏地暗，说是"王胡子"的部队已经拿下了河州，用不了一半天就要翻过达力加山到循化，要对撒拉人"新账老账一起算""活狗活猫也不留"，老实巴交的撒拉穷苦人轻易地听信了谣言。有不少穷苦的撒拉人在马家军里"吃粮"混肚子，时间一长，有人混到了连长、营长，有人甚至还当上了团长、师长，民间甚至有"乐都的文书两化（循化、化隆）的官"之说。这些人有的曾在河西走廊"围剿"过西路红军，有的在兰州狗娃山上抵御过解放军的铁骑，所以，四起疒的谣言让不明真相的人们陷入了极大的惊恐和慌乱当中。

为了躲避灾难，惊慌失措的人们抛下家园，拖儿带女，纷纷四处逃离。河东各庄、田盖、石巷等村的乡亲，赶上毛驴，驮着老弱病残，翻山越岭，躲进了四五十里外的梢郎子山。那里山大沟深，树高林密，除打柴人外很少有人进入，又有陡峭的马尔坡阻隔，易躲好藏，是理想中的避难之地。

我出生的清水乙么亥村，是著名的"S"湾拐弯里的一个小村子。地处黄河南岸，三面临河，状如半岛，昼有皮筏竞渡，夜闻涛声震天，唯有村子的东南一面与阿什江村毗邻。黄河是隔断南北的天然屏障，也是乙么亥人生生不息的生命之源。乙么亥村历来以水手和筏子客闻名，男人们都有高超的游泳技能，很多人家备有牛皮袋、羊皮筏子等渡河工具。大难临头，他们自然选择了北渡黄河躲避凶险。就在那个凄风苦雨的夜晚，年轻人系着羊皮袋，将老人、小孩和女人安顿到羊皮筏子上，老老少少七八十人恓恓惶惶地渡过了黄河。时年12岁的韩学林也被父亲舍木素装进牛皮袋游带到了黄河北岸。

黄河北岸是壁立千仞的积石山，山根里有一处岩体崩塌形成的半敞开式窑洞，距离河边一百来步，平时是牧人的羊圈，此时成了百十来号逃难人避风躲雨的地方。跟随乙么亥人之后，阿什江村的韩叙里牟、韩老山布们也渡过黄河，与乙么亥人挤在同一个羊圈里。随后，近邻的田盖村也有一部分人陆续逃到了河北的竹子沟栖身。

我的爷爷拉么保是村里唯一的"旱鸭子"，不会游泳，自然也不会划羊皮筏子。"大难"来临之时，两个儿子都不在身边——我的父亲，在西宁马步芳的卫士队当兵，我的伯伯舍木素跟随马家军在兰州被解放军打得没了音信，党家们自顾不暇，拉么保无所依靠，便揣了些洋芋和炒面，拉着老伴进了梢郎子山。

据说，我的爷爷慌恐之下连门都没来得及锁就急急慌慌逃离了家园，倒是村里的高老保、太平哥、哈孜乃巴巴、克毛力巴巴、七增哥等人，始终没有离开自己的家园。他们或是抱着怀疑、观望、等待和侥幸的心态，或是以宁愿遭遇血光之灾也要死守家园的死硬态度，既没有"上山"，也不愿意"过河"。韩学林说，这些人才是真正"智慧"的人，少受了东躲西藏的折腾，不但没有遇到传言中的"血染黄河"的景象，而且受到了解放军的安抚和慰问，亲身证实了所有的谣言都是马步芳的残兵败将的阴谋诡计，他们的罪恶目的就是想制造恐慌、混淆人心，扰乱社会，企图破坏新生的人民政权，阻挡人民解放军解放大西北的前进步伐。

眼看马家政权马上就要完蛋，我的父亲偷偷换了便装逃离了乐家湾兵营，一路上昼伏夜出，翻山越岭，辗转回到循化时已经是 8 月 31 号的傍晚时分，此时，已经宣告解放的循化风平浪静，一派祥和安定的新气象。他回到村里，发现巷道里驻扎着不少解放军战士，鸡不飞狗不叫，村头巷尾显得格外地寂静、祥和，没有丝毫传言中的恐怖样子。但是，家家户户紧闭的大门，又让他心生疑惑，惴惴不安地推开家门，不见父母亲的踪影，却有几个战士正在院子里埋锅造饭。战士们问明了我父亲的身份和来历之后，和颜悦色地告诉他，解放军是共产党领导的穷人的队伍，让他去把避难的乡亲们劝回来。按照解放军的吩咐，我父亲顾不得劳累，连夜翻越马尔坡，赶到梢郎子去找亲人。父亲说，那时的梢郎子沟沟坡坡里，东一伙西一群，满山遍野都是恓恓惶惶的人，像是"挖开了窝的火蚂蚁"。他费了好大劲才找到亲人，一五一十地讲述了亲眼看到的情形和解放军捎带的话。逃难的人们得知循化已经被解放，社会稳定，太平无事，尤其是看到解放军没有为难这个马步芳卫士队里逃回来的"粮子"，恐慌和疑虑消散了，便接二连三地返回了各自的村庄。

当我的父亲将亲人领回家时，已经到了次日太阳偏西时分，只见院子被打扫得干干净净，水缸里挑满了泉水。正准备开拔的几个解放军战士，说了许多安慰我爷爷、奶奶的话，还拿出一块银圆，说是他们住在家里用过四碗青稞面的面钱。我爷爷哪里好意思收，但战士们硬是将银圆塞进了他的口袋里，还叮嘱他保存好不要丢了。

风口浪尖见英豪

在韩学林的回忆里，逃到黄河北岸的人们白天在阳洼里晒太阳，勉强以炒面、杂面疙瘩填肚子，晚上都挤挤攮攮蜷缩在窑洞里。这倒罢了，最难挨的是难以排解的恐慌，要是共产党来了，真的"马踏积石、血染黄河"哪可怎么办？

大约是第三天上午，大人们蛰伏在窑洞里遥遥窥望村子里的状况，韩学林和伙伴

◎二军政治部给救船英雄赠送的两面锦旗

们在河边上的绵沙滩里玩耍，而阿什江村的韩叙里牟在不远处的"艾西艾亥日木"（意即下边的回水湾）一带捡拾柴火，有孕在身的老山布正提着砂罐到河边舀水，准备为家人烧茶。就在这时，不知是谁大声地呼喊河里淌下来东西了，韩学林循声望去，只见"吾鲁莫然"（意即大河）的激流险滩中，正有一个偌大的物件在急速地往下游漂来！及至近了一点，才看清竟然是一只大船，上面站满了穿军装的人，有的举枪挥舞，有的甩动衣服，个个神色紧张地疾呼老乡们快来救人。

大船越来越近，呼救声一声比一声急迫，躲藏在百米开外窑洞里的大人小孩、男人女人们飞也似的跑向河边。此刻，激流冲击下的大船像一支利箭，直往"艾西艾合日木"边上的悬崖上撞过来。说时迟，那时快，只见船上的几个战士合力抱起一把断成了半截的桨杆，奋力朝山崖顶去。就是这恰到好处的一顶，一下子改变了船头的方向，巨大的船体竟然鬼使神差般地漂进了水流相对平缓的回旋湾。

韩学林回忆说，就在这千钧一发的一刻，阿什江村的韩叙里牟和韩老山布已经率先赶到了河边。他俩二话没说，扔掉手里的东西，奋不顾身地跳进水里，一步一步向大船靠近。战士们见到老乡来救援，便奋力将缆绳扔了下来，韩叙里牟和韩老山布接过缆绳，死死地拽住大船。但是，两个人哪能拽得住急流里这么庞大的船？就在大船将要被急流再次被拖入水线的当口，乙么亥村的几十个人也赶到了船边！男人女人、老人小孩一拥而上，密密匝匝拽住缆绳，庞大的船体这才被稳稳当当地控制下来。接着，众人齐心协力将这个庞然大物拖到了浅水处，将缆绳牢牢地拴在礁石上。为免再生不测，他们又搬来不少河卵石，层层叠叠地堆压在缆绳上，至此，船上的167条生命终于全部得救！

韩学林说，他的父亲和大人们一道，将官兵们一个一个扶下船来，安顿到沙滩边上休息，然后又帮着把战士们的东西卸下来。韩学林回忆说，这堆东西像一座小山包，有子弹、"炸弹"（手榴弹），还有战士们的行李包以及锅碗瓢盆等生活用具。

其实，他们在做这些事情的时候，不知道他们是怎样漂流到了这口里，更不知道这些"粮子"是谁的队伍？刚刚还钻进大河、扯过缆绳的女人和小孩们，身上的衣衫还湿漉漉的，是面对真枪实弹的解放军官兵，他们心里的疑虑和不安还在，都悄悄地退到一边观望接下来发生的情况。

这时，一个军官模样的人站起来向群众讲话。年少的韩学林听不懂"哇达拉话"，听父亲说讲话的是解放军的一个营长，说是解放军解放循化后进军西宁，在草滩坝村抢渡黄河时遇了危险，大船失去控制，一直漂流到了这里。这个营长说的大意是，共产党、解放军永远都会记住乡亲们的救命之恩。循化已经解放了，乡亲们可以放心回家，过太平日子……

在善良、淳朴的撒拉人看来，解救性命是人生最大的善事。祖祖辈辈依水而生的乙么亥水手，从大河里捞出来的生命多得数不过来。没想到的是，他们这次救下的100多人，偏偏是传言中的"共产党"和"解放军"！早上还在担心、害怕、唯恐躲避不及，现在竟然成了冒死相救的恩人，老实巴交的撒拉人不敢相信眼前发生的一切！看到这些官兵面目善良、和蔼可亲，丝毫也不见传言中恐怖的影子，乡亲们紧张的心情终于放松了下来。他们拿来铁锅、砂罐，给战士们烧茶水。

韩学林说，大家出来逃难已经两三天了，所带的干粮也没剩多少，但还是从各家的口袋里凑出一些炒面、洋芋、苞谷，送给战士充饥。战士们看到乡亲们冒着生命危险救了自己，又拿出金贵的口粮，感动得不得了，纷纷表达感激之情。有的把茶缸送给了老人，有的把毛巾送给了妇女，有个战士还把身上的衬衣脱下来，让一位衣衫褴褛的老人穿上。一个战士认出了率先跳进河里救人的韩老山布，赶紧拿出一面方镜送给她留作纪念。

战士们一边喝着熬茶吃着炒面，一边和乡亲们商量后续的事情。按当时的情况，靠羊皮筏子是没有办法把这么多的战士和辎重运到黄河南岸的。最后，大家一致决定，教战士们取道"夕日么日"翻越垭口，到黄河北岸的加入村，与强渡黄河的解放军大部队会合，并且推举阿什江村忠诚可靠的七斤巴巴带路护送。大船和物资暂时放在北岸，留下两名战士守护，等大部队送来麻绳、桨杆后再设法拖到草滩坝。

日落时分，被救的官兵在七斤巴巴的带领下全部安全抵达加入村，与正在强渡黄河的大部队胜利会合。

韩学林老人说，后来，解放军部队还在阿什江村开了一个群众大会。他父亲开完会回来说，解放军的首长派人给阿什江村和乙亥么村的同胞送了一面锦旗，上面写着"英勇救船全村光荣"，给韩叙里牟个人送了锦旗，上面写的是"英雄救英雄"。一位首长还讲了话，对乡亲们冒着生命危险抢救解放军的事迹给予了很高的表扬，并表示了深深的谢意。韩学林老人说，撒拉人和回民都信奉伊斯兰教，初来乍到的解放军把撒拉人都当成了回民，所以锦旗上写的是"清水全村回民同胞留念"。

这里赘述一段花絮。在我儿时的记忆里，阿什江村一个小院里有棵核桃树，枝杈越过院墙伸到了马路边上。在生活困难的年代里，这棵树上结的核桃是主人重要的生活依靠。每到白露时节核桃成熟，我们几个小伙伴放学时总是有意绕道从这家庄廓院墙下路过，指望能捡到掉落的核桃。有经不住诱惑的同学往枝杈上扔石块，期望能有更多斩获。把握不住力道的往往将石块扔进了院子，这时总会有一个女人在院子里骂上几句，但从未见她追出门口一步。那时候，我们并不知道她的名字，只是因为那诱人的核桃，便称她"咔咔奶奶"，直到我上小学四年级时才知道她叫韩老山布，是奋勇抢救解放军战士的女英雄。有一次，黎老师让我们写一篇作文，《记一个最可爱的人》。同学们写的大都是老师、爸爸、妈妈或是哥哥、弟弟，而我毫不犹豫地把"咔咔奶奶"当成了"最可爱的人"。记得我将从《钢铁是怎样炼成的》《把一切献给党》《烈火金刚》

等小说中摘录出来的"奋不顾身""舍生忘死""赴汤蹈火""可歌可泣""惊天动地""浩气凛然""志冲云霄"等等成语，都堆砌到了作文里。虽然有些词语用得不当，但依然得到了黎老师的严重表扬，让我在同学中间得意了一阵。

"贵人自有天助"

韩学林说，他从大人们的嘴里知道，这个被叫作"船"的物件，并不是真正的船，而是固定在河里用来磨面的，因为像船的样子，就叫了"船磨"或者"磨船"。磨船靠黄河急流带动磨盘的辐轮来磨面，体量宽大，触水面积广，划行时阻力大，划行、转向十分笨重，所以，并不适合载人渡河。解放军争分夺秒抢渡黄河，就将这台磨船征来，略加改造当了渡船使用。结果，167个战士再加上枪炮辎重，完全超出了其承载能力，加上战士们对这一带河道、地形，水势了解不够，桨杆也被撞损，划到河心湍急处便遭遇了噩运。

韩学林老人说，老百姓的子弟兵自有冥冥之中的佑护。从草滩坝村到乙么亥村，十里黄河，十里天堑，处处陷阱，步步凶险。土门子崖、"禹王试斧崖"、"皇上尖巴"和"吾鲁莫然"，都是人见人怕、鬼见鬼愁的鬼门关。

"禹王试斧崖"是耸立在黄河北岸丹霞崖上的一方擎天之柱，相传是大禹导河积石时一板斧劈成的，石柱下面便是滚滚黄河。与其隔河相对的是"皇上尖巴"。以命名的红岩断崖，相传是"皇上（禹王）"扎帐指挥治水大军的点将台。台前，村舍栉比，阡陌良田；台后，是清水断崖壁立千仞，黄河从崖脚滚滚而过。

"吾鲁莫然（大河）"是清水湾里"碰死鲤鱼淹死狗鱼"的一段。山体崩塌坠落在河道里，或大如磨坊，昂然矗立迎击湍流，或小若牦牛，将狰狞面目隐藏在水面之下，一河激流在明石暗礁左突右拐，横冲直撞。我曾从"夕日么日"山道上俯瞰河道的壮烈景象，只听得波涛声声不绝于耳，如虎啸龙吟又如雷霆滚过，却看不透弥天水雾下"尕赞嘎依乃汗"（撒拉语比喻此处为沸腾的大锅）翻腾咆哮、不可一世的狰狞面目。遥想当年载着 167 名战士的水上庞然大物，居然能在失去控制的困境中，穿过险象环生的河道而安全得救，如果不是上苍的护佑，便是千百年难遇的奇迹。

最幸运的是，如果没有韩叙里牟、韩老山布等人率先下河抢救，如果没有更多的乙么亥村民们在"黄金时刻"施以援手，或者这样的救援再迟来几分钟，大船就会被冲进下游 100 来米处的"双河口"。这里是孟达峡的咽喉，落差陡然变大，加上清水河的加持，水量陡然增大，被人们称作"莽古斯阿合孜"（撒拉语中指九头妖魔的嘴巴），可见其凶险程度令人听而生畏。大船要是被冲进这里，别说是九死难有一生，怕是连一块撞碎的船板也捞不回来。

"仁慈的真主安排了最好的人，在最好的时间、最好的地点，以最好的办法，解救了这 100 多解放军官兵，这也是我们撒拉人对共产党做出的最好的贡献。"70 多年后的今天，84 岁的韩学林老人站在皇上崖畔，遥望英雄救难的地方，眼眶里闪过激动的泪光。

救人就要救到底

被救的解放军战士与大部队会合了，解放军这么多的东西是怎么运过来的？这条磨船又是怎么拖到草滩坝的？拜问过韩学林老人后，谜团得以解开。原来，送走了解放军，乡亲们就想着收拾皮筏返回老家。韩学林的父亲想着解放军还有很多的暂时物资留在了北岸，虽然有两名战士守护，毕竟荒山野岭，万一出了差错，乙么亥人的脸往哪里放？于是劝说男人们再坚守一半天，说越是紧要难关，撒拉人越要讲义气。做事要做全美，救人要救到底。解放军要来运这些物资和大船，还得靠大家帮忙出主意、出力气。韩学林的父亲在村里很有威望，听了他的话，男人们都留了下来，表示帮助解放军帮到底。

韩学林也跟着父亲留了下来，要把热闹看到最后。但就因为多留了一夜，还不懂得大人忧愁的他和伙伴竟然闹出了"大动静"。那天上午，他和"芽大豆"、尕拉三个伙伴在不远处的山坡上玩耍时，在一丛骆驼蓬草丛底下发现了两枚"炸弹"。韩学林从未见过这种家伙，吓得不敢靠近，而比他年长三四岁的"芽大豆"曾被马家军抓过一两个月的壮丁，在兵营里见过这种"炸弹"，竟然抄起一颗，熟练地拧开后盖扯断引线，扔进了脚下的山沟。结果，"炸弹"剧烈爆炸，扬起的尘土铺天盖地，山谷里激起的回响久久不息。韩学林和尕拉被吓瘫在地，胆大滋事的"芽大豆"也被自己的莽撞震慑了，趴在地上不敢起来。说时迟那时快，留守物资的两位解放军战士端着枪循着声响"飞一般地"赶了过来。韩学林回忆说，发现是三个小孩子干的冒日鬼事，战士没收拾他们，只是在搜走了另一颗炸弹后把他们赶下了山坡。韩学林说，他回到窑洞被父亲狠狠地打了一顿。后来，韩学林知道了那两颗"炸弹"叫作"手榴弹"，但是，他一直没有明白是谁把这要命的家伙藏在草丛底下。

韩学林老人讲，大约上午9点钟，他们看见黄河南岸的"撒力吾日汗"（意即木瓦码头）来了十几个解放军战士，在家的乡亲都被解放军叫到了河边帮忙拖船。他们带来了麻绳、桨杆、搭钩等拖船用的工具，不一会儿，就有人划着皮筏子，把这些物件运到了北岸。接着，大家将战士们所有的物资如数搬上了磨船。

韩学林老人讲，村里的男人们个个都是水手，又补充了结实的桨杆，他们准备连拖带划地把磨船弄到南岸。大人们把几条麻绳牢牢地拴在船头上，让年轻人们划着皮筏把麻绳的另一端扯到南岸，此时的黄河南岸上已经汇集了很多青壮年汉子。几个来回之后，十几根粗壮的麻绳便将磨船与南岸的人们牢牢地联结在了一起。

韩学林跟着父亲以及十几个青壮年和两位战士一同上了船。他看见父亲麻利地解开缆绳，用"搭钩"将船推进了深水，然后奋力一撑便跳到了船上。韩学林说他父亲跳上船的样子很帅，指挥喊划船号子的声音很好听，很给力。语气、眼神里充满了对父亲的崇敬和思念。

这一段河面宽100来米，上午的河面还没有起风，能隐约听得清对岸的喊话。当两岸的所有工作准备就绪后，船上的人划桨将磨船"溜"到回水区的水头上，待到合适的位置时，几个人用桨杆在石崖上奋力一顶，船头便顺着水线进入了湍急如箭的主流。此时号子声骤然响起，船上的水手们奋力划桨，南岸的人们使劲牵绳，万众一心，一齐发力，很快就连扯带拖地把笨重的大船拉到了南岸。

在一片欢呼声中，来拖运磨船的解放军领导讲了话，感谢乡亲们救了解放军战士，又帮助把这船拖了过来。这条磨船是部队从老乡那里征用的，请求乡亲们继续帮忙把船拖到草滩坝村。

留守在家的高老保、太平哥、哈孜乃巴巴、克毛力巴巴、七增哥等人也前来为解放军拖船出谋划策，他们说从来没见过解放军这么好的队伍，人和气，讲礼数，说院子里的果子熟了掉到地上，战士们都舍不得去吃，还挨家挨户地探望了没出去避难的老人。说村里的水手、筏子客都有经验、有本事，一定可以帮助解放军渡过难关。

短暂的休息之后，有经验的水手们在船上用长桨顶着，避开礁石险滩，战士和乡亲们扯紧缆绳逆流拖船。韩学林回忆说，他的父亲站在船头上挥动着羊肚子毛巾，领头喊起了"伐木号子"，乡亲们也跟着节奏和起来，就连看热闹的孩子们也加入了大合唱的队伍：

嗨哟！——

尕尕勒它提呀——

嗨哟！——

加旦的它提呀！——

嗨哟！——

再尕拉夯呀！——

嗨哟！——

根勒的它提呀！——

嗨哟！——

撒拉的儿子！——

滩上的兔子！——

山里的豹子！——

嗨哟！——

撒拉的儿子！——

铁打的柱子！——

天大的胆子！——

嗨哟！——

撒拉的儿子！——

天上的鹞子！——

水里的王子！——

嗨哟！——

撒拉的儿子！——

人里的梢子！——

英雄的汉子！——

……

从"阿它合"到"玉力艾合日木"，不到两公里，河岸相对开阔，人们可以拉着磨船逆流而上。在经验丰富的水手们的指挥下，只用了小半天时间就越过了险要的"吾鲁莫然"。

对纤夫来说，最严峻的考验是皇上崖脚下。刀劈斧砍的皇上崖拔河而起，像一道铜墙铁壁将汹涌的黄河迎面拦住，而后逼其折向下游。偌大的磨船无法在湍急的河里划桨逆行，而拉纤的人又无法来到斧砍刀削般的崖脚操作。

在韩学林的记忆里，他的父亲舍木素、大汗舍乙布的父亲克么力、草德的父亲六福、则乃姑的父亲才让巴巴、胡才尼阿訇的父亲拉乙布、木罕麦的父亲三宝、草才的父亲尕六十、阿力的父亲亥了、乙布拉的父亲麻什哥、玉民的父亲双四、韩强的父亲麻疙瘩以及阿什江村草子么的父亲叙里牟、六扎的父亲一打等人，当年正值年富力强，是村里有名的"水王"。他们决定加长缆绳，从皇上崖顶上拉纤，将河里的船拖至上游！但是，从崖顶至河面有几十丈深，解放军带来的麻绳不够用，于是乡亲们各自从家里拿来了牛皮绳、牛毛绳、麻绳，连接起来做成了"百家绳"，与崖脚的磨船连结起来。人多办法多、力量大，磨船很快就被拖过了皇上崖最难通过的河段。

从这西望草滩坝方向，河道蜿蜒迂回，但水流相对平缓。战士以为他们可以对付剩下的这点水路，劝乡亲们返回村里。其实哪里知道，前面不远处还有"土门子"关口在等着他们。土门子是临夏至循化之间的一道关隘，地形和皇上崖近似，山崖之下浊浪拍崖，涡流湍急，土门子桥已经被敌人烧毁，这又为拖船增加了不小的难度。好在靠着水手们的经验丰富，人多力量大，终于将大船从最后一道鬼门关口上拖了过去。

韩学林说，他从早上一直跟着拉船的父亲，一路到了土门子。趁着大人们拉船的空儿，他和伙伴们在土门子桥头上捡到了不少弹壳，表明此前解放军与负隅顽抗的敌人进行过一场激烈的战斗。

过了土门子，距离解放军大部队抢渡黄河的草滩坝村只剩下不到两公里的水路，而且水势已经没有了先前的湍急，河岸地势也平坦开阔，乡亲们才依依不舍地与解放军战士挥手告别。

74年过去了，积石山巍然屹立，清水湾涛声远去。一河春水映照着英雄们的音容笑貌，波光潋滟里回响着水手们激越铿锵的号子，善良、勇敢的撒拉儿女书写的英雄救英雄伟大壮举，永远与日月同辉，与共丹山碧水长存。

河东村拾遗

韩文德*

循化县清水乡河东村的历史非常悠久，传说撒拉族始祖尕勒莽完成悲壮的举族东迁之后，以街子为中心，向白庄、清水、查汗都斯、孟达等地区迁移自己的几个儿子并在这些地方定居下来。据说迁往清水河东村的是他的二儿子，叫"朵方奥格勒"，意即东方之子，因清水大庄村在街子的东方，故名。由于历史久远，民间传说无字无据，其名其时也无从考证。

我翻阅了《循化厅志》《循化志》等相关历史文献资料，寻找有关河东村的蛛丝马迹，哪怕相关地理、人文、神话或者爱恨情仇的一点记载。事实上，除了乾隆时期与苏四十三有关的上奏文书中提到的一连串名单之外，确实没有找到一条完整的叙述。但清水河东村，在撒拉族漫长的八百年发展历史长河里，它确实是不应被忽略而且产生了一定社会影响的村庄。

清水辣椒　香飘万里

我曾在一首《辣椒红》的诗里这样书写过清水的辣椒：

---

* 　韩文德，中国移动通信集团青海有限公司综合部副总经理。

清水湾辣椒的红

　　是撒拉汉子血液里的红

　　撒拉女子情肠里的红

　　是挣扎在痛苦中的红

　　是欢乐在喜庆里的红

　　是火中燃烧的红

　　红中滴血的红。

　　直到今日，其中词意依然令人深思。是的，清水湾河东村的辣椒，不仅是一种农业生产意义上的种植，而且还在撒拉人八百年的历史长河里，呈示着一种精神和志向。

　　记得童年时代，在河东种植辣椒是一件非常辛苦的劳动。河东村南的台地有一处沙坡，能挖出细如海沙的青色沙粒。听老人们讲，河东人种辣椒就得用这种沙子，才能种出红辣椒。那时候，农村邻里关系非常融洽，亲帮亲、友帮友成为一种风气，谁家种植辣椒就得提前准备，父辈们先到村南的台地里选定挖沙的地点和路线，联络好亲戚朋友多人，自带运沙的工具，按照约定的时间、地点帮助东家运沙到田间地头，东家则准备上好的饭菜招待帮忙的亲朋好友，一顿热气腾腾的餐食，你推我让，非常热闹。开春的天气变暖，就可以铺沙种植辣椒了。

　　我的老朋友、高级园艺师马光辉一生致力于农作物的研究，尤其对辣椒种植技术改良颇有造诣。一次聊天，算是让我真正了解了河东村的辣椒。河东村种植辣椒的历史已有百多年，由于得天独厚的地理环境，这里盛产的辣椒皮厚、细长、鲜红、油多、籽少、味香，而且容易储存，又名牛角椒、线辣椒。植株细健，叶窄花小，果长而弯，端尖如角，色红艳丽，辣味适中，香味浓郁，深受热捧，确是促进消化、增强食欲、镇痛散毒、发热出汗的好菜品。

　　初秋季节，如果走进河东村，映入眼帘的是一幅幅美丽的画卷：沿河的坡地是大片大片的辣椒地，衣着鲜艳的撒拉"艳姑"正忙着采摘鲜红的果实。家门口、屋檐下处处挂满一串串线辣椒，地面铺满辣椒，小院香气四溢，使独具撒拉风情的村庄显得更加红红火火。

每每见到如此景象，我便陷入深深的思考：红红火火的河东村，爱种辣椒的河东人，到底对辣椒有着怎样的情怀？他们又有怎样火辣的禀性呢？据相关史料记载，撒拉族曾在清朝乾隆年间有一次较大规模的战争，河西富商韩二个追随苏四十三宣传哲赫忍耶教派主张，曾聚集该教村民，携持器械围攻河东村，抓获头人韩三十八并要求改信哲赫忍耶教派，头人临危不屈，遭到韩二个的杀害；1949 年 9 月，王震将军的部队为解放青海沿黄河南岸西上，面对汹涌澎湃的黄河天堑，一筹莫展之际，也是河东、河西村民冒着生命危险，用撒拉人自扎的羊皮筏子运送部队安全渡河，为顺利解放青海捧出了撒拉人第一颗火红的心；在非常时期，党的高级干部、撒拉族骄子韩应选受到不公正待遇，处于失望、孤独、屈辱的时候，是河东村迎回了自己的孩子，为他治疗心灵的伤痕，重新塑就了他超人的品格；2019 年夏天，村民韩热者布为救下黄河岸边玩耍时不慎落水陷入泥沙的 3 名儿童，献出了自己 63 岁宝贵的生命。这种宁死不屈的精神气节，这种光明磊落、心怀天下的品格，无不与河东人禀性中辣椒般的坚韧、火焰般的赤诚有关，无不与"吃得了辣椒，闯得了世界"的处世哲学有关。

今天的河东人，也是用这种火辣的性格，把红辣椒的产业做到了北京、上海、深圳等国内各大城市，大江南北的餐桌上飘溢着河东村人生产的辣辣的香气。

河东古寺　华化典范

河东村位于清水河以东，其周边的尕庄村、黑滩村、马尔坡村、河北村都是该村的迁移村庄。位于村中央的清真寺，修建于明朝中期，1986 年定为省级重点文物保护单位，它北临黄河，依山傍水，山、寺、水相映生辉，是典型的中国传统宫殿风格式建筑。

1985 年前后，河东村清真寺做过一次较大规模的加固和修缮，修缮施工过程中，清真寺院子里挖出了不少尸骨。确实应验了清真寺是建在一座坟地之上的民间传说，以此推理，河东村的建村历史当在明朝中期可再上溯一二百年。

这座清真寺建筑群落规模虽不宏伟，但其建筑中的砖木雕刻技艺以精雕细刻、生动逼真而享誉省内外。该寺宣礼楼为重檐六角结构，由 6 根通柱支撑，向内倾斜，高17 米，登临其上，可尽观黄河之涛浪，积石之险峻。大殿面阔 5 间，进深亦 5 间，分前后两殿，整个大殿由 42 根巨柱支撑，大殿后殿正中壁龛拱门两边，用阿文书法在柳木上刻火焰纹，刻工精细，刀法极其细腻，实为木雕中的精品，大殿后殿两壁木板上刻有各种花草，千姿百态，栩栩如生。初看时，两边花草刻法与形状相似，细观之，却另有一番景象，左边墙壁刻的只是花草之类，没有什么特点，再看右边墙壁，不但刻有各种花草，而且各种花草间隐约显出棋、琴、琵琶的模样，构思巧妙。前殿与后殿之间的木板上刻有相互联结的菱形花纹，花纹玲珑剔透，刀法精细流畅，充分体现了工匠高超的手艺，从这些雕刻的内容和风格中可推测，雕刻匠人不只出自一人之手。

2016 年，在青海电视台的邀请下，我解说了《青海十大清真寺掠影之一清水河东清真寺》的专题片，该寺时任管委会主任韩乙布拉介绍说，寺院木雕、砖雕的木匠中有技艺很高的汉族、回族雕刻高手，他们用精美的刻刀，通过雕刻花草、琴、棋、琵琶等形式留下了中国传统文化的元素，雕刻经文、拱门等形式留下了伊斯兰文化的元素。融合了伊斯兰教和中国传统建筑风格特点，在大殿两侧、殿内墙面的砖雕、木雕大量运用了反映中华民族文化的梅兰竹菊、琴棋书画等吉祥图案。雕刻的花瓣呈现优美的质感和美丽纹样，构成一种柔和的韵律，令人叹为观止。在清真寺的建筑史上，巧妙融合汉族、回族、藏族等不同民族文化元素的技法真是堪称一绝，在我国伊斯兰教寺院雕刻艺术中实属罕见。

中国伊斯兰文化的"以儒诠经"活动，始终坚持"以中土之汉文，展天方之奥义"的原则，促进了伊斯兰文化和中华传统文化的巧妙融合，使两种文化相互交融，从而成为文明对话与交流的典范。明清时期建成的河东清真寺，实际上就是伊斯兰教中国化在建筑艺术上的完美体现。其雕刻的完美与契合在全国清真寺里绝无仅有，具有极高的审美价值和学术研究价值。

宗教世家　名震西北

河东村人杰地灵，是一个出人才的地方。韩尤奴斯（人称尕清水）和韩麦扫日（人称大师傅）大阿訇父子就出生在河东上庄村。

1888 年的中国是个多事之秋。这一年在世界各地所发生的重要事件，影响了世界历史。这一年，全世界无产阶级的歌曲《国际歌》诞生；英国军队悍然侵略西藏；北洋水师正式成军；渤海海域发生 7.5 级地震；康有为第一次上书光绪皇帝。

也就是在这一年，在青海东部的循化县积石山下、黄河岸边的清水乡河东上庄村诞生了一个小男孩，他虔诚勤劳的父亲炸油香、煮麦仁宴请了清真寺里的教长和满拉，给自己中年盼来的小男孩起了个伊斯兰先知的名字尤奴斯。尤奴斯从小就聪明伶俐，尤其善于思考，经常望着辽远的星空，凝视水流和花草，倾听鸟鸣和自然界的声音，提出很多奇奇怪怪的问题。父亲是个老实巴交的农民，没有多少知识能回答他的提问，只能眼巴巴地看着他说："这事得问阿訇爷。"亲朋邻居们都觉得这孩子是个做"满拉"（学生）的材料，学好了将来一定会有大出息！从此，在清水河东村清真寺的台阶前多了一位七八岁的小满拉。随着年岁的增长，他开始游历青海、甘肃等地的清真寺学习伊斯兰教义，在他的刻苦努力下，逐渐掌握并精通阿拉伯文、波斯文和土尔克文。

21 岁时，韩尤奴斯在甘肃临夏大河家清真寺学习，25 岁就以优异成绩毕业于该清真寺，教民为其"挂幛穿衣"，并应聘在该寺任开学阿訇。他通晓阿拉伯文、波斯文，精通《古兰经》和圣训学，并通过刻苦自学，较为熟练地掌握了用阿拉伯文和波斯文拼写撒拉语的土尔克文，成为通晓多种语言和文字的小有名气的阿訇。两年后到西宁东关清真大寺马俊教长处求学深造，1936年，以他超人的学问和人品受聘西宁东关清真大寺掌教。在当年30多名大阿訇会考中，名列第一，由此以"尕清水"闻名于甘、青、陕三省。

韩尤奴斯阿訇一生致力于伊斯兰教的学习和传播，有近40年的开学生涯，他除了在西宁东关清真大寺任过几年掌教外，还先后在青海平安县沙沟乡、大通县新庄、塔尔，化隆县甘都、阴坡，循化县大寺古、孟达、科哇、清水、草滩坝、查加、查汗都斯等地清真寺任开学阿訇，讲授经典，宣传教义，培养满拉。在他门下学有成就的知名阿訇有：民和官亭的王代阿訇、化隆群科的穆罕默德阿訇、循化街子的哈三阿訇、在上海开学的"尕河南"阿訇、循化的韩麦扫日阿訇（人称大师傅阿訇，是其长子，曾任全国政协第六、七届委员，青海省政协常委，中国伊斯兰教协会副会长，循化县政协副主席等职）等。由于他经学水平甚高，经堂教育成绩卓著，赢得广大穆斯林群众的高度赞誉。

韩尤奴斯阿訇的一生是不断求学、宣传教义、培养满拉、弘扬教门的一生。在他85年的生命旅程中，为青海伊斯兰教界的和平稳定做出了毕生的贡献。

民国时期是伊斯兰教伊赫瓦尼（意为兄弟）派别大发展的时期，在马步芳政权的支持下，倡导"凭经立教，遵经革俗"，伊赫瓦尼派在全国众多穆斯林地区迅速得到传播。20世纪初期的中国伊斯兰教正处于传统与革新碰撞变革时期，其最大的特点是伊斯兰教新掀起的伊赫瓦尼维新运动的蓬勃发展。作为伊赫瓦尼教派创始人果园哈志马万福培养的"新十大阿訇"之一，韩尤奴斯阿訇理所当然地成了传播伊赫瓦尼学派的先行者，这不仅是时代印迹的影响，更是传播伊斯兰这一特定环境和历史赋予他的神圣使命。他一生的生活，主要是围绕着宣传伊赫瓦尼派别的教义教规展开的，他把"昌盛我主圣大道为己任，恢复我伊斯兰教之真谛，增进我教胞之知识为目的"作为宣传伊赫瓦尼的终极目标。

韩尤奴斯阿訇在倡导伊赫瓦尼思想、阐述宗教教义的同时，十分重视《古兰经》

和圣训的依据，强调遵照《古兰经》和圣训与中国传统文化实际结合的重要性。十分重视伊斯兰教义在中国西部社会特点下的灵活运用，如引用一段圣训时，注重其产生的背景和适用的范围。同时也比较重视前辈学者的公议和类比，对前辈学者的经典著作进行刻苦研究，强调教义的当行或可止要完全遵照经典的重要性。

1936年的秋天，当时的青海国民政府组织了西北地区的阿訇大会考，层层选拔出来的33名大阿訇齐齐地集中在了西宁东关清真大寺进行了规模空前的会考。韩尤奴斯阿訇考取了第一名的好成绩。从此，东关大寺作为青海穆斯林最有影响力的寺院，正式确立了伊赫瓦尼教派的"新十大阿訇"的地位，也正式确立了他在甘、青、陕三省阿訇当中的地位。韩尤奴斯阿訇诵经的声音非常动听，听他诵读过《古兰经》的人能从心灵深处受到深深的感染，能够真切地感应真主的恩典，聆听的人总是热泪盈眶。他的经学水平很高，当时甘肃、陕西地区很多有名的清真寺都想聘请他去担任教长，马步芳的军队也需要一批高"尔领"（知识）的阿訇参与到军队的组织建设，平常就在队伍里领拜讲经，感化心灵，更重要的一个目的就是统一部队思想，提振部队士气。有一天，马步芳的一位师长到东关大寺来找他，想邀请他担任师部的阿訇，主要任务就是给团以上军官们讲授经典，领拜讲经，并且开了很高的薪水。韩尤奴斯听完师长的来意之后，阴沉着脸，只说了一句话："全凭真主的定然，教门是大众的，我一不为官，二不为利，我还是回家吧。"因为，当时的东关大寺在马步芳家族的掌控之下，拒绝就意味着回家，他再也没能在东关大寺担任掌教了，便毅然决然辞去教长职位，卷起行李回到了循化的清水河东老家。

从此以后，他与普通农民一样，种地养家，开学讲经，培养学子，游历民间，切磋学问，劝良从善，一直到1972年病逝于清水河东村。

他的长子韩麦扫日出生于1918年，他的成长是从河东村清真寺光洁的青石板台阶上一步步奋力攀爬中开始的，几乎和传统的经堂教育联系在了一起，享年85岁。

韩麦扫日，一生是爱国爱教爱民族的一生，他经历了很多苦难和不幸，他的苦难也是与国家和民族的苦难紧紧联系在一起的。

1958 年的一天，他去清水河以西的石巷村探望一位病危的亲戚。那天他穿一件短棉袄，腰间系了一条黑色的布腰带，完全是那个年代所有贫苦农民的装束。正是这天循化发生了震惊中央的叛乱，石巷村口围了很多人，都在远远地翘望县城那边的情景，他也在这群人里，心里弥漫着一层不祥的征兆。第二天，他被抓走了，告密者说他是这次叛乱的主谋和策划者之一。韩麦扫日面临刑讯逼供的严酷折磨，硬是咬着牙不承认参加过叛乱，由此受尽了折磨和苦难。

在十多年的光阴里，"牛鬼蛇神"的大帽子，就像一座无形的大山，不仅压迫他的身体，更折磨着他的精神和灵魂。他人身没有自由，子女没有地位，家庭清贫如洗。那时候的生产队都是集体劳动，队长分配任务总是把最脏最累最难的任务分给他，他身体健壮，无论再累再脏的活，都是二话不说，在无数个冷月星光的陪伴下辛苦劳动，默默地流下屈辱的泪水和汗水。

1979 年的一天，县上派来一位领导和干事，给他落实政策，平反昭雪。此时此刻的他既高兴又忧伤，高兴的是党和政府终于纠正了历史的错误，忧伤的是冤枉自己的人还未向他郑重地道歉，在取得他的"口唤"（谅解）。为这一天，他等了 50 多年，直到 2011 年的某一天，在他生命垂危之际，一位老人站在了他的土炕前，含着泪水向他表示道歉，并且取得了他的"口唤"。

1981 年，第一批中国穆斯林朝觐团里就有韩麦扫日的名字，他成为青海高原近百万穆斯林中的幸运者。当时的沙特政府尚未正式与中国政府建立外交关系，有关方面还不承认中国有真正的穆斯林和真正的朝觐人员。就是他参加的第一批中国朝觐团通过各方面的努力，中沙两国彼此才有了真正的了解。他作为这次朝觐团副团长，被推选为朝觐团的"伊玛目"。在朝觐期间，他与当地的宗教大阿訇、大学者讲经论教，并受到沙特国王哈里发的接见，沙特当地报纸纷纷在头版位置发表他与国王哈里发握手时的照片。他深知，在麦加，朝觐团不只是代表穆斯林的身份，更是代表着祖国的使者，代表着中国的身份，代表着中华人民共和国。

1987 年，伊朗几名宗教专家组成的代表团到循化考察，韩麦扫日带着客人参观了撒拉族的发祥地骆驼泉和辉煌庄严的街子清真大寺，他用流利的阿拉伯语向他们介绍了 700 多年前撒拉族先民带来的手抄本《古兰经》和撒拉族历史，他说："这是全世界仅存的最古老的三本手抄本《古兰经》之一，这本珍贵的《古兰经》是在我的国家、我的故乡保存下来的，我们将继续完好无损地保护下去……"专家们兴奋异常，在黄河桥头相别的时候，外国朋友紧紧地拥抱着他说："我们在遥远的中国找到了兄弟，我们的心明了，眼睛也亮了，我们都是虔诚的穆斯林。"他是用自己的行动回答了国际上特别是美国及西方国家的一些反宣传，解除了世界穆斯林对中国的种种误解和隔阂。

韩麦扫日热爱自己的撒拉尔民族。作为中国伊斯兰教协会副会长和循化县政协副主席的撒拉族阿訇，他肩负着促进民族进步、振兴民族经济、发展民族文化的神圣职责。

为了解决历史以来的教派分歧，他跑遍全县近百个清真寺，解决矛盾和纠纷，化解了很多问题。他还常组织阿訇学习班，鼓励阿訇深入教民解决纠纷。有一次他到街子清真寺讲"瓦尔兹"，成千上万信教群众云集在寺里寺外。他说古论今，引经据典，从先知穆罕默德传教到十字军东征，从清朝政府利用教派斗争削弱民族势力到撒拉族人民受到的磨难，从马步芳政府妄图扼杀撒拉族精神到发展振兴民族大业……他滔滔不绝，洪亮的声音回响在大殿里，一次又一次感动着故乡的父老乡亲。

他是河东村走出来一位沉稳睿智的长者，是一位学识渊博的学者，更是一位坦荡虔诚的信仰者。他身上闪烁的精神和光芒，会一直照耀撒拉人在信仰的道路上不断地寻求真谛，塑造自己黄金般的人生。

伐木客，撒拉人的荣耀

——乙么亥村逸事之一

韩新华

　　黄河是撒拉人的母亲河、父亲河，也是清水湾水手们生生不息的摇篮。

　　黄河在循化境内蜿蜒东行 90 里，将两岸近 60 个撒藏回汉村庄连缀成一条美丽的水上画廊。清水湾里的撒拉族村落乙么亥，就是百里画廊里一颗璀璨的明珠。

　　曾经的乙么亥村最典型的特征是"两少四多"，即田地少、人口少，皮筏子多、水手多、伐木客多、"拿事"（包工头）多。妇女在家"务劳"庄稼，伺候老小，男人们长年外出采伐木材维持生计。一条羊皮袋、一把斧头，一身好水性，是乙么亥水手安身立命、养家糊口的根本。可以说，乙么亥村是清水湾各村一直效仿却从未被超越的"巴士拉"。

　　有人说，在乙么亥村里可以寻得见不会游泳的蛤蟆，但找不到游不过黄河的男人。韩亥了、韩吾少、韩三十八、韩万勒合、韩阿布都等人，都是村里乃至清水一带卓有声望的"拿事"。他们不仅有丰富的采伐经验，更有良好的组织和管理才能，加上人品好，为人好，总能在黄南麦秀、果洛玛柯河、海南中铁、海北祁连、贵德居不日、互助北山等林场承揽到采伐林木的工程，他们带领村里的伐木客，常年奔波在深山老林、激流险滩之间，用自己独特的劳动技能养家糊口，甚至一度将战场开拓到了甘肃黑水、四川阿坝等地。

　　乙么亥村的伐木客以"本事大、骨头硬、叶子麻"的口碑，铸成了伐木行业里的金字招牌。老水手韩学林老人告诉我,他们当年远赴四川阿坝州的原始森林里搞采伐,当地的藏族同胞对撒拉族伐木客的高超技能佩服得五体投地。有人难以理解地问:"可怜的人啊,你们跑这么远,除了砍树,再没有你们会干的活吗?"事实上,乙么亥村的男人们什么活都会干,但是,最得心应手的本事,除了伐木头还是伐木头。

伐木客们长年累月在大山大河里奔波,只有到最冷的三九天里,才能回到家里过一段"老婆娃娃热炕头"的美好时光。

在我的记忆里,送伐木客出征和迎接他们回家,是村里最具悲凉和喜庆气氛的事情。可以说,"拿事"们承包到采伐工程的那一刻,便是家里人担心和牵挂的开始。伐木客临出门的前几天,妻子们在油灯下悉心地安顿好丈夫的衣服、鞋子,铺盖卷里少不了一张老羊皮,保暖又防潮,这是妻子们和丈夫的最贴心贴肉的温暖。父亲给儿子拾掇好了随身的工具,羊皮袋要仔细检查有没有磨损,斧头要磨得锋利无比,光亮照人,搭钩要去大河家的铁匠铺专门打制。等到拉伐木客的大卡车开到村头,全村老老少少都会拥过来相送。车厢里先装上干活的家什、大锅、帐篷,再压上铺盖卷,最上面是蒜瓣一样挤挤歪歪的男人。"出门三步是离乡的人",妻子们精心烙下的饼子和炒面总是要带够的。母亲一遍又一遍叮嘱儿子"干活要小心""要有眼巧",尕媳妇们则在不远处悄悄抹泪……

小时候我不懂出门人的艰辛,也不明白这样的送别对男人、对父母、对妻子们意味着什么。85岁高龄的韩学林老人回忆起一次又一次被家人送别的情形,说那一刻的痛,就像是"花儿"里唱的"指甲拔肉地离开了,剁开了难心的肉了"。男人们出门时囫囫囵囵,谁知道能不能、全全美美地回来?

伐木客远离家乡几百里、几千里,与亲人天各一方,唯一的联系方式是书信,那时候驿站少,车马慢,辗转三四个月才能得到彼此的信息。所以,从离开家门的那一刻起,男人们就像是一块石头被扔进了河里,留给家人的是没日没夜的担心和牵挂。

我上到小学三四年级的时候,就已经是村里公认的"识字人",替人写信、读信自然成了我乐于炫耀的"本事"。其实，我只是把大人们口述的撒拉话生硬地转换成掌握有限的汉字而已，更多的是靠自己发挥或"创作"，如"牛羊们活蹦乱跳""孩子们茁壮成长""庄稼们长势喜人"之类的词句。至于读信更不在话下，因为出门人里本来就没有比我"水平"更高的，即便遇上我认不得的字，我也可以连猜带蒙地将他们的意思表达清楚。韩三十八"拿事"带着村里的伐木客们去玛柯河林场搞采伐，总会让我以他的名义给"穆场长"写一封信，一是感谢场长多年对撒拉伐木客的关照，二是托靠场长继续关心乙么亥的伐木客。"拿事"几乎天天与"场长"打交道，但总觉得能恭恭敬敬地当面给领导呈送一封信，是很有面子的事情。据说穆场长看了这些信，居然很是开心，虽然句子半通半不通甚至掺杂着汉语拼音，但我的字工工整整，还算好看。

这样的"锻炼"对我很有益处，小小年纪的我就学会了从地图上找到青海的果洛、班玛、玛柯河、祁连及四川的阿坝、马尔康、甘肃的黑水等伐木客们每年都去的地方。

在伐木客们将要回来的日子里，孩子们天天到石巷村的坡顶上观察县城到清水公路上的动静。那时候，这条路上十天半月也见不到一辆汽车的影子，所以只要十里之外的土路上扬起弥天的沙尘，就知道是出门的爸爸回来了、丈夫回来了！这时候，挣没挣上钱好像不是问题，只要平安、囫囵地回来便是再好不过的喜事。父母的担心解除了，妻子的煎熬也结束了，孩子能穿上新鞋了。最怕的是会不会有谁缺了胳膊少了腿，甚至少了谁家的儿子、爸爸、丈夫。撒拉人常说"猎手摔死在崖上，水手淹死在水里"，乙么亥村的历史上，这样的悲惨事情发生过不止一次两次。

平安回家的男人自带耀人的光环。年轻的会奖励自己一身行头，即便是廉价的处理品。家务担子重、舍不得花钱的大叔，一件新的衬衣、一双黄球鞋总是要置办的。最奢侈也是最统一的佩饰，无疑是人手一支的牙刷，总是郑重其事地插在上衣口袋里，再买上一条雪白的纱布口罩，即便是热天，也总要炫耀般地挂在脖子上。用这种"风光"的着装打扮宣示"出门挣钱的阿哥们回来了"，在他们看来，是很有面子的事情。

年幼的我眼羡大哥、大叔们风光的模样，却哪里懂得伐木客的字典里根本找不到"舒坦"二字，从年头到年底，除了"艰辛"便是"拼命"！人前的所有体面和风光，都是硬汉子们用汗水和鲜血换来的。

茫茫林海，不通公路，没有车辆，唯一的办法就是借助水的力量，将木材放流到下游通公路的地方，再捞出来用车运走。

放流木材的过程充满了风险。随着水量的涨落，总会有一些木料搁浅在河岔里。一路跟随负责收尾的人，会用搭钩（在长杆顶端安装一种铁制钩状物，以便勾住木料拖拽）、撬杠、麻绳等工具，将这些散落的木料拖进河里漂走。有经验、有技术的伐木客处理这样的情况并没有太大的困难，最担心的是木材被卡在河道里的礁石上。流放木料有一定的间隔和批次，一旦进入野性的河流便不由人控制，横七竖八的木材裹胁而下，前面的卡住不走，尾追的倾泻而来，越积越多，越摞越高，危如累卵，千钧一发，这是伐木客最怕遭遇的"摞"。

刀口浪尖上玩命的伐木客，逃脱不了遭遇九九八十一难，而"拆摞"，无疑是难上之难、险中之险。

拆除摞垛，是伐木客与死神零距离的肉搏。拆除与河岸相连接的"摞"并非难事，伐木客们会铺设简易"栈道"来解决：将3根木头深深夯入水下的沙石层，将顶部束拢形成牢固的三角桩。在伐木客的行话里，这叫下"三叉箭"。根据距离远近，会设置若干个"三叉箭"，然后将箭与箭之间架设成桥状，形成与"摞"相勾连的栈桥以便"拆摞"抵达。用这样的方式拆除"摞"，有栈桥相连，可以进退自如。水手们最怕的是成百上千根木料被卡在河道中心形成孤岛，四面水深流急，无法安置"三叉箭"。每遇这样的困境，唯一的办法就是让水手游到"摞"上强行拆除，这样的操作才是真正的"浪尖上玩命"。

拆除这样的"摞"，水手们要过三个关口，关关皆在刀刃上。

第一关是"登摞"。最讲究的是，水手要像猫儿上树、鸟落枝头一样轻盈、灵巧地攀上摞垛。要看清河道形势和水流的速度和方向，算准与摞垛的距离和游程，最关键的是要瞅准最容易抓住和攀缘摞垛的位置。这需要水手们反复观察、缜密拿捏之后，在河岸与摞垛之间算计出一条最安全的线路。没有万无一失的把握，再胆大的水手也不敢贸然行事。一个环节的失算、一个动作的失误，造成的后果轻则"登摞"失败，重则水手被急流卷入摞垛底下。

第二关是"拆摞"。一旦成功"登摞"，便是成功的开始，接下来考验的便是水手使唤板斧的功夫，下手讲究稳、准、狠。即便是山一般高的"摞"，有经验的水手总会认准在最关紧处受力、支撑的一两根乃至数根木料。他们瞄准着力点，或用搭钩拽、推、拉、撬，或用利斧砍、剁、劈、斩。一阵迅猛、有力的操作过后，受力点被破解了，及至河水的冲击力超过摞垛的承受力时，摞垛便会发生可怕的松动，甚至会听到木料的断裂声，这是"摞"垛即将崩溃的征兆。

第三关是撤离。经验多、"眼巧高"的水手，一定知道"摞"垛的瓦解会从哪个部位开始，知道山崩地裂般的崩溃将会在哪个瞬间发生，他们也清楚哪一秒是安全撤离的最佳时机。有经验的"把式"撤离时会像闪电一样果断、迅捷，不留一丝半毫的牵绊。乙么亥水手强悍、勇敢，但从不鲁莽、蛮干。他们认为，成功地拆除"摞"且能毫发无损全身而退，才是赢得"水王"称号的关键。

撤离的路线别无选择，只有跳入"摞"堆下方的河里才能逃生，游泳的速度只有快于溃坝式的急流，才能免遭被千百根木头倾轧成齑粉。其实，这都是"旱鸭子"们多余的担心，水手们早早就看好了跳水的地点，看好了下游的河道形势、水线的流向，选准了自己上岸的地点。在最合适的时间、地点顺利进入和安全退出，是最智慧的选择，拆"摞"如此，人生亦如此。

有胆量、有本事拆"摞"的水手，都是把脑袋拴在腰上去浪尖上玩命的人。用韩学林老人的话说，伐木客的生与死，就在白眼仁和黑瞳孔之间，成功了是汉子，失手了便是亡魂！老人扳着指头数了一遍，一位又一位魂断大河的乙么亥伐木客让人心颤……

　　韩学林老人是惊涛骇浪里闯荡了一生的好水手。在不久前的一次长谈中，老人意味深长地对我说："现在的人啊，动不动好说'征服''战胜'之类的话。唉，黄河是你可以战胜的吗？在水的跟前，人是个啥呀，就是一片树叶，就是一只蚂蚁。真主赐悯你，你就活下来了；真主爱惜你，就把你收走了。"

　　有幸的是，我曾在家门口目睹过伐木客们打捞木头的情景。那是1974年的秋季，乙么亥村的"拿事"承包了一项工程，在循化尕楞公社宗吾占郡林区采伐一批松木、桦木，然后从古什群峡水运至县城。我当时在乙麻目小学当老师，刚好县上批给学校制作课桌板凳的木材也在这批采伐的计划中。都是村里的水手，我特别想跟着去领略一下伐木客们极具传奇色彩的劳动场景。由于我担负的课程太多，韩尚乾校长只批给了两天假，我无缘感受在尕楞林区采伐时雄壮豪迈的伐木号子，却在赞卜户村目睹了水手们在惊涛骇浪中打捞木头的壮观情景。

　　赞卜户村是古什郡峡的东出口，这里河道不复杂，水流平缓从容的一段开阔的河被水手们选定为打捞点。

　　当晚，我挤在水手们的帐篷里过夜。半夜时分几声炸雷过后骤然下起了暴雨，帐篷外的波涛声、风雨声，一声高过一声。我睡不着，暗自担心明天的打捞能否顺利，而水手们似乎并不在意河水的暴涨，闲谝的闲谝，有的人还埋在被里压低嗓音漫起了花儿，一声比一声凄凉、缠绵。

　　第二天清晨，水手们匆匆吃过几个馒头便来到河边开始检查各自的搭钩、羊皮袋等工具。从流放木头的占郡村到赞卜户村，峡谷不长，但蜿蜒曲折，一路湍流如泻。一夜暴雨让黄河的野性展露无遗，水急浪高，涛声震耳欲聋，浑黄的浊流裹着枯枝烂草滚滚东去。面对汹涌的大河，我的担心和害怕又多了十分，但水手们表情淡然，依然有说有笑，全然不把安危放在心上。也许是经历过太多太大的风浪，他们才能有如此的从容吧？我想。

　　这时候，二三十个年轻的水手都已经将吹鼓的羊皮袋牢牢地拴在怀里，站在河边一块凸起的岩石上，伸长脖子观察上游的情况。很快，第一拨放流的木料从湍急的河道里三三两两地漂下来了，水手们看准了距离、时间，"扑通""扑通"一个接一个跳进河里，游向各自盯准的木料。此时的大河成了水手们大显身手的舞台，有的在前边拖拽，有的在后边推搡，施展各种手段，把捞到的木料拖到岸边。临近浅水区时，便有"旱鸭子"们用搭钩勾住木料拖到岸上。水手们又跳进河里去捞下一拨木料。

如此循环往复了几轮，到下午5点钟左右，当天放下来的三拨木料全部被水手们捞上了岸。水手们说，兴海、阿坝的松木又粗又重，有的两个人都抱不过来，常常需要两三个人联手才能打捞上岸，而从宗吾占郡放下来的这些木头，细得像是"一根筷子"，见过大世面的乙么亥水手，对付这样的"筷子"，简直就像"酥油里抽毛"一样轻松。

"浪里白条"们的雄姿让我佩服不已，更让我感动的是水手们体现出来的团队精神。木料在河里随波逐流，有的在水急浪高的河心，有的在水流缓处，还有的被激流带到了对岸，有的木头粗、长，而有的短、小。距离有远近，轻重不一样，打捞的难易程度自然不一样，但没见哪个人拈轻怕重、避难就易。韩学林老人说，这是乙么亥伐木客几百年来定下的"石头一样硬"的规矩。一旦分成若干个"把卡"（小组），组长就会明确每个人的职责、任务，水手们各尽各的责任，没有人去使奸耍滑，更没有哪个人因为偷懒而落下坏名声。

这些木料在赞卜户捞起后，本来可以用卡车运到县城，但是为了节省费用，"拿事"们决定还是要扎成木排顺流放下去。起初，县上有关部门不同意，担心万一木排撞到乙麻目黄河大桥桥墩会闯下大祸。1971年修起来的乙麻目大桥，是循化历史上第一座大型的跨河大桥，由于战略地位重要，县中队战士昼夜站岗看守，以防阶级敌人的破坏。后来知道放木排的是久负盛名的清水乙么亥村的筷子客，县上领导这才放下心来让他们通过。

这个好消息让我暗自偷着乐了一阵，思谋着有机会体验一把"小小竹排江中游，巍巍青山两岸走"的壮观情景，该是多么的惬意和豪迈！

第二天吃过早饭，伐木客们开始在浅水区里紧张有序地扎制木筏。亲眼看着水手们熟练的一举一动，我感到格外新奇。中午时分，6组壮观的大木筏扎制完成，每组木筏由前后两节组成，前节13根木料，后节10根木料，两节之间用粗麻绳联结，这叫"软连"，便于木筏在行进或拐弯时灵活转向。前节安装3把木桨，后节安装2把。每筏6名水手，组长担任指挥，站在筏头上负责观察河道地形和水势的变化，根据水流走向，指挥前后节划桨的水手，随时调整方向。组长，是各个"把卡"的权威；指挥，则是木筏子上的灵魂人物，只有身经百战、经验丰富的"水王"才有资格担此大任。

这时，地面上的勤杂人员已经拆了帐篷，带着一应家什撤到县城的河边上接应筏子去了，摩拳擦掌的水手们也按"把卡"上了各自的木筏。眼看马上要解缆启航了，却没有哪个水手愿意捎带我，原来，筏子客讲究个规矩，筏子上不捎"闲人"，尤其是"旱鸭子"，以免发生不测。再三的央求没有打动水手们的"铁石心肠"，我只得打消了梦想，毕竟，看起来逍遥自在、诗情画意的"水上旅途"，随时都可能遇到难以预料的风险，我不该忙里添乱，给人家带去不必要的麻烦。

半个世纪前的亲历亲见记忆犹新，筏子客"浪遏飞舟"的景象在我的脑海定格成了永远的记忆。随着交通事业一日千里的历史性巨变，采伐、水运，这个在乙么亥村延续了几百年的古老行当，终于在20世纪90年代初全部终止，而1974年的黄河放筏，竟然成了乙么亥村筏子客的谢幕之作。

其实，伐木生涯的真正终结者，正是乙么亥村"60后"的最后一代水手——我的胞弟韩新民他们。1979年，果洛玛柯河林场指定从循化招收一批伐木工人，优先录用擅长游泳、不怕吃苦、品性良好、身体健壮的青年，毫无疑问，这样的招收条件就是专门为撒拉族的小伙子们量身定制的。正在循化中学上初三的弟弟韩新民听到这个消息，顿时热血沸腾，立马拉上本村的同伴韩维仁、韩新文、韩吾四么尼以及阿什江村的同学韩新华等人去报了名。等到父母亲们知道时，他们已经把退学连同招工手续办了个干净。看到孩子们去意已决，再说"荒废学业对不起""年纪太小经不起""伐木危险担不起"之类的话已经没有了意义，家长们只好含泪送他们去了高天流云、山阔水远的玛柯河原始森林，去延续父辈们从事了几百年的行当。

这些意气风发的年轻人到了林场，大多被分配从事采伐，稍有文化的负责检尺，还有的从事木材加工。虽然工种不同，但个个都是各部门的中坚力量。

20世纪90年代开始，国家全面实施生态保护战略，林场的职能随之发生了根本性的转变，由采伐转为护林、育林、养林。循化籍的49名职工结束了伐木工人的身份，从1993年起先后调回循化，并在适合的部门安排了新的工作。只有马常胜一人留守林场直到退休，成了名副其实的林业老人。

2009年7月，我陪同全国政协文史委员会副主任郑欣淼同志去果洛州搞摄影创作，在玛柯河林场稍有逗留。场领导及老职工对这些循化"尕撒拉"们记忆犹新，场领导高度赞扬撒拉小伙子们"勇敢顽强、吃苦耐劳、不怕困难、敢于胜利"的精神，尤其让他们赞赏不已的是，"这帮撒拉娃们在各部门是顶梁柱，在篮球场上是龙是虎，打遍班玛无敌手，为林场赢得过不少的荣誉"。说"这些年轻人调走后，大伤了林场的元气，好几年都没有恢复过来"。后来，应林场领导的盛情邀请，我弟弟他们曾经专程回访了激情燃烧过的三色班玛。

伐木行业的终结，对于依靠伐木安身立命的乙么亥男人而言，不是简单的"喜"或"悲"两个字所能表达的。最难割舍的是，森林里再也听不到粗犷的伐木号子，峡谷里熄灭了熊熊燃烧的篝火，帐篷里不再有勾魂的"花儿"唱，浪尖上见不到水手们矫健的身影，从此，伐木客的荣耀哪里去找，水手的骄傲又在哪里？

牛皮袋，清水湾的风景
——乙么亥村逸事之二

韩新华

◎羊皮筏子竞渡黄河 （韩新华 提供）

　　羊皮袋精致、精巧，牛皮袋粗粝、粗犷，这对"水上双胞胎"是清水湾里一道亮丽的风景。

羊皮袋的制作过程极具情趣和科学性。每一道看似不经意的工序里，满满都是水手们的智慧和技巧。如果你有机会仔细观察或者体验一把羊皮袋的制作过程，那一定是一件极有趣的事情。

成年的公山羊，皮板质地紧实，纤维致密、柔韧，毛孔细密，不易漏气，是制作羊皮袋的不二选材。

宰杀后的山羊，要从臀部的切口将胴体剥离出来，使皮囊形成完整的口袋状。剥离羊皮的过程中很少使用刀具，以免割伤皮板。有经验的老把式只使用沙柳枝条和拳头，经过一番捅、捶、捣、撕、扯，就可以让皮张与肉体完整地分离开来。

褪去皮板上的羊毛，是羊皮袋制作过程中的第一道工序。把式们先把剥下来的皮囊毛朝里翻转过来，然后往皮囊里灌进一盆热水。水温要掌握在45℃左右，过热容易烫伤皮囊，过凉则不易渗透毛囊，有经验的把式用手背测试水温，一试一准，不会出错。待皮囊被泡透后将水倒出滤干，然后将皮囊团起装入密闭的袋内，置于温凉适宜之处。需要注意的是，不能将皮囊置于高温之中，否则容易发生糜烂损伤，甚至导致皮囊报废。热水每天需要灌一次，一般到了第五天，把式会不时地从开口处观察"沤制"的程度，待到羊毛开始脱落时，就拿到黄河边借助流水的冲刷将皮囊上的毛全部褪尽，并悉心剔除残留在皮板上的肉丝、脂肪等杂物，淘洗干净。

接下来就是给光板的皮囊灌油、撒盐，这是羊皮袋制作过程中最核心的工艺。先扎紧其尾部、脖颈及前肢开口处，再将三碗菜籽油、一碗研细的青盐搅拌混合后灌入皮囊，然后从一肢开口处往皮囊内吹气使其滚圆，使油、盐均匀地涂布于皮板之上。这样的操作水手们称为"给油"。

给予皮囊以足量足分的青油和青盐，为的是防腐烂、防蛀虫、防渗水、防萎缩，增强皮板的柔韧度，使其变得紧实、耐摩擦，牢固耐用，还能有效地封堵毛孔，增强气密性以防漏气、渗水。气味芳香的菜籽油还可以去除山羊皮囊的膻腥味。

给足了油、盐的皮囊要悬置在阳光下暴晒，并不时摇晃、全方位转动，使油、盐均匀地弥漫于每一处皮板，其间，还需酌情适时添加油、盐。对扎口处等不易浸入的褶皱的部位，尤其要给予悉心、周到的关照。如是三五天，皮囊吸收到足够的菜油和盐粉，自会出落得通体澄黄、油润、光滑。

接下来的工序便是揉制皮囊，这最能考验制作人的耐心和细心。小时候，我经常看到大人们聚集在巷道口、水渠边，嘴上漫不经心地谝着闲传，手上却不停地对皮囊施加功力。揉制皮囊最好有多人参与，你方唱罢我登场，大家轮番上阵各显其能。你先上一顿狂风骤雨般的捶、扯、抻、拽、拧、捋，他再来一番和风细雨式的揉、搓、捏、拍、抖、甩。"文"有文的手法，"武"有武的力道，各有各的功效。如此这般伺候上一两日，皮囊开始变得柔韧、顺滑起来。但精细的主人还嫌不到位，非要再"伺候"上三五天，直到皮囊变得澄明透亮、绵软舒贴，才算大功告成。

整理、整形，自然是末尾的功夫。羊皮袋有尾部、脖颈处和两个前肢共四个开口，尾部的开口大，容易漏气，也最难调教。操练中，一丝不苟、谨慎小心为第一要务，马虎和敷衍往往会导致前功尽弃。参差不齐的切口边沿务必修剪齐整，然后顺其沿口按一定间距凿开洞口，豌豆大小最为适宜。再选一截长约 6 寸、略粗于筷子的沙柳枝，削成簪子状，将小洞依次串缀在一起，以便将开口紧密、严实地收拢固定起来，再用柔韧结实的细麻绳扎紧，不能让气体逸出皮袋。脖颈和前肢开口处用细麻绳扎紧扎实。至此，一条像"黄果子一样澄黄、圆润、羊肚子一般绵软、舒贴"的羊皮袋便在男人们的巧手拿捏中诞生了。

制作一条精美的羊皮袋实属不易，主人自然会给予格外精心的呵护。每次用罢羊皮袋，总会悉心地检查有无损伤，再仔细抻直、捋顺、抚平，然后折叠成砖块的模样，高高悬置于阴凉处的梁头之上，以防鼠咬虫蛀。我不止一次地观察过水手们一丝不苟地打理、呵护羊皮袋的过程，深深地被他们那充满仪式感的程式和手法所感动。水手们以为，善待羊皮袋就是善待自己，祖辈传下来的规矩，体现的是对生死与共的"水上伴侣"的敬重。

与小巧、轻便、精致的羊皮袋相比，牛皮袋是名副其实的"巨无霸"，它之硕大之笨重之粗犷，不禁让人咂舌称奇。两种皮袋的制作顺序看似相似，但手法各不相同。如果说羊皮袋是在水手们温柔的揣摸揉捏中完成了华丽蜕变，牛皮袋则是在男人们粗野乃至暴力的折磨中诞生的。

牛皮袋的取皮、褪毛等制作过程和方法与羊皮袋相仿，碍于无法将硕大厚重的牛皮袋玩弄于股掌之间，只得扔置于院当中"伺候"。牛皮袋体量庞大，吃的油和盐自然也多，为了让油、盐吸收得均匀、充分，就必须让其不停地就地翻转腾挪。常见的方式便是男人们过来让其翻几次身，女人们顺路再踹上几脚，全程充斥着"拳打脚踢"的暴力虐待。牛皮质地厚实、粗糙、耐磨、抗折腾，若要使其变得柔软、顺贴，除了施予蛮力别无他法。

牛皮袋除了用来运载一些小型的生产、生活用具外，还可以用它装载女人、小孩以及不会游泳的"旱鸭子"们过河。载人过河的方式有二，一是将过河人装进牛皮袋，水手直接爬在皮袋上，将其划过对岸；二是水手抱一只羊皮袋并用缆绳牵引拖拽到对岸。

这样的运载方式不禁令人心生担心。一个五大三粗的活人怎么可能被装进牛皮袋里？逼仄密闭的空间里怎么呼吸？水手拖不动又怎么办？老一辈水手韩学林哈哈一笑说，敢于拉人过河的水手，都有过人的技术、过人的胆量和过人的体力，而这样的营生，乙么亥村的每一个水手都能做到！在以前的清水湾，这样的渡河方式每天都可以见到。有人为之震撼，有人为之惊叹，还有人专门为乙么亥村的水手编写了一首花儿：

黄河里玩给了半辈子，

浪尖上耍了个花子；

乙么亥的水手是人梢子，

好男人伙里的汉子。

水手们渡人时，为了避免皮袋损伤，都是将牛皮袋置于河边浅水区，让渡河的人钻进皮袋后再开始往里吹气。"吹牛皮"可不是一件轻松惬意的事情。靠"嘴上功夫"把偌大的牛皮袋吹鼓吹圆，一般的人会吹得脑袋缺氧双眼冒金星。尤其难办的是，从一个开口里既要往里吹气，又要防止往外泄气，既要有气力，还得有窍门！运载货物也还罢了，水手可以且吹且缓，徐徐行事。要是载人过河，呼吸空间有限，皮袋里面的人心理承受能力有限，水手务必争分夺秒，一鼓作气把牛皮袋吹鼓起来，然后在最短的时间里划到对岸。我问过钻进牛皮袋时的感觉，说满眼黄澄澄的，没有方向感、没有空间感，最主要的是空间狭小，憋闷、难受，心里恐慌。在波峰浪谷上晃来荡去，晕得想吐。

◎黄河上的羊皮筏子 （韩新华 提供）

韩学林老人告诉我，水手们用牛皮袋运送家人、村民渡河是自然不过的事，有时候还要运送急需帮助的路人。

清水湾北岸小积石山深处的旦斗寺，是藏传佛教后宏期的重要发祥地。每年有几场大的佛事活动，循化涉藏地区以及甘肃夏河一带的僧俗信众届时都会上山进香礼佛。加入、阿麻查、专塘等藏族村散落在黄河北面，没有通行之虞，而道帏、甘南的信众却常常被大河天堑阻隔。冬天，善男信女们可以从坚实牢固的冰桥从容跨过黄河，而要参加春夏秋季的法会，滔滔大河让这些不谙水事的山地居民望而生畏。和撒拉人打了几百年的交道，他们自然清楚乙么亥村的水手最擅长用牛皮袋渡人，他们也知道心地良善的撒拉人乐善好施，有人遇到麻烦或者困难，他们总会出手相助。不管熟人生人，也不论同族异族，不讲条件，也不图回报，这是撒拉人的禀性，也是这个民族的传统。

接送往来的次数多了，香客和水手便结成了"许乎"关系。水手们将香客请到家里，招待吃喝之后将他们渡到对岸。当香客们返回时，水手们再将他们平平安安地渡过河来，然后请到家里尽地主之谊。为了表达谢意，香客们往往会给东家馈赠一些酥油、曲拉、羊毛皮张之类的东西，但那绝不是酬金，而是金不换的情谊。

自从黄河上架起了大桥，天堑变成了通途，牛皮袋载人过河便成了遥远的传说。前不久，青海民族大学马成俊教授给我看了几幅珍贵的老照片，是20世纪30年代初美国传教士海映光先生在乙么亥村的泉湾一带拍摄的，正好将牛皮袋渡人的情景永远地凝固了下来，让我们得以透过岁月的氤氲，一睹撒拉族水手的水上风采。

相比于有惊无险的牛皮袋渡人，乙么亥村的水手们还有一个轻巧、轻松、轻便的过河工具：将多个羊皮袋或牛皮袋并联在一起，叫羊皮筏子。

据专家考证，皮筏子是生活在青藏高原上的古代羌族人民的发明与创造，生活在黄河两岸的撒拉族人民是古人生产和生活经验的受益者和继承者。

皮筏子结构简单、体积轻巧、携带方便。皮筏子的扎制比较简单，先将数根胳膊粗的圆木用绳子扎成约6尺宽、1丈长的框架，再把制好的5~9个皮囊皮袋并联拴置于架下即可。中型的皮筏子一般可以乘坐4~6人，或者运载相同重量的货物。也有只可乘坐2人的小筏子，小巧、轻便，如河上飞燕。

乙么亥村水手们划着皮筏子渡过黄河的矫健身姿，是清水湾里的惊鸿一瞥。我甚至以为，矗立在积石镇黄河大桥畔的大型雕塑《浪尖上的筏子客》，一定是以乙么亥的水手为原型塑造而成的。勇敢、刚毅、阳光、帅气的男子汉造型，引得无数女性游客在此折断了纤纤腰肢！

除了男子汉水手，乙么亥还有许多不让须眉的女中豪杰。韩兴德的母亲哈七麦年轻时就是一名划皮筏子的能手。她能在浪尖上将轻盈小巧的皮筏子玩得滴溜溜转，还会一个人划着一丈三尺的木瓦往返于大河两岸。常见的"跪式"（即跪在筏头上）划桨，人筏合一，重心低，空气阻力小，任凭浪高风急，水手总能掌控皮筏于桨下。令人叫绝的是，哈七麦划皮筏、划木瓦，常常采取"立式"（即站立在筏头）划桨，潇洒、飘逸。若没有包天的胆量和让男人汗颜的本事，哪有弱女子敢在惊涛骇浪里划一叶皮筏却胜似闲庭信步？

据我实地走访，在循化境内数十个临水而居的村子里，目前只有清水乙么亥村有人还在使用皮筏子维持生计。

皮筏子的主人叫韩阿布都，是一位养羊专业户。数十年来，他把黄河北岸的竹子沟当作天然牧场，散养着数百只山羊、绵羊。早上划着皮筏子过河，打开羊圈栅栏将羊群赶上山坡，晚上再划着筏子去，把吃饱喝足了的羊群收拢到圈里。早晚两次，四个来回，天天如此，月月如此，几十年如此，无论冬雪夏雨，从来不曾懈怠。年逾古稀的韩阿布都无疑是乙么亥村里渡黄河次数最多的"羊把式"，陪伴了他一辈子的皮筏子，见惯了峡谷的黑风，浸透了黄河的恶浪，是乙么亥村名副其实的"古董级"物件。

前不久，我在黄河边上转悠，发现韩阿布都老人的皮筏子已经"旧貌换了新颜"。曾经黄果子般油光发亮的6只羊皮袋不见了踪影，取而代之的是两条乌黑浑圆的汽车橡胶内胎。老人说，相比于制作羊皮袋的麻烦辛苦，橡胶内胎可以轻易到手，重要的是，汽车内胎充气量大、覆盖面宽、吃水浅、浮力大、承重力强、皮实、牢靠，不怕撞击、刮划，即便是稍有破损，胶水一抹，补丁一贴，分分钟搞定。

值得欣慰的是，慧眼识宝的文化人发现了皮筏子的文化价值。这几年，乙么亥村的皮筏子表演团队曾多次参加全国少数民族传统体育运动会，尕拉苏力毛、宝宝阿布都、丢合麦、乙田等后起的优秀水手，将极具挑战性和观赏性的皮筏子表演带到了大江南北、长城内外，让广大观众对撒拉族人民悠久、智慧的传统体育文化有了更多的了解。在家门口举办的历届黄河极限挑战赛上，乙么亥村的水手们或抱羊皮袋泅渡过河，或划皮筏子百筏争流，一直是久演不衰的传统表演项目。撒拉水手们在风口浪尖上的矫健身影，成了最吸引游人眼球的美丽风景。

◎载人渡过黄河的牛皮袋　（美·海映光　拍摄）

乔哇吉，浪尖上的英雄
——乙么亥村逸事之三

韩新华

清水湾是伐木客的故乡，乙么亥村是水手的摇篮。

在撒拉语中，水手有一个专用的名称叫"乔哇吉"。在乙么亥村的历史上，"乔哇吉"是男人们赖以安身立命的基本技能，也是浪尖上英雄不败的荣耀。

据老人们讲，在可以记得过来的时间里，乙么亥村就出过不少好水手。如大汗

◎载人渡过黄河的"木瓦"　（韩新华　提供）

舍乙布的父亲克么力、林海的外祖父来福、韩苏仁的父亲亥了拿事、尕则乃的父亲撒拉、玉民的父亲双四、艾布的父亲万勒合、柴达的父亲麻什哥、阿了的爸爸乙草、者么录的爸爸阿力、克功的父亲阿布都、玉树毛扫的爷爷三十八拿事、"尕洋人"的父亲五少拿事等人，都是身怀绝技、名震四方的"水王"。用韩学林老人的话说，这些人一旦钻进河里，便立马变成一条"龙"、一条"蛇"，泅渡大河，犹如平滩里跑马，指定在哪儿登陆，就可以在哪里上岸。先辈中的"乔哇吉"早已归真，他们善良、无畏的品格和超人的水上绝技，一直为乙么亥后生们所仰慕。

乙么亥村人依水而生，临水而居，男人们早晚与黄河肌肤相亲，"浪尖上的汉子"绝非浪得虚名！有人戏谑说，黄河里泡大的乙么亥男人，属相都是蛤蟆，水陆两栖动物，游泳是他们天生的本能。有人甚至因为有直线游过黄河的本事，竟然落下浑名叫"巴鲁乎"。在撒拉语中，"巴鲁乎"就是黄河里的鱼。

如果要将乙么亥村的水手们排个英雄榜，雄踞"水王"宝座的必定是来福和克加吾二人。他们潇洒优美的水上姿势到了出神入化的境地，即便是不抱羊皮袋裸游到对岸，缠在头上的衣帽鞋袜也不沾一滴水，其实在乙么亥村里，只要你是个水手，这样的技能只是最基本的要求，算不上大的本事。"水王"们真正的高难动作，是一种以近乎站立的姿势"踩着水跑过河面"，这样的绝技，曾被无数水手模仿却从来没有被超越过！没见过"大世面"的乙么亥水手们，对黄河极限挑战赛选手们头埋进水里的游泳姿势，居然表现出一丝不屑的神情。在他们看来，只有昂首挺胸直立地"跑"过河面，才是水手值得炫耀的本事。

我的父亲年轻时也可以裸身游过黄河，但不是一个真正的水手，他不止一次地讲过来福和党家克加吾的故事，说他们才是乙么亥村名副其实的水上王子。那是20世纪50年代的某一年，村里的伐木客在海南兴海县唐乃亥完成了采伐任务之后，准备用水上漂流的方式将木料运输到下游通公路的地方，村里的干部和老人们曾专程赶去慰问伐木客。那天，河边上扎了帐篷，宰了牛，宰了羊，还把附近的藏族群众也叫过来一起热闹了一天。其间，水手们轮流表演各自的水上绝技，压轴的自然是来福和克加吾的精彩绝活：不抱皮袋，裸身直线"跑"或者"飞"到黄河对岸。此时，岸上已经聚集了几百人在翘首观看，这两人刚游到黄河中间，似乎发生了异常的情况：这个漂起来，那个又沉下去，漂漂荡荡，沉沉浮浮，像是马上就要被急流冲走的样子。草原上放羊的藏族牧人第一次看见撒拉水手在黄河浪尖上的"危险遭遇"，不相信他们能活着游出来，纷纷匍匐到乱石滩上磕头，祈祷水手平安，男人们扔下手上的转经筒往河的下游跑去，试图打捞、抢救。

与惊慌不安的观众不同的是，撒拉水手们却聚集在帐篷里，吃着手抓肉，喝着酥油茶，谈笑风生，若无其事。水手们还学着藏民的腔调笑着说："这两个是水手里最厉害的'哈姜阿哇热'，卡码有哩，一点怕木格，怕木格。"他们十分清楚，对见惯了惊涛骇浪的来福和克加吾来说，像这样平缓的河段，哪有什么"危险"可言！所谓的此沉彼浮，不过是他们常用的恶作剧罢了。果然，在潜游了数百米之后，这两个人轻轻松松、嘻嘻哈哈地上了岸。

来福和克加吾的表演，只是让唐乃亥的藏族群众虚惊了一场，撒拉人"浪尖上耍花子"的名声从此在兴海一带被传成了神话。

如果说这个故事只是"水王"来福和克加吾二人的表演秀，我要讲述的"水上王子破冰踏浪真英雄，莽撞少年九死一生成奇迹"，便是真真切切发生在克加吾和我身上的故事。

那年，我刚满 11 岁。3 月的清水湾乍暖还寒，黄河里依然漂浮着厚厚的浮冰。我们十几个淘气的小孩相约到泉湾里玩木瓦，伙伴里有我的堂哥哈米，还有比我大好几岁的"古溜溜"。

将两根凿成槽瓦状的圆木并联而成的木瓦，是我们乙么亥村一种传统的渡河工具，宽约 5 尺，长约丈三，可以载五六个人或相等重量的物件。为防止被河水冲走，木瓦平时都被大人们拖到河岸上。那天，仗着人多胆子大，年少无知的我们硬是将木瓦拽进了水里，然后，每两个人一组轮流坐上去，岸上的人牵着长长的缆绳让我们在水中溜圈子。

年龄稍大的伙伴们溜了一轮又一轮，都是平安无事，但是在轮到我和达木日两人溜圈的时候，一场意外却突然发生了，牵引缆绳的古溜溜竟然莫名其妙地把手里的缆绳抛进了河里，结果，失去了羁绊的木瓦在漂浮了两圈之后，被一股突然涌过来的激流带进了深水区！这时的伙伴们已经乱成了一团，闯下了天祸的古溜溜早跑得不见了踪影，剩下的都是和我年纪一般大的小屁孩，吓得只是乱哭乱叫，没有人敢下水捞缆绳。

此时此刻，我俩如果会使用木桨，也许还有一线逃生的希望，但我俩小小年纪哪有挥动木桨的力气？其实，就在木瓦脱离缆绳的那一刻，我们已经被吓得灵魂脱离了躯体！我的嗓子几乎喊出了血，而长我3岁的达木日却出奇地镇定，他一遍一遍地叮嘱我："别跳！千万别跳！水很深！跳了只有死！抓紧木瓦别松手，真主会看守我们！"

没等达木日的话音落下，木瓦"嗖"的一下冲入了河心的主流之中。在冰和水的夹持裹挟之下，木瓦像一匹脱缰的野马，朝着下游的"吾鲁莫然"飞驰而去！

"吾鲁莫然"是"大河"的意思。每到丰水期，这段河道里还会分流出一个"小河"，到了冬天，"小河"干涸，"大河"依然激流滚滚。距泉湾只有四五百米的"大河"，河床陡窄，湍流如泄。左岸是壁立千仞的小积石山，有坍落的山体在河道里形成无数个或大或小或明或暗的礁石，凶险莫测。当时虽然是枯水期，依然急流飞泻、涛声震天。出"大河"口不远，便是清水河和黄河交会的"双河口"。"双河口"是孟达峡的门户，也是"阴间"的入口。此处的山形地貌像极了一只伸进黄河的巨鳄，狰狞、恐怖，人们称之为"莽古斯阿合孜"，意指传说中吃人魔鬼"莽古斯"的嘴巴，可见地形、水势之凶险。

沉重的木瓦从山一般的浪里穿过，瓦槽里灌满了冰块和水，衣服早已冻成了冰甲，我们蹲在瓦槽里活像两具僵尸。脑子里一片空白、死寂，看不见前面是什么，不知道我们要去往哪里，忘了害怕，忘了寒冷，忘了哭喊，甚至忘记了我们是活着还是死了，只是任由木瓦带着我们，朝着死亡飞泻……

话说两头。发现木瓦失去控制，长我6岁的堂哥哈米并没有跟着其他人往村里跑，而是径直奔向"淘乎浪"，因为全村各生产队的男人、女人们都在那里填垄沟、撒肥，准备春耕播种。我的党家伯伯克加吾和我的母亲也在人群里劳作。

听到哈米的呼救，人们纷纷丢下手里的工具奔向"大河"出口的"撒力吾日汗"，这是平时划木瓦、皮筏和泅渡黄河的码头。其实，大人们往这里跑，完全是出于侥幸心理。谁都知道小小的木瓦不可能平平安安地穿过"大河"，不是人亡，就是瓦翻，在这冰、水夹击之下，没有谁指望能捞到我们的尸首。我的母亲认定我早已没命了，被人背到河边时已经吓得不省人事。

但是，天底下偏偏有难以置信的事情发生，我们的木瓦鬼使神差般地顺着水势漂流，虽然一次又一次从滔天的大浪下面穿过，浮冰和河水灌满了瓦槽、泡透了身上的衣服，但幸运的是，没有碰上礁，也没有撞到石崖，也没有被吞噬，等到漂出大河口时，我们两个人竟然毫发无损。

出了大河口，河面稍微开阔了一些，木瓦漂流的速度慢了下来，我的神志似乎也有了一些恢复，能远远看见南岸上人们前前后后都往河边上跑，我甚至能真切地听见有人在朝我们喊："别害怕！别害怕！有人救你们！"循声望去，我隐约看见一个男人一边脱衣服，一边跳进河里，挥动着双臂朝我们游来。看见有大人来救命，我们觉得所有的惊恐、无助和绝望好像都被大河冲走了！

木瓦还在向下游漂流，来救我们的人正在冰和水里艰难地游过来，此时，我才认清这个救星不是别人，而是我的克加吾巴巴！克加吾在我们党家里和我父亲平辈，我打小称他为"巴巴"。

说时迟那时快，克加吾巴巴一登上木瓦便马上操起瓦槽里的木锨奋力划了起来，嘴里不停地安慰我们："不要害怕，巴巴来了！""巴巴有哩，不要害怕！"此时的木瓦正处在河中心稍稍偏北一点的位置，于是他便决定往更近的北岸边划去。

直到这时，我才仔细看了一下跪在木瓦头上奋力划桨的克加吾巴巴。原来，克加吾巴巴赤身裸体、一丝不挂，为了减少水的阻力，他连裤衩也脱在了岸上！腰背部有几处被冰碴划破的口子，正在泅出鲜红的血渍。看着克加吾巴巴高大的身材，宽厚的肩背，隆起的肌肉，古铜色的肤色，我觉得天再也塌不下来，地再也陷不进去，大河再狠心也带不走我们！

都说福不双来，祸不单行，没想到就在木瓦慢慢向北岸靠近的时候，又发生了一个意想不到的危险，划瓦的木锨居然折断了！巴巴惊呼一声"唉希，安拉乎！"原来是浮冰太厚，木锨吃受力太重，导致锨板和锨把断成了两截，锨板被冲走了，只留下一截锨把在巴巴手里，这可咋办！巴巴一边安慰说："别害怕，巴巴办法有哩！""巴巴卡码有哩，一定可以救下你们！"一边麻利地把缆绳挽成了个圈子套在肩膀上，然后纵身一跃又跳进了冰冷的河中，拖着沉重的木瓦往岸边游。就这样游着、拖着，拖着、游着，克加吾巴巴硬是用他的肩膀把我们拖上了岸。此处距"双河口"只剩下五六十米，水线已经开始拐向河中心，如果再往下漂几米，怕是真的没有生还的希望了，我们的命就是克加吾巴巴从这 50 米的关口上捞回来的！

等到上岸时，我们早已冻成了冰柱，克加吾巴巴更是冻得说不出话来。克加吾巴巴是村里出了名的好水手，心灵手又巧，遇上事情善于出主意、想办法，所以留下了个外号叫"办法"。"办法"果然办法多，他四仰八叉地仰躺在绵沙滩上，教我们把沙滩上被太阳晒热了的表层沙子收拢过来，堆到他身上，然后，我们也学着他的样子把自己埋进沙子里。暖暖的太阳晒着、热热的沙子焐着，一会儿工夫我们就感到浑身暖洋洋的。接着巴巴又开始处理我们两个被冻成盔甲的衣服。他把热热的沙子摊到衣服上，然后再抖开，再摊上去再抖开，如是一阵工夫，就把我俩的衣服、裤子和鞋子焐干了。

我十分感激地问巴巴："巴巴，您知道是我淌下来了吗？"巴巴说："我哪里知道是你！我们正在'阿它合'地里撒肥，有人喊'河里淌人了！'淌掉的是大人、小孩、男人、女人都不知道，哪里顾得上问是谁。还好，把你们两个救下了，命不该死，这也是定然。"听了巴巴的话，我和达木日不知道怎么表达感激之情，居然身不由己地号啕大哭起来。巴巴见我俩哭得劝也劝不住，又开始骂了起来："救不下就没有了，救下了还哭什么！不像个儿子娃娃！"

这时候，村里的几个水手划着羊皮筏子来接应我们。他们带来了划木瓦的几把木锨，还带来了克加吾巴巴散落的衣服。然后，水手们就分别划着木瓦和羊皮筏子，带着惊魂未定的我们返回了南岸。

此时的南岸挤满了闻讯赶来的乡亲，被吓瘫的母亲直到亲自紧紧抱住我时，才渐渐恢复了神志！

在我的生命中，除了父母亲，克加吾巴巴无疑是最值得我报恩的人。从懂事起，我总不忘不时去看望这位救了我性命的恩人巴巴，每每提及当年的惊魂一刻，他总是云淡风轻地说："这全都是真主的定然和拨派，我只是在最好的时间、最好的地点，赶在了你们的身边。"

清水湾是水手的世界，也是英雄的港湾。如果说，见义勇为、舍生忘死是撒拉族水手共同的优秀品质，那么，1949 年奋勇抢救解放军的韩叙里牟、韩老山布和舍木素，1965 年激流冰凌里救了我性命的韩克加吾，2020 年为救落水少年英勇献身的韩热者布，才是清水湾夜空里永远不灭的星星。这些"浪尖上的汉子"，是人们永远也不会忘记的"乔哇吉"。

小村故事多，有你也有我。乙么亥村的男人是山，女人是河，每个人都有讲不完的传奇故事。

塔沙坡，茶马古道上的明珠

马建新[*]

作为茶马古道上的百年村落，我时刻眷恋着生我养我的这片净地——塔沙坡村。忘不了一阵阵悠远的唤礼声后，三三两两的老人蹒跚走向清真寺的背影；忘不了先民们在麦场上喊着号子打连枷的场景；忘不了与村里的孩子们在狭窄的巷道间捉迷藏的游戏；忘不了热闹的婚礼场面上观看追根寻祖的骆驼戏……

悠久的历史

乘车从循化县城向东进发，经过积石峡谷，穿越一条长长的公路隧道，往左一拐，便是塔沙坡村。

塔沙坡村坐落于积石峡水库以西朝阳台地上，背靠大山，脚下深沟险壑，面朝风光秀美的孟达国家级自然保护区，是国家有关部门认定的中国传统村落和中国少数民族特色村寨。

据民间传说,在唐代,有位高僧叫拉隆·贝吉多杰。他在西藏用箭射死暴君朗达玛后，历经千难万阻逃到循化地区。当其赶到塔沙坡时，发现此地北临黄河，南倚森林，地势险要，避影匿行，便称该地为"塔撒马热"，意为"生命脱险"。随后，他便进入南

---

* 马建新，循化县职业中学教师。

◎ 塔沙坡村远景 （马建新 提供）

面的林区，在一个山洞里坐禅修行。当地人把塔沙坡村和邻近的木场村统称为"阿格西里"（意为"木头之地"），是因为该村过去坐落于茂密森林之故。

据说早先的塔沙坡村掩映在一片茂密的黑刺林中。西汉时，部分西番人（藏族人）来此地砍树垦荒安居，从事狩猎生活，还到不远处的山林选址修建寺院（至今还有废墟遗址）。到唐代时，由于战火频繁，寺院被焚毁。元初，积石峡被蒙军占领，驻守在积石关的穆斯林蒙古军进入塔沙坡驱赶了西番人，撒拉族先民尕勒莽、阿合莽一行从中亚迁徙至循化定居后，蒙军将地盘让给了撒拉尔人。随着人口的增多，部分撒拉尔人从街子、孟达一带迁移至塔沙坡定居。先后入住的有韩家家族、草高家族、棕苦令家族、庞峡家族。之后，又经过婚姻搭桥，邻近的部分回族、保安族人也融入其中，塔沙坡由此形成了一定规模的村落。

塔沙坡人恪守正统的伊斯兰教"格底目"（亦称"老教"）教派，十分注重履行"五功"（该教三大宗教节日）。生产生活中还遗存有一些萨满教的习俗，如对神志不清者采用烤火驱邪、招魂、捉鬼等办法治疗。

在衣食住行方面，塔沙坡人则有自己独特的生活方式，呈现出较强的民族性、地域性等个性化特点。过去穿的是白茬子羊皮袄、洛踢鞋；吃的是苞谷面疙瘩、豆面散饭、高依曼软饼、白则来油香；住的是土木结构的平房四合院；出行多骑骡子。过黄河或用皮囊，或用皮筏子或木瓦。虽然现在人们的居住条件和生活水平有了质的提高，但仍保留着部分传统习俗。

精美的古寺

塔沙坡清真寺是一座历史悠久的古寺,是国家级文物保护单位。古寺初建于明代洪武二十九年（1396），距今600余年。清乾隆年间修建唤礼楼。东西中轴线修建布局，占地面积2500平方米，主要建筑由照壁、牌坊门、唤礼楼、礼拜殿、南北学房等组成。建筑总体设计布局均匀，建筑形体多变，用材粗大，砖木工艺精湛，彩绘艺术艳丽，中国传统汉式宫殿建筑风格尤为突出。寺东门前有一字形照壁，宽10米，厚80厘米，高6米，是青砖灰瓦砌建。壁底为须弥座形，砖面雕饰八宝图案，壁胸以青方砖立砌，中央饰菱形花卉砖雕，壁顶呈"人"字形，瓦顶宝瓶脊，十分美观。照壁前土坎上横生一棵老榆树，郁郁葱葱，抵风挡雨，树冠朝寺门盖门。牌坊门东开，建作4柱3楼式纯木结构，中高边低，庑殿顶，楼顶屋脊置花卉图案的高浮雕，两边置盘龙体圆雕。牌坊门正中开双扇高阔大门，两边置小门，楼体檐面饰置十一踩重翘斗拱，斗拱形体不大，但出跳很长，形成庞大构架。牌坊门内接面阔3间、进深1间的一面坡瓦顶廊道，牌坊门两边建山花墙，正反面凸雕树木、花草、奔鹿、凤凰、飞龙等图案。跨入牌坊门，就是高大的唤礼楼。

唤礼楼置于院子偏东中央，高约18米，占地面积120平方米，底层呈六棱柱体，周长36米。楼体为六角攒尖顶六柱建柱造，楼阁式3层6面三重檐，宝瓶顶，飞檐秀出。楼底以青砖砌饰面墙，内用土坯砌实，每面墙胸饰花卉、经文、云纹等砖雕。西门拱形洞楼门，门边饰花瓶、花卉等砖雕。北侧砖面上刻有"大清乾隆二十年八月"字样，表明该建筑距今已有266年了。唤礼楼二、三层为纯木结构，装饰内外双层木围栏，第三层楼围栏木板上饰有花卉木雕图案，顶部装修精美藻井，结构重叠复杂。整个唤礼楼上大下小，雨水直接从第三层落地。

院内南北各建配房。北配房置于院子北面，建筑面积10平方米，5间出檐带廊，一面坡瓦顶，现用作教长室。"文革"期间曾用作教师办公室。北配房对面是南配房，

◎马建新收藏的撒拉族传统用品

用为灶房，出檐，两面坡"人"字形屋顶，共4间，建筑面积10平方米。"文革"期间，该配房曾被用来作学生教室。我的小学阶段即在此度过。

礼拜殿建于离唤礼楼正西面不足10米的土坎上，坐西向东，建筑面积约650平方米，是整个清真寺的主体建筑。20世纪六七十年代，用作生产队的粮仓。该礼拜殿由前廊、前殿、后窑组成，中国传统宫殿式，砖木结构。殿顶为前歇山后庑殿式形制，殿内前大后小"凸"形布局，前后殿开东廊做法，大式木瓦作，十二脊殿顶，翼角飞檐，花砖宝瓶殿脊，斗拱昂攒装饰四周檐面。前廊面阔5间20米，进深1间6米，6根立柱支撑工艺精美的前檐。每根立柱直径约50厘米，高5米。檐面的花牙子、额坊、斗拱、昂攒等均饰花草、卷云等图案木刻。前廊与大殿之间置5扇裙板门，每扇门的上面饰镂空花格窗，格心为花朵、石榴等图案的六宛菱花心。其下饰石榴、葡萄、海棠、鲜桃等图案的木刻。门与门之间以木板做墙体。

从正门步入，就是前殿。前殿面阔5间（中间大3间，两边各小1间）20米，进深 3 间（前面大 2 间，后面小 1 间）16 米，木板铺地，抬梁式木构架。大梁直径约 80 厘米，长 12 米，其上置一道小梁。殿内墙面彩绘奇石、菊花、牡丹、帆船等图案，布局上采用中堂形式。尤其传说中奴海圣人的方舟、真主的 99 个尊名以及多体阿文书法等彩绘给人以强烈的视觉冲击力。前殿与后窑间装修木雕落地罩，其间开 3 扇方门。

后窑殿面阔 3 间 11 米，进深 3 间 11 米，井架式梁架，内壁地板都以木板装修，面壁正中拱形壁龛外围雕刻木质高浮雕大烟纹、花瓶、花卉图案，造型栩栩如生，美轮美奂。后窑殿西北角安置木质讲经台，精美的门框后有 5 个台阶，台阶边饰木雕，门框头顶斗拱昂攒工整秀美。

塔沙坡古寺是循化地区保存最完整的古寺之一，以建筑规模宏大而著称，这里不仅有伊斯兰建筑特色，还吸收了蒙古族、藏族、汉族建筑风格。砖雕、木雕、彩绘等工艺美术合为一体，极大地提升了清真寺的艺术价值。当然，如此浩大的工程量是怎样完成的？由谁来完成？粗壮的木料如何从陡峭的山路搬运到这里？这些疑问尚待继续考究。

神奇的拱北

被当地人经常谒拜的塔沙坡拱北，建在村子的东南角老坟滩之中，占地面积约 250 平方米。外围 2 米多高的砖墙，西墙正中开单扇铁门，单面坡瓦顶，门边饰砖雕。从铁门踏步而入，首先映入眼帘的是 3 个并排安置的墓庐，墓庐上覆盖多层镶有经文的毯子。每个墓庐均由青砖砌成须弥座，其上用多色异形的黄河卵石堆拼成拱形墓庐。3 个墓庐中，中间的墓庐地基宽约 1 米，长约 2 米，高约 1 米；两边的墓庐略小，各宽约 80 厘米，长不足 2 米，高约 80 厘米。据村里老人们讲，中间的是位"筛海"（伊斯兰传教士），两边的是他的侍从。至于这位筛海叫什么名字，村里没人知道，只说是"筛海巴巴"（撒拉语，意为"伊斯兰传教士爷爷"）。墓庐南面建置 5 间砖木结构的瓦房，两层，底层为过道，两面坡瓦顶，建筑面积 46 平方米。正面以玻璃窗户封闭，中间开一小铁门，信徒可入室诵经祈祷。墓庐前的土台上生长着一棵500多年的三杈榆树，横出的树干搭在墓庐上面，每逢春夏，树叶遮着墓庐，众人常在此跪坐诵经祈祷。据村里老人们讲，过去当村里遇到大旱之年，男子们便会在阿訇的引领下，赤脚走进此拱北祈祷。不出众人预判，日后必有雨降。若遇有人生病或出远门，家人便请阿訇和村里的中老年男性也到此地，祈求已故筛海往真主做"都哇依"，盼望去除病人的疼痛，保佑出门人一路平安顺利。

《循化撒拉族自治县志》对塔沙坡拱北有如下记载：三个陵墓的墓主为冼阿布拉思、撒地格和血日夫，他们是从伊拉克来的伊斯兰传教士。循化撒拉族自治县三套集成之一的《撒拉族民间故事》也详细记载了塔沙坡拱北的传说：

相传，很早以前，阿拉伯国家向中国派来了40个筛海（伊斯兰传教士），其中一个筛海年龄最大、品位最高，他是从伊拉克巴格达来的，不辞艰难，来到孟达地区塔沙坡村时便住了下来进行传教。过了一段时间，筛海去世了。可是，在他洗小净之处喷出了一股泉水，当地人称"筛海巴巴尼给玉勒"，意为"筛海爷爷的泉"。后来传说不知过了多少年，有一日，在塔沙坡清真寺里有一叫苦录湾的满拉（学伊斯兰知识的人）睡到半夜，梦见有一个穿白袍、长着白胡须的老汉对他说："哎！满拉，你给阿訇说，有个人踏在我的头上了，请众人给我修个拱北。千万不能盖顶，将来会有人来盖上的。"那个满拉惊醒过来，起身做了晨礼后，立即动身前往40里外的草滩坝牙子阿訇家中，把梦中情景告诉了阿訇。阿訇半信半疑，觉得这是不可能的，贵人显迹也不会显到一个普通人身上。于是，阿訇爷带着疑问的心情骑上骡子同满拉一起返回塔沙坡。他俩走了一夜，到天亮时正好走到孟达，就在大庄寺做了晨礼。礼拜之后，阿訇的眼前显出灵体对他说道："我给苦录湾满拉说的是真话，你们就按我说的话去做。"当他们走到塔沙坡时，正好赶上沙目礼拜时间。礼拜做完后，阿訇给众人说了此事，大家听后认为这是一件不可思议的奇事，很快行动起来，用一年时间修好了没有盖顶的拱北。说也奇怪，离拱北不远处长出了榆树，树冠渐渐盖上了拱北的盖顶。

在塔沙坡，笔者采访了几位年迈的老人，当谈到"筛海巴巴"时，老人们说："相传在很早以前，好多歹徒集中起来，拿着兵器杀气汹汹地穿越积石关，经过黄河臂弯里的木场村，沿羊肠小道爬坡，准备斩尽杀绝塔沙坡的男女老幼。面对一场恶战，当时正在村里传教的'筛海巴巴'毫无惧色，镇定自若，头缠红色的'达斯达日'（缠头巾），骑上一匹高大的白马，手握大刀，带领全村青壮年男子出村迎战。刹那间，那些歹徒看到的是无数个骑着白马、留着白胡须的彪形大汉朝他们扑来。'筛海巴巴'和塔沙坡人把歹人杀得血流成河，大获全胜，从此以后，再也没有人敢欺负塔沙坡人了。"

简朴的老宅

巷道狭窄，户户相连，泥墙交错，木门排行。塔沙坡古村落至今依旧保留着远古的面孔。

◎撒拉族传统民居　（马建新 提供）

我的老宅就在离清真寺大门往东不足 20 米处，是一座典型的撒拉族传统民宅，现占地面积 200 平方米。撒拉族传统四合院建筑布局。过去是一家客栈，现在是塔沙坡村保存最完整的古民居之一，常用作撒拉族农耕文化体验院和撒拉族传统文化影视拍摄基地。

步入小院，是土木结构的 3 间北房，出檐，双扇木板门，木质支摘花格窗，用作客房。依北房东北角是两间伙房。东房 4 间也是土木结构的平房，双扇木板门，木质支摘花格窗，其中 2 间是我父母的卧室。南面原建有木质双扇大门和 2 间篱笆房，现改造成双扇铁大门和砖混结构的铁皮房。院内西面栽有一棵梨树和一棵杏树，背靠土墙。外墙上挂着照明用的煤油灯、打碾用的连枷、背草用的筐篓、砍柴用的斧头、耕地用的铧犁、木工用的推刨等。院内还摆放着播种用的耧耙、背水用的木桶、吹火用的风箱、脱粒用的风车、运输用的独轮车等。这些老物件，封存过去的记忆，默默地诉说着时光留下的故事。

我的老宅对面原建有 3 间土木结构的草房。2018 年，我将其改造成了篱笆楼，用作国家级非物质传统项目撒拉族服饰传习所。

传习所置于巷道南侧，共两层，土木砖石结构，楼体宽 4 米，长 7 米，高 8 米，建筑面积 80 平方米。底层坐北朝南，草泥墙体，篱笆门窗，用作服饰作坊。二层坐南朝北，篱笆墙体，土木结构，平顶房，用作撒拉族传统服饰展厅。该展厅面阔 3 间，进深 1 间，檐面安置 5 道花槽、雀替及垂花柱，雕饰仙桃、石榴、牡丹、荷花等图案，精雕细琢，形象栩栩如生。正间安置双层对开门，内门为户枢双扇花格木板门，外门为双扇沙柳编条篱笆门。边间各安置双层窗户，内窗户为菱形花格窗，外窗户为折叠式木板窗。踏门而入，首先映入眼帘的是头顶的一对马灯和对面的八仙桌太师椅。靠太师椅以东是一张木板床和一个带碗架的老式面柜。墙上挂着撒拉族最古老的着装。男式服装有毡衣、褐衣、皮袄、麻衣、六角帽、草编帽等；女式服装有马甲、婚礼装、长衫、花布棉袄等，还有毡靴、洛蹄鞋、麻鞋、绣花鞋、小脚鞋等。

撒拉族传统服饰作为一种文化形态，见证了撒拉族的历史变迁、社会风貌及撒拉族先民们的审美情趣、风俗习惯和传统工艺美学思想。

记住乡愁，传承撒拉族传统文化。这座小型的传统民宅不仅保存、展示和分享着美，更重要的是让撒拉族非物质文化遗产通过这个传承基地真正地活起来、活下去，实现薪火相传。

近几年来，我在自己的老宅里先后接待了人民日报社记者，中央电视台新闻媒体，西安建筑科技大学、青海师大、西北民大、兰州大学、青海民大的师生及社会各界人士等 500 多人次。先后接待了省政协民宗委主任王化平、省文物局副局长周存云等领导和原省地方志总编谢佐、省社科院民族宗教研究所所长鄂崇荣、青海民大文学院院长马伟、青海师大教授文忠祥、省非遗处处长朱桂英等专家。微电影《拉面女孩》、央视《一个都不能少》、天津卫视专题片《古色古香中国味》、海东卫视专题片《河湟记忆》等摄制组先后来此地拍场景，演员的着装都是撒拉族传统服饰……

逝水流年，孤影沐清辉，斜倚旧事回眸痴。或许岁月能催人老，但在我心中，塔沙坡，是唯一不变的乡愁和眷恋。

撒拉族的篱笆楼

朱明婧*

作为一名在读博士研究生，我选择了撒拉族传统农业生态系统作为博士期间的研究课题。从 2018 年开始，我便和我的学术团队陆续在循化撒拉族聚居区进行调查工作。

2019 年 6 月，我们一行人前往循化撒拉族自治县清水乡大庄村进行撒拉族庭园调查。发现这里有丰富的人文资源，传统而古朴的民居篱笆楼，历经百年风雨的孟达清真寺。2014 年，大庄村被列为第六批中国历史文化名村。在宽度不到 3 米的狭窄巷道中，不时可以看到两旁或三五成群，或两两相对的撒拉族原生态民居——篱笆楼，成为这个村落引人入胜的景观。此外，大庄村还保留着明代所建的清真寺，这座清真寺位于村子西边，门前生长着一棵百年垂柳，见证着这里的百年变革。在寺院门口就可以看到宽阔的院子，院内排布着木砖青瓦的四合院式建筑。属于中国传统殿堂式建筑，历经数百年的沧桑历史，彰显着明代古清真寺的风格，不但具有实用价值，还具有很高的艺术审美价值，并且蕴含着丰富的历史文化内涵。

村口一位热心的撒拉族长者带领我们来到了他的家中，这里正是一座传统且年代久远的篱笆楼民居建筑。跟随着长者的脚步和耐心的讲解，我们一一参观了篱笆楼的每个角落。楼体分上、下两层，上层设卧室、客房、礼拜间等，一楼为仓库、畜圈等。楼体框架均由木质良好的松木构成，墙体用杂木枝条编织，两面抹以草泥，墙体中间

---

* 朱明婧，青海师范大学地理科学学院博士研究生。

为空。房子的门窗和柱子大多雕饰有各种精美的花草图案。使用这种方法建造的楼房，既节省建筑材料，又可以减轻楼体重量。同时，中空的墙体冬暖夏凉、透气性强。此行中，我们发现一些古老的篱笆楼正在被拆除或者翻修。眼看着这些像"历史活化石"一样的传统篱笆楼一点点地销声匿迹，心里感慨万千，假如不重视这个问题，那么不久的将来我们会永远丢失这百年智慧结晶。

撒拉族建筑装饰艺术是在撒拉族文化背景下形成的具有民族装饰特征的艺术形式，具有独特的风味。每一户人家自成院落，称为"庄廓"，由堂屋、灶房、客房、圈房四部分组成；堂屋在正中，灶房和客房分设两旁，圈房建在院落的东南或西南角。在清水乡一带，还有以木、石、土为材料的篱笆楼，是当地撒拉族传统民居，因楼房墙体用树条笆桩制作而成，故得名篱笆楼。篱笆楼多建造在不宜耕种的丘陵坡地，以节约有限的耕地，适应人地关系紧张的生存环境以及适应地方资源与气候条件，具有强烈的生态理念和精妙的营建智慧，是一方土建筑的多样性代表之一，也是很好的土地资源利用适应性策略。篱笆楼不仅记载着不同时代的建筑特征，也是撒拉族建筑风格的历史记忆，同时积淀着多民族的文化现象，是高原上难得一见的、具有一方民族区域特色的古建筑。1989年国家发行的民居邮票，其中青海民居就是撒拉族篱笆楼，篱笆楼伴随着撒拉族人已经历500年的沧桑历史，它是撒拉族爱国建家的足迹和见证、民族文化的历史沉积，丰富了我国建筑文化艺林。它与西路红军革命遗址和撒拉族古清真寺建筑群并列为三大撒拉族古建筑文化珍宝，2008年6月被列入第二批国家级非物质文化遗产保护名录。

清水乡孟达地区是目前撒拉族篱笆楼遗存较多的地区。由于该地处于孟达国家级自然保护区，保护区内有以红松、桦树及落叶乔木为主的500余种植物，森林资源丰富，被称作青海的"高原西双版纳"，气温较为温暖，水肥土美，林木参天。孟达森林公园山势陡峭，林海茫茫，遍布苍松翠柏，奇花异草；偶有奇峰怪石，嶙峋突兀，沟壑瀑布，泉涌湍急；娴静秀丽的孟达天池犹如镶嵌在大地上的一面明镜，湖水清澈如镜，两岸高山峻岭相映生辉，碧波荡漾，湖光山色，交相辉映，林中栖息苏门羚、林麝、狍鹿、岩羊、狐狸、雪鸡、马鸡等珍禽异兽。撒拉人充分发挥聪明才智，利用当地林木、石土资源，建造出既适应复杂地形、气候多样的生存环境，又可节约建材、冬暖夏凉的传统民居，这也与撒拉族独特的文化如影随形。天然的乡土材料是大自然给人类的馈赠，篱笆楼中乡土材料的使用，深刻地反映出撒拉人朴素的生态观。

每座篱笆楼都有上、下两层墙体，以木、石、土、篱笆混合而成。为减轻重量，墙面用林间乔灌木枝条和草泥混编而成，不仅美观牢固，还独具艺术美感。在距孟达大庄村一公里的地方有一片繁茂的高寒云杉与红瑞木及忍冬灌木的生长地。松木的木材质地柔韧且硬度较强，耐湿性较好，体内含油量低，可作为柱、梁、檩等主要承重构件，但松木在青海东部地区产量少，大部分则从甘肃等周边地区运入。杨木具有质量轻、强度高、弹性好、纤维长且含量高和易加工的特点，可作为雕刻木料使用。最优质的木料当属云杉，云杉木在青海东部分布较广，生长周期长，耐寒性能好，质地轻且硬度强。树干高大且通直，节少，材质略轻柔，纹理直、均匀，结构细致易加工，不宜虫蛀，几乎无隐形缺陷。

我们在大庄村找到了6处被保留下来的篱笆楼，均建于河谷平地，坡度平缓，是古代人类活动容易开展区域且靠近水源，利于农业活动的开展。篱笆楼所处的平均海拔1800米左右，海拔不高，也有利于撒拉族先民迁入后较快适应环境。根据相关气象数据统计，循化平均年降雨量约为260毫米，季节分布不均，主要降水量集中在6—8月，占全年总降水量的63.5%，雨热同季，对农作物、森林和牧草生长发育十分有利。因此，平顶屋面，上施草泥，用小碌碡压光，顶坡度平缓的设计，可以保证下雨时屋顶不易被雨水冲刷，下雪时便于上房扫雪，以免屋顶漏水。屋顶也可作为庭院的补充，上面可晾晒粮食、干菜等，架设木梯就可上下屋顶。篱笆楼的地理位置充分体现了自然与环境和谐相处的理念。由于撒拉族人追求理想的居住环境，其在建造房屋时会结合地理位置、地形地貌、气候条件、地域景观等一系列自然地理环境因素，创造一个良好的长期居住环境和生活环境。

　　根据我们的研究，篱笆楼作为适应当地地理环境的传统民居，目前的数量与我们预估的规模有很大差异，这表明相关因素严重加速了篱笆楼的消失。由于农村经济的快速发展，新型建筑形式和材料的不断涌现，传统篱笆楼逐渐被新型住宅所取代。原本黄河沿岸建有许多篱笆楼，但在受气候变化的影响下，附近水电站水位上升，导致部分房屋被淹没或拆除。此外，保护意识薄弱也是撒拉族人对自己文化认知度降低的重要原因。年青一代的撒拉人还没有意识到传统篱笆楼的文化重要性和优势。故此，为保护此类文化遗产，我们的研究工作和宣传工作显得尤为迫切和重要。

科哇村趣闻逸事

马永祥[*]

科哇村概述

科哇村位于循化撒拉族自治县白庄镇，是早期撒拉八工之乃曼工所在地，由上科哇村、条井村、下科哇村、苏呼沙村、江布日村、朱格村、米牙亥村七个自然村落组成，有1000多户、6000余人口。上游是夕昌沟，科哇河流贯全境，孕热勒山、哈郎山、嘎西特赫山、唐特苦特山巍然屹立在村庄周围，各条山路可以顺利到达街子、道帏、甘肃夏河、青海同仁等地。

科哇村传统民居类型多为中国北方一层四合院式土木结构平顶房，设计精巧美观。村民们喜欢在房檐廊壁雕刻花草，建筑材质多以白松和油松为主，四周围墙为土墙，当地人称"庄廓"。庄廓墙是用封闭的黄土夯实而成，墙体横切面呈底厚顶薄的薄梯形。庄廓中间有庭院空间，分正房和偏房，由堂屋、厨房、圈房和大门组成。随着社会的发展，科哇村的民居正朝着高层性、牢固性、文化性、艺术性、娱乐性、旅游性等方向发展，新建的房屋由土砖变成了红砖、空心砖、瓷砖等，大门变成了双扇铁门，檐面雕饰更加精致奇丽，室内铺设地毯，增添现代化家具。

* 马永祥，中国石油青海油田井下作业公司教导员。

科哇清真寺由来

科哇清真寺由撒拉族始祖尕勒莽后裔始建于公元 1403 年，清真寺为砖木青瓦混合结构，由中国传统建筑殿堂式礼拜殿、六角攒尖楼阁式唤礼楼、单面坡南北配房等建筑体座组合而成。清真寺占地面积 2800 平方米，是撒拉八工乃曼工的主寺（海依寺），每逢星期五，7 个村庄的撒拉族群众都到科哇清真寺参加聚礼。

科哇清真寺具有汉族宫殿、藏族佛殿和中亚突厥民族寺院结合风格。大殿建筑为砖木结构，呈长方形，殿内木柱上雕刻着细腻逼真的花草，寺门正对着大殿，大殿门庭对面为砖雕照壁，宣礼楼为六角形塔式建筑；照壁与大门在一条直线上，照壁居中，砖作仿木结构，束腰式基坐，顶为砖作屋檐、斗拱上覆小筒瓦，壁心为圆形砖雕龙凤图案花纹；照壁左右各开一门，门为单檐硬山顶，双扇板门，额枋门楣雕云形纹；宣礼楼位居照壁后正中，平面六角形，三层楼阁式，六柱通天造，六角攒尖顶；南北配房均为面阔 5 间、进深 2 间，带走廊，单檐一面坡式屋顶；礼拜殿基由前殿与后窑殿组成，前殿面阔 5 间，进深 5 间，后窑殿缩成面阔与进深皆 3 间。前殿五架梁，五铺作斗拱，前廊内顶作卷棚式，下设栅栏，殿内木板铺地，内檐下装饰一周小巧三昂斗拱，梁柱及四壁皆绘以阿拉伯文组成的奇花异草图案；后窑殿，由斜叉式梁组成"井"字形藻井，内檐及四壁装饰与前殿相同，正中设置圣龛。

科哇清真寺历史悠久，建筑精美，影响深远，在科哇地区的老百姓中流传着当时修建清真寺的很多传说，因为撒拉族没有文字所以没有形成成册的记录。

相传，撒拉族先民在科哇地区定居下来后，人口逐渐增加，没有用来开展宗教活动的清真寺。修建清真寺是撒拉族子孙后代的一件大事，当时土地都在富人名下，为了解决清真寺地基问题，科哇地区的村民们推选几位德高望重的老人到一户富人家商量。刚开始那户富人不愿意无偿捐地，经老人们再三劝说，他终于答应将 8 亩地捐赠出来。为了感谢他们，村里决定由他们世袭出任学董，掌管清真寺的钱粮与教务。世袭学董制度持续了很长时间，随着清真寺教务管理的规范，最终予以废止。

科哇清真寺的修建规模在当时来说空前，经初步测算需要木料400多立方米，夕昌沟有大片原始森林可供采伐，但拉运成了问题，木料产地距科哇村40多公里路程，山高路陡，只能靠人拉畜驮。那时生产力落后，生活困难，人们忍饥挨饿，为了建好清真寺，村民们群策群力，精诚协作，把一根根木料从夕昌林场拉运到科哇村。拉运木料异常艰难，因穿戴简单，路上全是荆棘，村民们腿脚被黑刺扎得直流血，他们顾不上太多，一步步挪，一根根拉，整整用了两年半时间拉运的木料还不够用。得知撒拉人修建清真寺木料不够的消息后，夕昌沟的藏族人民主动给他们赠送木料，出工协助修建清真寺，所以科哇清真寺除整体布局及主要建筑为传统汉式风格外，内部装修大部分采用了藏式手法，如垫板为藏式惯用的蜂窝装饰，殿内绘画采用了色彩鲜明的藏式重彩绘画。

木料拉运到位了，修建清真寺需要木匠。村民们在撒拉"八工"中再三挑选，没有找到合适的木匠，只能从白塔寺请来了史称鲁班后裔的木匠。修建这么大的清真寺，没有设计图纸，仅凭大家口述，木匠一时拿不定主意，况且这是科哇人民的传世大业，来不得半点马虎。木匠苦思冥想，接连三天早出晚归。第四天早晨，他带领村里的老人来到哈郎山顶，在最高处的山包上给老人们观赏他挖空心思设计完成的模型。所有人都很满意，木匠就按照模型修起了清真寺。村里人热情很高，和木匠一起修建，大殿主体构架很快立起来了。半年后木匠的父亲专程从白塔寺来看望儿子，他也是木匠，技艺过人，经验丰富，仔细审视清真寺工程后很满意。在木匠和村民们的共同努力下，科哇清真寺终于竣工，但木匠因劳累过度不久就去世了。他筹划、设计、修建的科哇清真寺盛名远扬，人们世世代代纪念他。

科哇清真寺大殿落成后，科哇村的撒拉人欢欣鼓舞。喜庆之际，学房、水塘、唤醒楼的修建计划又排上议事日程了。村里人看上了与清真寺毗连的2亩地，村里的老人又去和户主协商，户主很快答应把2亩地捐给清真寺，提出的条件是穆扎畏必须由他们家人承担，辈辈相传，不得更换。大家都知道，穆扎畏不是什么好差事，是为清真寺浇水、打杂、唤礼的苦活累活。捐地人提出这样的要求是为了积善干好，村里人爽快地答应了他的条件。从此以后，无论社会如何动荡变迁，穆扎畏的规矩一直没有变，至今仍由当年捐地人家的后裔担任。

据传科哇清真寺竣工典礼上，撒拉族十二工的头人都来祝贺。头人们仔细观赏，大加赞赏，同时发现了一个问题，支撑大殿的八根柱子与其他木材相比显细了，与大殿的整体结构亦不协调。实际上当初选木材的时候，木匠就发现这个问题了，但看到村民们运木料很辛苦，他便把八根粗柱子换成了八根细柱子。村民们提出修补意见后他立即进行补修，用治表不治里的办法让细柱子变粗。他用八块刨光的长木板把圆柱子围上一圈，便成八棱柱子，八棱柱子比原来的圆柱粗多了，还在八个板面上雕刻了花卉图，美观大方，人们对木匠的高超技艺赞不绝口。

凡是到过科哇清真寺的人都会被寺门前一棵古老的白杨树折服，这棵树迄今有数百年的历史了。当年撒拉人沿丝绸之路去沙特阿拉伯朝觐，科哇地区的一位阿訇完成朝觐回国途中路经新疆，看见被当地人称作白杨的树，躯干挺直高大，便挖了两棵树苗栽到坛子里带回家。哈智回来后，村里人都去探望、问候。大家看到两棵白杨树苗，欣喜万分。在大家的请求下，哈智将这两棵树苗栽种到科哇清真寺门前，指派专人管护，一棵树苗枯死了，另一棵树苗茁壮成长，因为是从新疆带回来的，村里人就叫它奎白杨。几百年过去了，那棵树长成了参天大树，挺立在大寺门前。这棵古树周长 5 米，高约 21 米，成为撒拉人挺拔、高洁的象征，被看作是科哇地区的风水宝树。

清光绪年间，循化撒拉族地区反清斗争风起云涌，教派斗争此起彼伏。政局动荡，社会骚乱，匪徒趁机作乱，东掠西抢，流窜骚扰，百姓深受其苦，不得安宁。有一年从拉卜楞寺地区来了几百名匪徒，科哇村村民得到消息后立即去堵截，土匪们扬言要放火烧掉科哇清真寺。正在你来我挡、你抢我抗、双方对峙之时，夕昌地区的藏族人以睦邻友好、民族团结为重，派近百名壮丁到科哇地区保护清真寺，帮助撒拉人共抵外辱，科哇清真寺免遭浩劫。1928 年，军阀马仲英在河州武装反对国民军，失败后流窜到青海循化等地杀人放火，抢劫百姓，掠夺地方，横行霸道，无恶不作。一批匪徒乘混乱之际计划洗劫夕昌藏族喇嘛寺院。在这危急时刻，科哇撒拉族群众派百名壮丁前去援助，夕昌寺院幸免战火。

撒拉族和藏族援手护寺的义举，刻进了两个兄弟民族世代友好的记忆中，加深了两个民族亲密无间的情谊，促进了两个民族团结互助的睦邻关系，成就了一段历史佳话。

格萨尔王遗迹

藏族英雄格萨尔抗洪救撒拉族人民的传说，在科哇村民间代代相传。

远古时候，科哇河连年暴涨，洪水泛滥，一发不可收拾。科哇村的撒拉人靠种庄稼生活，但因洪魔猖獗，连年受灾，颗粒无收，民不聊生。有一年深秋，眼看秋收在望，科哇河的洪水又呼啸着奔涌而下。正当此时，藏族英雄格萨尔带领千军万马路过哈郎山，见此情景他万分心痛，立刻拉紧战马的缰绳，停下前行的脚步，纵身跳下马鞍，让将士们列队守望。只见他站在哈郎山顶，怒视山谷中横冲直撞的洪水，突然向着头顶上的蓝天大吼一声。吼声刚落，一块巨型木板从天而降，他双手举起木板，一只脚踩在哈郎山的山顶，一只脚蹬在尕热勒山的山顶，把木板用力扎进夕昌沟的深谷中，将洪水拦腰截住。科哇村的撒拉人看见洪水被拦住，欢呼雀跃，昼夜收割熟透的庄稼。格萨尔连续三天三夜双脚踩住两座山峰，纹丝不动，豆大的汗珠从他额角流了下来，两只雪白的鸽子见状便飞过去，在他头顶轻轻扑扇翅膀为他驱热送爽，他的将士们日夜守候在草原上，不停地敲击地上的石块为他呐喊助威。等撒拉人收完庄稼，他把洪水一点一点往下放，直到放完为止。撒拉人赶紧用刚收好的庄稼做成油搅团，端着酥油奶茶爬上哈郎山，却不见格萨尔的身影。他带领千军万马消失在草原尽头，向着下一个降妖除魔的地方奔去。人们在地上发现一双穿破的马靴和两只失去生命的鸽子，还有将士们敲击的石块。为了纪念格萨尔的英雄壮举，纪念那对善良的鸽子，科哇村的撒拉人让村里的能工巧匠在悬崖峭壁的石板上凿刻了一对鸽子、一双马靴、一个石鼓和一块梯田。

熬麦仁

科哇苏呼沙村有个石臼，是撒拉族先民一代又一代传下来的。石臼呈圆形，直径1米左右，半个身子埋在土里，露出部分半圆形的槽子。它作为村里每个过世的人最后的纪念，被人们历代呵护，是村里人共有的财产。每当村里出了亡人，亡人家的后人（东家）便给他（她）办理后事，给村里人吃麦仁粥是后事办理当中的一项重要事项。从亡人去世那天起，东家要给亡人过7个纪念日。先过第三天，然后每7天纪念一次。纪念日当天，东家在院子里置上一个口径约3米的大铁锅，大铁锅是村里人移动的共有财产，谁家出了亡人，大铁锅就被拉运到谁家置起来，直到过完七七。每逢七日东家便在大铁锅里熬制麦仁粥，供村里人品尝，麦仁粥里的主料麦仁就是从石臼里打造出来的。熬制麦仁粥的前一天下午，东家亲戚里的年轻人便背着提前泡湿的麦子来到石臼跟前，把麦子一点一点倒进石臼里。年轻男子举起圆形的石头锤子不停地打石臼里的麦子，年轻女子蹲在石臼周围翻麦子，把打好的麦仁装进另一个袋子里，再往槽子里倒麦子。年轻男子轮番上阵砸石锤，不断替换，通过千百次锤打，麦子表面的一层麸皮被打下来。过路的人们也会过来抢起锤子打几下，表示对亡人的敬重和对东家的安慰。傍晚时分东家打制完成两三袋子的麦仁，把石臼清洗干净，把打好的麦仁背回家。东家亲戚里的中年女子们便开始熬制麦仁，她们往大铁锅里倒入十几桶凉水，锅底下架起柴火，等水烧开后把麦仁倒进大铁锅里，用温火慢慢熬制，通常要熬制一晚上，半夜还得有人起来加柴火。第二天上午她们便忙着炒制麦仁臊子，麦仁臊子的原料多半为牛羊下水，剁成肉丁在大炒锅里炒熟，然后倒进麦仁锅里继续熬，之后她们便往大铁锅里撒入几笸箩白面，以增加麦仁粥的黏稠度。到了下午一大锅麦仁终于熬煮好了，村里的喇叭传来到亡人家吃麦仁粥的叫喊。村里的男人、小孩拿着茶缸、碗筷等餐具来到东家，在墙根蹲下来坐成一圈。等村里人到齐了，东家的年轻男子提着钢锅、铁盆、水桶等到大铁锅跟前排队，女子们站在大铁锅周围，用长长的大铁勺舀麦仁。年轻人双手抬着盛有麦仁的锅、盆、桶来到村里人跟前，蹲下来给每个人的茶缸、碗里盛麦仁粥，大人、小孩就吃麦仁粥，直至吃饱。吃饱麦仁粥，东家的年长者给每个人的碗里分一小块羊肉份子。羊肉份子分完，东家又给每个人的碗里盛满麦仁，让他们带回家给女人们品尝。按习俗，结了婚的女人是不去亡人家吃麦仁粥的。村子里每出一次亡人，村里人可以吃七次大铁锅里熬煮的麦仁粥，这是撒拉族办理丧事的一个习俗。亡人家精心烹制，村里人围坐在一起吃麦仁粥，与其说是纪念亡人，不如说是团结后人。这个习俗从古传承到今天，在此过程中村里的那个石臼、那口大铁锅起了不可替代的作用，成为村里人代代相传的宝物。

围庄廓

围庄廓是科哇地区撒拉人的传统，当撒拉族男子成了家有了孩子，父母亲就围个四方形的庄廓，里面盖几间房子，配齐家当，安顿儿子一家住进去，各行其是。

相传800多年前，撒拉族祖先阿合莽和尕勒莽一行18人牵着白骆驼，驮着《古兰经》和故乡的水土，从位居中亚的撒马尔汗王国沿着丝绸之路来到青海省境内的循化县街子乡。由于过度劳累，他们在一个名为"奥特伯亚那合"（撒拉语，"火坡"之意）的山坡上睡着了。一觉醒来，白骆驼不见了。他们四处寻找，终于在一个平滩上找到了骆驼。大家走近一看，不禁被眼前的景象吸引住了：那峰白骆驼变成了石骆驼，安详地蹲在那里，嘴里不停地喷着泉水，《古兰经》和水土纹丝不动地安放在骆驼背上。他们立即取下骆驼背上的水土，和这里的水土一比，质色完全相符。再看看四周的地势、景物，依山傍水，鸟语花香，宛若仙境。他们便用骆驼喷出的泉水洗去了身上的尘埃，准备在骆驼泉附近修建清真寺，在寺院周围建造美丽的家园。但他们是游牧部落，不会围墙，不会盖房子，怎么办呢？大家出谋划策，最后一致推荐部落中威信极高的阿合莽和尕勒莽兄弟带着金银珠宝前往周围定居的藏族头人那里请教。藏族头人得知他们的来意后，提出两个要求：一是庄廓围成后在门前立个写有藏文咒语的旌旗，兄弟俩没有答应这个要求，因为他们信奉伊斯兰教，如果答应下来意味着被信奉佛教的藏民族同化；二是庄廓围成后在四角的墙角顶上立上4个圆形石块，墙四周堆满干柴，以示幸福美满、风调雨顺。这一要求兄弟俩爽快地答应了。藏族头人看着兄弟俩渴望的眼睛和闪闪发光的金银珠宝，最后还是派村里的年轻人和撒拉人一起建起了他们的家园。

庄廓围成了，又一个难题困扰着大家，撒拉人得传宗接代，来的是18个剽悍男子，怎么办呢？阿合莽和尕勒莽再次提着金银珠宝来到藏族头人面前，藏族头人看着眼前健壮俊美的小伙和他们真诚的目光，爽快地答应了他们的求亲。从部落中挑选18位貌美如花的姑娘，又挑选18匹矫健的骏马骑上，马脖子上系上18条洁白的哈达，带着丰盛的嫁妆，领着全村的父老乡亲浩浩荡荡地把姑娘们嫁给了撒拉人。

每逢打墙，全村男女老少便早早忙碌起来。他们都自觉地围拢过来，大家总觉得一个村子就是一个大家庭，谁家有事他们都有义务帮忙。打墙的地方很热闹，老人们一边捋着胡须一边品尝着酥油奶茶。年轻男子是主角，他们一部分人脱掉鞋袜，卷起裤腿，在墙根里站成两路纵队，来回用力踏；一部分人用铁锨往墙柜里扔土，墙形成后更换木板。在他们强劲有力的脚下，一堵堵结实的墙顷刻间构筑成。打墙离不开喊号子，喊号子时往往由一个德高望重、嗓门响亮的老者领队，所有干活的人都跟着喊。号子内容包括对幸福生活的赞颂、对辛勤劳动的赞美、对丰收景象的喜悦、对儿孙满堂的向往等。女人们临时架起火灶，使出拿手绝活让全村人分享。香喷喷的手抓羊肉、甜滋滋的麦仁饭、热腾腾的酥油奶茶、黄澄澄的油炸饼，应有尽有。

夕阳西下的时候，一座四四方方的庄廓就在青山绿水间落成了。庄廓的主人亲自爬上墙顶在四个墙角立起四块圆形的石头，祝福家庭兴旺、幸福安康。给新庄廓开门，撒拉人要举行隆重的开门仪式。开门前，教长领着全村男女老少祈祷新家平安幸福。然后选一名大力士在墙上挖一个弧形的门洞，教长领着全村人从门洞走进庄廓，主人家派 3 个年轻少女端着分别盛有酥油奶茶、油搅团和糖果的盘子，送到每一位乡亲的面前，算是对大伙儿一天来辛勤劳动的回报。

民间文体娱乐活动

"打蚂蚱"是科哇村撒拉族青少年酷爱的一种体育运动，每逢农闲时节，三五成群的孩子们来到麦场，一边欢歌，一边"打蚂蚱"。"打蚂蚱"的器具是"蚂蚱"和拍板。"蚂蚱"由长约 7 厘米、直径约 2 厘米的木棍两头削尖而成，拍板约 70 厘米，扇形，似大刀，由木板做成。比赛方法分单打和双打，确定场地后就地画一个直径约 2 米的圆圈为雷区，并商定比赛板数，先达到预定板数者为胜方。比赛时，将"蚂蚱"放在雷区内任意地方，拿拍板击"蚂蚱"一头，使"蚂蚱"弹起，在落地前，用板拍将"蚂蚱"拍出雷区，"蚂蚱"击出雷区边线有效。拍打中拍板脱手为犯规，丧失进攻权。攻方在雷区上将"蚂蚱"击出，在"蚂蚱"落下前，守方跑动中设法将"蚂蚱"接住，接住"蚂蚱"就取得攻击权。否则，得将"蚂蚱"从落地处掷向雷区，投进雷区，双方互换攻守位置；如果掷不进雷区，攻方用拍板将"蚂蚱"拍向与雷区更远的区域，然后用拍板丈量"蚂蚱"与雷区的距离，先达到规定的板数者为胜。最后胜者罚负者单腿跳一段距离，或唱一支歌，或表演节目。

科哇村民间有个拿手绝活——口弦，口弦又称"口细"，是撒拉族现存唯一的传统民间乐器，也是全世界最小的民间乐器。口弦长不足 1 寸，重不到 5 克，是用铜制成的手工制品。据传，先知穆罕默德的外孙哈三和胡赛双双阵亡沙场，其母法图麦悲痛万分，哭哑了嗓子，于是就用弹奏口弦来纪念。撒拉族男人们常因徭役支差、扳筏经商、从戎出征而远离家乡，妇女们牵肠挂肚，惦念不已。每当夜深人静，妇女们便三五成群，不约而同地相聚在一起尽情吹弹"口细",使满腔的忧愁、焦虑、思念一泻而出。随着岁月的推移,口弦成为人们随身携带、聊以自慰的伴侣。它以其悦耳动听的音质倾诉撒拉人的喜怒哀乐。过去,撒拉族群众结婚时男女双方都不认识,洞房之夜便以口弦在枕头边的弹奏做初次见面时的交流,故本民族也把口弦称作"枕头琴"。今天,口弦仍是撒拉族青年男女倾吐爱慕之情的主要媒介之一。

撒拉族和藏族的兄弟之情

马成俊

在撒拉族与藏族的交往关系中，有"许乎""奥西""夏尼"和"达尼希"四个表示两族关系的词汇。其中，"许乎"与"达尼希"是最常用的两个词语。"许乎"是藏语，意即朋友；"达尼希"是撒拉语，意即"认识的人"或"熟人"，也可以引申为朋友，这是甘青边界循化县撒拉族与藏族之间经常用于表示相互关系的一种特有称谓。在这里，撒拉族和藏族关系非常密切，不同民族家庭之间有经常性的来往，他们互通有无，互相提供方便，在长期的交往中建立了兄弟般的情谊。

循化县在 1929 年青海建省之前，属于甘肃省管辖，循化在地理位置上处于甘青边界。循化县周边地区大多为藏族聚居区，早在清乾隆四十六年（1781）五月十一日乾隆谕旨中说："至撒拉地方，番回错处，平日即易多事，是否循化厅同知得有干练之员，即足以资料理"（台湾故宫博物院藏乾隆四十六年奏折及谕旨）。后来在乾隆五十七年（1792）由龚景瀚编纂的《循化厅志》中较为详细地描述了撒拉族地区各民族的居住格局："循化厅所属口内十二族，口外撒喇回民八工，西番四十九寨，南番二十一寨，保安四屯，族工寨屯共九十四处。"又云："然番回错处，性既狞悍而难制。""撒喇各工，番回各半，惟夕厂全系番庄。因冒为生番，另编名目，取悦上宪，而实为撒喇旧属。""考撒喇各工，皆有番庄，查汉大寺有二庄，崖慢工有六庄，孟打工有一庄，余工亦有之，且有一庄

---

* 马成俊，青海民族大学副校长、博士生导师、教授。

之中与回子杂居者。缘此地本番地，明初韩宝二人始收集撒喇尔，得世职，据有此土，役属诸番，遂为所辖，固理势之常。"由上述历史记载可知，居住在循化县的撒拉族与藏族早在元明清时期即已形成犬牙交错的居住格局，两个民族的人们世代交往，这种局面一直延续到现在。

1949 年新中国成立以后，国家在民族地区实施了民族区域自治制度，原属循化厅的很多藏族地区划归其他州县管理，成立了循化撒拉族自治县（1954），县域范围比原来循化厅时期大大缩小。20 世纪 50 年代又经过了互助组、合作社、人民公社等多次政治社会制度改革，各地方管辖范围有所调整，但是撒拉族与藏族交错居住的传统格局并未受到影响。目前，循化县共设有六乡三镇，但还是在原来"撒拉八工"的基础上设置的，现在的六个乡是清水乡、查汉都斯乡、道帏乡、刚察乡、文都乡、孟楞乡，三个镇是积石镇、街子镇、白庄镇。其中道帏乡除有部分撒拉族与汉族外，大多是藏族，而文都乡、刚察乡和孟楞乡则全为藏族。而在清水乡、积石镇、查汉都斯乡也有少量藏族居住。显而易见，这种历史上形成的交错居住的民族格局，便为撒拉族与藏族之间世代友好的交往与交流提供了地理上的便利。又因撒拉族多居住在黄河、清水河、街子河流域的川水地区，主要从事农业，兼营商业；而藏族则多居住在高寒牧业区，多从事游牧。这种不同的生计类型也使撒拉族和藏族这两个民族的人们互通有无，形成了亲密的伙伴关系。其实，撒拉族和藏族这种世代友好的亲密关系首先表现在他们各自对对方的称呼之中。

本文标题上的"许乎"与"达尼希"，还有"奥西"与"夏尼"，都是少数民族语言，其中"许乎""奥西"与"夏尼"属于汉藏语系的藏语安多方言，而"达尼希"则属于阿尔泰语系突厥语族的撒拉语。

虽然，这些词语是撒拉族和藏族群众口中的常用词，但就藏语中的"许乎""奥西"和"夏尼"的具体意思，没有人作过深入的语言学分析。为此，本人专门就这个问题请教过青海民族大学著名藏学专家桑杰教授，他说："奥西"，指的是一般相识的人，打过一次交道的人，或是稍有交情的人，都可以称为"奥西"；而"许乎"则指的是关系比较密切的人，在藏族中，本村落的当地人之间绝不用"许乎"称呼，所谓"许乎"，必须是距离较远的人，或异民族的人，远方的熟人，长期有经济交往的人，并且在双方交往中能够提供帮助的人，才可以叫"许乎"。

关于"许乎"一词的含义，据祖籍循化县道帏乡，现任职于青海省群众艺术馆的藏族学者侃本认为：藏族与撒拉族之间有没有血缘关系，如果按撒拉族的传说，当初撒拉族入居循化时全部以男性公民为主，同当地的藏族人联姻后繁衍后代的话，那么血缘关系肯定是存在的。但如今丝毫看不出来这种假设存在的可能性，因为这两个民族文化背景不同，致使两个民族的个性都非常鲜明。不过，藏族与撒拉族之间有一种叫"许乎"的关系，这个"许乎"从字面解释，当"住宿"或"住宿的人"理解，但它所隐含的内容往往是深不可测的。"许乎"这个名词只有藏族与撒拉族之间可以相互称呼，但对其他民族如循化当地的汉族与回族，从来不用"许乎"这个名词，若关系比较熟一点的称之为"奥西"，是熟人之意。藏族与撒拉族之间"许乎"关系的确立，并不是一朝一代心血来潮的结果，而是祖祖辈辈传下来的一种关系。"许乎"关系是一种固定的关系，藏族与撒拉族之间也并不是所有人都有这种关系，而只能算是一种个别现象。"许乎"关系是否等同于血缘关系呢？我们虽然在短时间内无法揭开这个谜，但"许乎"这个词的功能，在历史上确有其特殊意义。在兵荒马乱的年代，如撒拉族人跑到藏族"许乎"家避难；同样，藏族人也到撒拉族"许乎"家去待上一段时间，那是很自然、很平常的事情。

从上面的解释看来，与桑杰教授的解释基本相似，所不同的是，侃本认为"许乎"一词只限于表述撒拉族与藏族之间的关系，与其他民族间不会用这个词汇。侃本进一步认为撒拉族与藏族之间建立的"许乎"关系只是一种个别现象。但真实的情况是，"许乎"一词不单纯如以前的文献中解释的是"朋友"的意思，而且这个词仅限于表示撒拉与藏族之间的关系，这种关系建立在相互信任的基础上。我在撒拉族地区调查中发现，很多撒拉族家庭的藏族"许乎"不止一家，有的与好几个家庭建立"许乎"关系，每个撒拉族家庭与藏族家庭间的"许乎"关系何时建立，没有文献记载，但大家都记忆颇深，当被问及具体建立的时间时，双方都说家里老人说大约在爷爷的爷爷时代就有来往，已经有数代人的历史。但是，直到现在为止，在所有的撒拉族村落，几乎大多数家庭在周边的藏族村落都有自己的"许乎"，祖祖辈辈相互来往。我清楚地记得，在 20 世纪 70 年代，爷爷经常去道帏乡宁巴村和多索村的"许乎"家里，走的时候在骡子上捎去家里产的杏子、蔬菜等果蔬品，几天后回来时捎来很多粮食或背篓等生产、生活用具，以接济家用。那个时候的贸易活动，仍然带有以物易物的性质。他经常说，交换物品的时候一直住在"许乎"家里，对方不要任何报酬，只是给他们家赠送一点果蔬品即可。甚至有的时候，如果带去的东西不能马上交换，索性就放在"许乎"家里，由"许乎"代为交换或销售，等到全部交换完了，再去拿回，或者是由"许乎"专门带过来。这种"许乎"之间经济交往上完全的信任，恐怕也是两个不同民族家庭之间建立世代交往关系的基础。

20 世纪 80 年代以后，"许乎"之间相互走动的现象逐渐减少。原因是多方面的，一是循化地区实行了家庭土地联产承包责任制，基本解决了温饱问题，再也不需要到邻近藏族地区交换食物。二是国家落实了宗教政策，开放了寺院，人们的宗教意识重新被唤起，致使信仰不同的宗教信徒之间的交往减少。三是随着市场经济的深入推进，加上户籍制度的放松，撒拉人的活动范围冲破了狭小的"八工"（八工，撒拉族地区地方行政建置，相当于乡一级行政建制，现在循化县设置的 9 个乡镇是在过去"八工"基础上建立的，"工"组织大约始自清初，原有"十二工"，乾隆四十六年"苏四十三事变"后，由于人口锐减，村庄半毁，遂合并为"八工"。这是撒拉族历史上发生的一次最大的社会结构的重组），活动空间越来越大，从循化到青藏高原再逐步走向了全国各地。自然地，与县境内藏族的交往随之减少，但是撒拉族和藏族世代结交的友好关系并未因此而停滞。

　　与"许乎"的交往,精通对方的语言是首要的前提。据我调查,凡是与藏族有"许乎"关系的撒拉族都基本精通藏语,其中尤其是那些与藏族村落比邻而居的撒拉人,都具备与藏族交流的语言才能,而藏族却只有一部分人精通撒拉语。在调查中发现,清水乡转塘村的藏族除了一少部分妇女之外,绝大多数藏族操一口流利的撒拉语。令人惊讶的是,2008年夏天的某日,我在转塘村调查时,发现该村党支部书记旦巴不但能说一口纯正的撒拉语,而且对黄河对面孟达村和上游清水乡大庄村撒拉族的绝大多数家庭的情况了如指掌,包括家庭人口数、叫什么名字、从事什么职业、信什么教派、亲戚都有哪些,等等。他告诉我说,他对邻近撒拉族家庭之所以了解得这么详细,是因为长期与撒拉族交往交流的结果。他说以前一到黄河结冰时,两个村庄的人员交往就十分频繁。藏族村落里没有水磨,藏族家里磨面必须要到孟达村,有的时候水磨紧张时,还要住在撒拉族家里等待,直到轮到自己磨完面,才回到自己家里。孟达村的交通条件相对于转塘村好得多,向西可以去循化县城,向东沿着黄河可以直抵甘肃临夏大河家,而且孟达村过去还有定期的集市,在开集日,很多藏族群众就要去孟达村交换物品或做买卖。在这样的环境下,学会撒拉语是实现产品交换和互相交流的必要前提。而在孟达村调查时,同样让我震撼不已,该村一个名叫老三巴巴的老人,说起黄河对面转塘村藏族的情况更是如数家珍。他说,有一次他去转塘村,在"许乎"家里居然住了几个月。我问他,那你在藏族家里居住这么长时间,吃饭怎么办?他说,藏族朋友很尊重我的宗教信仰和饮食习惯,绝不会给我吃我们不能吃的东西。对信仰伊斯兰教朋友的食物分类和禁忌,藏族人是很清楚的,在信仰藏传佛教的藏族那里,绝不会拿出撒拉人不能吃的东西来招待撒拉族朋友。

　　"奥西",是藏语,意指熟悉的人,这个词汇在循化县积石镇伊麻目村用得比较多。伊麻目村虽远离藏族村落,却在过去因为拥有黄河渡口的摆渡权利,与甘青地区的藏族建立了密切的关系。为此,伊麻目村在甘肃省夏河县拉卜楞寺拥有一个"公房",相当于该村设在拉卜楞寺的办事处。过去,循化县积石镇的伊麻目村、白庄镇的科哇村、张尕村在拉卜楞寺分别有三个办事处。至今,这些撒拉村落仍然在那里拥有地产,只不过科哇村和张尕村的办事处因无人经理,名存实亡。而伊麻目村迄今为止仍然有"公房",很多伊麻目村人因为"公房"的便利条件,至今仍在拉卜楞寺及夏河县居住,并从事商业活动。过去,因为黄河上没有桥梁,靠简易的"木瓦"或羊皮筏子摆渡,远在拉卜楞寺的藏族要进入西宁或去西藏,必须要经过伊麻目黄河渡口,伊麻目村人便准备好饮食招待藏族"奥西",提供房屋或就地搭建帐篷供藏族朋友居住,为他们提供方便。久而久之,便建立了"奥西"或"许乎"关系。93岁高龄的伊麻木村老人韩乙四夫的口述,也证明了撒拉族与拉卜楞寺建立的亲密关系与战事有关。他说:相传很早以前,"撒拉八工"的撒拉人帮助拉卜楞去打仗,结果乃曼、伊麻木等三村有了死伤。为此事,经拉卜楞寺与三村头人商议,为三村在拉卜楞寺割地建立三村办事处,方便三村与拉卜楞寺间的商业活动。而伊麻木村则为其提供护送拉卜楞至青海塔尔寺之间货物、官员、喇嘛等的权利和黄河渡口合法渡河的权利。

　　笔者在甘南拉卜楞寺调查的时候,先到拉卜楞清真寺,寺管会主任是撒拉族,66岁,循化县白庄镇人。老人告诉我说,他们家已有三四代人住在了夏河拉卜楞。以前拉卜楞寺管辖包括白庄在内的三个"工"[南买、丹嘎、伊麻目(疑为乃曼、张尕和伊麻目三个村,过去乃曼工所在地今称科哇)]。据说,嘉木样三世(灵童)从青海回拉卜楞寺,途中受阻,当时三个"工"的撒拉人出兵帮他顺利回到了拉卜楞寺。此后,循化人在夏河设置了3个办事处,拉卜楞寺给循化的撒拉人赠送了草山。当时去迎接嘉木样三世的是阿木曲户的藏族,循化撒拉族去了三个"工"的人,当嘉木样三世正式掌握拉卜楞寺政教大权后,为感谢撒拉三个"工"群众的帮助,邀请撒拉人来拉卜楞寺周围经商、居住,嘉木样活佛还给予了经济资助。老人继续说:我们的先人驮上循化的面粉、辣椒、豆角等,从现今的甘加乡到了夏河,记得小时候在甘加还有撒拉人的羊圈。据说最初来了四家撒拉,主要是做鞋和靴子,后来人数渐多,为方便撒拉人及这里的回族群众做礼拜,在嘉木样活佛同意后,还修了清真寺。以后的嘉木样很关心清真寺,相互拜年。现在，甘南地区撒拉族有五六十户，会说汉话、藏话。在我们交往的时候，经常会说藏民是撒拉人的娘舅，而把周围的汉民和回民叫中原人，撒拉话称汉人为"哈得"。以前，我们一家专为拉卜楞寺的阿卡做靴子。现在拉卜楞清真寺做礼拜的撒拉人有 40 多个。在清真寺里有一块嘉木样赠的匾额："亘古一人。"

拉卜楞寺寺管会退位的阿卡也告诉我说："现在和清真寺关系很好，当时拉卜楞寺遇到火灾，清真寺派人帮助灭火，重修时还给了 33 个打地基的柱子。"

另外，笔者在调查中还发现，与拉卜楞寺有着一定社会关系的外族集团中，就有循化的撒拉族。循化撒拉族的"科哇乃曼、拉马吾建"等与拉卜楞间有称为"栓头"的关系，即嘉木样派去的官员到该地村落就受到热情招待，负责一切食俗费用。撒拉人到拉卜楞也受到同样礼遇，逢年过节，撒拉人派去代表祝贺。撒拉族的这些"栓头"村与周边其他村落发生争执械斗时，拉卜楞寺也会予以积极的支持。拉卜楞寺院与撒拉族八工的这种"栓头"关系一直延续到解放时期。下科哇村人马胜华说：到 20 世纪 80 年代，随着国家政策的开放，乃曼工、伊麻木村、张尕工等派人去拉卜楞再次与拉卜楞寺提起以前的这种关系时，夏河县政府再次为乃曼工划分一亩多地，作为重新修建'循化乃曼工驻拉卜楞办事处'之用。目前，这办事处还在拉卜楞寺附近，但近年由于交通、信息的发达，循化撒拉族人尽管已经走出了青海、甘肃，几乎覆盖到全国各地。拉卜楞的办事处却在夏河县为撒拉族与拉卜楞藏族在政治、经济和文化交流方面表达出了实物的历史佐证。就因为撒拉族或回族的这种以商业为生的习惯，藏区腹地的一些僻静的寺院门口都有伊斯兰的饭馆或商店，有些地方甚至藏族寺院喇嘛或贵族头人积极支持建立清真寺，目的是吸引这群制造互市的商业民族。

至于撒拉族对于藏族朋友，有人直接用"许乎"一词，有人则用"奥西"称呼，但更多的撒拉人则使用本民族语言"达尼希"来表述。在撒拉语中，"达尼希"意即"熟人"或认识的人，撒拉族的藏族"达尼希"基本上都在与本村较近的藏族村落。在循化县各民族居住结构中，"上四工"（街子工、查家工、苏志工、查汗都司工）撒拉族紧邻刚察、文都、尕楞藏族乡，而"下四工"（清水工、张尕工、夕厂工、孟达工）撒拉族则紧邻道帏藏族乡。据乾隆四十六年（1781）七月初五日谕旨："至撒拉尔回众，前奏共有十二工，人数自必甚多，此次作逆之苏四十三等，不过其中之二三工，将来事平之后，若仍将贼匪巢穴地方，一任他工分占，则回众地广力增，数十年后，伊等倘再滋事，更属不成事体，务须于此次缮后事宜案内，将此数工地方，归于地方官妥协经理，使一劳永逸，永远牧宁之处，着传谕阿桂等，详筹妥议，毋致稍贻后患，以为久远之计。""上四工"撒拉人的"达尼希"大多在循化县文都、刚察、尕楞3个藏族乡的各村落，而"下四工"撒拉人的"达尼希"则多在道帏藏族乡各村落。据笔者调查，撒拉人的家庭少则只有一户藏族"达尼希"，多则在不同的藏族村落有好几个"达尼希"。同样，藏族家庭在撒拉族中也有好几户"许乎"，这种现象在循化县是比较普遍。

撒拉族与藏族之间除了上述"许乎""奥西"或"达尼希"关系之外，还有一种关系叫"夏尼"。据著名藏学家桑杰教授讲："夏尼"在藏语中是亲戚的意思，既指父方党家，也指母方亲戚，一般学者都将"夏尼"解释为"本家"（芈一之《撒拉族史》），而且基本上指的是传说中撒拉族先民迁徙时途经青海贵德圆珠沟时，有12人留居在当地，后来他们便被藏化了。但是，他们至今仍然记得其祖先为撒拉人。于是，循化的撒拉人便是他们的"夏尼"，亦即本家。有些人也把这种关系拉到撒拉族初到循化的时期。据传说，撒拉族初到循化，全系男性，为了繁衍后代，便与周边藏族首领囊木洒洪布商量通婚事宜，几经讨价还价（非经济的），当地藏族头人答应将女儿嫁给撒拉人，于是实现了撒拉族与藏族之间的通婚关系。迄今为止，撒拉族与藏族之间仍然互相调侃，说藏族是撒拉族的舅舅，撒拉族是藏族的外甥，这种"甥舅关系"或许是"夏尼"一词的另一种诠释。但是，笔者在循化县撒拉族与藏族的很多村落进行田野调查时，很少听到有人用"夏尼"一词解释撒拉族与藏族的关系，而更多使用的是"奥西""许乎"和"达尼希"这三个词汇。有趣的是，当笔者在藏族村落问及藏族老人，现在还有没有藏族与撒拉族的通婚关系时，很多人矢口否认。

　　我在循化县白庄镇麻日村作调查时，曾就藏族与撒拉通婚问题采访了该村老干部夏吾才让，他说："我们跟科哇村撒拉的关系很好，但有史以来，从来没有同他们通婚的，因为这是有关颜面的问题，我们把姑娘嫁给撒拉的话，面子上下不来呗（说话的同时，他用食指刮一下脸面——笔者）。我们的宗教信仰是不一样的。但我们有不少女子嫁到县城汉族的家庭，原因是他们的生活水平比较高，女儿们到了那里就不需要干很重的体力活，生活比较轻松，信仰也一样。这是可以的。"同村的桑吉才旦说："我们夕昌的藏族有一句话说：科哇与夕昌为一个父亲的孩子，是一张皮子里的牛。"老人用了一句颇有地方文化特征的比喻形象地说明了循化藏族与撒拉族之间的密切交往关系，但都否认两个民族之间存在过婚姻关系。我问夏吾才让："撒拉族地方有这样一种说法：很久以前撒拉族的祖先娶了藏族的女子，所以藏族是撒拉族的舅舅。你们有没有听过这种说法？"夏吾才让说："历史上我们夕昌曾经出动全部的力量保护了科哇清真寺，所以没有被烧掉，所以科哇清真寺一直保留到现在。后来他们同样尽全力保护住了我们夕昌的藏族寺院。我们循化有六个沟，每个沟都是上游住的是藏族，下游住的是撒拉族，其中我们夕昌沟的藏族和撒拉族的关系是最好的。我们这里有这样的说法：藏族是撒拉族的舅舅，撒拉族庄廓四角放白石头，这些都是我们藏族的习惯，当时我们藏族让他们学习这种习惯，要不然不把我们的女儿嫁给他们。那是撒拉族的祖先们骑着白骆驼来到街子的时候发生的事情，我们一直以来都知道这些情况。后来两个民族的关系仍然很好，但是互相嫁娶的情况却极为少见。"科哇村撒拉族老人韩胜华也告诉笔者，科哇村与夕厂麻日村的关系非常友好，简直是民族团结的模范，但是这两个村落之间却从来没有通婚现象，我们科哇村也有个别从其他藏区娶来藏女为妻的，但是邻村之间却互不通婚。

　　另外，据循化县文化馆编印的《撒拉族民间故事》记载：清光绪年间，撒拉族地区反清斗争连绵不断，社会动荡不安，一些社会渣滓趁机聚啸为匪，东掠西抢。有一年，曾有几百名土匪从拉卜楞一带向循化白庄方向袭来，撒拉庄子遂派人堵截，土匪们大为恼火，扬言要烧掉撒拉人的科哇清真寺以作报复。在形势异常严峻的情况下，夕昌地区的藏族立即派几百名藏族群众前来协助保护清真寺，土匪闻风方不敢贸然行事，半途而返，科哇清真寺连同科哇群众才幸免一场浩劫。1928 年，马仲英武装反对国民军，败北后逃到循化等地，扬言要烧掉夕昌藏族嘛喇寺院。正在危急时刻，科哇撒拉群众派了上百名壮丁前去援助，匪徒闻知有几百名撒拉人前来护卫，也就退回去了。夕昌寺院也免了一场战火。这两起撒拉族和藏族互相护寺的义举，进一步加深了两个兄弟民族亲密无间的友谊，成为循化历史上的一段佳话。

时至今日，撒拉族与藏族杂居地区逢年过节都相互道贺。如藏族过"洛撒尔"新年，附近相好的撒拉人都带些果品之类的特产前往祝贺，而在撒拉人的"尔德节"来到之时，藏族同胞也前来恭贺。积石镇的加入村是个藏族、汉族、撒拉族、回等多民族杂居村，由于他们之间长期相互帮助、团结友爱，因而早在 1990 年被国家民委评为"全国民族团结村"。

地契背后的故事

唐　钰 *

　　我是五年前才听说，唐氏老家谱在我堂弟唐延明手中。于是，专程跑了一趟白庄塘，结果，延明兄弟拿给我的是一卷百年地契，尽管残破不忍睹，但我依旧把它当成我族十分珍贵的文物保留了下来。

　　据我堂祖父唐正人 2001 年 8 月在病中完稿的《唐氏家谱》记载：循化县白庄镇唐洛尕村唐氏早在清嘉庆年间，从甘肃东乡境内的唐汪川地区迁徙而来。这一重要历史记载，在现存的唐氏地契中得到了印证。

　　从清嘉庆年间到 1952 年，现存的唐氏地契 20 多份。清嘉庆年间的地契是唐氏家族保存最早的一份地契，其内容如下：

　　　立卖庄稞（廓）地基人上白庄金可润因使用不足今将自置住座庄稞半所下籽一升东至木洒地南至小路西至大路北至卖主房屋四至分央凭中人说和卖于唐五十九名下为业卖价市钱陆串整当日交清并不欠少日后两家并无言词恐后无凭立此卖约存照　同子金冬至宝　中人　李桂　嘉庆二十二年三月十六日立卖约人金可润　代书人　陈镪。

＊　唐　钰，《中国青年报》驻青海记者站原站长。

以这份地契推断，唐五十九是唐氏家族最早扎根塘洛尕村的祖先。因为他买的是金可润的庄廓。

道光年间的5次买地交易都是在唐什家名下进行的。其中一份地契如下：

> 立约人上洛哈庄宁卡加因为使用不便将自己房后地一块下籽二小斗央凭中人说合出卖于唐什家名下为业得到价钱拾串文当日交清并无欠少其地东至水渠西至赵才官保南至本人地南至觉木地四至分明恐后无凭立卖约存照　本家赵成有　说和人　李贵　赵才官保同弟　旦主　立约人上洛哈庄宁卡加　代书人　杨怀义　道光七年十二月十八日。

这份地契透露了两个信息：第一，上洛尕村原来可能是藏汉混居（"上洛哈庄宁卡加"，这明显是藏族名称）；第二，乔滩（今旦麻古塔）尼姑原来也拥有土地（依据"南至觉木地"，觉木，即尼姑）。

光绪年间，唐氏家族共添置了8份田产，

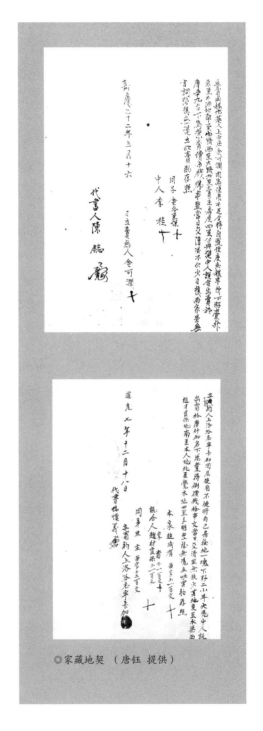

◎家藏地契（唐钰 提供）

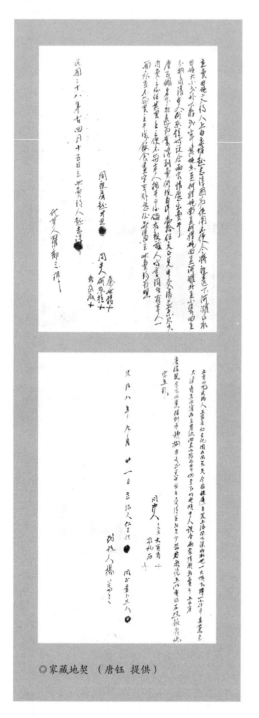

◎家藏地契（唐钰 提供）

1处水源。其中唐得儿（唐尕得）买地1块，买水源1处；唐六十四买地契2份；唐锅扣（唐戈口、唐国口、唐果扣）购买田产契约5份。现摘录期间的一份地契，内容如下：

> 立卖地文约字人唐毛哥今日不便将自己祖业卖与唐戈口名下管业对仝中人说合两家情愿下籽三小斗其地坐落牙吉馕上下大小三块东至本姓地为界西至哇龙沟地为界南至彭姓地为界北至大路为界随代地粮两碗东至以必拉地界西至本姓地界南至以必拉地界北至杨寅喜地界四至止明请凭中人说合实真价银玖两正当日交清并未短少分文空口无凭立卖地文约为证 本卖主唐毛哥 仝中人杨良喜 秦全喜 代笔人万福太 光绪二十五年八月十六日 立。

以这份地契推断，塘洛尕村除唐锅扣一脉唐姓之外，还有另外的唐毛哥一脉的唐姓人家。

到了民国年间,唐氏家族总共有3份地契。其中唐五个卖地1份、买地1份,唐老藏(唐洛藏)买地1份。现摘录其中一份地契,内容如下:

立卖田地文约人上白庄塘赵志淳因为使用不便今将祖遗下河滩山水田地大小贰块下籽贰小斗其地东至何姓地南至何姓地西至河滩北至小渠四至分明自清中人何尕拉等说和两家情愿出卖与唐五个名下永远为业得到卖价现白洋壹拾伍元整兑中交清并未欠少自卖之及任其买主之便不与本人相干日后倘有亲族人等言词者由本人一面承当不与买主干涉饭食画字在外恐日后无凭立此卖约为照 同祖方 赵才旦 仝中人秦世精 何尕拉 张尕成 民国二十八年古四月十五日 立此卖约人赵志淳 代笔人罗郁三。

1952年,唐正孝从赵才旦手中买下一块地。另有3份地契因保管不善,已无法辨认年月,在此不述。

总览唐氏地契发现,唐氏家族自从清嘉庆年间定居塘洛尕村后,祖先们为了繁衍生息的需要,一直没有停止过购买田产之举。尤其到清光绪年间,唐氏家族家底殷实,不仅有充足的土地,还有较多的牛羊、商铺,成了当地赫赫有名的富足人家。

但是,人生祸福难料。到了1937年,乐善好施的唐府收留了一位受伤青年,一家人热茶好饭,熬药煨炕,精心护理疗伤3个月后,那位青年病愈离去。但此事很快被白庄乡保长们知悉,便三番五次到唐家兴师问罪。声称离开唐府的那位陌生男子正是共产党领导的西路红军,遂以窝藏"共匪"为名,抓人治罪,敲诈勒索。

唐家不敢得罪官府,私下答应供奉数千银圆来了断此事,随后变卖了上百亩土地。之后,马步芳家族为巩固其在青海的统治地位,不断扩充军队四处抓壮丁。唐家几位男性也没有逃出他们的视线,每天有官兵上门拿人。唐家长辈苦苦央求,诉说家中种种困难,但官府态度坚决:要么出人,要么出钱。唐家无奈又变卖了一些土地,花费

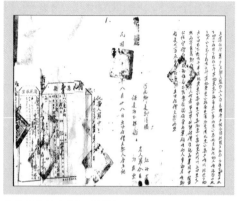

◎家藏地契（唐钰 提供）

800银圆买了一匹战马来充顶壮丁任务。然而，官府的人拉走战马后又强行把唐雄、唐正中二人抓去服了兵役。

唐氏家族现存的20多份地契中，除了一份是卖出，其余都是买进，这也反映了家境变化。现摘录民国二十七年八月卖地的一份地契，内容如下：

立书估价业户文契人张尕工上白庄塘唐五个今因祖遗上洛尕庄拉吉昂山水下地大小五块下籽伍小斗其地东至大路南至小渠西至小渠北至赵姓地又有洛尕山水下地大小三块下籽贰小斗其他东至小路南至沟西至沟北至小渠又有河滩边下地大小四块下籽贰斗半其地东至小渠南至官渠西至小区北至大河以上四至分明为界自清乡保长及老人等看明为界公平估价投税为业同中按照公估定价白洋玖拾伍元整情愿投税保管为业倘有他人争论者有乡保长一面承当恐后无凭立此估价文契为照 河关乡乡长郝得胜 保长马正祥 老人赵栓老 罗仇臣 马成云 民国二十七年八月二十八日立此估价文契人唐五个 代笔人罗中三。

之后，唐家因上述两次变故，土地越来越少，家境一年不如一年。直到1949年新中国成立之后，唐家在1950年划分阶级成分时定位中农。唐家子女在后来上学、招工、招干中，都沾了阶级成分的光，享受了国家政策的各种优惠。后来的唐氏家族人丁兴旺，人才辈出，生活越来越好。

始建伊麻目小学的记忆

韩国玺[*]　谢延林[**]　马树勋[***]　口述

韩得彦[****]　整理

一

我叫韩国玺,今年87岁(1935年出生),退休干部,现住循化县积石镇伊麻目村。我爷爷叫十子保(1888—1959),作为当时本村头人,在生产、生活等各方面都为村民起着模范带头作用,也乐于为集体办事,在群众中有很好的口碑。爷爷常常给我们讲,那时我们家庭经济比较富裕,乐做慈善,帮助别人,救济穷人;有100多年历

◎今日的伊麻目小学　(韩得彦 提供)

史的伊麻目清真寺,就是在我爷爷带头出资、出力下,修建起来的。关于伊麻目小学的兴建时间,他说在民国十年左右,村里筹划着要建一所学校,但是苦于校址没有着

* 韩国玺,积石镇人民政府退休干部。

** 谢延林,伊麻目小学后勤主任。

*** 马树勋,循阳学校原总务主任。

**** 韩得彦,循化县政协经济与人口资源环境委员会原主任。

落。我爷爷知道后，当即捐 3 亩 4 分地作为校址。这样学校很顺利就建起来了，当时主要经费由政府解决。从此，该校为积石镇的伊麻目、尕别列、大别列和街子镇的托龙都村培养了不少人才。据统计，自建校以来，伊麻目学校为伊麻目、尕别列、托龙都、大别列及街子三岔集镇商业人员培养学生 22000 多人，走上工作岗位的 1000 多人（以伊麻目、尕别列、托龙都三村为主）。我知道的县级以上领导干部就有韩永荣、韩永东、韩大全、马启信、韩玉英、韩如龙等，另有著名诗人韩秋夫也毕业于该学校。

我上学是 20 世纪 40 年代初，那时候学生不多，一个班只有十几个人，我们班除了我还有本村的韩应奎（已故，曾任县人民法院副院长）、尕别列村的马德良（从化隆县教育系统退休），比我大 13 岁的我叔叔韩哈凯木（又名新疆阿爷）是我能记起来年龄最大的伊麻目学校的学生，韩秋夫先生比我高三级。

那时伊麻目学校的学制是 4 年。四年级后休业，被送到街子学校继续读五至六年级，我们被送到街子学校不到半年，又派到西宁昆仑中学培训。培训了一两个月，青海解放，大概是 1949 年 9 月，我们被遣散回家。韩秋夫上完小学四年级后，直接送到昆仑中学深造。那时小学课程设置有语文、数学，还有一门初级阿语，由本村的阿布都阿訇（已故）讲课，一周 2 节。教师除了阿訇以外还有 3 名，有一名乐都来的老师，我记不起他的名字，后来他与本村一名女子结婚并落户伊麻目村。教室 4 间，办公室 3 间；学校的经费、教师的工资由青海回教教育促进会解决。

二

我叫谢延林，1991 年开始在伊麻目学校任教，已经 30 年了。伊麻目学校是 1983 年搬迁到现在这个地方的，原来名称一直是"循化县伊麻目学校"，20 世纪 90 年代以后因工作需要，经上级批准才改名为积石镇伊麻目小学，同时废止了原来的公章，重新刻制了新的公章。在学校的历次活动中，学校的概况或简介中一直沿用建校时间为

"1921年"，有一次在校内老房改造时，我亲眼看到一份材料，明确记载着伊麻目学校兴建于1921年，只可惜这个材料没能保存下来。

三

我是积石镇瓦匠庄人，叫马树勋，今年94岁（1928年出生）。从7岁开始在循阳学校读书，六年级毕业以后，由于我品学兼优，成绩优秀，派到白庄学校任教。伊麻目学校建校时间我不清楚，在上小学时知道有白庄学校、科哇学校、清水学校、东方红学校、循阳学校、伊麻目学校、查加学校、苏只学校。1950—1952年我在伊麻目学校任校长，我的前任是甘都的马知义。我任内公派老师只有我一个人，另外聘请一位阿语辅导员，是本村的阿布都阿訇，当时伊麻目学校学制四年，设有3门课程，语文、算数、政治（思想品德）。五、六年级要到街子学校完成。共有4个班100名左右学生，经费由政府拨款。

山东禹城韩寨探访

庄琳轩[*]

2017年我在青海民族大学读研究生一年级，与导师马成俊教授讨论毕业论文选题方向时，导师提出山东有一个从青海循化迁徙过去的村庄，推荐我查阅相关资料。随后在网上查阅到范景鹏在《青海社会科学》发表的《山东的撒拉尔人——山东禹城韩家寨历史研究》一文，循着导师和网上查阅的线索，在2018年2月寒假期间，我前往韩寨村进行了为期3天的预调研，随后在2018年暑期、2019年寒假又多次前往韩家寨。在调研、走访的过程中，结识了韩家寨村村民和阿訇麻志明，他们为我提供了许多线索和第一手资料。

一

韩寨，回族聚居村名，位于东经101.32°，北纬36.59°，地处山东省禹城市城西北5公里，属十里望回族乡。村内皆为平原，地势平坦，属暖温带大陆季风气候，四季分明，干湿季节明显，光照充足。韩寨聚落呈长方形，东西长1公里，南北宽0.5公里。有耕地1984亩，果园120亩，主要生产小麦、玉米、棉花、大豆、苹果等。韩寨村东北邻小王楼，西靠东普天河，东接高庄，西北接窦王庄村，现属韩寨社区。韩寨现有人口

* 庄琳轩，南通理工学院教师。

1200 余人，约 90% 属韩姓家族，另有少数麻姓家族和其他姓氏等。

（一）生计方式

韩寨村民主要的生计方式以农业种植和外出经商、打工为主。村民们大都从事运输、屠宰、养殖、饮食服务、糕点制作等，年轻人大多外出打工。村中主要种植小麦、玉米、棉花、大豆、苹果等。村中水泥路两边分布着超市、熟食店、餐饮店等，大多都是自营，规模较小，村中还有一家屠宰场。随着市场经济的发展，年轻人越来越多的选择在城市里工作并选择买房定居，自营的主要围绕个体餐饮、运输、汽车配件等。

（二）衣食住行

衣：韩寨村民跟禹城回族其他村落一样，由于长期与汉族相处，其日常穿着与汉族基本相同。街头巷尾坐着闲聊或打牌的村民，仅靠衣着和言行来断定是穆斯林还是很难的，但在参加"聚礼"和礼拜时会特意换上民族服饰。我第二次去的时候恰好是周五，有幸跟随着村中虔诚的信教老人去参加了一次"聚礼"，参加聚礼的妇女大都戴黑、白或深绿色盖头，不露耳饰，身着长衫。而男性多戴无檐黑、白帽，阿訇则身穿白色长袍，参与礼拜的男性则穿着普通服饰。

食：种植物种和养殖确立了韩寨人的饮食，饮食主要以米、面为主，吃牛、羊、家禽及其他反刍动物。同时饮食也受到伊斯兰教教法的制约，猪肉及教义规定不能食用的其他食物，韩寨人也是不食用的。此外，韩寨人还喜欢喝茶，每次去韩寨拜访时，韩寨人都会沏茶来招待，表示欢迎和尊重，日常喝茶也是较为普遍的事情，其中多以花茶为主。

住：根据村中老人的讲述，韩寨人以前住的多为用黄泥土修建的房屋，低矮、简陋。改革开放以来，当地的经济也得到发展，现在的韩寨多为平房和瓦房，每家每户都有一个小院子，住宅面积也非常宽敞、明亮。韩寨家庭门沿上方一般用瓷砖张贴有用阿拉伯文书写的横联，韩寨人称之为"都哇"，写作的书法优美飘逸，如同汉字书法一样隽美，风格也是多种多样。在这里，"都哇"不仅是韩寨家庭的特殊标志，也是他们清真饮食的标志之一。

行：韩寨人日常出行多以摩托车、电动车作为代步工具，家家户户也基本上拥有小汽车。村中的主干道上政府设置了公交车站点及公交车通行，但由于韩寨人去禹城市多开自家车前往，导致公交车即使经过村庄也没有村民乘坐，后来政府就撤掉了公交车通行，这也侧面反映了韩寨人经济条件较为殷实。

（三）语言文字

韩寨人日常生活中讲汉语，使用汉文。只有少数掌教、阿訇和部分念经人会晡或礼拜时，尚使用一些阿拉伯词语。虽然能用阿拉伯语念经文，但大多数人对其具体含义都不知晓。韩寨人内部之间或与当地周边回族村落居民问候时依旧保留了"赛俩目""主麻吉庆""阿訇"等阿拉伯语词汇。韩寨人在日常见面时互道"赛俩目"表示祝福，韩寨的阿訇在宗教活动时会使用阿拉伯语诵读经文。韩寨清真寺、村中墙体、北讲堂绘有大量的阿拉伯文字，这些阿拉伯文字如同汉字书法一样，隽美飘逸。但对这些文字的实际含义仅有阿訇认识一部分，大部分村民却对这些绘在墙上的文字含义并不知晓，在韩寨这些墙绘阿拉伯文字更多的起到装饰性的作用。

（四）宗教信仰

韩寨人民族身份上属于回族，信仰伊斯兰教。伊斯兰教对于韩寨的宗教认同和族群认同发挥了重要的作用，与此同时，韩寨人在日常生活无论是饮食习惯还是言行方式都要受到伊斯兰教相关教义的约束与制约。

韩寨村现建有一座清真寺，坐落于韩寨村核心公路的西南边。韩寨老清真寺原先只有3间用泥土修建的中国传统建筑，修建于明永乐十一年（1413），后来随着时间推移，建筑样貌有所破损，到了清光绪三十年（1904）又经历重修。经历此番修缮，韩寨清真寺开始形成规模。总共占地大约有9亩，分为三进院，院内种有上百年的古树。原建筑有49间房屋，其中大殿内可容纳700人同时礼拜。但原清真寺在"文化大革命"期间深受重创，原大殿已倒塌，破烂不堪，不再为韩寨人所需要。

韩寨清真寺原礼拜殿内有一木制小楼，内镶一块黑底金字木制牌匾，那是清朝末年扩建清真寺时从北京牛街清真寺仿制的一块"圣旨"牌匾，韩寨穆斯林群众谓"康熙赞"。清康熙三十三年（1694），在伊斯兰斋月中，牛街清真寺夜夜灯火通明，前来礼拜的穆斯林络绎不绝。有人为此向皇帝密奏："回民夜聚明散，图谋造反。"皇帝为了了解实情，即头戴白帽，步入礼拜殿，跪于一端，暗地里查明信奉伊斯兰教的回民，遵从主圣，敬慎守法，毫无造反之意。于是，他颁发诏书："通晓各省，如官民因小不忿，借端虚报回民谋反者，职司官先斩后奏，天下回民，各守清真，不可违命。"此匾在"文革"时期被砸毁焚烧。

1987年，上级政府先后两次拨款8万元进行重修，1988年完成。大殿建筑为砖石钢筋混凝土，坚固耐久，为现代化礼堂式。大殿建筑面积293平方米，加北讲堂和沐浴室，全寺建筑面积640平方米。整个清真寺大院占地10亩，有教民238户，940人，均为回族，属格底目。2011年中旬，由当地韩寨穆斯林群众共同筹集资金，在清真寺院内新修建了5间大约140平方米的北讲堂。2013年7月，由原韩寨韩在亭之子韩东亚捐助资金修建了7间大约200平方米的沐浴室。

（五）婚丧嫁娶

1. 婚姻

韩寨人结婚大部分分为三部分：订婚、交礼、结婚。彩礼分小礼和大礼，均以果品、衣物为主，数量以女方亲朋多少而定，衣料样式随时代而变。旧时聘礼有点心、肉、粉条、馒头等。近些年来，有些会送茶叶、鱼肉、点心等。结婚时，韩寨人实行等婚，由男方请车去女方家娶新娘，新郎不去女方家，车上有一名"压车"的儿童，并带一只大公鸡。回来时再带回一只大母鸡。女方请近亲男女各6人或8人，为女儿送嫁，男方宴请宾朋迎亲。迎亲时，抱拳作揖，向送嫁者道辛苦。新郎迎出门外向新娘和女方送嫁者行鞠躬礼，方才下车。新亲入院后，先找亲家恭喜，然后入席。仪式开婚，请阿訇坐上首，桌上放一盘糖果、红枣，全体肃立，由阿訇先念"伊扎卜"（伊朗语，即证婚词）："你们是自愿结合，成为夫妇，祝你们婚姻美满，孝顺父母，敬老爱幼，和睦亲邻，互敬互爱，互相帮助，白头到老。"新郎、新娘表示同意。礼成，阿訇遂将桌子上的糖果撒向观众，结束。现在虽然有少数改成旅行结婚，但仍保留着请阿訇主持证婚的宗教仪式。韩寨人在婚姻选择上多与周边村落的回族通婚，实行一夫一妻制。但随着经济发展，回族与汉族之间的密切往来。韩寨年轻男女的通婚范围主要以十里望回族乡镇作为主要的通婚圈，宗教信仰影响到韩寨年轻人的通婚范围。回汉通婚虽时有发生，但伊斯兰教对于韩寨人的通婚范围还是起到决定性的作用，通婚的范围主要围绕在韩寨周边的村落之间。十里望回族乡镇作为回族的聚集地，内部通婚是最为常见的事。当代的韩寨年轻人婚礼会在家中、饭店举行，但往往会选择在禹城市或周边城市定居，仅是遇到重大节日时才会回到村中待一段时间。

2. 丧葬

韩寨人丧葬主张速葬，以体现"亡人入土为安"之意。实行土葬：把死者尸体直接放入坑穴内，坑穴不看风水，不用棺材，只用砖砌四壁，上加木盖或水泥盖，但底部必须是泥土，以不失其土葬的原则。讲究薄葬，无论死了什么人，不分贫富和职位高低，都是用同样的"开凡"（包亡人用的白洁布）包尸，埋在同一块墓地，占用同样大小的地方，而且不允许用任何贵重的物品做"陪葬"。丧礼仪式：埋葬日上午，将亡人抬在溜子上（洗亡人的木质小床），用温清水按顺序给亡人净身，净身后用事先请阿訇捻好的"七窍米"（用棉花蘸上樟脑、麝香捻好的棉球）放入亡人七窍内，以防虫类钻入亡人体内，然后再用"开凡"布和请阿訇写好的"都阿"将亡人尸体包裹整齐，盖上榻布罩，抬至院中。仪式开始，请阿訇占"者那则"（追悼仪式），然后，由晚辈子侄抬榻布放在架子上，抬往坟地。韩寨人讲究送葬，由乡邻轮流抬架子至坟地，决不允许雇人抬。坟坑四壁挂好用"阿文"写的"满棚"，将亡人抬入坟内，头北脚南，面向西方，以示归根圣地。然后请阿訇念经，直系晚辈跪谢乡亲，仪式结束。是日，除较远亲属外，丧主家不待客。祭典：亡人埋葬七日内，孝子及其直系亲属晚辈，早晚净身请阿訇走坟，以后四十日、百日、周年均为祭典日。先祖祭典日，亲属、乡邻均给主家送"经礼"或食油，主家煎炸"油香"分送给阿訇及其亲朋，并请阿訇和亲朋同至坟地念经纪念，同时设宴致谢。

（六）传统节日

韩寨人也会与当地的汉族一样过春节、中秋节等中国传统民间节日，但最重要的还是其宗教节日。作为伊斯兰教的信仰者，韩寨人在每年的开斋节、宰牲节举办隆重的仪式庆祝节日。在开斋节这天，韩寨人共同聚集在清真寺庆祝节日，每年市政府会派领导在这天同韩寨人共同庆祝。开斋节在每年的伊斯兰教历的十月一日，韩寨人很重视这个节日，他们会在清真寺内的沐浴室沐浴过后参加会礼，开斋节也成为韩寨人集体走坟祭拜共同祖先的日子。宰牲节在伊斯兰教历的十二月十日，这天韩寨人也会在清真寺内举行会礼，并宰杀牛羊庆祝节日。

二

在韩寨，关于历史记忆的记载和传承方式是多样的，有传说故事、地方志的文献记载及韩氏一族的族谱记载等。

（一）宗谱记载

在访谈过程中，当我问起有没有见过宗谱时，阿訇马上联系村民给我展示了韩寨现存的《韩氏宗族家谱》。这本家谱是复印版的，阿訇为我讲述这本宗谱的由来。宗族家谱由韩统霖纂写。韩统霖，字雨三，经名阿里。1912年农历十月初十生于阿城县城乡村永发屯。他的曾祖父韩思盛，系韩氏第十五代传人。清道光元年（1821）出生于韩寨。道光十七年（1837）在家乡投师学民间传统白皮制革，并在城内白皮革作坊打工，后成为白皮制革手艺人。其曾祖父在家乡结婚娶妻高氏，高氏也是韩寨村人。婚后生育长子德金，次子德银，全家四口，艰难度生。

在《韩氏宗族家谱》"序文"中有明确记载，韩寨韩氏一族来源于现青海省循化县，从元代末年开始，韩姓总支开始陆续向东迁移。元顺帝九年（1341），由青海省循化县迁入禹城。初居西白庄（大程乡），后到明永乐二年（1404）迁至韩寨发展为大族。从青海循化东迁的过程中，有兄弟三人，长支韩元忠、二支韩元臣、三支韩元信。第二支去了河南省商丘市柘城县慈圣镇安家落户。第三支去了河北省韩家石桥安家落户，长支由西白庄迁移到韩家落户，也就是韩寨。韩寨的长支生了两个儿子，大儿子韩大谷，生了5个儿子，次子韩大瑞生8个儿子，后称"八大家"。

据韩寨人说，吉林省九台市胡家回族乡蜜蜂营的回族韩氏是从山东禹城韩寨迁出形成的，在其《韩门宗谱》中记载了与韩寨来源相关的文字记载。20世纪80年代初期《韩门宗谱》"谱序"中记载："始祖西地萨拉人氏，来此山东济南府禹城西白家庄黑龙庙存身，居住数载，往东迁移白马庙玉林庄至，始祖改作韩寨。"撒拉族人自称"撒拉尔"，意为领兵官，简称撒拉。元明以来各种汉文文献上有许多种写法，即"萨拉儿""撒刺""撒刺儿""撒拉"。清代称为"撒拉回""撒拉番回"等。"撒拉尔"是撒拉族人的自称，周围的汉族、回族、藏族等民族称其为"撒拉"，土族称他们为"撒勒昆"。撒拉人有本民族的语言，但使用汉文，汉文记载的"撒拉尔"或"撒拉"都只是音译。但是在《韩门宗谱》中的"萨拉"是指青海"撒拉"，是地名的表述，这一表述与青海循化地区地名的历史相符合。现在的循化地区在元代就有"撒拉"之地名，元世祖至元年间（1264—1294）设置的"吐蕃等处宣慰使司都元帅府"，其属下有"积石州"和"撒刺田地里管民官"。明代史料《陇边考略》记载："（河州）卫迤西九十里为老鸦关。又九十里为起台堡，又七十里为上北庄，又九十里为撒拉坡。"循化的地名起源于北宋筑循化城，清雍正八年（1730）置循化营，取"遵循王化"之意命名。清乾隆二十七年（1762），移河州同知于循化，改置循化厅。1913年设循化县。1954年设循化撒拉族自治区（县级）。1955年改名为循化撒拉族自治县。可见，"萨拉"以前作为地名出现，相当于现在的循化地理范围。从山东禹城韩寨韩氏族谱、家谱，都只是"萨拉"的表述，并没有出现过循化称谓，这也与当时的历史相吻合。

（二）韩氏宗族家谱

翻阅当地的《禹城县回族志》载："吾韩氏自元顺帝九年（1349）由青海循化地区移民而来……先祖原姓'沙穆罕'，此后即保留后一个字音，改姓为韩。初迁始祖即信奉伊斯兰教。"这段文献详细记载了自元顺帝九年从青海循化迁移过来的历史，因先祖姓"沙穆罕"，后简化为韩这个姓氏。至今，韩寨韩姓依旧是村里的主要姓氏，尽管经历上百年的演变，韩姓和伊斯兰教的信仰依旧在韩寨村保留。

另外，据魏德新先生的《中国回族姓氏溯源》写："韩氏于元至正元年（1341）由青海循化县迁入禹城（山东），初居西白庄（大程乡），后于明永乐二年（1404）迁入韩寨。"

（三）传说故事

韩寨族源的民间传说，历来都有记载和口述流传。《韩氏宗族家谱》里有关于韩寨迁徙的传说。

传说一：传说元末时候有兄弟三人开始向东迁移，长支韩元忠、二支韩元臣、三支韩元信，兄弟三人从青海循化出发到达山西禹州大槐树居住了几年后，又开始继续迁徙到达山东禹城西白庄安家落户，在西白庄居住了60多年。但由于当时西白庄地势比较低、土地贫瘠，庄稼年年都歉收，可谓"夏日一片水汪汪，冬天一片白茫茫"。为了让后代能够摆脱饥饿、生活富足，兄弟三人商定分头出发寻找适合生活的地方。长支韩元忠通过实际考察发现在距西白庄10公里的地方有一个村庄叫白马山庄，这里的地势较高，土地也很肥沃，适合庄稼生长，而且这里有一座庙宇香火旺盛，名叫白马庙。白马庙香火旺盛，前来上香的人源源不断，并且施舍的钱也是非常慷慨，正好适合穷人居住。于是，在明永乐二年（1404），长支韩元忠便定居在此村落，后来改名为"韩家寨"，此后又简化为"韩寨"。二支韩元臣则去了河南省南临邑；三支韩元信则去了河北省韩家石桥安家落户。

传说二：由村民口述，记载如下：

我们这儿有个传说，早期韩氏一族有一个非常有智慧的老奶奶，她的儿子非常孝顺她，经常买一些瓜果之类的带回家给老太太。有一次，她的儿子又到县城上买了一些水果带给老太太，老太太看到她儿子买的水果长得非常好，比白庄的长得更好，老太太急忙嘱咐儿子快回到买水果的地方去，要求他捧一把土。儿子遵从了老太太的话，捧来了土给老太太看，老太太一看，儿子捧来的土是红土，而他们现在住的地方是白土。老太太认为红土地的地方更利于庄稼的生长，于是决定东迁。于是，在公元1404年迁入韩寨，此地原名白马山庄，之前由于闹瘟疫，汉人从此地陆续迁走，成了无人居住的地方。老太太带领韩氏一族迁到此地，命名为韩家寨。

这两个传说，第一个是关于从青海循化迁徙到禹城的传说故事；第二个则是关于从大程乡（西白庄）迁徙到韩寨的传说故事。近代以来的口头文本中关于族源的历史，有着一个比较清晰的、不断丰富的过程。当下的口头传说，实际上已经勾勒出相当具体的族源历史了。其中，撒拉尔人是其族源的"根基"部分。

（四）碑文记载

关于韩寨族源，1919年《韩氏祖墓碑志》上记载："邑西韩氏居韩家寨，来自西域，崇奉回教，为邑望族。及今繁衍益盛，阖族不下千余家，半耕读半商贾焉。"这篇《韩氏祖墓碑志》记录了韩氏一族来自西域，信仰伊斯兰教，韩氏得春公为其始祖，即在1919年韩兰会等仅知韩寨一世为韩得春。此时已将韩养醇等东北支列入韩寨（养醇五世，谷昌六世），碑文还记载了韩寨三处坟茔的位置，第一处在白庄西南，第二处在韩寨村南，第三处在韩寨西南。碑文还写了韩寨人当时的主要生计方式为农耕和从事商业活动，韩氏一族崇尚读书，并且当地出了许多官员。此地方的西域并没有写明具体地名，仅仅是笼统的写法。

《韩氏祖墓碑志》原文如下：

为祖茔也。自此五世而昌，又卜二兆寨之南，为养深公之所迁。而养醇公又卜葬于寨之西南焉。养醇公登万历丁卯贤书，初授县尹，累升衢州知府。公二子，昌谷公以崇祯癸未进士，太古知县，截取郎中，作郡荆州。次昌祉公，以官生补中书，后迁知淮安。父子皆政绩卓著，截道口碑。俗云："一门三知府盖水源木（本），思祖宗贻谋之深，追远慎终，正庶民归德之厚。故亲终必葬，葬者藏也。藏必于墓，墓者（慕）也。所以动后人孺慕之诚，思慕之念也。邑西韩氏居韩家寨，来自西域，崇奉回教，为邑望族。其始祖得春公，殁葬白庄之西南，于韩氏，父子九登科"者，此也。惠民李文襄公，书"六千石"匾额，以褒之，载在志乘，皆实录也。及今繁衍益盛，阖族不下千余家。半耕读，半商贾焉。目前贸迁关外，继继绳绳者，多韩氏后也。倘代远年湮，忘其墓所。于木本水源之义，慎终追远之思，不亦相刺谬乎？至十三世孙，名兰会者，前清监生，名林祥者，前清萌生，名春田者，前清贡生三人，谋及同族，立三石茔田，并世昭穆泐之碑，一以昭来于不忘，是承祖德于勿替云。

前清候选训导张青莲　撰文

吏　员孟昭敬沐手书丹

中华民国八年岁次己未拾壹月份　上旬

此外，在韩思魁族群墓志铭上也记载了关于韩寨祖先来自撒马尔罕，由于受到蒙古军毁城，迁徙到循化后从青海循化迁徙到韩寨。碑文如下：

韩思魁族群墓志铭

芳草萋萋，人安释然，遥想当年，追思往昔。

祖先所居，撒马尔罕，蒙军毁城，迁居循化。

源族撒拉，韩姓为根，东迁为回，至今繁旺。

十四世纪，宗亲始祖，落居禹城，定居韩寨。

乾隆年间，随流北上，一家三支，闯入关东。

第十四世，洪辈首祖。兄弟一人，驻足乌拉。

思德云统，来再东佩，时至今日，二十二世。

逝者已矣，来者可追，继承先人，永造大业。

后人来昆，九十有三，年高居长，修墓敬祖。

先祖宏堂，永恒之家，转眼眈月，永久后事。

关于韩寨人从青海循化迁徙到禹城的具体原因，我随机采访了韩寨人，记录如下：

问：您知道你们祖上为什么从青海循化迁徙到这里吗？

答：喃们祖上当时应该是在元末的时候从青海循化参加了朱元璋的反元义军，来到了禹城，后来结束后就留在了禹城。喃们这个村以前叫韩家寨，当时应该就是军队扎根留下了，就成了韩家寨，后来又改名成韩寨村。

根据访谈，韩寨人普遍认为从青海循化迁徙禹城是因为祖先被编入军队而来此落脚，但更多细节的原因韩寨人大多不甚明了。他们对于为什么从青海循化迁徙的原因关注较少，更多的注意力则放在族源身份上，而非迁徙原因上。

（五）姓氏考证

对韩寨人来源的考证可以从中补证与青海循化撒拉尔人之间的关系。俗语道："十个回回九个马，十个撒拉九个韩"，"韩"姓是撒拉族中的大姓和根子姓。少数民族的"韩"姓与百家姓里的"韩"虽是同一个字，但来源和意义有着明显的区别。关于撒拉族"韩"姓的来源，在元朝，撒拉尔人是没有使用汉族姓氏的。但到了明朝时候，撒拉尔人开始改用汉字姓氏，这一改变不仅是民间文化交流的结果，更主要的是受到政治上的影响。洪武三年四月明朝曾通令全国："尝诏告天下，蒙古诸色人等，皆吾赤子。令以汉字为姓。"撒拉尔人属于色目人，他们自此之后也纷纷改用汉姓，韩姓是撒拉的大姓，历史上，撒拉族的土司、尕最、哈尔等重要任职的人物都姓韩。人们普遍认为韩姓是撒拉族的根子姓，撒拉族祖先在历史上曾称其首领为"可汗"，"汗"与"韩"谐音，因此明朝时期统治者要求全境内的少数民族改用汉姓时，撒拉族首领就采用了韩姓。这既是对自己远古文化的一种怀念，也是对自己权力的一种象征性的巩固。撒拉族的第一任土司本名为神宝，改用汉姓后就称为韩宝。土司改用韩姓之后，其同一家族及其土司管辖的属民也就跟着使用韩姓了，通过采用汉姓的方式将不同血统的人们联系起来。姓氏具有传承性，一般不会轻易被改变，韩姓——这个撒拉族的根子姓延续数百年保留至今。在青海省循化县"韩"姓已经成为撒拉族的"根子姓"，其他姓氏也是在与周边民族融合而形成。因此，山东的韩寨人起源于青海循化韩姓撒拉尔人有一定的姓氏依据。而在我国东北的吉林、长春及华北的北京、华东的济南等地韩姓回族很大一部分来源于山东禹城韩寨村。

据《韩氏宗族家谱》的记载，从第四世起，从明朝永乐二年至今有600多年的历史，韩寨上下可排40辈，排辈分如下：

表 2-1　韩姓辈分

元	大	文	茂	春	敬	扁	林
洪（百）	菊	思（金）	恩（德）	云（玉）	同（双）	东（化）	在（景）
东	佩	振	宗	成	人	书	国
志	广	绪	真	可	从	有	道
相	官	义	俊	秀	曾	家	绳

三

（一）韩寨历史文化展览馆

韩寨的历史文化展馆修建于清真寺院内，是由韩寨村民、禹城市龙顺运输有限公司韩在斌和韩东燕夫妇捐款筹建的。在展馆内展览墙上非常明晰地界定了韩寨人来源于青海循化撒拉尔人的历史记忆。调研过程中，讲解的阿訇非常认真地强调了韩寨人的族源身份，在韩寨人心中，来自青海循化的记忆因历史文化展览馆得到了村内的认可。

展馆主要以张贴的文字材料为主，讲解了韩寨来源及至今的发展重大事件、人物、历史故事等，共分为六个部分。第一部分历史沿革、源远流长，讲述了韩寨从青海循化迁徙的族源历史；第二部分清真寺院、心灵家园，讲述了韩寨清真寺的建造、改造历史及历届阿訇的名录；第三部分峥嵘岁月、辉煌历程，讲述了近代抗日战争的英雄人物事迹；第四部分文科武第、代不乏人，讲述了韩寨村明清时期中举的文人及武人人物简介，其中展览馆内有状元及第的匾；第五部分历史逸事、历久弥新，讲述了历史上发生在韩寨的奇闻趣事；第六部分古村今貌、今非昔比，讲述了村民近几年来的经济文化生活。

韩寨历史文化展览馆强化了来自青海循化的族源历史，正是由于这座展览馆的修建，使得所有韩寨人都能说出祖上来自青海循化的这段历史。此外，展览馆还承载着为前来韩寨寻根的人们了解族源历史的重要功能。

（二）祭修祖墓

在我询问有没有什么记载村中发生的大事时，阿訇非常兴奋地向我展示了他的日记本。日记本皱皱巴巴，透着年代感，翻阅日记，阿訇能对每年记录发生的事情娓娓道来，上面日期清晰，内容凝练，既有故事也有个人感受。在阿訇麻兴德日记上清晰地记录着韩寨人组织集体走坟。2006年10月24日，阿訇这样写道：

今日是举世瞩目天下穆民共同欢度的节日——开斋节。来参加会礼的有
500人之多。会礼后，由村支书韩在泽带队，去大程乡西白庄探望韩氏来禹城
之最老祖坟。声势浩大。出动轿车、汽车百余辆，人众近千人。解放后这是
第三次集体探望祖坟。

首次集体探望是在1949年的开斋节，第二次是在1991年的开斋节，第三次也就
是在2006年的开斋节由阿訇这样记录下来。

2019年8月，韩寨由村支部书记和阿訇组织起重修祖墓的活动，重修资金的筹集
主要由村民自发捐资。祖墓主要由韩寨村民自己承担修建，筹集的资金作为支付的工资。
新修的墓碑上刻有"撒拉尔（尔）韩氏韩家石桥支"字样，重修祖墓选择刻以"撒拉"
而非"西域"，实际上是韩寨人社会内部自我发展的结果，在韩寨人眼里青海循化撒拉
族是他们的"亲人"，这种选择体现了"多元一体"下国家意识对韩寨人的塑造与影响。
韩寨人正是在祭拜祖墓与重修祖墓的过程中，将自身来自青海循化的族源记忆不断进
行强化。

（三）微信

自2011年腾讯推出微信至今，微信在这十年时间里作为社交工具和自媒体，迅速
走进农村居民日常生活中。微信的出现极大地影响了韩寨人人际交往和生产方式。韩
寨人利用微信组建群聊，通过微信群聊的方式分享、讨论韩寨历史族源问题及取得与
寻根族亲之间的联系，缩小了空间距离带来的障碍。进入微信群组的村民大多是村中
文化程度较高的村民，他们对祖先的关注和了解超过了普通村民。微信群组中每天都
会热烈地讨论族源、分享撒拉族的文化，试图拉近与遥远的撒拉族之间的关系。韩寨
人将青海循化的撒拉族称为"亲人"，在韩寨人眼里青海循化的撒拉族与他们是同根同
源的亲人。尽管韩寨人在日常微信群聊里发布许多与撒拉族文化有关的资料、图片等，
但这种讨论也仅仅发生在村中内部，与青海循化撒拉族建立真正的联系还是少之又少。

无论是修建文化展览馆、重修祖墓及微信上的讨论，主导者均由当地乡村精英所发起。韩寨人的历史记忆文本主要涉及两个方面的族源：古代西域人和青海循化撒拉尔人。韩寨人通过追根寻源将自身的根基历史与青海循化建立联系，并且以修建历史文化展览馆、重修祖墓、集体走坟等形式不断完善和加强族源记忆。以上的这些建构表现方式在一定程度上影响了韩寨人的历史记忆。随着韩寨人对族谱方面的深入研究，来自青海循化的历史文本得到重视并开始阐释，青海循化的记忆与来自西域的记忆在一定程度上"杂糅"，形成一个将"西域""青海循化"等叙事符号串联起来的历史记忆的新文本。韩寨人建立起较为清晰的族源历史，认为其先民来自西域，先迁徙到青海循化，后从循化迁徙到禹城西白庄暂住一段时间后，最终迁徙到禹城韩寨居住至今。

四

从族群认同来看，韩寨人的族源历史是标示自我的一种方式，并且因为族源历史获得了政府的关注。2019 年 6 月 10 日禹城市文化和旅游局公布的非物质文化名录将"韩寨村的由来"列为其中一项。这在一定意义上代表着得到官方的认可和关注，而这种关注将更加激发内部族群的认同。

从经济利益来看，特殊的身份吸引了许多前来韩寨寻根问祖的人们，这些前来寻根的人直接推动了韩寨村的发展，这也进一步使得乡村精英意识到来自青海循化这一身份可以带来直接的经济利益。在调研的过程中，恰巧遇到吉林省长春市韩臣文等一行前往韩寨寻根问祖，他的太爷爷韩春骏生于清末，曾经在宫里当差。他的父亲韩在书现年 78 岁，托儿子韩臣文来韩寨寻根问祖。韩寨的阿訇带领着他们一行人参观了韩寨的历史文化展览馆，并讲解韩寨的族源历史。

五

（一）古代人物

韩寨人在封建时期崇尚读书，考取功名，积极吸收儒家文化，参与国家治理，涌现出一批在朝为官的文人。

《禹城乡土志氏族》载："回民韩姓者，自明至今，历多显达。"从明至清末，共出4名进士，其中1名文进士，3名武进士，包括清咸丰九年武状元韩金甲。《续修禹城县志》亦云："回族韩姓，世居五区韩寨者，自明及今，文武科第，代不乏人。明末清初，韩养醇父子三人均擢取知府，洵极一时之盛。"韩寨的"一门三知府，父子九登科"闻名遐迩，成为美谈。

史书记载：明朝天启七年至清顺治年间（1627—1644），禹城韩寨韩养醇考取举人，五个儿子皆为儒生。韩养醇曾任静海县知县，改授襄陵县知县，行取刑部主事，历主事员外郎同修大清律，升任浙江衢州知府，诰封中宪大夫（正四品）。明末清初人，其次子昌谷，官至荆州知府，四子昌祉，官至淮安知府，民间有"一门三知府，父子九登科"之称。

韩门世族传说："祖奶是皇姑，一门三知府，父子九登科。"史实源于明朝末代皇帝时，"闯王"李自成农民起义军进攻北京，入侵宫城，崇祯皇帝朱由检逃离宫院，到宫城后煤山（今景山公园）吊死在一棵槐树上。"闯王"搜宫之际，一名老太监把崇祯帝之年少男女各一，两个孩儿化装携带逃离北京。首到河北保定，继而乞讨，流落山东，后到禹城韩家寨金庄。老太监年逾古稀，由于沿途跋涉，饥寒劳役，生活困窘，染病逝世于金庄。皇太子、皇姑两个孤儿被金庄一户人家收养抚育成长后，女孩聘与韩世祖为妻，生育三个男孩。相继攻读五经四书，先后科举成名，于清康熙年代，兄弟三人考取官职，授衔知府。韩养醇名门及官职列述于下：

韩继朗，曾任山西县典史诰封中宪大夫（年代不详），为韩养醇之父，其父名为韩仁忠。

韩养醇,继郎公长子。明天启年间举人,衢州府知府。清顺治戊戌科(1658)拔贡生,任江南常州通判,诰封中宪大夫。

韩养浩,继郎公次子。恩贡常州府通判(年代不详)。

韩昌岭,养醇公长子。儒官。

韩昌谷,养醇公次子。崇祯己卯科(1639)举人,清崇德癸未科(1643)进士,任山西太谷县知县,行取兵部主事,顺治丙戌科由山西典试官升职方员外郎(1646)武选司郎中,丁内艰服阕补户部郎中,钦差宁夏督饷,授湖广荆州府知府,诰封奉政大夫(正五品)。

韩昌邦,养醇公三子。由武功授任江南淮安府沭阳县知县,旋任山阴县主簿,诰封文林郎(正七品)。

韩昌祉,养醇公四子。荫生,以官生补中书,由中书舍人行取工部主事,升任员外郎,旋任钦差杭州,南新关榷税郎中,钦差芜湖榷税,改授江南淮安府知府,诰封中宪大夫。

韩昌晋,养醇公五子,康熙癸巳(1713)科举人。

韩昌谋,养浩公长子。监生。

韩金甲,韩寨人,清咸丰九年(1859)己未科武进士第一名。中华民国《禹城县志》;"韩金甲,咸丰戊午科举人,己未科进士,殿试一甲第一名,钦点御前侍卫,状元及第。随僧格林沁剿匪有功"。"状元及第"匾现存清真寺。

(二)英雄人物名录

近代以来,韩寨人积极参与抗日战争,在争取国家独立、民族解放中勇于担当、敢于奉献,为民族独立做出了自己的贡献。以下是韩寨人在近代涌现的部分英雄人物和事迹。

韩云涛,字清泉,韩寨人。青年时期因家庭困难、贫寒而奔波东北齐齐哈尔等地学皮革手艺,1935年回家务农。1937年,抗日战争爆发后,其子韩哲一从东北回来,宣传抗日救国的道理，从此其走上了革命的道路。抗日战争初期，他在上级党的领导下，发动群众组建青年抗日先锋队。1938年初加入中国共产党，为了掩护个人身份，他担任了伪乡长的职务，并在个人家庭中建立了与上级党组织取得联系的交通站，秘密保护了坚持敌区工作的领导同志，赵教、庖军、王林、刘世杰等同志都在他家秘密开展工作多年。1942年，韩清泉同志被日本宪兵队逮捕，在狱中受尽了种种使人难以忍受的折磨，但他始终坚守民族气节，只字未泄露党的机密，保证了党的安全。抗日战争胜利后，曾担任大程区区长，在此期间，他表现出高度的原则性，执行政策，敢于斗争。1947年接任了禹城银行营业所主任的职务，对财政金融工作认真负责，一丝不苟。1948年担任县参议长，对全县工作提出了许多建设性的合理建议。1950年调至国家民委工作。1952年调山东省民族事务委员会任办公室主任。韩清泉同志，为人和蔼，平易近人，光明磊落，任劳任怨，以党的利益为重，从不计较个人得失和职位高低。即使身处逆境，遭受委屈甚至折磨的时候，他仍然铁骨铮铮，保持共产党人的气节。虽年近花甲，他仍然保持朝气蓬勃、精神饱满的精神，勤勤恳恳、孜孜不倦地为党工作，充分显示出他的坦荡胸怀和崇高的精神境界。1973年病逝在工作岗位上，终年81岁。

韩云荣，字显廷，韩寨人，出生于1899年。幼时，性情温柔，聪明好学。民国初年，在亲友的资助下读了5年私塾。当时军阀混战，民不聊生，社会上疾病流行，农村中缺医少药，人民生活极端困苦。为解除人民的痛苦，他决心学医。1920年，他投亲找友去北京学医，1922年期满回乡，在家行医，擅长外科。同时，他又自学钻研了内科，辨证施治，给人治病很有名望，从不高额收费。他的原则是"穷人看病，富人拿钱"。因而深受贫苦群众的赞扬。人们称他是"医术高超，济世救人"的好医生。1937年，在韩哲一同志的引导下，接受了进步思想。1938年加入中国共产党，曾任禹城敌区工委组织委员、副书记等。抗日战争时期，敌伪区团长程荆璞经常请他为家属看病，且被器重。久之，他在敌区团部的出入活动不受限制，对内部的警戒设施及虚实情况比较清楚，并不断向党组织提供可靠的情报。此外，他的家教也很好，其妻马桂英，中共党员，在环境恶劣的形势下保护了很多革命干部。他的五个儿子和三个女儿都参加了革命工作。长子韩同训，1942 年参军，任排长，1952 年转业；次子韩同甲，1938 年参加工农红军，任连长，1945 年临沂战斗中牺牲；三子韩志坚，1938 年参加工农红军，离休前任德州军分区参谋长；四子韩同真，1945 年参军，任炮兵连长，1964 年转业，任德州化肥厂基建科科长；五子韩同侠，一生从事教育事业。三女韩淑贞，1962 年河北医学院毕业，当年参军，担任军医，1986 年转业在济南第二毛纺厂工作。全家人在他的培养教育下，为人民做了一定贡献，被广大群众誉为"革命家庭"。

韩云义，韩寨人，1923 年出生，1941 年 2 月参加革命，同年 9 月入党。1947 年12 月病故于临邑姜店，时任渤海军区二分区十一团二营五连副排长，安葬在姜店。

韩在明，韩寨人，1923 年出生，1945 年 5 月参加革命。1947 年鹊山战斗中牺牲，时为渤海军区二分区十二团战士，安葬于鹊山。

韩在惠，韩寨人，1920 年出生，1938 年 4 月参加革命，同年入党。1947 年牺牲于齐河铁朱家战斗，时任渤海军区二分区十二团排长，安葬于韩寨。

韩同富，韩寨人，1912 年出生，1943 年参加革命，1939 年入党。于齐河刘庙战斗中牺牲，安葬在韩寨。

韩云荣，韩寨人，出生于 1898 年，1936 年参加革命，1937 年入党。1951 年病故，时任平原县人民医院院长。

韩同儒，韩寨人，出生于 1917 年，1937 年参加革命，1938 年入党。1947 年牺牲于禹城姜园战斗，时任禹城县独立营回民六连副连长。

韩同甲，韩寨人，1922 年出生，1937 年参加革命。1945 年临沂母马池战斗中牺牲，年仅 23 岁，时任八路军连长。

韩同玉，韩寨人，1916 年出生，1945 年参加革命。1952 年牺牲于朝鲜战场，时任中国人民志愿军三十军战士。

以上访谈地：

1. 河北省沧州市孟村回族自治县新县镇韩石桥村。

2. 河南省商丘市柘城县慈圣镇大韩村。

3. 山东省禹城市十里望回族乡韩家寨村。

有关起台堡的历史叙事与田野志

白绍业[*]

我在青海民族大学攻读硕士研究生期间，与导师马成俊讨论学位论文选题时，马老师希望我能作起台堡的研究，并让我先去该村踩一次点。当我返校向马老师汇报第一次田野调查的感受时，马老师问我有没有信心完成这个选题，我说有信心，于是就开始了我的起台堡研究之旅。

2021 年的某一天，突然接到马老师的电话，要求我在硕士论文基础上再写一篇关于起台堡的文史资料文章，我欣然答应。当我执笔写这篇文章时，数年前关于起台堡的田野调查之旅一幕幕出现在我的脑海。

一

起台堡是循化县道帏藏族乡唯一的汉族村落，该村始于明朝，是明朝"屯军戍边"时遗留下的，至今已有 600 多年的历史。明清时期，一度是西北边陲戍边的要地。

公元 1368 年，朱元璋在南京即帝位，建立明朝。同年秋，明军攻克大都，元顺帝妥欢帖木儿退往上都。自此，明王朝取代了元中央政权的统治地位。公元 1369 年，徐达统领明军渡黄河西进西北，先后击败元军，并于洪武三年（1370）在甘肃定西大败

* 白绍业，安徽省滁州学院地理信息与旅游学院党委副书记。

元将扩廓帖木儿，遂派左副将军邓愈分兵由临洮进克河州，并收复之。洪武四年（1371）置河州卫；洪武八年（1375）废积石州，改置贵德守御千户所后，在河州边外地建起台、保安两堡；明万历中设守备驻防。据《循化志》记载："明初虽置积石州千户所，未久遂废，故《河州志》不载，其地为河州边外地，立保安、起台二堡，保安堡在河州西三百五十里，明置保安站及保安操守所，起台堡在河州西二百四十里，明万历中设守备驻防。"①

清顺治二年（1645），清沿明制，续设守备一员，始称起台营，原额马步兵150名，隶属西宁镇（前隶属河州镇），分守营之一。清乾隆三年（1738），增兵到250名，并在防区内设营汛十塘，东路45里有达里架、盘坡顶、盘坡根、芦草湾、栅子沟五塘；南路130里有清水、桥沟寺二塘；西北路60里有贺隆堡、多哇、立伦三塘；后兵员陆续裁减仅存97名。

清乾隆四十六年（1781），苏四十三起义，守兵增至175名，屯防兵10名，改隶河州镇。同治十二年（1873），因兵饷不济，仅募兵30名。清光绪三十二年（1906）实有营兵73名，内马步兵14名，步兵30名。宣统二年（1910），设正任守备、署任守备，正任经制、署任经制各1名，有马步兵75名。

1914年，奉中央撤录营命令，于1915年一月十八日正式撤销。1938年，循化县划分12个乡镇，设立起台乡。1949年新中国成立，于1950年撤起台乡，后改设道帏乡，起台堡作为一个汉族村落延续至今。

民间流传着"先有起台堡，后有循化城"的说法，结合田野调查及相关资料参阅，将循化地区朝代更迭和县乡改制的简要过程梳理如下。

明洪武八年（1375），在河州边外地，建立起台、保安两堡；

明万历十三年（1585），在起台堡设守备驻防；

清雍正七年（1729），设循化营，隶属河州镇；

① （清）龚景瀚.循化志[M].西宁：青海人民出版社，1981年排印本.

清乾隆二十七年（1762），设循化厅，兰州同知移驻循化营城，隶属兰州府；

清道光三年（1823）二月，循化厅自兰州府改隶于西宁府；

1913 年，改设循化县；

1915 年，撤起台营；

1938 年，循化县划分 12 个乡镇，设起台乡；

1949 年 8 月 27 日，起台堡解放，循化解放；

1950 年，撤起台乡，改设道帏乡；

1954 年，循化县改为循化撒拉族自治县，成立道帏藏族自治区（乡级），起台堡属之；

1958 年，起台堡隶属东风公社；

1961 年，分设道帏公社，起台堡属之；

1984 年，设道帏藏族乡，起台堡属之。

二

起台堡古城由主城、下关城、关厢三部分组成，呈"厂"字形排列。主城建于明万历十三年（1585），设守备驻防。主城周长 192 丈（640 米），东西长 52 丈（173 米），南北长 44 丈（147 米），高 4 丈（13 米），底部厚 3 丈（10 米），收顶 2 丈（6.7 米），占地面积 30.15 亩。正如《西宁府续志》载："起台城——东南去厅治八十里。土身土垛，周围长一百九十二丈。东西二面各长五十二丈；南北二面各长四十四丈。高四丈，根厚三丈，收顶二丈。东西门二。"[①]

据《起台堡村志》介绍，下关城建设年代不详。但从历史文献考证，洪武八年（1375），在河州边外地，建立起台、保安两堡，应为最早的下关城。又《河州志》载："洪武十六年二月，西番纠吐蕃数千，围撒剌，副将杨三元奉静逆侯张勇檄，统兵至起台堡，

---

① 基兰生续纂 . 西宁府续志 [M]. 西宁：青海人民出版社，1985 年点校本 .

千总承烈至清水,番闻之回巢……"①此时,起台堡应已经存在城郭。下关城东西长 100 米,南北长 160 米, 高 10 米。

关于关厢的初建,《西宁府续志》卷之二《建置志》中记载:

明末流寇猖獗,因无联络营汛,守备脱几移驻口内之双城堡。康熙十一年,河州副将陈建惺,檄守备马文广往来游巡驻防。自是辗转相沿,历任皆寄居双城。至乾隆三年,部饬起台堡守备仍旧归起台堡原汛驻扎。至堡城窄小,准于旧堡之外接筑关厢,建造衙署兵房。地方官确估造报,而堡城四面皆有壕沟, 难以接筑。惟东门外关帝庙旁有隙地一段, 长二十四丈, 广八丈, 又有塌损小墙, 可以添补。五年三月, 河州知州刘鹤鸣勘地兴筑,并建守备衙署一所,演武厅一座,兵房一百一十八间。芦草湾等塘房七处。至闰六月告竣。守备于四年五月带兵归起台原汛驻扎。其双城旧属呈交河州镇,饬该营汛员弁经管。②

东门关厢, 三面墙长 140 丈(467 米), 高一丈二尺(4 米), 墙基厚 5 尺(1.7 米),顶宽 1 尺(0.3 米),占地面积 44.03 亩。一如《西宁府续志》载:"东城外关厢,土身土垛,三面长一百四十丈。高一丈二尺, 根厚五尺, 收顶一尺。东城门一。"③

据《秦边纪略·河州卫》载:

卫西南有二十四关,关之外有瓯脱(瓯脱:又作区脱,匈奴语,指边界之地)

①　(清)王全臣纂修.河州志 [M].甘肃省图书馆馆藏据 1981 年民族文化宫图书馆收藏手抄清康熙四十六年本复制, 1981.

②　基兰生续纂.西宁府续志 [M].西宁:青海人民出版社, 1985 年点校本.

③　基兰生续纂.西宁府续志 [M].西宁:青海人民出版社, 1985 年点校本.

之地，名河曲焉，亦为之九曲之地，是所谓小河套是也。虽在河内，千里间地无居人。近有起台，远有保安，尤远有归德，缮堡屯兵于其中，曾沧海一粟之不若，宜夷之盘踞滋蔓于河曲，而为我河州患也。

关之东则河州内地，关之西则小河套，即九曲之地，亦曰河曲。盖黄河曲折傍岸之总名也。起台堡卫西二百里，保安堡在卫西六百七十里，归德堡在卫西一千二百里，三堡皆在河曲地。各堡仅一守备，其兵民俱非汉人，乃土人也。三堡之兵分地侦探，此旧制也。

夫西南之间，内有二十四关，以为扼塞，而犹有夷患者何也？……今河州起台之兵，画壤分守之，一关之间寥寥数人焉。民虽强不可以胜战，地虽险不可以无兵……二十四关自麻山而西，北至石咀，皆河州之兵防守，自老鸦而北，皆起台之兵防守。①

由此可见，就形成缘起的地缘背景来看，起台堡周围是"番族环居"，虽在关外番地，却是河曲要塞，是震慑"西番"，阻隔其进入"中原"的前线屏障。如今，唯有主城城墙保存相对还算完整，形廓尚在。起台堡村民大部分居住在主城和关厢。

三

关于起台堡名称的由来，在《起台堡村志》一文中有两种说法，第一种说法是，起台堡藏语称"尖卡"，意为黑城之上一台另修筑一新城堡。起台堡之名起始于黑城子遗址，黑城也是城郭之堡。由于战争和防御的军事需要，现有的黑城遗址不能适应在地理位置上观察、躲避等多方面的需要，所以另起堡址，故名"起台堡"。第二种说法是，起台堡应为"旗台堡"，因营驻守备所在标志，定会有旗台，起台堡应为"旗台堡"

---

① （清）梁份著，赵盛世等校注. 秦边纪略 [M]. 西宁：青海人民出版社，1987

的误写。

本人在田野调查中发现，民间还流传着一种说法，据村里的老人们讲，起台堡中的"起台"二字，其实就是"起了一台"的意思。因为在修建屯堡之初，城墙建城后，从远处望去，其形状与一副棺材形状相似。为图吉利，故决定弃而不用，又在其北方另筑一城，也就有了"起了一台"的说法，所以就起名作"起台堡"。

据《循化志》卷四《族寨工屯》记载：

> 西番南番，皆吐蕃之遗种也，吐蕃在唐而盛，至宋而衰，其后转相分析，自成部落，散处西宁河州口外，元置吐蕃宣慰司于河州，亦以羁縻之也。明初，临洮府通判分驻河州，管二十四关土司三十六族，《河州志》谓之古族，尚载其名曰：加哑族、尕工族、铁巴川藏族、令哑族、火蓝族、哑族、尕日族、西番州族、龙瓦尔族、列思巴族、尕藏族、子刚巴族、青寺儿族、着亦哑族、英雄族、果尔族、阿思工族、江束族、哈族、大安族、巴哈族、吉巴族、起台族、火尔藏族、吉哑族、羌剌族、远竹族、沙藏族、赀尔加族、使哈族、乞加足、失加右族、牙灭卜六族、尕尔加族、冲鸾不车族。志谓皆古族，而今俱无考，然考明初犹属于通判，则今之西南番各寨，疑皆三十六族之遗。如起台族，当即今之起台沟西番也。①

由此可知，明初，临洮府通判分驻河州，管理二十四关土司及西南番三十六族（部落），此三十六族，《河州志》称之为古族。这些古族皆为吐蕃遗种，吐蕃自宋朝衰落以后，其遗种"转相分析，自成部落"，散处西宁和河州口外。"三十六古族"中有"起台族"一族，可推测起台堡之名称，大概是源于"起台族"，起台堡所处位置应该是当时"起台族"居住活动地带，而"起台族"又因起台沟而得名，应该是因地理而得族（部落）称。"起

---

① （清）龚景瀚.循化志[M].西宁：青海人民出版社，1981年排印本.

台族"实为居住活动在起台沟附近的"番人",而起台堡建城之意图,恰是为了防番守边,而建造之地理位置,又恰在"起台族"活动之地带,故此以"起台堡"而命名之。

四

起台堡最初是以"军户"屯田戍守的形式出现,尔后逐渐形成固定的以屯堡军户裔嗣为主的村落。从其历史来源看,起台堡应该是一个移民村落,并且是一个典型的杂姓村落,村中家族姓氏繁多,所有家族姓氏均不占支配地位。据统计,起台堡有韦、张、邓、齐、李、付、彭、杨、崔、王、梁、陈、刘、赵、黄、丁、罗、沈、白、何、黎、康、胡、杜、田、姚、薛、吴、龚、祁、仙31个姓氏,姓氏大小不一,有的姓氏在村中仅一户而已。

其先民来源,一是清灭后留下的兵丁,其祖籍为山西洪洞县、河南、湖南、湖北、甘肃等地占大多数;二是1949年前后由西宁、临夏、循化、白庄等地招亲、结婚定居的;三是工匠、商贩逃荒而落户的。

起台堡姓氏繁多,并且大姓和小姓之分与人们在村落中的作用和地位的关系并不是很明显。同时考虑到其由军屯演变形成的发生学原理,其先民来自五湖四海,宗族因素在其文化内涵中不同于一般的自然村落。在这里没有族谱,也没有祠堂。对于祖先的祭祀也主要是在春节和清明,并且大多是以家庭为单位进行的。由此可知,起台堡是一个由跨地缘的族群所组成的以地缘认同为主的移民村落。

五

起台堡不仅是循化汉族的发源地,也可以说是循化现代教育的先发地。起台堡私塾创办之时,循化县还没有兴起教育之风气,当时不仅官学教育不景气,私塾也不多,全县共有两所私塾，起台堡私塾是其中之一。正如《青海省志·教育志》记载：

> 明清时期虽有一些官学，但学生人数较少，不少地区办起私塾作为官办
> 教育的补充，群众自筹钱粮，自聘先生设立私塾。明清至民国初先后有60多
> 所，循化县有两所，循化县道帏乡起台堡私塾，于光绪年间由群众自筹钱粮，
> 聘秀才一人为先生，教育儿童15人，最多时达几十人。民国初年，改为国民
> 小学，现为起台堡小学。[①]

清光绪三十一年（1905），起台堡人邓富倡导村民自愿捐银创办了起台堡私塾，校
址设在关帝庙3间东厢房内，邓富执教多年。据村里老人讲，当时捐银700~800两，
捐银人中有当时守备衙门的负责人，制作了一块牌匾，上面书写有创办学校捐银村民
及衙门负责人等人员名单。此匾额原来存放在学校"成绩室"内，后在"文化大革命"
时期被毁。根据老人们回忆，创办的这所学校最初称"富文初级小学"，但村里人对
这所学校的名称有异议。因为最初创办这所学校是由邓富倡导，村民自愿捐银创办的，
如果以个人名义命名，村民有意见，故改为"起台堡私塾"。

1915年，原守备衙门改作"起台堡初级小学堂"，学校内设校长1名，教师2名。
学校内设董事会，由若干名董事和1名会计组成。董事会经管校田地租和基金（创办
学校时的捐银）的财务管理，并负责发放教师的薪金等。校田是原守备衙门训练士兵
的教场。对于学校的基金，本村村民和外庄村民都可以借用，但都有利息。年息一般
为3分，即借100银圆，一年到期付息30银圆。校田的地租及基金利息收入用来维持
学校的经费支出及教师薪金等。就是靠这样的资金维持，才使得村民自建自管的起台
堡小学堂延续到了解放。学校开设国语、算术、史地、劳作、音乐、童训等课程，每
逢礼拜一早上，校长都带领全校师生在礼堂举行晨会仪式，诵读孙中山先生的遗嘱，

① 青海地方志编委会.青海省志·教育志[M].合肥：黄山书社，1996.

唱国歌等。

新中国成立后，1949 年 10 月循化县成立了"复学委员会"，政府动员师生返校上课，取缔旧课程，废除旧教学方法。经政府教育部门批准，起台堡初等小学堂改为"起台堡公立完全小学"，学校经费由政府拨付，设语文、算术、历史、地理等 10 门课程。2009 年我到起台堡小学时，学校开设一至六年级的课程，有学生 81 人，其中有 44 人是本村学生，其余 37 人是邻村张沙村的藏族学生。

《起台堡村志》编委会主任李瑾先生告诉我，近百年来，由于起台堡先民们的远见卓识，很早创办了学校，文教相比其他村庄要兴盛得多，使起台堡走出了不少人才。其中知名人士、中国第一代女大学生邓春兰女士，曾任兰州中山大学（兰州大学的前身）校长的哲学博士邓春膏及医学博士邓春霖等。起台堡人在县、乡及周围藏族、撒拉族村庄中任职干部和从事会计工作的很多，起台堡村当时被称为"文化村"。

六

明清时期，虽然空间有限的起台堡无法与附近作为黄河南部政治、经济、文化中心的河州相比，但它的规划与后者也有一些类似之处。以历史性视角来看，起台堡作为军事屯堡的角色已经从人们的视野中消失了，取而代之的是一个为城墙所环绕的空间。在这些封闭的空间中，中国历史上爱国将领岳飞、三国时的关羽、明朝大将常遇春，都在起台堡庙宇里有供奉。

关帝庙，原来匾额上写成武帝庙，布局上分三层。第一层为两只铸铁狮子，铁狮子上刻有捐钱铸造狮子的人员名单，前面有照壁。第二层，菩萨楼，供奉观音菩萨和金华娘娘，里面东面为学堂，西面为厨房。厨房门前有一口大钟，钟上刻有捐钱铸钟人员名单。第三层，西部是土地祠，供奉有土地爷；东部为大殿，大殿内正中为关羽神位，称协天大帝关圣帝君神位；大殿内东面为岳飞神位，称岳武穆神位。从供奉神位来看，可以说是关羽、岳飞合庙。

五山庙，供奉明朝武将常遇春，称"五山大王"。原来有用柏木雕刻而成的常遇春神像，后被毁坏。庙里有 3 顶轿子，分别是五山爷、水草爷和盖国爷的轿子。一般水草爷的轿子放在土主庙，五山爷和盖国爷的轿子放在五山庙内。庙内两边的壁画上有 8 位官圣：盖国爷、金龙爷、白马爷、红绫爷、五山爷、咸圣爷、常山爷、黑池爷。五山庙供奉的是"五山大王"，而"五山大王"也有现实的原型，就是明朝大将常遇春。在海拔 4636 米的达力加山顶，有一池清澈的湖水，人们称其为达力加山天池，又称五山池。相传，明太祖朱元璋火烧庆功楼，遇难元勋大闹阎王殿，要求还魂再返人间，但诸臣尸骨销化，阎王只好封他们为地方神，常遇春被封为"五山大王，河池龙王"。五山池是他的封地，因他功高盖世，五山池就成为人们敬仰一代英豪的化身。每逢夏日，周边甘南、临夏、循化等地数百里的藏汉佛教信徒，纷纷前来五山池敬神祭山，祈求消灾免祸，保佑平安。

土主庙，供奉水草爷。

文昌阁，东城门上有文昌阁，供奉文昌爷、魁星爷。

西门楼，供奉披头镇巫，披头镇巫有双面，一面为周公先生，一面为桃花女。

马王庙，在闸子沟有马王庙遗址，据说是原守备衙门在此处放马，故有马王庙。现在遗址被村民们称为马王庙顶。

七

起台堡地处高海拔（2920 米）地区，四面被海拔 4000 米以上的渥宝琪、当荔山、五台山、雷积山、古伟山五座大山包围，自然、地理条件十分艰苦。多数耕地处于高寒区，全年无霜期不足百日，气候严寒，干旱少雨，靠天吃饭，十种九不收，产量低而不稳。全村所有的旱地大小不等，支离破碎地分布在"五壕、九坡、十七条沟"之间。

地势坑坑洼洼，高低不平，正如起台堡的一句谚语所言："地无三尺平，出门就爬坡。"
村民们告诉我，起台堡已经有近20年没有人盖过新房了，有很多适婚年龄男青年娶不
到媳妇。有人称起台堡人有"四不离"，即"走路不离粪背斗、手不离粪权权、脚不离
洛提、头不离毡帽"。人们所需的日用品，全靠到百里之地的临夏韩家集、循化城去买，
人背驴驮的，相当辛苦。全村只有邓、韦两家的铺子，也只经销一些香烟、糖块、火
柴之类的小商品。每当女儿出嫁时，陪上几件绫绸、蓝印丹等布料做嫁妆，就不错了。
人们治病，全靠一些民间土办法，感冒、拉肚子、头疼脑热，老人小孩生病，最多也
只能吃几颗尕人丹。好多人因病不治而亡，1949年前当地的平均寿命还不到40岁。正
如起台堡民谣所描述的：

吃的杂面洋芋蛋，住的土房三间半；穿的皮褂白布衫，烧的生坡牛粪蛋；

养哈尕娃不好办，长大要当光棍汉；生个丫头也干蛋，个个长的紫脸蛋；来

个客人干撩乱，出门难借二斤面；病了吃颗尕人丹，好与不好靠老天。

新中国成立后，起台堡人同样经历了土地改革、农业合作化、人民公社化、"文化
大革命"、改革开放等一系列社会变革的洗礼。

我曾到循化县城周边的一个汉族村庄——尕庄进行了采访，移居县城的起台堡村
民大部分都住在这个村里。在访谈中获悉，移居在外的村民们组成了"起台堡村乡友
联谊会"，也曾为了改善起台堡的经济状况献计献策，并且拟写了《对振兴起台堡村经
济的建议书》转交县、乡相关部门。后又积极筹款重建庙宇，编修《起台堡村志》，足
以看出"乡村精英"们对维系家乡文化、发展家乡经济的努力之心与赤诚之情。

二

古迹览胜

GU JI LAN SHENG

我所知道的循化庙宇与祭祀（节选）

马成俊

　　循化有个河源庙，早有耳闻，但是在从事人类学研究特别是在做我的博士论文之前，我还从未到访过河源庙。因为写作博士学位论文的需要，我于 2006 年开始便有意识地对循化的汉族、藏族和回族历史文化以及几个民族之间的族群关系进行了一些调研，这里就自己在调研中所了解的有关循化汉族历史及庙宇情况作一介绍。

　　循化是撒拉族自治县，主要由撒拉族、藏族、回族和汉族人口组成。循化汉族人口并不多，只有几千人，但是在历史上曾经留下了很多庙宇，而且有一整套的祭祀仪式和活动。过去，循化汉族庙宇主要集中在县城、起台堡村、下滩村、唐洛尕村等汉族比较集中的村落，在积石镇托坝村（该村只有几户汉族，绝大多数为回族）也有一座庙宇，即五山庙（五山庙共有 3 处，分别在起台堡村、唐洛尕村、托坝村，主要祭祀对象是明代大将常遇春）。据零星的文献资料和口碑传说，循化的汉族在历史上以多种途径移驻并定居下来以后，便开始修建庙宇，主要有河源神庙、禹王庙、文庙、城隍庙、关帝庙、火神庙、五山庙等，并在每年为上述庙宇中的各路神仙举行祭祀仪式和民间信仰活动，而其中最有影响力的祭祀活动当属对河源神庙的祭祀。改革开放以来，为了解决地方汉族群众对宗教信仰生活的需要，有部分地方汉族绅士和乡贤组织群众根据历史上留下的记忆修建了"积石宫"。"积石宫"一开始只是为了方便当地汉族群众举办丧事需要而建的，后来其功能越来越多，设立了棋牌室、党员活动中心等，吸引了循化县各民族群众来此消遣。道帏乡张沙村藏族群众则一直维持着河源庙的香火并重建了河源庙。但是，此河源庙已经不是当年的河源神庙了，其供奉的神灵是藏传佛教的神灵，只是保留了河源庙的名称而已。

循化汉族的来源史书中无多记载，大多是根据家族记忆来传承的。现居积石镇西街的董姓回族认为其先祖原为汉代大儒董仲舒。他们经历艰难困苦，徙居循化。据我高中语文老师董培深先生回忆，他叔叔在世时，家中还保留着一份董氏家谱，足足放满一间房子，可惜在1958年被付之一炬。而现在唯一保留的就是积石镇西街寺门巷118号、119号两家大门的门楣上分别刻有"派衍仲舒""耕读世家"的砖刻，全用正规的隶书书写，左下角竖刻有"三策堂主人题"的题额，右上角竖刻的是"岁次壬午年孟春月立"，借喻董仲舒"天人三策"的思想。

据董老师回忆，在抗战以前，他们家每三年去河南续一次家谱（董仲舒为河北衡水人氏，是儒家文化的集大成者，据说董氏分支在历史上从河北到河南任职）。按家谱之记载，他的一个祖先曾经当过知府，而他们便是其分支后裔，董氏一直是书香门第，耕读传家。现积石镇瓦匠庄村还有"耕读园"。该园有二三十亩地，在过去每年春秋时节家族成员便共聚于此。其父兄弟7人，每家独有堂号，董老师家是"正明堂"，其大伯家是"三策堂"，五叔家是"溪柳堂"（隐喻五柳先生陶渊明），七叔家是"治平堂"（隐喻儒家正心、修身、齐家、治国、平天下），三伯家在甘肃临夏大河家，堂号为"亨达堂"。过去每家门上都刻有"派衍仲舒"四个字，以示自己与汉代大儒董仲舒的血缘关系。

从上述董培深老师的记忆中可知，循化的董姓汉族（包括后来皈依伊斯兰教的董姓回族）来源于河北地区，至于他们的祖先是如何流落到甘青边界的循化县境内，目前，无任何文字记载。而寺门巷两座董家大门门楣上的砖刻，也只传说是循化的董姓人氏过去到河南续写家谱，由河南董姓家族人氏所刻，具体年代为"岁次壬午年孟春月立"，推算起来应该是1942年或1882年。循化的董姓家族由于近代以来家道衰落，无人再与内地董氏联系。

据循化汉族知识分子回忆，循化汉族的来源主要有以下四个方面：一是明万历中，现循化县道帏乡起台堡设立守备驻防，一部分兵丁在此娶妻生子，并定居于此。循化县道帏乡起台堡村民祖先多属此种情况。二是清雍正八年（1730）建循化营，修循化城，有一批营兵和随官而迁的亲属定居县城。据循化县城陈姓《续修家谱》前言称："吾祖原系古河州南乡宁河堡农民（现属临夏市广河县），清雍正年间始祖随部队来循，遂家焉。……迄今计世八代约有200余年。"在循化汉族民间还有"先有起台堡，后有循化城"之说。三是历代发配到循化地区的内地汉民，年长日久，"编氓入籍"。据考，明时大量实行移民实边的政策，内地汉人多次徙居西北边陲。循化汉族中也有关于其祖先从南京珠玑巷辗转迁移的历史传说。据积石镇托坝村、县城黎姓汉族《黎氏宗谱》称："相传我祖先从明洪武年间由南京珠玑巷，西迁河州戍边，遂定居河州……雍正十二年（1734）间黎鉴公（高祖）长子黎建文公由河州镇受命来营为官任职，随奉其先父神主并老母方氏举家来循化定居焉。迄今已历266年，传14世矣。"四是工匠、商贩、逃荒、逃难而来定居和新中国成立后大批来循化工作的汉族干部。

笔者曾经多次采访吴绍安先生，据吴先生讲，循化汉人的来源，与循化城修建有关，循化汉人中素有"先有起台堡，后有保安城，再有循化城"的说法。所以当兵的便随军到起台堡、循化城，最后落户于循化城，过去都是住在营房里。还有一部分汉人是做小买卖，山陕商人，明朝即有，但不多。清朝开始增多。还有一部分来自南京珠玑巷。这种说法显然与新编县志中之说法一致，这至少可以说明有关循化汉族来源的历史记忆，在循化汉族群众的思想记忆中是比较一致的。

吴绍安还说："我们吴家很有可能是江浙人，是否充军，不得而知，好多习俗类似于江浙一带的风俗。"

积石镇瓦匠庄村的汉人据说是修建循化城时烧砖瓦来的。他们说先有马家，后有绽姓、高姓，据说是从外地来的，烧窑的地址现今依稀可辨。清水乡下滩村的汉人、白庄镇的汉人都是后来从县城搬过去的。

循化汉族人口不多，但来源复杂，一部分吴姓人说是从南京珠玑巷迁来，一部分人又否认此说。在笔者所看到的《吴氏家谱》中，其先人曾经是河州的官吏，转到循化时也曾做过官。而董姓人说是"派衍仲舒""耕读世家"，也曾经在河州和循化做过官，是汉代大儒董仲舒的后代。吴家和董家祖籍一南一北，职业一文一武，皆由于不同的途径到了河州，然后又辗转到现在的循化，但是他们却有共同的说法，即他们是"中原人"的后裔，是来河州和循化做官的。而这种叙事往往在家族或家庭的仪式及纪念性活动中不断地被强化和重复。这种仪式性纪念活动同时也就成为与其他家庭、家族或族群的心理边界。这也与当地撒拉人对汉族的称呼吻合，撒拉人把汉人叫"恩协哈的"或"移民哈的"。有意思的是，当笔者与他们就这个问题进行采访的时候，发现他们对其前辈历史的认知最多超不过三代，再也没有更多的历史记载，完全通过家族记忆或集体传说来追溯其族源。

循化汉族尽管在历史上并没有保存对河源神庙、禹王庙等能够代表汉族群体记忆的祭祀传统和仪式，但是并不能说明对其家族记忆也是缺失的，他们利用对其前辈的祭祀或其他仪式活动，来强化凝聚力。20世纪80年代修建"积石宫"，尽管其当下的功能是老年党支部老干部活动中心老年健身中心等，但是在大多数汉族心中，却是循化县汉族活动中心。既然如此，在情感上或心理层面上，积石宫的修建多少可以弥补河源神庙、禹王庙等庙宇在历史上被毁对汉族心理上造成的缺失，以增加族群的相互认同。

循化汉族，皆信仰儒家学说和道教。清初建有关帝庙、城隍庙、禹王庙、河源神庙和文庙，用以祭祀关公、城隍、大禹、河源神和孔子。但是在《循化志》的记载中，其他祠庙描述不多，而独对河源神庙和禹王庙的兴废作了详细记载。据《循化志》记载：

> 关帝庙在东门内大街，雍正八年原任翰林院编修，张缙效力建。城隍庙
> 在大街关帝庙后，未知何时建。按循化诸事草创，祀典未备，惟文庙祭祀银

在司库支领，武庙春夏秋三季皆同知捐办也，外此山川社稷风云雷电及厉坛皆未建。

由此可知，循化到了清雍正年间才有了举行较大规模祭祀的场所，各种庙宇逐渐修建并举行相应活动，为当地的汉族官员和群众提供了必要的祭祀仪式活动场所。同时，这些祠庙建筑成为代表汉文化的象征符号。《循化志》对修建河源神庙的动议、原因、目的和修建经过亦作了详细的叙述：

河源神庙，在城北黄河南岸，距城不及里，雍正九年奉旨建。雍正八年四月十二日，内阁奉上谕："古称黄河之神，上通云汉，光启图书，礼曰三王之祭川也，皆先河而后海，此之为务本。惟神泽润万国，福庇兆民，自古及今，功用昭著。我朝自定鼎以来，仰荷神麻，尤为彰显，或结为冰桥，以济师旅；或淤成禾壤，以惠黎元；或涌出沙洲，作天然之保障；或长成堤岸，屹永固之金汤。他如济运通漕，安澜顺轨，有祷必应，无感不通。至于澄清于六省之遥，阅历于七旬之久，稽诸史册，更为罕闻。神之相佑我国家者至矣！朕敬礼之心，至为诚切。因念江南等处，皆有庙宇，虔恭展祀。而河源相近之处，向来未建专祠，以崇报享典礼，亟宜举行。查河源发于昆仑，地隔遥边，人稀境僻，其流入内地之始，则在秦省之西宁地方，朕意此地特建庙宇，专祭河源之神，敬奉蒸尝，以答神贶。其如何加封神号及度地建庙一应典礼，着九卿悉心详议具奏，钦此。"

由此看来，河源神庙是"奉旨"建造的。雍正皇帝认为"朕意此地特建庙宇，专祭河源之神，敬奉蒸尝，以答神贶"，至于如何加封及典礼，"着九卿悉心详议具奏"，从商议建庙到加封乃至于举行典礼仪式，都有皇帝亲自操演，也显示出河源神庙典礼的隆重，同时也显示了河源神庙祭祀仪式在国家政治生活中的重要影响力。

五月十五日礼部会题，臣等伏查史册所载，汉祠河于临晋，宋令澶州置河渎庙，进号显圣灵源公。春秋致祭，祷之有应。明以河渎发源昆仑，亘络中土，润物养民，被于世，特行致祭。本朝会典内，开顺治二年封黄河神为'显佑通济金龙四大王之神'。康熙三十九年加封黄河神为'显佑通济昭灵效顺金龙四大王'，尊崇之典，视前代有加，仰荷神庥，屡昭符瑞，居民有奠安之庆，漕艘无阻隔之虞，而且化险为平，淤沙成沃，灵显屡著。现今江南河南等省俱建庙宇崇祠，而河源相近之处尚未建祠，臣等差得黄河发源西番枯尔坤山，东流北折，合番地诸水，通积石山河流始黄，经河州之长宁驿，流入中国。应行令该督抚委贤员，于河州口外选择洁净宽敞之地，建立庙宇，专祠河源之神，选择相度，规模既定，绘图呈览，并估计工料，动用正项钱粮，敬谨建造，设立神像。每年春秋，该地方官择吉照例致祭，其加封神号字样交与内阁选择，进呈御览，恭候钦定。

七月，河州顾详，查州西积石关，乃大禹导河旧地，为黄河入中国之始，今奉部示令，于河州口外建造庙宇，应于积石关外，滨河地方，选择洁净宽敞之处，敬修谨建。职于本月初五日，由积石关出口，查有相距积石七十里之草滩坝地方，即新建撒喇城堡之处，其地洁净宽敞，面临黄河，允宜建庙。且附近营堡，即令营员率同土千户韩炳、韩大用等就近稽管，亦属妥便。

十一月，河州顾署，河州协张会详，积石关外，黄河环绕于北庙，貌自宜向南，而神像又须阅视河流。今职等公议，大门、二门、大殿、寝殿俱南向，以昭享祀之诚。复造望河一楼于寝殿之后，另塑神像，面临黄河，以便巡阅。

从以上龚景瀚编纂的《循化志》中的记载来看，河源神庙自雍正九年四月二十一日开工，同年十月十二日竣工，只用了不到半年的时间，可谓神速。

河源神庙竣工后，据龚景瀚在《循化志》中的记载：于雍正十年四月二十五日，雍正皇帝亲自撰写了《御制建庙记》一文，以示纪念：

四渎之中，河为大，自星宿发源，经行数千里而入中国，亘络坤维，泽润九宇。方望之祭。三代以来尚矣，我国家敬共明神，钦崇祠事，精禋昭格，灵贶丕彰，南北堤工安澜，底绩漕艘利济，输挽以时，抑且引河自汕，于中浤沮泃，悉淤为沃壤，澄清千里。经历三旬，上瑞光照，鸿麻屡著，兖豫江淮之境，各建庙宇，春秋展祀，尊崇令典。视前代加虔。顾河源所自，庙貌阙然，于礼未称。朕念昆仑远在荒徼，命使不能时至，而《禹贡》有"导河积石"之文，考其地在今西宁河州境内，黄河流入中国自此始，则建庙以祀。河源之神实惟此地为宜。乃命礼官详议，敕甘肃抚臣于河州相度善地，恭建新庙，高门广殿，肃穆宏深，发帑鸠工，专官董役。雍正九年冬十月告成，朕亲洒宸翰，赐额曰"福佑安澜"。先是谕旨甫颁，经营伊始，雍正八年六月之望，河州有庆云：捧日之瑞，自午至申，万家瞻仰。七月五日，临洮道臣相地积石关外，见河流澄澈，上下百有余里，彻底莹洁，凡三昼夜。同时入告，共庆嘉祥。朕惟河岳山川均为造化之功用，而润泽广远，利赖溥被，惟河最灵，河神之福国佑民，历有明验，今兹立庙之地，显著休徵，益以知天心降鉴，感则必通，神德昭明，诚无不格，爰志建庙岁月，揭诸贞珉，兼纪明神显应之迹，垂示永久，以昭朕夙夜懋勉，恭承天眷，敬迓神麻之至意云。

此文充分表达了雍正皇帝对建造河源神庙的祝福，同时也表明了对河源神的敬畏之心和河神福国佑民的愿望。

对河源神的祭祀活动，始于雍正十年。庙工告成，太常寺卿王符便奏请皇上应派人致祭。雍正十三年（1735），皇帝派遣太常寺大臣王符前往河源神庙祭祀河源神，这是有史以来皇帝委派大臣亲祭河源神的最早记录，也是国家权力介入对黄河源神祇进行大规模祭祀的一个有力证据，这种祭祀活动，使得居处边外之地的少数汉人有了文化上和心理方面的支撑。其祭文如下：

> 惟神源浚昆仑，精符星汉，汇百川而东注，润下成能，亘万里以西来，安澜奏绩，肃将彝典，敬答明神。朕轸念民生，廑怀河务，惟是东南之泽国，实资西北之河源，自三门九曲以朝宗，洪波易激；合万派千源而注海，巨浪遄臻。每当历岁之夏秋，倍切焦劳于宵旰，乃蒙神鉴锡以鸿庥，湍旱无虞，顺中泓而直下，堤防孔固，束大溜以安流，输挽连樯，群资利济，篝车载道，共乐丰登，皆神明默护于上游，以致庆全河之顺轨，昭兹灵贶，感切朕心，特遣专官，虔申祀事，神其广垂嘉祐，宏赞平成，惠我群黎，永绥多福，庶几歆格，鉴此精诚。"

碑文原载《循化厅志》，并有按语："庙工告成，雍正十年亦有遣官致祭之文。其碑文与前二碑俱在庙中，而厅卷无之，当补录。

王符代表雍正皇帝前往循化祭祀河源神，有着国家祭祀的性质，盛况空前，他在奏文中讲道："一入甘省界，百姓扶老携幼，欢呼跪接，致祭之日，番族、回目四远毕至。清晨淡云微风，礼毕丝雨缤纷，一时与祭官弁共庆。"并讲道："自建庙以来，屡岁丰收，家室殷实。"对皇上建立河源神庙的功绩大加赞赏，歌功颂德之情溢于言表，这里的回目实际上指的是撒拉族。从雍正皇帝钦定修建河源神庙，撰写《御制建庙记》，赐书"福佑安澜"匾额，到委派大臣王符亲赴循化这个"边外之地"举行隆重的祭祀仪式，我们可以看出，在表面上主要是因为"河为中国患千有余年，世祖欲穷其源委，以施疏导之方，劝民之至意也"。河源神能够"福佑安澜"，是通过这些国家符号对边陲之地进行政治上的操控，将国家权力延伸到"天高皇帝远"的边远少数民族地区，这种愿望在雍正帝的《御制建庙记》里表现得很明显。

除了河源神庙的修建和祭祀，明清两代，循化县比较有名的禹王庙的兴建和祭祀，也出于同样的原因，据考证，碑文为明刘泽撰写，立于明嘉靖甲申年（1524）。当时重修禹王庙，庙址从积石关外移到积石关内。碑文指出："况水之害，莫大于河，禹之神功，尤于河多。"可见历代统治阶级对黄河为患及治河的看法。碑文如下：

积石，古雍州之域，龙支故地，有大禹王祠庙。岁久，倾圮为甚，且僻置关外。嘉靖甲申，侍御古朔卢公问之，奉命巡按陕西，还自甘肃，历西宁，将之河州，道经祗谒，既仰而叹曰：'岂有圣德神功，充宇宙而冠古今之帝王，躬覆疏凿之地，祠宇荒陋至此哉！'爰移檄分守参政宜宾王公，教兵备夫使骊城翟公鹏督属重建，移至关内。东向，中为殿六楹，设神位、肖像龛幕；后为寝殿八楹，左右各为庑，前后共十有六，缭以周垣，广一丈，计八十有五，袤二百丈；前为重门，各四楹，题额如制。经始于是年九月，落成于次年二月。乃走书致币于兰，属泽记之。呜呼！古今祀典，惟崇德报功耳。然功必德以基之于始，而将之于终也。夏禹当帝舜摄位之初，拜司空，宅百揆，以平水土。历胝肤尤勤，十有三年。地平天成，六府孔修，而声教四讫，神功之盛，莫可纪极，终陟元后，卒之三苗来格，天锡九畴，执玉帛会于涂山者万国。至龙驭宾天，四海朝觐，讴歌颂狱者，不之益而之启，延祚四百，天之锡佑何如哉？厥后商汤待其裔，为虞不宾之臣。周武王封于杞而永其祀。况水之害，莫大于河，禹之神功，尤于河居多。积石，河流险厄之地，禹所亲历，大非江、淮、汉、济诸水可委之从事者，其庙祀固可废哉？兹举也，固当于威茂诞育之地，会稽上宾之墟，龙门疏导之绩，各载祀典者，同诚崇报之盛事已乎！自昔至今，按甘肃诸公，西履嘉峪，东抵积石诸关，然后由兰、靖诸边，始至秦陇。振纪纲，兴废坠，崇风化，严而不苛，宽而不纵，殚心竭力，才优综理，而学足以济之。如卢公者，亦未必皆然也。镇、巡、藩、臬诸公，以及文武守臣，协心同德，期以上报国恩，下奠疆域，有由然哉！泽迂腐凡才，素寡学术，仰止徒虔，而智莫窥先圣功德于万一，幸厕名金石，岁年之末，不胜汗颜，借重亦多矣。程子曰："学孔子必自颜子始。"泽尝不自揆曰："法尧舜必自大禹始。"敢再拜诵，以为诸公告，请可否之。其承行督工官属，仍书之碑阴，用永其传焉。

从以上记载来看，禹王庙早已有之，但究竟何时修建，没有明确记载。河州知州王全臣在《河州志》中记载：

> 禹王庙在积石关，明洪治甲子，巡按御史李基重修，嘉靖乙酉，巡按御史房闻之增修展基址，奏准命春秋祭祀。嘉靖乙亥，巡按御史刘良乡重修，大门内左察院一所，右按察司一座，门房一座。岁久倾圮，回民耕其宇下，神座以外，尽为禾黍。康熙四十五年，知州王全臣卜地更建大殿三间，左右廊坊六间，大门三间，募居民看守给田。

由此看来，清初禹王庙几乎名存实亡，无人祭祀。这篇碑记是在将禹王庙从积石关外移至关内重建时写的。到了清代，王全臣就提出了这样的疑问：禹王庙不知创自何年，或传大禹治水曾到今积石关。后禹王碑被推入河中云云，刘泽书《禹王庙记碑》之前，还有金石乎？仅记。他在《重修禹王庙碑记》中写道：

> 《书》称禹导河自积石，是其随刊发轫之地。有明边臣奏请立庙，载在祀典。余任河之明年，以事至积石关，问禹庙所在，则颓垣败瓦，回民犁锄及于宇下，乃大为惩革，方议葺之，而未有暇也。以今年春，卜仍于旧地，面河北向为大殿，

左右廊庙门，周以土垣，足给祭祀而已，落成，乃记之。夫佃渔烹饪，宫室冠裳，水土寅钱，教稼明伦，开辟诸大事，愈远而功愈深，德愈溥。而平地成天，世独传诸神异，以其所设施，类非人力所能至也。《国语》：'能捍大灾，御大患，则祀之；法施于民，则祀之。'今浮屠、老子之宫，日新月盛，祷祀无虚日。而万世永赖之祀，有司以非福田所在，考成所及，漫不之省，所谓昇以山川，俾主神人者，其谓之河？且其食德背本，不亦既甚矣哉！本朝监于二代，诸制一因有明，则斯典也，亦不可谓非功令之所存也。爰勒之石，以贻后人。

碑文未写重修禹王庙及撰写碑文的年月，从作者在碑文中记述重修禹王庙的简单经过看，说明他重建禹王庙因袭明制，故知此碑文立于清代。雍正帝祭黄河源之神，可以看出封建帝王对黄河为患下游的忧虑，但在当时的历史条件下，派官到黄河上游举行祭河仪式，以期望"神明默护于上游，以致庆全河之顺轨"。到了乾隆年间，有人建议将河源庙土墙更换成砖墙，并在"庙内外应植树木，今值春融可种之时，将榆柳松柏广为移植至庙内"。同时，在原有4名青衣僧的基础上，为了便于与当地藏族信众沟通，又增加了黄衣僧坚参八些为首的僧人19名，并增加了他们的口粮和银两（这也许是河源神庙在后来变成藏传佛教寺院的一个原因）。由此可见，至乾隆时期，河源神庙的香火是比较旺盛的。但是后来时移势易，逐渐就无人祭祀了。

龚景瀚在《循化志》中引用河州知州王全臣所撰《河州志》记载：

职全（闻之）亲至其地，但见关口大禹王庙，墙垣无存，尽为禾黍，询之土人，（咸）称系韩大用、韩炳（之）部落回民所耕种，（大）禹（王之）庙如此，其他可知（已）。（职全当将霸占田地，逐一清查，有主者，令其取输，无主者，即将种地之回民注册，令与汉民一例纳粮当差，并严禁土官不得擅受民词。……大禹王庙即捐资修葺。）

　　这里"职全"指的是王全臣，所说韩大用、韩炳分别为撒拉十二工土司，他们占领了禹王庙所在地的土地，进行耕种。后来在乾隆四十六年、咸丰同治时期及光绪二十一年，循化撒拉族及西北地区回族等人民反清起义中，河源神庙毁于战火，其他诸如关帝庙、城隍庙、禹王庙等都无一幸免，循化汉族所赖以信仰的所有庙宇逐渐淡出了人们的记忆。

　　1988年在循化县城东街修建了积石宫。关于这个问题，2008年3月，笔者采访了积石宫管委会主任、原县教育局局长吴绍安先生，他说："1986年，县城的汉族地方老人要求修庙，政府不允许，所以为了解决汉族群众丧葬问题，在东街修建了殡仪馆，一开始功能比较单一，所以叫殡仪馆。1988年改名为积石宫，功能也开始多样化。现在除了老年活动中心，设有棋牌室、歌舞活动、书画展，同时举办丧葬事宜，设灵房、停尸房。此外，还组建夕阳红健身队、老人合唱团等。开展老年节活动，有书画展、菊花展等，每年元宵节期间搞花灯，以增加当地的文化氛围，活跃老同志的业余文化生活。"

河源神庙古今谈

侃 本 *

　　河源神庙（简称河源庙），藏语"拉康赛沃"，意为黄寺，位于循化县积石镇黄河南岸，与加入村隔河相望。据《循化厅志》记载，于清雍正九年（1731）奉旨建。是年四月二十一日动工，十月十二日竣工，占地约20亩，用银5183两，建殿阁3层，左右配两庑，后殿为望河楼，内塑神像面临黄河，姿以巡阅，大门、二门、殿阁均坐北朝南。雍正十年（1732）四月二十五日，清世宗为敬迓神庥，亲书《建庙记》，并赐"福佑安澜"愿额一方。雍正十三年（1735）三月七日，遣太常寺卿王并带《御制祭文》致祭于河源神庙。《建庙记》和《御制祭文》皆建碑亭立碑于庙中。该庙原由青衣僧4人管理。清乾隆元年（1736）二月，因青衣僧不通番语，土番不能信服，而更换为黄衣僧，由首僧坚参八些和僧众19名管理，其口粮、衣着、香火钱均由河州厅负责支付。每年给首僧口粮8石、僧众每人6石，共122石（约9760公斤）。衣单银首僧4两、僧众每人2两，又每年给香蜡银24两，年给银66两。

　　据《循化厅志》记载，清同治三年（1864），河源庙被反清义军焚毁。清光绪十四年（1888）循化同知长赟集资重修。光绪二十一年（1895），又毁于兵燹。光绪二十八年（1902），道帏乡张沙寺活佛卡丹拜尖参主持募化修复。

　　河源庙于清雍正九年（1731）建成，乾隆元年以后归道帏张沙寺历代张沙活佛管理，

* 　侃　本，青海省《群文天地（汉文版）》执行主编、《藏族民俗文化（藏文版）》副主编。

张沙寺在道帏乡东南角，与达力加垭豁近在咫尺。张沙寺虽然地处道帏乡，但宗教属性上一直是属甘肃拉卜楞寺管理，张沙活佛自然是属拉卜楞寺活佛系统。据《安多政教史》记载，张沙寺创建者仁青扎西活佛（俗称卡加喇嘛盖盖）是一位大智者，在汉藏两地颇有威望。据《张沙寺志》（藏文手写体，才旦夏茸撰写）记载，张沙活佛仁青扎西与当地官员（指河州卫知府，循化厅同知）均熟识，曾多次应邀参与各种纠纷调解，深得人心。

河源庙的僧人名额等在当时有严格的限制，如青海省档案馆所存的档案文献中有《循化厅为查验河源庙僧人哈家寺喇嘛名数谕》（光绪五年九月，1879年）、《循化厅为发给哈家寺喇嘛河源庙僧人度牒等事致西宁府申》（光绪五年十月初九日，1879年）、《循化厅为造赍光绪五年河源庙僧人花名年貌奏效册事致西宁府申》（光绪五年十月二十日，1879年）、《循化厅为造赍光绪五年哈家寺喇嘛花名年貌奏效册事致西宁府申》（光绪五年十月二十日，1879年）、《循化厅造赍光绪八年河源庙喇嘛僧人四柱花名清册致西宁府呈》（光绪九年二月初四日，1883年）等档案资料。

河源庙的收入，据《循化厅志》记载，主要由地方政府在公粮项下拨给禾豆120循石（约9600公斤），衣单银66两。此项补助直到1929年被县长年冰如取消，后再未恢复。

1958年，宗改后陆续拆除，而古刹今无存。1986年，张沙僧俗在僧人成列的主持下，在原遗址重建土木结构平房5间，派数名僧人前来管理和诵经拜佛。2000年以后，随着循化县积石镇的改扩建，河源庙西、北各修建一条公路，原20亩地已变成10亩地。河源庙早期的望河楼，面临黄河的内塑神像，早已发生大的改观。如今的神庙呈长方形，殿阁坐北朝南，主殿为三世佛殿，建在一米五左右高的台阶上，汉藏结合建筑，主佛释迦牟尼，左面观世音菩萨，右面文殊菩萨。西厢房为张沙活佛府邸，平房两间。东厢房为护法殿，中间为白财神，左面是金盔神，是张沙寺和河源庙共奉的护法神，右面是道帏和积石镇一带的藏汉民族共奉的护法神年羹尧，藏语称阿尼贡依。神庙正中央修建有一座尊胜塔，两边还有一些僧舍，院内空气中弥漫着清新的香气。

关于贡依山神与武将年羹尧之间的关系，目前有三种观点，第一种观点认为，他们之间没有任何关联，是两个不同的学术语言，一般的社会学者持这种观点；第二种观点认为，承认贡依山神是武将出身，但没有说明他和武将年羹尧之间有何种关系，如拉卜楞寺第四世嘉木样活佛、同仁隆务寺桑布活佛、喜饶嘉措大师、拉卜楞寺第六世贡唐活佛等；第三种观点认为，贡依山神就是武将年羹尧，如才旦夏茸活佛即持这种观点。那么，雍正时期的武将年羹尧，怎么一跃变成循化地区的护法神呢？要想详细了解他的来龙去脉，还得从张沙活佛谈起。张沙活佛早年在拉卜楞寺学习时，他的经师德才兼备，后来成为青海佑宁寺章嘉活佛的经师，乾隆初年章嘉活佛进京时，经师也随行至京城。通过这层关系，张沙活佛也曾经到过京城，有人说是去给章嘉国师陪读，有人说是去拜见自己的恩师，但不管怎么说，与章嘉国师有一面之交是很有可能的。在道帏地区一直将张沙活佛也认为是国师出身，他在京城的活动鲜为人知，国师的身份不见正史的记载，但他与当时循化厅的关系民间流传深广。

通过翻阅《章嘉国师若比多吉传》《土观洛桑却吉尼玛自传》等相关资料，再经过基层深入走访调研，雍正时期的武将年羹尧能在循化封神，的确与张沙活佛进京有关。虽然这些史料中含蓄地提到了年羹尧，但都是朝廷话语下的描述，说年羹尧是乱臣贼子，阴魂不散，到乾隆帝时仍然犯上作乱。这些宗教层面的描述，唯用宗教的手段来解决最合适不过。于是，章嘉国师出面，先将年羹尧的阴魂调伏，然后拟将其移出京城，找个合适的地方将其封神。据说当时的必选地有两处，一在青海，是年羹尧平定罗卜藏丹津反清的地方；二在四川，是舒赫德三次平定大小金川的地方。恰好这时候张沙活佛到京城，返回时奉章嘉国师旨意将其带回青海循化封神，自然是水到渠成的事情。

张沙活佛到循化以后也作了深思熟虑，一是按藏族传统习俗，在道帏贡依山将其封为山神；二是按汉族传统习俗，在河源庙修建将军阁，将年羹尧的灵魂就地安置，这才有了武将年羹尧在循化封神的历史脉络。

这一系列操作非常适合乾隆的执政理念，乾隆即位后采取种种措施，在调整皇室内部关系的同时，还对雍正朝年羹尧、隆科多两案的遗留问题进行了妥善处理。年、隆两人都是雍正帝的佐命大臣，对其统治的建立和巩固都曾起过很大的作用，后被雍正帝视为隐患，立为专案，严厉惩办，对其友朋也从重处罚。冤案层出，株连过多，使许多官员和士子人人自危，怨声载道。乾隆帝即位后，便即恢复年羹尧"冒滥军功案"内革职的文武官员的职务，其后，对于此案牵连所及的各起文字狱的人员也分别放回原籍。将雍正帝长期监禁的政敌允禩、允䄉等释放出狱，恢复爵位。不久，又将允禩、允禟的子孙给予皇族的待遇，同时，对于允禩集团中一些骨干成员，也分别赦免其本人及家属。乾隆帝敢于纠正前朝的乱政，不仅缓和了一个时期中最高统治者和广大官吏、知识分子之间的紧张关系，在一定程度上缓和了原来十分尖锐的矛盾，为保持统治阶级各阶层人员的一致性奠定了良好的基础，也赢得了他们的好感和支持，无疑稳定了政局，有利于统治，在这样的背景下将年羹尧在千里之外的青海东部封神，也是合情合理的。这样的安排既有政治方面的考量，也有宗教方面的安抚，显示了乾隆皇帝的胆略和气魄。

才旦夏茸活佛撰写《张沙寺志》和《才旦夏茸活佛自传》时，描述这方面的文字虽然不多，但意思非常明朗，即道帏的贡依山神就是武将年羹尧。才旦夏茸活佛1910年诞生在积石镇，当地人称其为杨家佛爷，其祖籍与河源庙不足一公里路程。才旦夏茸活佛既精通藏文化，又精通汉文化，更是国内外知名的藏学大家，他的这个观点是基于学术的视角提出来的。另一位诞生在积石镇的汉族学者吴均先生，也是既精通汉文化，又精通藏文化的国内知名文史大家，他虽然没有撰写这方面的文章，但在各种场合还是从自己的角度多次提到了年羹尧与贡依山之间的关系，并说他小时候经常去河源庙烧香，看见年羹尧的塑像下有汉藏两种文字，藏文写的就是阿尼贡依山神。吴均先生诞生于1913年，他说的小时候应该是20世纪20年代，两位当地学者的观点不谋而合，对我们正确了解历史很有启迪。

贡依山在道帏西南部，是多什则村、拉木龙哇村、德曼村、木洪村、加仓村的后山，北庄镇夕昌沟格达村、吾科村等的后山，牙日村、麻日村等的前山，地处北纬35°38′，东经102°34′，顶峰海拔4438米。贡依山是道帏地区的三大神山之一，排名第三，按藏族习俗贡依前面加阿尼，俗称阿尼贡依，阿尼是爷爷或祖辈的意思，只有神山才这样称呼。贡依按藏文的正确发音应该是"刚叶"，与"羹尧"的发音比较接近，自从年羹尧在这里封神以后，这个山就叫阿尼贡依，其原先的名称已无人记起。神山与山神的区别在于，山上有神就是神山，这个神就叫山神。"山不在高，有仙则名，水不在深，有龙则灵"说的就是这个道理。这些山神大部分都是武将出身，生前抱有强烈的社会责任感，机智勇敢，是立下赫赫战功的人；也有些是生前除暴安良、劫富济贫、路见不平、替天行道的侠义之士，一般的文人学者或僧人没有封神的先例。这些武士战死或意外死亡，其灵魂要得到妥善安置，否则有阴魂不散、阴魂索命等的说法，更有甚者会危害一方。《清史稿》中也有朱三太子阴魂不散，困扰康熙60余年等类似的记载。还有我们知道的关帝庙、文昌庙亦如此。另外，明代四大开国将军在国内很多地区有将军庙，这些将军生前英勇善战，为明朝的建立立下赫赫战功，其死后当然要厚葬，再后来其后代在征战迁徙中把将军信仰带到所在地区，于是到处都有将军庙。年羹尧武将出身，也英勇善战，功不可没，被雍正处决，乾隆时虽然予以平反，但不可能在京城给他立庙。《章嘉国师若比多吉传》记载，其阴魂一直在宫廷徘徊，弄得包括乾隆帝在内很多人恐惧不安，焦虑烦躁，直至后来在乾隆帝的旨意下，由章嘉国师巧妙地进行了妥善安置。自此，年羹尧的庙能在循化立足，是一段曲折的经历，听起来像神话故事，但也反映了一定的事实。

近年来听有些人说年羹尧能在河源庙立塑像，与秦桧相提并论，说年羹尧在平定罗卜藏丹津反清事件中毁灭寺庙、滥杀无辜。年羹尧的功过是非我们暂且不论，但罗卜藏丹津反清事件的主战场在塔尔寺六族和华热地区。我们也看到了在这些地区的宗教祭祀中经常有声讨年羹尧的场景，还把年羹尧说成"年鬼妖"，如果在这些地方有这样的举动我们可以理解，但是在远离塔尔寺的循化出现这种现象要另当别论。除了在道帏地区外，在化隆的塔加一带、甘肃天祝的松山一带也有年羹尧封为山神的传说，还有大通县、湟中县的部分地区也有年羹尧的相关传说，据大通县县志办青年学者张旻同志的调查："湟中区多巴镇年家庄村居住有严姓，年家庄村的隔壁是杨家台村，里面有年姓人家。年家庄村的严姓人家就是年姓，他们改姓氏是民国时期的事情，原因有很多，主要说法是年姓家族历史上由于年羹尧做官太大，年姓气数被耗尽，故改姓严，严与年读音相近。多巴镇年家庄村居住的年成仓老人（湟中区著名农民书法家）说："湟中区多巴镇年家庄村的严姓家族，杨家台村的年姓家族，湟源县俊家庄村的年姓家族，湟中上新庄药水滩年姓家族（上新庄也有年家庄），大通县长宁镇上严、下严村的严姓家族都是年羹尧的后人。"但是这一带没有发现年羹尧相关的庙。不过我们要知道，按藏传佛教仪轨，其历史背景不管是正面的还是反面的，都可以封为山神。立年羹尧之塑像，与秦桧一样让其赎罪忏悔，完全违背了藏文化的初衷。

如今河源庙香火兴旺，当地汉藏两个民族的善男信女经常来烧香拜佛，据寺僧普香介绍，河源庙的寺僧均来自张沙寺，有3~5人，每三年轮换一次。节日活动与其他佛教寺庙一致，仪轨及常规念诵同张沙寺一致。寺僧除了日常的佛事活动外，经常去当地居民家里做佛事。遇到老人做寿、小孩满月、结婚庆典等时，念诵平安经，祈祷幸福长寿、吉祥圆满；遇到有人死亡时念诵超度经，让亡者放下生前的一切牵挂与情愁及怨恨，心平气静地走向另一个世界。

又据普香介绍，河源神庙或河源庙之所以称其为庙，而没有称其为寺院是历史传承下来的称呼，如今无论是其规模，还是功能，都早已超出了庙的规模及功能，完完全全是一个独立的寺院，但是一直没有列入循化县寺院名录。20世纪90年代末，时任循化县宗教局局长的公保杰来找我，根据省宗教局的安排，要撰写《循化县藏传佛教寺院志》，因县上找不到合适的撰写人员，才来西宁找人。经过深入交谈后，我义不容辞地接受了此项工作。当我看到他提供的寺院名录里没有河源庙，询问缘由，他说遗漏原因可能是没有把它当作正规寺院，而把它当作一般的庙宇。一年以后，继任局长索南同志来取稿子，我又问有没有补救的办法，他说已向有关部门反映。但是时至今日河源庙仍然没有被列入寺院名录，循化历史上唯一的一座皇家寺庙，历时290年，还没有得到应有的认可，有关部门应该引起重视。

另据《循化厅志》记载，循化县城曾经有几处汉式庙宇，除城外的河源庙外，城内有火祖庙（在东瓮城）、城隍庙（今民警队所在地）、娘娘庙（今法院审判厅地）、关帝庙（今三八门市部地）、文庙（今武装部地）、祖师庙（今县委西北角），以上各庙于1949年后因县城扩建而逐渐拆除。道帏乡起台堡村有五山庙、土主庙、关帝庙、文昌阁、镇武阁，以上各庙均于1958年宗教制度改革后拆除，唯五山庙和关帝庙于20世纪80年代恢复重建；白庄镇塘洛尕村有五山庙，宗改后关闭，20世纪80年代恢复；清水乡下滩有五谷八蜡庙，宗改后拆除；积石镇托坝村阴洼庄有五山庙，于光绪二十三年（1897），从县城东门外黄河边迁于此地，宗改后拆除。

总之，从某种意义上来说，寺庙建筑及其形式演变是一个地区宗教思想发展、宗教文化传承、社会文明积累的直接见证。寺庙的历史延续与传统社会生活息息相关，寺庙建筑及其遗址的存在为我们留下了最真实且能深刻反映当时历史的重要信息，是除了历史典籍记载之外作为实物证据能帮我们还原关于那段历史、提供给有心人解谜破雾的直接见证。

随着时代的发展，散落在闹市区的河源庙见证了积石镇曾经的发展史，演绎着一幕幕感人的传说故事和信仰。重新打捞这些历史记忆，有助于我们发现祖先的智慧，感知寺庙等古建筑不可替代的文化传递功能和得到心灵慰藉。

记忆中的娘娘庙

吴绍安 [*]

娘娘庙坐落在循化城关城隍庙南侧，和武圣庙相对，建于晚清，是城关有名的八庙之一。老人们还都记得这座庄严肃穆、玲珑秀气的小庙，信徒众多，香火旺盛，尤得妇女们的虔诚膜拜。

这座小庙占地约2亩，进深两院，前院曲径小道，栽植松柏、花卉，郁郁葱葱，环境幽雅。后院正中高台上建有巍峨恢宏、雕梁画栋的大殿一座，正门两侧有木刻楹联。东西有厢房数间。大殿正中供着人们常说的神灵娘娘，体态端庄，面带微笑，一副普世救人的样态。

说起供奉的圣母，大家只知道叫"娘娘"。可是娘娘是谁，她的来由如何，或许很多人还不一定知道。原来娘娘庙供奉的是道教的女神——碧霞元君。

明代刘侗、于奕正《帝京景物略》有解释："碧霞元君在北京者，称泰山顶上天仙圣母。"康熙三年所立的《仲顶泰山行宫都人香贡碑》也说："祠，庙也，而以顶名，何哉？从其神也。顶何神？曰：岱岳三元君也。"泰山顶上的碧霞祠是碧霞元君的本庙，而北京的元君庙源自泰山顶上的碧霞祠。

碧霞元君信仰，是泰山信仰的重要组成部分。在众多的道教神仙中，碧霞元君威灵赫赫，庇佑九州。特别是明、清时期，正统道教在国家政治生活中受到一定限制，但泰

---

* 吴绍安，已故，生前曾任循化县教育局局长。

山碧霞元君信仰达到了鼎盛。泰山行宫（娘娘庙）遍及全国，元君诞辰日（每岁至四月初一）也被演化为民俗节日。

历史上，民众对碧霞元君的信仰极盛，信徒奉之为神灵，祷之即应。民间广为流行宣扬叙述娘娘的灵迹《泰山娘娘宝卷》，道教也奉为教门经籍，纳入道书之列。碧霞元君，俗称泰山圣母、泰山娘娘、泰山奶奶，宋真宗赐号"天仙玉女碧霞元君"，道经则称"天仙玉女碧霞护世弘济真人"。明代时，在北京，碧霞元君信仰尤为兴盛，娘娘庙遍布京城。另外，民间传说的碧霞元君更神通广大，能保佑农耕经商、旅行、婚姻，能疗病救人，尤其能使妇女生子，儿童无恙。故旧时，妇女信仰碧霞元君特别虔诚，受其影响，循化在清乾隆以后兴建了娘娘庙，同治年间由于兵连祸结，娘娘庙屡遭焚毁。据老人们讲，光绪年间，娘娘庙由七县城汉族捐资重建，我们记忆中的娘娘庙是重修的。娘娘庙复建后，和其他庙宇一样，香火可谓旺盛。尤其是妇女们，在元君诞辰日和每月初一、十五都去进香磕头。

循化娘娘庙红火、香火最盛的要数每年的正月十五元宵节。现在年已古稀的老人都记得，20世纪40年代和解放初，每到元宵节，娘娘庙灯火通明，香客络绎不绝，女信徒们携带小孩都来烧香敬神，有的祈愿免灾消祸，有的祷告盼望疾病康复，多年不生育的妇女更是祈祷希望生子。元君塑像右侧北壁整墙壁有假山式的许多彩绘小神洞，祈子者伸手在洞中摸到小孩鞋后，兴高采烈地带回家去。待到生儿后，主动到庙中向娘娘还愿，并将新制作的小鞋放回洞中。医学不发达的时代，民间祈子的方式，只有依靠神灵了。

"文革"中这座古典文化遗产建筑又罹洗劫，被毁无存。至今，留给我们的只有叹惜和淡淡的记忆。

神秘的乌山庙

唐 钰

◎乌山庙插箭节 （庆昭明 提供）

循化县境内有三座乌山庙，分别坐落在起台堡、白庄塘和托坝村。而今，保存完好且有规模的当属塘洛尕村的乌山庙。

白庄塘乌山庙建在村中央的公路南侧，占地一亩有余。进门首先映入眼帘的是3间坐北朝南的大殿，雕梁画栋、飞檐翘角，高大雄伟。大殿正中供养着山神乌山爷的雕像。供桌上有水果、盘馍以及花香灯、糖果等供品。左侧有度母佛像和经书，右侧是观世音菩萨的佛龛。大殿两边挂满了善男信女们供养的写有"有求必应""神光普照""心诚则灵"等大字的织锦缎被面。供桌边上放置的筒状乌山神签看起来并不起眼，但十分灵验。香客家中若有重大事情，一般都要来这里占卜吉凶。

大殿外两侧的台阶上耸立着两只石狮子护法。台阶两旁有两棵郁郁葱葱的柏树，高耸入云，散发着淡淡的清香。台阶左侧的长方形香炉盆里，总能看到袅袅升腾的烟云。

进门左侧是一鼎悬挂的大铜钟，逢年过节进香时，村庄里的人们都能听到穿透力很远的洪钟的声音。旁边是燃灯房和煨桑塔。每月的初一、十五，上塘、上洛尕村、下塘、下洛尕村四庄的汉族群众都要风雨无阻、雷打不动地来这里点灯进香，煨桑祈福。东西两侧盖有好几间库房，放置着香客们供养的柴火、麦草、炒面、菜籽油、香等物品，还有搞庙会活动演出用的道具、戏装、锣鼓及宴会用的桌椅板凳、锅碗瓢盆等。

乌山庙供奉的山神乌山爷就是明朝战神、开国名将常遇春。因为有常遇春是回族的说法，所以乌山庙里的供品一直是清真食品。近百年来，人们一直恪守着这样的禁忌。

乌山庙里的大型活动主要有以下四项。

一是正月初一祈福活动。妇女们一到大年三十，就到乌山庙进香点灯供养清真物品祭神祈福，男人们也开始在庙里和家门贴对联，并在村口开阔处立起一个将近两丈高的秋千。零点交夜后，四庄的男人们纷纷前来烧香磕头。乌山庙正月初一的亮点就是抢头香。据说，能在零点零一分抢先进香的人，将会得到乌山爷的特别关照。为此，那些准备考大学、找工作、找对象、做生意，还有家中有病人的人们，零点前就守候在庙前，拟在第一时间点香祈请得到神灵佑护，从而完成自己的心愿。乌山庙零点抢头香活动历来热闹非凡。那一刻，爆竹烟花燃亮云霄，钟声、海螺声响彻山谷。

二是元宵节庙会。主要活动有灯展、跳火堆、舞狮、扭秧歌。20世纪六七十年代，塘洛尕村还保留着手工制作花灯的习俗，人们将各自纸糊的灯笼挂在庙里或家门路口，营造浓郁的节日气氛。元宵节晚上最隆重的活动就是跳火堆。傍晚时分，庙官先要在庙里燃起两堆柴火，以此向神祈请国泰民安，风调雨顺，五谷丰登，六畜兴旺，财源广进，平安健康。当祭神的爆竹声、海螺声响起后，各家抱一捆长长的油菜秆从厨房里燃起，到各房间一转，便争先恐后地跑到大路两旁，将早已用柴火、废旧的背篓准备好的火堆点燃，并燃放烟花爆竹。顿时全村火堆形成一条长长的火龙，火树银花不夜天的动人景象立刻耀亮山川河谷。欢跃的人们先从自家的火堆上跳过，随后从南到北在所有已点燃的火堆上奔跑、跳跃而过，然后再跳回来。所有见面的人碰面时，都要说吉利话相互祝福。据说这样做可以除掉晦气、赶走邪气、烧掉病根，而且运气越来越旺。最后，又集中人们捐助的柴火、煤炭，在乌山庙附近燃起一个巨大的火堆，全村人围圈而坐，开始了通宵达旦的歌舞篝火狂欢晚会。

关于乌山庙庙会中的秧歌表演，据说是在20世纪60年代进行过一次。演员是从上塘、上洛尕，下塘、下洛尕村的青中年男女中选拔出来的精英。秧歌队演出时，舞狮者先要在乌山庙里请神，然后才到塘洛尕四庄进村入户送福、送吉祥。其后几十年再也没有组织演过秧歌。直到2009年，秧歌舞狮表演又出现在乌山庙庙会上，延续至今。

三是农历八月十五中秋丰收节。这一天，上塘村的妇女用新面制作大月饼、糖熘锅馍来供养乌山爷。感恩乌山爷神赐了五谷丰登的好年成。同时，全村人聚集到庙里宰羊献神，炸馍煮肉，做熬饭烩菜，院里院外百十号人聚集一起吃大锅饭，场面宏大壮观。

四是九月初一献神。每年的这一天，村里要杀一只羊祭神。四庄的人都要到庙里进香点灯吃大锅饭。做大锅饭的东家也是轮流坐庄，每两户一年。

乌山庙对于很多人来说是个谜。如乌山庙，其名何意？常遇春为何叫乌山爷？常遇春是明朝名将，可是为何在清朝年间要给他封神建庙？常遇春是安徽怀远人，为何要在甘青这样的边远少数民族居住的地方领受香火？等等。

据明史记载，常遇春（1330—1369），回族，字伯仁，今安徽怀远人。自幼习武，体貌奇伟，禀性刚毅，臂力过人。当时正值元末天下大乱，各地豪杰称雄割据，江淮一带为之鼎沸，年仅23岁的常遇春被盗寇头目刘聚收留。常遇春见刘聚经常打家劫舍，并没有什么宏谋远略，遂于至正十五年（1355）春前往和州投奔朱元璋。常遇春曾说："将兵十万，可以纵横天下"，故有"常十万"之美誉。从采石战役的一人敌过千军，到鄱阳湖大战中的神箭救主，再到扫荡平江活捉张士诚……作为明军的副统帅，纵横百战，从未败北。随着明朝的建立，常遇春与徐达两位军神，过洛水，破山东，克通州，定大都。常遇春追随朱元璋戎马生涯 14 年，战功卓著。当朝翰林学士朱升曾这样评价常遇春的一生："知周而量弘，才沉而气锐"，"栉风沐雪，擐甲挥戈，身经百战之劳，勇却万夫之敌。侍帷幄而决胜千里，仗麾钺而宣力四方，施号令惟加谨严，与士卒则同甘苦。威名服众，武略超群。"

洪武二年（1369），常遇春自讨伐北元南归途中突然病卒，年仅 40 岁。朱元璋闻丧大为震悼，赐葬钟山之下，亲自出奠，并追封开平王，谥忠武，配享太庙，在功臣庙中位列第二。

1949 年，年仅 15 岁的唐正人在乌山庙大殿留下这样一首诗："乌山扶朝诚最高，南征北战代代晓；只因诚名通天下，故为在此立庙堂。"唐正人是塘洛尕村最有学识和名望的人，曾经也想通过考证解开乌山庙之谜。然而，他老人家直到离世时也没找到答案，还是把求索的问题留给了后人。

关于乌山庙和常遇春，我也曾作过一些田野调查。

乌山庙究竟建于何年何月，确实没有历史记载。我曾拜读过龚景瀚先生编纂的《循化志》等一些史料，也没找到与乌山庙相关的文字。塘洛尕村目前还健在的九旬老人杨志龙、赵延禄曾告诉笔者，他们在儿童时期，曾在乌山庙目睹过一块写有嘉庆乙酉年间的牌匾。这说明白庄塘乌山庙建于清朝嘉庆年间或更久远的年代。

◎乌山庙祭神活动　（庆昭明 提供）

1966 年，乌山庙里的乌山爷泥塑雕像被拆除。家父唐文选生前给我讲过，当时七八位属虎属龙的青壮年违心无奈地把乌山爷塑像用绳索拉倒后往大河去扔时，六月天突然下起了鹅毛大雪。当时，雪花正好掩盖住了流淌在人脸颊上的泪水。至今，每每提起这段往事，村里尚还健在的一些老人依旧潸然泪下，都说那是乌山爷显灵。

1970 年春节，6 岁的我跟着父亲偷偷到乌山庙里祭拜。那时乌山庙大殿被拆毁，后来有人偷偷请来了一幅乌山爷画像挂在大殿。村里人谁也不敢声张，只是悄悄地都来这里进香磕头。

之后，废弃的乌山庙还被当作生产队仓库、代销（小卖部）和榨油厂来使用。

乌山庙院内原来生长着很多苍翠松柏，可惜 1972 年临平公路开建时，乌山庙整体向西侧平移 8 米，致使一间大殿被拆，许多松柏树被砍伐。

1975 年，国家宗教政策有松动。第一次修建，把原来被拆的木料重新套装，更换了一些折损的木料，基本恢复了原貌。下塘朱文辉是木匠。道帏乡吾曼道村交巴的父亲重塑了乌山爷塑像。傅璋在照壁上留下了"人为万物之灵……"的墨宝。从此，乌山庙里香火不断。

2012 年夏天，塘洛尕村善男信女募捐集资约 40 万元，扩建了乌山庙，也就是现今呈现在我们面前的这座乌山庙。

我爷爷唐正忠在乌山庙当过十几年的庙官。他对乌山爷虔诚膜拜，对乌山庙管护细致。有关乌山庙和乌山池的神奇传说故事，爷爷在我耳边不知讲了多少回。但那时的我年少气盛，对那些带着迷信色彩的东西，根本没当一回事。

不过我爷爷关于乌山庙和乌山池关系的叙述我还是记住了：相传明太祖朱元璋为保住朱家江山而"火烧庆功楼"之后，遇难功臣元勋大闹阴曹地府，要阎王还魂再返人间。阎王只好把他们分到地方为神，享受香火。其中，常遇春被封为"乌山大王，河池龙王"。

乌山池就是乌山爷常遇春的龙宫。1958 年之前，每逢干旱，循化地区和甘肃临夏、甘南等地的民众，都要聚在达力加山顶的俄堡周围，举行声势浩大的插箭请神求雨活动。那时，有大德高僧诵经祈请山神乌山爷快洒下甘露，万千善男信女虔诚地煨桑抛撒隆达。

等到一些青壮男子从乌山池背来圣水之后，活佛便用圣器将水分配予诸庄各村。这时，早早恭候的各地骑手，快马加鞭将佛赐圣水送往各自故地，各庄百姓跪地迎接，叩谢神恩。巧合也好，显灵也罢，一般来说，这种插箭请神求雨的结果总是心诚则灵，天遂人愿。因此，乌山池越发充满神奇色彩。

敬天敬地敬神敬人的庙宇文化，使沐浴着神恩的古老村庄一直延续了万民一家、尊老爱幼、相互帮助、和睦相处、民族团结的淳朴民风。因此，乌山庙已成为当地善男信女的心灵家园。

1983年，我和几位同事慕名前来乌山池游览，终于揭开了其神秘的面纱。乌山池位于道帏乡张沙村南达力加山主峰之地东南、临夏县麻尼寺沟乡西南部，海拔4200米。冬季冰雪覆盖，夏日云雾缭绕，气象万千，变幻莫测。天池呈圆形，面积1.86公顷。山水壮美，令人神往。惊叹之余，我写了一篇题为《美哉，壮哉——乌山池》的游记发表在《青海日报》。

乌山池在甘青交界处，因此两地对其的文字记录也有不同。循化地区一直通用"乌山池"，与之相关联的3座庙，门头均写为"乌山庙"。但甘南、临夏地区，把乌山庙写成五山庙，把乌山池写成五山池、雾山池。20世纪80年代中期的一个夏天，一位临夏的亲戚在我家做客时，对塘洛尕庙门上的"乌"字提出异议。当时身为庙官的唐正忠也误以为是错字，便把门牌坊换成了"五山庙"。后来，时任青海省人大常委会副主任的唐正人回乡探亲时突然发现了这一问题，遂追问无故更名的缘由。当时村里人张口结舌，说不出个所以然。唐认为，仅凭路人一说将"乌山庙"改为"五山庙"，此举有欠严谨。于是，村里又重做新牌坊，门头又恢复成了"乌山庙"。

因为乌山庙的缘故，2017年我去南京中山陵游览时，还专门了解过常遇春的墓冢遗址。常遇春墓位于太平门外紫金山之阴白马村，是江苏省文物保护单位和世界文化遗产。墓地约2500平方米，高2.4米，墓基周长约29米，周边设有一根石柱、两个石马、两个石羊、两个石虎以及两名武将。

但是，我在常遇春墓冢遗址并没有发现与乌山庙有关联的线索。而对常遇春民族成分究竟是回是汉，产生了疑惑。

2018 年，我们姐弟四人跟随久美活佛先后去孟达天池和甘南冶力关冶海天池祭拜。没料想关于常遇春被封为"河池龙王"的民间传说，终于在甘肃省甘南藏族自治州临潭县常爷庙的碑文上找到了谜底。

常爷庙位于冶力关镇通向天池冶海的半道上，供奉着"十八路龙王"，皆为明代的将军。而位于冶力关镇北 7 公里处的天池冶海，被当地群众称为"常爷池"，"常爷"就是常遇春。

常爷庙共有 4 座大殿，供奉着 5 位神仙，其中主神就是常遇春。在明朝洪武年间陇西发生战乱，常遇春奉命率领大军西征平叛。叛乱平定后，出逃在外的老百姓才回到家乡，常遇春曾经在冶海驻军，因其得名常爷池。从此当地的老百姓认为常遇春能保当地平安，洮州军民上书朝廷请求册封，常遇春被封为"总督三边常山盖国都大龙王"。常遇春的塑像就在正中的大殿里。大殿背后有一座碑，上面将徐达、常遇春、李文忠、马秀英等人称为"龙王"，成为每个村落的保护神，当地百姓又称之为"佛爷"。据史料记载，朱元璋亲下诏谕说"洮州，西蕃门户，筑城戍守，扼其咽喉"。根据这个诏谕，李文忠修建了洮州卫城。朱元璋鉴于洮州在战略上的重要性，降旨李文忠等留守，遂将江淮一带的军士留在当地开荒种田，战时为兵，平时三分守城，七分屯田。后陆续将屯军家属迁来定居。为了寻找灵魂的寄托，这些镇守的军士将自己的统帅推到了极其崇高的位置，最后变成了一种独特的神祇崇拜。

这种军事统帅崇拜之风始于朱元璋。他从统一全国战略需要出发，表彰和激励有功将士，钦定功臣位次。他敕命在江宁府东北的鸡鸣（笼）山建立功臣庙，如李世民的凌烟阁，供奉徐达、常遇春、李文忠等 21 人，"死者肖像祀之，生者虚位以待"。在全国统一后，明太祖朱元璋将开国功臣都封为"神"，敕命全国各地立庙祭祀。

达力加仙湖

索 南 *

◎达力加仙湖祭祀活动 （庆昭明 提供）

达力加山位于青海省循化县东南，与甘肃省临夏回族自治州临夏县、甘南藏族自
治州夏河县接壤处是循化县境内的最高峰，最高处海拔 4636 米。这座雄伟的神山俯视
着道帏紫金川这片人才济济、山清水秀、物产富饶的热土。

---

* 索 南，西藏大学教授。

达力加山的主峰是三座并立的岩石山，它们犹如披甲上阵的勇士，高昂着头，肩并着肩，面向东方；岩山下的盆状谷底里储蓄着雪水，形成高原湖泊，湖面上波光粼粼，倒映着蓝天白云，犹如仙女遗落在人间的一面镜子，充满着灵气和魅力。

达力加山和达力加湖是道帏人民的神山神湖，有关它们的历史传说和神话故事至今仍在民间流传，由此演变而来的各种民间信仰习俗，成为藏汉民族友谊和团结的象征。

在道帏藏族及达力加山周围的甘青藏族中流传着这样一个关于达力加神山的传说：传说吐蕃时期从西藏中部"盘域"地方来了一支戍边的队伍，为首的称为"达力加奔松"（藏语，意为"达力加三兄弟"），他们在这里一边放牧一边巡边，常年的驻留，使他们对这个山清水秀的地方产生了深厚的感情，于是他们死后，他们的灵魂便寄附于此，变成了这座大山的主人。

在民间流传的祭祀颂词以"祭！向护善先祖达力加，达力加三兄弟献祭！"等呼唤和赞美达力加山神。循化籍藏族学者和文人也在他们的相关著述中称赞达力加山神，如一代高僧喜饶嘉措大师在颂文中称呼其为"大护法达力加三昆仲"；教育家、佛学泰斗才旦夏茸则称"战胜邪恶势力之达力加'公论'三昆仲"。

"达力加"的传说在史书中也能找到相应的佐证材料，据《敦煌本吐蕃历史》记载："及至羊年（高宗显庆四年，659年）赞普驻于'札'之鹿苑，大论东赞前往吐谷浑（阿豺）。达延莽布支于乌海之'东岱'处与唐朝苏定方交战。达延亦死，以八万之众败于一千。是为一年。"这条纪年中记载的历史事件和人物正与达力加神山有着密切的联系，其中的人物"达延莽布支"之"达延"是"达力加"的古汉语音译，"莽布支"意为众人的头领。

唐蕃交战的乌海之"东岱"处，据藏族近代著名学者更敦群培的考证，乃今循化县境内的孟达天池（藏语称东日仙湖）。达延莽布支死后，他的余部将他安葬在此，并将这座大山以其名称来命名，并亲切地称呼为"阿尼达力加"，世代敬仰，以表对他的怀念、感恩之情。本县白庄镇夕昌沟藏族部落中至今仍流行一种名为"阿加达力加"

的民间游戏，该游戏也是为纪念"达力加"流传演变而来的。

此外，这份敦煌藏文写卷中还出现了坌达延墀松、坌达延赞松两位人物，古藏文文献专家指出"坌乃赞普外甥"之意，可知达延墀松和达延赞松两位将领是赞普的外甥。因此，他俩很可能是达延莽布支与赞普一方某位女性缔结婚姻的后代。可以说，《敦煌本吐蕃历史》中出现的三位"达力加"将军，他们的关系虽然不是"兄弟"，与民间传说中的"三兄弟"有所出入，但可以肯定达力加山名称的由来与他们有关。

在此后接替达力加将军守边的吐蕃将领统称"达力加木洪"，意即达力加将军，如藏文史籍《安多政教史》提到的玉嚓三兄弟，《持平之论》中提到的朝嚓木洪、江擦木洪等，都与达力加山的守边历史息息相关。到了和平年代以后，在达力加守边的军事制度没有存在的必要，"达力加木洪"这个称谓也从文献记载中逐步消失，但达力加神山崇拜已经深入人心，从此每年的阴历六月初十是达力加山神的祭祀日。历史上甘肃拉卜楞寺第二世嘉木样活佛（1728—1789）、第四世嘉木样活佛（1856—1916），同仁隆务寺主持桑布活佛（清末人，具体年代不详）等曾专程来祭祀达力加山神，其中第二世嘉木样活佛和桑布活佛专门撰写了达力加山神颂词，再后来喜饶嘉措大师也撰写了达力加山神颂词。1993 年，在道帏人民的请求下，甘肃拉卜楞寺第六世贡唐活佛将道帏地区三座山神的祭祀点合并到古雷寺附近，并定于每年阴历六月十五日为祭祀日，贡唐活佛也撰写了三座山神的祭祀颂词。这里还有一个鲜为人知的传说，道帏地区的三座山神均是外来户，达力加山神源自西藏，贡玉山神源自北京，东日山神指向不明。这三座山神因思乡心切，故面朝自己的源头方向，而不闻不问道帏内部的事情，故道帏内部喜欢窝里斗，成不了大气候，而远在他乡的道帏人却顺水顺风，事业有成。基于这样的认识，贡唐活佛莅临道帏地区，首先给三座山神进行调节，不仅要关照好四面八方的道帏人，更要关照好家里的事，道帏"拉则节"或"插箭节"由此而来。

另外，史志中还如此记载达力加山："打儿架山上野花极繁，多不知名，唯牡丹、芍药可指数，其余五色灿烂如锦。"道帏民歌中如此赞美达力加山："上部的达力加山顶，成群的牛羊马儿无比欢快，若是这里水草不丰美，怎能会有如此美满幸福！"流传于安多藏族中的一则民间叙事诗中同样以通俗优美的语言描述到达力加山及神山庇护下的道帏藏乡美景："当我被带到达力加山顶时，我看见，雄伟的山冈和绵延的山川，犹如徐徐展开的唐卡画像，啊！多么美丽安详！当我被带到道帏谷地时，我看见，错落有致的村落和层层叠叠的麦田，犹如从人间登上天堂的天梯。啊！我祈祷，愿我来世降生到此地！"从中能够领略到这位赴刑场的民间歌者对这片热土的赞美和向往之情。

据史书记载，道帏汉族的先民是在明洪武年间来戍边的军人（亦说在万历年间）。明朝在河州卫下建立了起台堡，明清以来以起台堡为据点，形成了道帏最大的一个汉族村落。起台堡村建有两座庙宇，一座为关公庙，另一座为常爷庙。"常爷"乃明代开国功臣常遇春，这位立下赫赫战功的青年将领与徐达攻克元大都后不久，在柳河川突然暴疾而卒，朱元璋追封其为开平王，配享太庙。明朝一代，西北军所及民间盛行"常爷"信仰，起台堡的"常爷"信仰亦然。一则起台堡位于达力加神山的山脚下，二则"常爷"是龙神，由此，到道帏的汉族先民将藏族的达力加神山神湖信仰与"常爷"信仰结合在一起，附会达力加仙湖为"常爷"住所，并命名为"五山池"，亦称"乌山池""雾山池"。

在甘肃洮、岷地区流行的"常爷"信仰中认为"冶海"为"常爷"住所，在冶海旁的甘南州临潭县八角乡庙花山和冶力关镇池沟村建有常爷庙，认为"常爷"是管理此方风调雨顺的龙神。此外，在循化县的积石镇托坝村、白庄乡塘洛尕村、清水乡下滩村等汉族村落都建有常爷庙；毗邻的甘肃临夏县的八里寺、麻尼寺沟等地也有几座常爷庙。这种现象的起源与明代朝廷在西北的卫所建制和屯军农垦的历史进程有着重要的联系，主要是因为初到河湟、洮岷一带的官兵和民众需要"常爷"这样的精神寄托，以此激发战斗的勇气，应对西部干旱少雨的农业生产的困境。另外，地方官员需要借助民间信仰和祭祀仪式，争夺神灵的祭祀权，以牢固地方统治权、树立国家权威等也有一定的联系。"相传，明太祖朱元璋火烧庆功楼，遇难元勋大闹阎王殿，要还魂再返人间,但诸臣尸骨销化,阎王只好封他们为地方神,常遇春被封为'五山大王,河池龙王'。因他功高盖世,五山池就成为人们敬仰一代英豪的化身。"这样的叙事也反映了这一点。

达力加神山仙湖信仰及祭祀仪式是汉藏民族交流交融与团结友爱的象征,共同构筑着当地民众的信仰体系和社会的和谐联结。相传,今流传于青海黄南州同仁县的民俗活动,国家级非物质文化遗产"热贡六月会"祭祀仪式源于唐蕃时期在道帏达力加山上的唐蕃军事友好会盟的庆典仪式。在黄南州同仁县吾屯村村庙中供奉有"常爷"像。可知,达力加山成为神山及祭祀庆典场所的神圣性由来已久。

值此,我们知道达力加山神信仰和达力加神湖祭祀仪式自唐代就已经初见端倪,到了明代注入了新的内容。在藏族这一块既有山神信仰,又有神湖祭祀,而汉族没有山神信仰,只有神湖祭祀。汉藏两个民族所信奉的都是将军崇拜,藏族的山神是吐蕃守边将领达力加,汉族的神是明代开国将领常遇春。在造像方式是常遇春或五山老爷以泥塑为主,乍一看俨然是武将造型,仪容丰满庄重,怒目瞪眼,气宇轩昂,形神兼备。在起台堡村五山庙供奉的五山老爷和同仁县吴屯上下寺及加仓玛村嘛呢房等地供奉的五山老爷在外形上大同小异,但同仁地区造像虽然采用汉族样式,称呼却是藏语称呼"阿尼达力加",而且用的也是藏语的山神颂词,显然在同仁地区这种文化已经呈现变异现象。藏族的达力加山神造型以唐卡和壁画为主,头戴毡帽,手持兵器,骑黄色骡子,仪态慈祥,和阿尼玛卿山神的造型神似。

达力加山神和达力加仙湖信仰与祭祀,绵延不断。现如今,每年的农历六月初十道帏藏族乡的上部三庄(贺龙堡村、比隆村、贺庄村)及张沙村、起台堡村的藏汉群众穿戴节日盛装,到达力加垭口进行拉则祭祀仪式,并于六月十七进行祭湖仪式。集体性的祭祀仪式完成后,人们集聚在山脚的平地上,尽享美食,载歌载舞,表演赛马等竞技,青年男女开始对唱"拉伊"(花儿),借物抒情、即兴作词、以歌传情、以歌交友,表达对甜蜜爱情的追求和美好生活的向往。

此外,民众根据自己的闲暇时间三五成群或各自前往达力加垭口和仙湖边进行煨桑、挂经幡等祈福祭祀仪式。春夏季节,道帏的汉族及毗邻的甘肃临夏汉族中盛行到"五山池"边烧香、设坛做法,边进行"祈雨"的习俗,以求风调雨顺、国泰民安。在此想要补充的是无论是祭祀达力加山拉则和祭湖,还是祭祀道帏拉则,作为汉族村落的起台堡村始终是积极的参与者,虽然某些细节上的认知略有出入,但汉藏文化交流交融是永远的主题。

关于常遇春的族属,虽然有汉族说、回族说、满族说,在起台堡村修缮常爷庙时当地的有些回族文人学者基于历史原因亦有捐资者。由此,在达力加神山及达力加仙湖民间信仰中,我们可以看出,藏、汉、回多民族信仰和习俗并行不悖,和谐共存,共同谱写各族人民友谊团结的历史事实。

我所知道的科哇古城

韩忠诚 *

提起古城墙，人们会自然而然地想到长城，作为中国古代最大的军事工程之一，其蕴含着巨大的历史人文价值，象征着坚不可摧的民族精神和意志。而在我的家乡循化县也有一处悠久的古城墙——科哇古城。

科哇古城位于青海省循化县白庄镇夕昌河和道帏河（起台河）交汇处的三角地带。古城高出两河河床近 50 米，台地崖壁又近乎垂直，俯看台地容颜，形同孤岛耸峙，又如同一艘停泊在丹山绿水之间的舰船。显然，科哇古城最初的营建是充分利用了周边优越的天然地形条件，其选址可谓匠心独运。

在一个细雨蒙蒙的清晨，我又一次走进了这个熟悉的古城遗址。我想，对于熟悉的事物，唯有最热切的关注，才可能有全新的认知。或许是因为下雨的缘故，通往古城的路上我的思维异常活跃，使得我直奔主题，登上了古城遗迹中最高的城墙。

实地到访发现，科哇古城依据高出两河台地的实际地形条件建造，古城南宽北窄近乎呈一个不规则的三角形，城墙的高低起伏不定，宽窄也不尽相同。城墙均高约 8 米，基宽约 5 米，夯土筑，系用砂土和白土混合堆筑而成。

据现居住在古城周围的老人讲，古城曾经可能是一个交易场所（市场），又或者是一个军事堡垒。为了探寻科哇古城曾经的辉煌以及其建造背景，我翻看了有关科哇古城

---

* 韩忠诚，格尔木市人民法院法官助理。

◎　科哇古城遗址　（韩忠诚　提供）

寥若晨星的史料记载。虽说过往云烟都难逃历史的眼睛和史官的手笔，可史海浩荡，却给我一探古城历史的愿望打了一个零分，我又一次深深感叹留在已知历史之外的未知历史实在是太多。但直觉告诉我，这个在地图上没有标记的地方绝非一个简单的古城遗迹那么简单。

缺乏实证的直觉不足以建立一个完整的判断，不过以往的经验告诉我，愈是不受约束的底层语言，愈能泄露惊心动魄的真相。于是我随着耄耋老人的口述和唯物史观的相关观点，对这个不见于史册却又极端神秘的古城进行了探索。

说古城曾经可能是交易场所，是因为古城周边的村民自此地开垦为农田后经常发现和挖掘到方砖、大瓦、陶片、铜币等古物，还有从古城名称 Yisir 翻译为市场而故有此一说，我们暂且保留这样的说法。

通过从科哇古城的当地叫法 Yisir（之所以说当地叫法是因为无法考证该名称为撒拉语或其他语言）入手，运用对比分析法，发现此处有可能是曾经的交易场所，但更有可能是一个军事都城。因为在离科哇古城 20 公里处的积石峡也有一个叫 Yisir 的所在，现取名为乙赛村。通过对比二者的地理位置，如果两地中 Yisir 的叫法为同一内涵，则能得出的结论是：科哇古城更有可能是军事堡垒。因为不论是悬居在积石峡群的乙赛村还是两河交汇处的科哇古城，从来都无便利的交通、密集的人口和优势的农业基础条件，故而缺乏形成交易中心的必要条件。此外，两地所居位置极其险要，乙赛村更是曾经青海东出积石关的咽喉要道，易守难攻，防御功能一目了然，这是第一点理由。

其次，统观古城整体布局，据周边村庄老者的推测，古城主体建筑也并非仅仅是夹在两河间的高台，远处科哇山上作瞭望传信的烽火台以及夕昌河西边山脚下的墓葬区同为古城的重要部分。由此看来,古城不仅仅是孤立的线状城墙,它可能还包括城堡、城台、关隘、烽燧、瞭望塔等一系列防御设施,从而构成了一个城关相连、烽燧相望、敌台互立的完整防御体系。

再次,从地理位置分析,科哇古城地处高山与局部平原的过渡地带,是控制上下往来的咽喉之地,位置十分显要和优越,而在古城往下几公里处,道帏河和夕昌河两河相交,显然是个进可攻、退可守的军事要塞,而且能够同时扼守由两条河流形成的夕昌沟和道帏川。特别是古城北边入口处极具军事价值,古城建造之初在北边崖壁最低处建造了供人员出入的通道,我们暂且称其为北门(抑或是瓮城)。依据古城现有的遗迹分布来看,北门并非古城正门,因为从交通便利的角度而言,北门并非绝佳的通行之路,但从防御处置的需要而言,北门却极有可能成为一个易守难攻的防御要塞。因此,这样的地理位置可能更加证明古城是个军事都城。

最后,通过细致查看此处的城墙遗迹,生土墙残高 4~8 米,残厚 4~6 米,加之常年的雨水侵蚀,我们可以想象,曾经古城的城墙远非今日可比,今日我们眼中所见的废墟及残落不堪的古城墙,极有可能是昔日人类文明的奠基之地,更是攻击和防守铁蹄游牧族群的坚强利器。由此也可以断定科哇古城并非只是交易场所,一定也兼具军事堡垒的功能,否则,根本没有必要建造如此厚重的城墙。

当然,传说并不能代表历史,记忆也不全是历史。而我们依据现有古城遗迹、老者的推测以及中国城墙史和中国古城史能得出这样的结论:科哇古城可能是曾经的交易场所,但更有可能是一个集经济、军事为一体的军事都城,而推测其更多的功能在于军事层面上。

我漫步在古城周边的城墙之上,突然发现我们现在所见到的古城中最高大的两处生土墙遗迹很有可能只是古城中的普通内墙,并非古城外墙。因为在儿时的记忆中,我深刻地记得如今这两处最高的生土墙往北只有一条狭窄的土路,而两边是高耸的城墙,而这两处曾经的城墙极有可能是科哇古城的外廓墙,在两处外廓墙中间极有可能是所谓的瓮城（城门口加筑的，用以加强防御的小城）。

我的内心随着雨过天晴也顿时明朗起来。按照古城现有的遗迹布局来看，它最少有三道立体的防御体系：第一道是河流，即道帏河和夕昌河夹道形成三角台地，两面临河，古城端坐其中；第二道便是这外廓城，这是最外围的一道城墙，按照中国一般城墙布局结构而言，瞭望塔、箭楼、雉堞（齿墙）等极有可能在这已经被摧毁的外廓城上；第三道便是如今能见到的夯土城垣。

几千年的文明史赋予了我国数量众多、各具特色的古城墙，中国古城墙是世界古代文明的重要组成部分。在相关史料及记事老人的记忆中也未曾发现有哪个军事组织占领或攻击过科哇古城的记载，科哇古城防御体系功能的先进，由此可见一斑。

如今古城中间开凿出的乡村公路上常有车辆、人员来来往往，偶尔映入眼帘的城墙时刻提醒着人们这座古城曾有的显赫地位。恩格斯说："在新的设防城市周围，屹立高峻的城墙并非无故，它们的城楼已耸入文明的时代了。"因此科哇古城所蕴含的文化内涵以及标志的历史进步意义是极其重要的。

当我站在古城荒废的台基上，再一次俯瞰科哇古城时，许多疑问仍然未解：这座古城究竟建于什么年代？在古城中究竟发生过怎样的故事？带着这样的疑问，我又一次走进浩荡的史海和真正推动历史前进的人民中间。于是，塔城、签军、乃蛮、成吉思汗西征与撒拉尔等字眼如同梦中的幻影往来流逝，再也飘散不去。既然如此，那我们先从零零碎碎的史料中寻找科哇古城的点点滴滴吧……

科哇古城的历史不只是当代农田开发史，更是一部久远的人文史。据唐朝政治家、宰相李吉甫创作的地理学专著《元和郡县志》考证，此城为唐米川旧县城，贞观五年（631）置，贞观十年（636）废，永徽六年（655）隶廓州，县治移至黄河北岸今化隆甘都境内。青海社科院省志办出版的《循化县风土概况调查大纲》称，科哇古城相传系南北朝及唐宋时鞑子所据之地。据以上史料分析，科哇古城的历史最早可以追溯至混乱的南北朝及相对稳定的唐宋时代。

在《循化县风土概况调查大纲》这样一部具有地方志性质的资料专辑中，并没有说明其具体的建造年代，也只是记录了大概。其中"相传""南北朝及唐宋"这样的记述显然没有更为原始的证据佐证，也显然是因为不确定才有这样大的时间跨度，我们知道从南北朝时最初的北朝北魏（公元386年由拓跋珪建立）或南朝刘宋（公元420年由刘裕建立）开始到最后南宋的崖山海战（公元1279年宋元军队间展开的大规模海战），保守估计也有800多年的历史。此外在这800多年的历史中将此处的居民统归为鞑子显然不妥，因为鞑子最初专指鞑靼人，元朝以后，有的汉人称蒙古人为鞑子，所以其大规模的称呼应始于蒙元时期。

循化在近现代文化语境中最知名的一次，出现在《（乾隆）循化志》中。循化厅同知龚景瀚从建置篇到夷情篇对这里进行了地理的、历史的、人文的考察探究后，循化第一次从荒郊僻壤走出，从突厥文明的铁骑扬尘中走出，从中国的西北角走出，以一种从未有过的清晰和具体，闯入了大众的视野。遗憾的是，《（乾隆）循化志》作为循化文化奠基性的巨著，并未能对科哇古城作一丝一毫的历史记载……

对于这样的历史记载，我想每一个关注科哇古城的人都是不满意的。因为这样的历史记述最多只提供了历史梗概，并没有介绍建造古城的任何缘由及历史背景。不过这也符合常识，纵观中华五千年文明史书写处太多，因此绝不会对这样一个不起眼的古城着墨。

近年来，我看到一些文章或者一些说法称科哇古城是撒拉族祖先以"签军"的身份建造的军事都城（塔城），以此协助成吉思汗的蒙古军队来对抗当时中原存在的西夏政权。这样的说法虽然没有提供任何直接证据，而且在一定程度上也承接了一种横贯几十年的强大舆论，那就是循化的主体民族——撒拉族的中心主义，使得这种舆论更加难以动摇。

但我仍认为这样的说法可能更具说服力……彼时，蒙古帝国西征时从撒马尔罕一城就俘获3万名工匠，并随成吉思汗东迁对抗当时的西夏政权。当前有关撒拉族族源问题的研究人士也多表明，撒拉族先民是元代从中亚撒马尔罕一带迁至循化的，其中长期研究撒拉族的芈一之先生、维吾尔族学者米娜瓦尔更是直接认为撒拉族先民是作为"蒙古签军"或"西域签军"来到循化的。

据《元史·太祖本纪》记载，1226 年秋，成吉思汗率军穿越沙陀，进军黄河九渡，并且分兵南下攻陷积石州（青海循化）。当时包括如今科哇古城在内的循化广大地区作为蒙古军队进军北上，征服西夏的战略要地，必然需要营建坚固的军事设施，这就使得随军东迁的撒拉族先民成了成吉思汗的工匠军，科哇古城就此应运而生便成为可能。

此外，以科哇古城为中心的科哇村和张尕村各有一座古老清真寺，两寺都为国家级重点文物保护单位。特别是科哇清真寺作为撒拉十二工之一乃蛮工的宗寺，其历史更为久远。而乃蛮作为古代突厥部落，与撒拉族先民、蒙元军队之间的关系也是无法分割的。

根据以上所述，在蒙元时期，具备了创造科哇古城的所有条件：混乱的社会局面、存在营建古城的主体、必要的古城功能、契合的历史事件等，所以我们可以假设，科哇古城是撒拉族先民作为蒙古军队的重要组成部分，用以抵抗中原其他政权而营建的军事都城，但这个假设正确与否尚待进一步的研究。

当我再一次仰望高耸的城墙遗迹时，让我联想起了先辈们曾经驮载经书的白驼、纵横天下的彪悍战马在溅满鲜血的殷红荒漠上向东疾驰的雄伟身影；想起他们在义无反顾的东迁之路上所遭遇的一次次草衰风狂、一次次生态战争，又一次次荒野开拓、炊烟新起，再到华夏大地后和其他民族相互包容、茁壮成长的中国化故事。

中华民族五千年文明史上的全新民族——撒拉族，就此启程……

孟达天池与神仙洞

斗 改[*]

孟达天池，藏语又称东日玉措、东日错那、东日措、东日拉措。位于循化县城东南方向 30 公里的东日山上，是循化的藏族人民顶礼祭拜的神湖。在藏族的歌曲和舞蹈以及文学作品中有不少有关孟达天池的赞词和传说。

离孟达天池不远处的神仙洞，是吐蕃时期箭杀吐蕃末代赞普朗达玛的高僧拉浪贝吉多杰的修行洞，声名远扬，闻名青藏高原。

一

孟达天池如一块碧玉镶嵌在东日山腰间。东日山位于道帏藏族乡东北方向，呈西北走向，最高峰海拔 4100 多米，终日云雾缭绕，很有神秘感，藏语称之为"阿尼东日"（即东日山神）。

东日山的称谓来源说法众多，流传较为广泛的有三种：一是巍然矗立在 1000 个小山峰包围中而得名为"东日山"。"东"，藏语为千，"日"为山，故千山之意。二是整座山的山形如右旋海螺，故称之为"东日"。"东"，藏语为海螺之意，"日"为山。三是据传唐蕃战役时，曾在这里长时间驻扎过吐蕃军队 60 余个团，故称之为"东日"。"东"，

---

* 斗 改，青海省政协农业和农村委员会办公室主任。

吐蕃时期军队建制，相当于团，"日"，藏语队伍之意。

关于东日山和孟达天池，据《安多政教史》等藏族史料记载，加之民间演绎，流传有一段美丽动人的传说。很久很久以前，古印度雅瓦地方有一个国王，名叫格哇坚。他和王后一直没有生育，国王心急如焚，想着自己堂堂一国之君没有继承人，该怎么保证江山永固？于是，国王和王后天天祈求祷告，终于感动上苍，王后怀孕，生下一个儿子。国王很高兴，取名为勋努达美（又写太子须）。王子勋努达美生性善良，乐善好施，不忍心看到人间疾苦，将宫中的金银财宝施舍给穷苦百姓和需要的人。王子的乐善行为激起了父王和群臣的强烈不满和愤慨，决定将身在福中不知福的王子一家流放到荒郊野外，让其受苦受难。最后，众大臣一致决定将他发配到青藏高原东北部的安多丹斗地方（檀特山），在原始森林中让其磨炼受苦十二载。王子一家在丹斗央斗及东日山一带苦度岁月，虽然过着艰难的日子，但王子并没有改变乐善好施的高尚品行，施舍完所有的财物后，他又将两个可爱的孩子送给了两位来乞讨的婆罗门人。婆罗门人带着孩子，一路乞讨，想用两个孩子兑换衣食享用，可总是找不到合适的主顾，可能是天意，不知不觉婆罗门回到了雅瓦地方。孩子被国王的一位近侍认出，报告给国王，国王遂用金银将孙儿孙女赎回。王子夫妇生活艰难，又没有了儿女，日夜思念，每天只能以泪洗面，天长日久，王子夫妇的泪水汇集成了一泓湖水，传说就是今天的孟达天池。后人根据这个传说，写出了被列为八大藏戏之一的《智美更登》。

另据东嘎洛桑赤列活佛在藏族史料《红史》的注释中，有吐蕃迎亲文成公主进藏时，公元641年左右文成公主曾到过孟达天池及循化地区的记载。至今，循化地名中有扎木、扎木泉等，"扎木"藏语为"王母"之意，扎木泉正好位于白庄镇扎木村。民间也有扎木泉源头是孟达天池，它是仙湖渗出来的神水之说。

今天的孟达天池碧波荡漾，藏于茂密高耸的山林中，从池边到山顶，一片葱茏，藤蔓植物甚至搭在水面上。过去，由于湖边的各色林木茂密繁盛，看不到岸边陆地，似乎也没有道路可循。现在，一大半的水岸遮掩在山崖绿树之中，只有一条窄窄的木栈道环绕湖水。仙湖的水与众不同，是纯净的绿色，如翡翠般晶莹剔透，湖边密林围绕，很难有大风侵袭水面，显得比较平静、舒缓。远看整个湖面，四周是群峰的倒影，随波微动，鸟儿在水面飞翔；近看脚下湖边的水，则清澈见底，鱼儿悠然自在。在原生态森林的庇护下，孟达天池就如仙境之水，美丽而圣洁。

孟达天池水深据说有 20~25 米，面积约 20 公顷。东日山现属循化县孟达国家级自然保护区。据不完全统计，生长在这里的野生植物有 90 科、287 属、509 种，其中苔藓类 3 种，蕨类 10 种，木本植物 159 种，草本植物 337 种，其中药用植物较丰富，有322 种。有苏门羚、林麝、狍鹿、岩羊、狐狸、雪鸡、马鸡等珍禽异兽在这里繁衍生息。

二

孟达天池畔茂密的原始森林中有一处特别幽静的小道，沿羊肠小道往上慢慢攀爬，离山顶不远处有一处山洞，洞口朝着仙湖绿油油的湖水。洞内干燥整洁，还有一些被烟熏过的痕迹，这就是传说中的神仙洞。

关于神仙洞的来历，依据藏族历史和相关口头传说，就是吐蕃末期高僧拉浪贝吉多杰的修行洞。

故事还是要从吐蕃时期说起。吐蕃末年，佛教盛行，苯教利益集团甚是妒恨，公元 841 年，吐蕃王朝末代赞普朗达玛在反佛教大臣韦达那坚等人支持下，杀死其弟赤祖德赞（赤热巴巾）赞普，夺取王位。朗达玛登上赞普宝座后，便大肆灭佛。据藏族史书《王统世系明鉴》记载，朗达玛"勒令僧众或作屠户，或还俗，或作猎户，不服从者处死；毁坏佛寺，先从大昭寺开始，命人将两尊觉卧佛像抛入水中"。"又将大昭、桑耶等寺的门堵塞，除木鹿寺，其余小神殿全部拆毁，一切佛教经典有的抛入水中，有的焚于火中，或者埋到地下"。朗达玛的灭佛运动引起了佛教徒，特别是隐居在深山僻壤的佛教修行者的不满，拉浪贝吉多杰就是其中一位。公元 846 年，僧人拉浪贝吉多杰在朗达玛赞普观览唐蕃会盟碑时，设计箭杀了朗达玛赞普。

拉浪贝吉多杰原是西藏如日扎堆贡茂齐（今拉萨市达孜区帮堆乡贡巴区域）人，俗名达尼桑。据传青年时是唐蕃边界的一位武将，会武术，舞刀剑，善骑射，曾在战役中打过胜仗。后来闻桑耶佛教大师之名，便离开边界回到拉萨，因厌恶世俗而同两个叔伯兄弟一起拜班钦·布玛拉米扎为师剃度出家，赐法号贝吉多杰（意为吉祥金刚）。之后，在莲花生大师处受比丘戒，勤学密宗经典和秘诀真言。相传，拉浪贝吉多杰具有穿墙壁、岩壁无碍之神通，是莲花生大师25名高徒中的第23位，同时又是涅钦·益西元努译师的八大弟子之一，是当时远近闻名的佛学大师。因他长期在叶尔巴岩洞和西藏拉浪地方修习密宗法而被人们尊称为拉浪贝吉多杰。

正当拉浪贝吉多杰专心致志修法之时，忽然听到赞普朗达玛禁佛灭法事件，他无比愤怒。据说，一天深夜，大昭寺的护法神吉祥天女化作一妇人前来点化他道："当今吐蕃学法的僧人甚多，但真正修有成就的只有你一人，朗达玛禁佛灭法，天怒人怨，刺杀他的时机已到，你赶快动身，我将会暗中助你。"于是，他为维护佛教昌盛不灭而萌发了刺杀赞普的念头，想方设法找来一匹白马，用焦炭涂黑，又准备了一件外黑里白的披风和一顶外黑里白的帽子，将脸涂黑，怀藏弓箭暗器，骑马前往拉萨。到拉萨后见一人便问："你知道赞普王在哪儿吗？"那人向大昭寺方向指道："赞普正在寺前观看唐蕃会盟碑文呢。"他径直来到赞普面前，佯装向赞普顶礼膜拜，默祷自己的本尊神，突然从袖中抽出弓箭，行第一礼时搭箭在弦，行第二礼时开弓，行第三礼时箭射朗达玛赞普额头（有说箭中胸部），然后乘骑逃走。赞普双手拔出额上之箭，顿时流血身亡。大臣们派遣骑兵四下追捕刺客，拉浪贝吉多杰身后的卫兵紧追不舍，危难之际，吉祥天女护法神化身三位黑衣黑帽士，追兵看见四个骑黑马的黑衣黑帽士向四路逃去，卫兵分四路追杀。拉浪贝吉多杰乘混乱之机，将衣帽翻过来穿戴，渡拉萨河时染黑的马和脸被河水冲洗干净，变成了白马白衣白帽士。他口称"我是白魔天神"蒙混追兵。追兵未能识破，只好空手回去交差。拉浪贝吉多杰为逃避追杀，骑马翻山越岭，历经艰辛来到远离吐蕃中心的安多地区。经过今天的尖扎县洛多杰扎（金刚岩洞），化隆县丹斗、央斗，循化县专堂等地，最后逃离到孟达天池畔，并在密林中找到一处洞穴，隐藏并专心修行，这个洞穴就是"拉浪修行洞"，也称神仙洞。

拉浪贝吉多杰在孟达天池神仙洞修行时，听说肴格迥、藏饶赛、玛释迦牟尼三贤哲在距此不远的阿琼南宗修法，时常邀约三贤者畅谈解脱朗达玛的经过，论辩佛学要义，讨论兴佛大业。三贤者为出生在循化县加入村的喇钦·贡巴饶赛授戒时，邀请拉浪贝吉多杰参与受戒仪式，他未答应，他说："我是杀了昏君的僧人，不可给人授戒，不过我可以找比丘僧替你授戒。"于是请了两位汉族比丘僧，凑足五人之数给喇钦授了比丘戒，开启了藏传佛教史上的"下路弘法"。据传，拉浪贝吉多杰在孟达天池边的神仙洞中静修的同时，在循化及周边地区传法培养了许多佛教弟子，直至仙逝。神仙洞成了拉浪贝吉多杰的升华地，也成了周边地区佛教徒顶礼膜拜的神圣之所。

三

今天的孟达天池是循化乃至整个安多地区著名的神湖仙湖，特别是神仙洞，真是一块灵验福地，是四周信教群众日思夜想、毕生朝拜的精神家园。在《青史》《白史》及《安多政教史》等藏族史料都有关于孟达天池的各种记载，特别是松巴益西班觉的《青海风光》一文中对孟达天池及东日山的人文风景进行了较为详细的记述和赞颂。

孟达天池是循化地区藏族群众的重要精神依托，每年农历四月十五是孟达天池的祭拜日子。县内外各地区，特别是道帏地区和积石镇、清水乡的藏族群众一大早成群结队，或乘汽车，或坐手扶拖拉机，或徒步前往孟达天池，带上五色经幡和丰盛的桑料及各种宝瓶（用来敬祭水神装有五谷的布袋或瓷瓶，藏语称之为"德尔"），穿过茂密的原始森林，登上东日山，来到孟达天池边，煨桑，抛撒隆达，敬祭宝瓶，挂上五彩经幡，高颂六字真言，虔诚祈祷，祈求五谷丰登、牛肥羊壮、人畜无灾，家乡平安幸福。有些信众还专门爬上高高的山林，到神仙洞磕头祈福。特别是神仙洞对求子特别灵验，很多善男信女不远千里来这里膜拜求子。若夫妻双方结婚多年，一直没有生育，只要到孟达天池，尤其是到拉浪贝吉多杰修行的神仙洞，请求许愿生儿育女。果然灵验，回去不足一年，便都能生下孩子，于是给孩子起名"拉浪太""拉浪才让""拉浪措"等，以示纪念和还愿。循化及周边地区很多藏族名字中带有"拉浪"的小孩，基本可以认定为在拉浪贝吉多杰神仙洞祈求而得到的。

孟达天池和神仙洞是阿尼东日的神圣属地，道帏地区每年农历六月十五举行声势浩大的插箭仪式和世界公桑，祭拜阿尼东日神山和孟达天池，祈求世界和谐和平。孟达天池和神仙洞的声名远播，已经成为循化及其周边地区藏族群众精神世界里不可抹去的部分，深深镶嵌在了每一个藏族儿女的灵魂深处。同时，孟达天池和神仙洞也已成为宣传循化、推介循化的一张亮丽名片。

积石峡，留下大禹足迹的秘境

马建新

　　大禹治水的传说遗迹在循化随处可见，积石峡里的大禹石便是一处。

　　据《河州志》记载："青石高八尺，宽七尺，长一丈，大禹导河时曾憩息之上，坐痕至今犹存。"相传，距今4000年前，大禹接受治水的任务后，总结了父辈治水失败的原因，率领部落大军用简陋的劳动工具（刀、矛、斧、锤等）在这深山峡谷里劈山凿石，刀削斧砍，疏浚河道。当时，这里住着一条恶龙，经常兴风作浪，吞噬生灵。它见大禹斧劈积石，要畅通河道，破坏它的乐园，便同大禹展开了殊死搏斗。大禹凭借这块巨石，与恶龙整整搏斗了七天七夜，最终用弓箭将恶龙射中。鲜血飞溅的恶龙怒吼着在浪涛间挣扎，黄河变红了，岸边的河床上也留下了一道血迹。过了一阵，恶龙断了气，沉入了黄河水底。

　　禹王石乖戾而硕大，巨石上面的一条槽口就是大禹同恶龙搏斗时依石射箭留下的痕迹。那鬼斧神工的石凳子是大禹射死恶龙后继续率民众劈山导河，劳累时常常来到此块巨石上歇息，天长日久，巨石上竟然磨出了窝臼。再看前面的河床上有一条长长的褐色条纹，好似断裂的一条赤带，各置于黄河两岸，人们传说那是恶龙的血迹印。

　　离禹王石不远，是斧痕崖。两边重峦叠嶂，起伏连绵，山势险峻，嶙峋峭拔，形态各异的丹霞地貌显得神秘莫测。据传，这是禹王凿山导河积石峡谷时所留下的刀切斧削的痕迹，所以称为"斧痕崖"。陇上诗人、清进士吴镇游览后在《积石歌》中写道：

"圣子疏黄起积石，神工鬼斧惊千秋；天门屹立云根断，灵光闪烁飞雷电。"

禹王洞是另一处传说中的遗迹。过去，每逢端午节，当地群众来"禹王洞"以"献羊"的方式来祭祀大禹。据民间传说：大禹劈山导河至此处时眼前豁然开朗，峡间之水顺势东流而去。大禹来到幽深的山洞，见到一个蛇身老者，以树叶为衣端坐于洞的深处。老者是东方天帝伏羲，伏羲非常敬佩大禹的治水精神，特意将可度量天地的玉圭赠送给了大禹。大禹得玉圭，如虎添翼。另一传说：大禹导河至此处时，由于水流湍急，恶浪排空扑来，大禹只好藏在石洞里避难。说也巧，在此生死之际有一条大鱼跳出水面，背上驮着一瘦身长者，自称"河伯"，迎过来给大禹献了一块有花纹的石头，接着转身投进河里。此时，河水也渐渐地回落下去了，大禹得以脱险。后来，大禹请教别人才知道石头上的花纹其实就是一幅治水的"河图"。从此以后，大禹按"河图"胸有成竹地向东导河了。

在距塔沙坡村数里远的关门村口平台处有一堵残存的城墙，这里便是著名的积石关。

积石关，曾是内地与青藏地区的重要通道之一，古丝绸之路的关键隘口，自古以来是兵家必争之地，在近代史上，这里也是战火频繁之地。因此，历代兵家为了扼守这一要塞曾在此设军置关，屯兵把守，真所谓："一夫当关，万夫莫开。"公元 715 年，唐代名将哥舒翰在积石关设"镇西军地"，不久即被吐蕃所占，关隘也被毁。明洪武年间，曾在积石峡筑起一座依山傍水，宏伟坚固的关门，扼守峡口咽喉，号称"积石锁钥"，为当时河州卫辖 24 关中的第一大关。积石关不仅是军事重地，而且是关内外各民族茶马互市的重要交易地。

当地百姓为纪念大禹导河积石的丰功伟绩，明初弘治甲子年（1505）在黄河以南、积石雄关以东数十米处建起了禹王庙，到明嘉靖年间还重修过两次。设有寝庙、大殿、戟门、左右厢房和门坊，建筑非常精美。殿内还塑有头戴王冠、身穿蟒袍、手执刀斧和弓箭的禹王像。过去许多文人墨客经常到这里凭吊圣人大禹，并且写下了不少吟咏积石峡风光和歌颂大禹治水的华章。岁月沧桑，斗换星移，只可惜在清光绪二十一年（1895）间，由于民族纷争，禹王庙被毁于一场人为大火，荡然无存。

文坛往事

首唱《新循化》的回忆

韩兴才 [*]

我是韩兴才，又名韩色乙布。在我家的客厅里悬挂着一幅照片，时常令我驻足凝视回望。照片的标题是《毛主席和国家领导人接见参加全国少数民族群众业余艺术观摩演出会演员留影》，落款是1964年12月。这幅珍贵的照片可以说是我的传家之宝。

在这幅照片中，留下了以新中国开国领袖毛泽东主席为首的第一代党和国家主要领导人的尊容，也留下了包括我在内参加观摩演出会的53位（当年的数据）少数民族演员代表的身影。每每看到这张照片，我的心情总是难以平静，感慨万千，感恩无限，参加演出的情景仿佛就在眼前……

记忆是风，挥之不去，一直在我的脑海中

◎本文作者韩兴才 （韩新华 提供）

---

[*] 韩兴才，西宁市地产开发经营公司原工程监理。

盘旋。作为撒拉族业余歌手的我，当年仅 16 岁，是将歌曲《新循化》带到首都北京大舞台的第一人，也是受到以毛泽东为首的新中国第一代领导人接见的撒拉族第一人，我感到无上的光荣，无比的幸福。不言而喻，这张照片承载着我一生最美好、最难忘的回忆。

时间不会风化记忆。抚今追昔，往事历历在目。1948 年，我出生在循化县积石镇草滩坝上庄的一个农民家庭。我的父亲是当地手工业合作社的鞋业技工，母亲是传统的家庭妇女，我们兄弟姐妹 6 人，我排行老六。然而天有不测风云，在我年仅 3 岁时，母亲因难产不幸去世，我的父亲既当爹又当娘将我们养大。等我稍大一些时，虽然顽皮却也能为父亲分担一些力所能及的事情。除了完成正常的学业，我最大的爱好就是唱歌，听到哪里有歌声，我就会循声而去，乡邻的"唱把式"们也会毫不保留地传歌与我，久而久之我竟然也学到了不少歌曲，有劳动歌、宴席曲、叙事歌、花儿等。在一些场合，只要有人鼓励，毫不怯场的我就会顺杆而上，一展歌喉。在劳作的田间地头，我的歌声为劳作者带来欢声笑语；在热闹的婚礼宴席上，我的歌声给大家带来欢快活跃的气氛。我的嗓音、演技也是在这些不经意的、即兴的演唱中得到了锻炼与提高。当时乡邻们这样评价我：歌声清纯悠扬，表演落落大方，人虽小名气很大。

也许是我们姐弟几个天生都有点文艺天赋。大姐韩依莎是西北民族学院的第一批撒拉族毕业生，天生一副唱歌跳舞的材料，尤其擅长跳新疆舞，毕业后回到县上工作了一段时间，是撒拉族第一代女干部。可惜被我保守固执的老父亲硬是逼着结了婚，过早地结束了工作生涯。我的二哥韩兴邦从黄南军分区转业到循化，也曾在循化文工队担任过一段时间的队长。

记得 1963 年夏秋之交，省文化部门派民族歌舞团的王老师一行到循化县选拔业余艺术演员，消息不胫而走，在县城荡起了不小的涟漪。我那时才 15 岁，少不更事的我并没有向往的意念，整日陪同父亲到邻省走亲串戚。当我由外省归来时，演员的选拔已接近尾声，有热情好事的乡邻在选拔现场极力举荐我，幸运的是我得到了一展歌喉的机会。招考老师让我任意选择一首歌曲清唱，那时的我真可谓是"初生牛犊"，毫无惧怕的心理压力，脱口一唱，便赢得满堂喝彩。招考老师又示意让我再唱两首，掌声依旧，但当时招考老师并没有立即表态，而是让我回家等消息。一回到家，我便迫不及待地将应试的消息兴奋地告知父亲，得到的却是父亲不屑的回应。第二天临近中午，招考老师带来了出人意料的好消息：我成为唯一入选的男性歌唱演员。可想而知，父亲与家人是多么的欣喜，我更是兴奋地欢呼雀跃起来，一家人久久地沉浸在从未有过的喜悦当中。

从初选到上北京参加"全国少数民族群众业余艺术观摩演出会"，历时近一年半之久，当时循化县被选上的几位业余演员集中在一起，进行了为期数月的艺术表演培训。对声乐一无所知的我，训练从基础的吸气、呼气开始，日复一日的训练，使我得到了相对系统的声乐知识指导、相对规范的声带练习和相对规范的表演技巧训练。

训练结束后，县文化部门组织排练了一台具有民族特色的文艺节目，参加青海省各州地市少数民族业余文艺汇演。这台节目中有歌舞《摘花椒的姑娘》，有表演唱《劳动歌》，还有男女声独唱等，我演唱的是歌曲《新循化》。这首歌曲主要是采用撒拉族民歌"巴西古溜溜"的曲调，填新词"提起我的家呀啊，我家在循化，白土布汗褡哟，青布的新夹夹……"此外，还有一个节目是多人表演唱劳动歌《伐木号子》。没想到这两个节目都被省文化部门选中，与玉树、互助等州市选中的节目组成了代表青海世居的藏族、回族、土族、撒拉族、蒙古族等少数民族群众业余文艺节目，决定上北京参加演出。

青海省参加全国少数民族群众业余艺术观摩演出团由 36 人组成。华洛桑是团长，李汝霖是编导兼副团长。省文化部门的领导作了动员报告，从参演的意义到之前的层层择优，从逐级会演的准备工作，再到不断提高演艺水平等方面作了详尽阐述。之后，参演人员又经过了数月的加强训练，进一步提升了演艺水平。训练中指导老师要求我练唱大量的声乐作品，从中吸收、借鉴演唱技巧，进而提高我的演唱水平。《新循化》

也几经老师修改与创作，最终完善而定词、定曲。

1964 年初冬，由中华人民共和国文化部及民族事务委员会主办的"全国少数民族群众业余艺术观摩演出会"（以下简称"观摩演出会"）在北京民族文化宫隆重开幕。这是新中国历史上第一次规模巨大的少数民族群众业余艺术盛会，是展示少数民族文化艺术，将其发扬发展并推向高潮的重大文化工程。来自18个省（市、区）53个（当时统计）兄弟民族的700余名业余艺术参演者，大多数是全国各地生产第一线不同岗位的劳动者，参演作品生活气息浓厚，充满了浓郁的民族特色。据当时权威媒体相关报道：在33天里演出了130多场次，表演了250多个节目，观众达17万多人次。大量优秀节目的演出，展示了少数民族文化艺术革命的成就，体现了新中国文艺的方向，对于我国文艺的革命化、民族化、群众化起到了里程碑的作用。对于我个人而言真是莫大的荣幸，经过逐级选拔，择优而上，我将具有撒拉族民族特色的独唱《新循化》从循化唱到了省会西宁，再从省会西宁唱到了首都北京的大舞台。我的演唱受到了观众的热烈欢迎，每次唱完总是热烈要求返场，为此，我还准备了配合当时我国外交形势的歌曲《新歌飞向亚非拉》等，作为返场之用。此外，我还是多人表演唱劳动歌《伐木号子》的演员。我们在北京的每一场演出都赢得了观众热烈的掌声。

其间，文化部和国家民委还从有关省区选拔了一台优秀节目，为中央领导作了专场汇报演出，青海代表团的舞蹈《通天河上架金桥》和我的独唱《新循化》双双入选。

最激动人心的是在演出期间，毛泽东、刘少奇、周恩来、朱德等新中国第一代党和国家领导人亲切接见了我们并与全体演职人员合影留念。特别要说明的是，53个民族各选了一名代表安排站在国家领导人身后合影，青海省被安排的是全国唯一、青海特有的少数民族——土族的喜让措和撒拉族的我。合影结束后，还给我们53个代表颁发了铜质的全国少数民族群众业余艺术观摩演出荣誉奖章，上面分别刻有每个人的名字，落款是毛泽东。我将其装在钱包里时刻珍藏在身边，没想到回到西宁不久遭遇了窃贼，钱包连同奖章都被偷走，让我痛心不已。

◎少数民族文艺观摩会唱片 （韩兴才 提供）

观摩演出结束后，各代表团选拔了各自最优秀的节目在北京进行公演，到各大工厂、学校和部队进行慰问演出。所到之处，同样受到了热烈的欢迎和隆重的接待，这充分表明了艺术是可敬的，是人们心灵所向往的美好；艺术的魅力是独特的，一个个婀娜柔美的舞姿、一首首委婉动听的歌曲，陶冶情操，乐趣横生，这次演出给北京各界群众留下了深刻的印象。

在慰问演出的同时，国家文化部门与民族事务委员会还为我们参演者安排了诸多的参观学习活动。我们兴致勃勃地参观了天安门、人民大会堂、革命军事博物馆、故宫、天坛等景点。这一系列的参观活动令人眼界大开，见识大长，深受鼓舞，我们的爱国主义激情更加高涨。

在京演出结束返宁后，我们除了向省委、省政府领导进行汇报演出，还深入工矿企业、军营以及海晏县221兵工厂进行慰问演出，所到之处无不受到干部群众的热烈欢迎。当时，按照中央精神，要求参加观摩会的业余参演者回到家乡后要为民族艺术的生根、发芽、开花、结果做出积极的示范。虽然之后我并没有从事专业的文艺工作，但也因所具备的特长，于1965年5月28日被特招到青海省国有大型企业工作，我的职业生涯之路也由此开启，既承担着作为企业职工的职责，又担负着企业文艺宣传队的骨干演员做好文艺宣传责任。那个年代的企业文艺宣传队是一种文化载体，承担着重要的文化宣传任务，因而备受关注。我们既要立足于企业进行实地宣传，又要面向社会进行公益宣传。我将家乡的歌曲《新循化》作为经典的保留节目，时时在舞台上唱响，受到群众的热烈欢迎，一时大街小巷都有人传唱。

时光匆匆，岁月悠悠。望着这张珍贵的照片，记忆如同一根美丽柔蔓的常青树，在半个多世纪之后依然开放出美丽的花朵，无数花瓣轻轻摇曳，承载着我少年时代的梦想。忆往昔，那个不谙世事的花儿少年，现在已经是七旬老者。回眸来时路，我发自内心地感恩党和国家对民族文化的高度重视；感恩我的家乡民族音乐对我的乳养；感恩我的家人对我的包容与支持；感恩伟大的党和政府在58年前给我的天选良遇，让我的爱好插上了理想的翅膀，与梦同飞。

致敬，经典

——从《新循化》到《说唱新循化》

韩新华

◎本文作者韩新华

一

一首经典的老歌，是时代留给我们的珍贵记忆，它让人铭记一段情怀，向往一方山水，感受一个民族前进的脚步。《新循化》就是一曲至今回响在循化各族人民心中的经典之作。

诞生于1964年的《新循化》，是蜚声青海文坛的著名诗人汪浩先生和著名作曲家黄荣恩先生，专门为青海省参加全国少数民族群众业余艺术观摩演出会的撒拉族歌手韩兴才量身打造的独唱作品。

成就一首传世的音乐作品，词作者、

曲作者和演唱者无疑是"金三角"支撑。

《新循化》能跨越世纪依然闪耀迷人的光芒，是因为其清新、生动、形象、通俗的歌词，赞美了新中国成立以来循化发生的历史巨变，表达了循化各族人民热爱中国共产党、热爱新中国，努力建设新家园的美好心声。

与《新循化》的歌词相辉映的是它极富民族特色的音乐旋律。她以撒拉族地区源远流长的民间小调《巴西古溜溜》为基调，优美、简洁、明快、流畅，如泉水奔涌，如珠落玉盘。因为有久远而深厚的群众基础，一经搬上舞台，就与听众产生了强烈的共鸣。

将《新循化》第一次唱响在首都舞台的，是循化撒拉族自治县积石镇草滩坝上庄的撒拉族民间歌手韩兴才。

二

作为一部经典之作，《新循化》对于隔代的年轻人也许是一个遥远的、神话般的传说，而对于老一辈文艺工作者来说，她的每一句歌词、每一节音符，如金石之作，永远地镌刻在记忆的深处。

新循化

汪浩　词　黄荣恩　曲

提起我的家，

我家在循化。

白丝布汗褟哟，

青布的黑夹夹。

担来了黄河水，

砂罐里熬茯茶。
客人你请下马，
看一看撒拉家。

挖开了黄丰渠，
修起了大水坝，
引来了黄河水，
旱地里长金瓜。

栽下了白杨树，
挡住了黄风沙。
山青水也绿，
一片美庄稼。

从前的干循化，
变成了水利化。
从前的干循化，
变成了绿循化。

香油遍罐流，
核桃满树挂。
豆儿满川滚，
洋芋棒头大。

水蜜大冬果，

甜呀甜掉牙，

遍地大西瓜，

活像胖娃娃。

从前的苦循化，

变成了甜循化。

从前的穷循化，

变成了富循化。

从前的老循化，

变成了新循化，

为啥变化大，

这里有卡码。

东山出彩霞，

遍地开鲜花。

公社阳光道，

越走劲越大。

各族人民团结紧，

阶级兄弟把手拉。

跟着共产党，

建设新循化。

跟着毛主席，

建设新国家。

跟着毛主席，

建设新国家。

我们应该感谢汪浩先生和黄荣恩先生，为循化各族人民留下了这样一首脍炙人口、经久不衰的经典之歌。一首《新循化》，让全国人民领略了青海高原上的和美循化；一首《新循化》，将一位土生土长的撒拉族民间歌手托上了新中国最高的艺术殿堂；一首《新循化》，让黄河边上农家孩子幸运地成了受到毛泽东、刘少奇、周恩来、朱德等党和国家领导人亲切接见的撒拉族第一人；一首《新循化》，也让一个挡羊娃的人生轨迹发生了幸福的转折。

前不久，循化籍音乐人詹晋文先生辗转得到了一份韩兴才老人对当年情况的简要说明。收到詹晋文先生转来的信，我感觉意犹未尽，遂专程赴西宁城南新区拜访韩兴才老人，聆听了他对那段难忘岁月的深情追忆，并邀约他的老伴于新民大姐根据老人的讲述撰写了一篇回忆首唱《新循化》的文章。在这篇长达 4000 字的文章中，韩兴才老人详尽地回顾了他当年赴京演唱的前前后后以及一些台前幕后的故事，有兴趣者不妨找来一读。

三

在跨越世纪的 60 多年里，《新循化》这棵常青树引领和滋养了一批反映循化新面貌、歌唱人民新生活的优秀的音乐作品。如满当烈和张启元作词、作曲的《黑眼睛的阿丽玛》，李兰生和李珂作词、作曲的《撒拉汉子》，张进锋作词、作曲的《尕撒拉夸家乡》，兴龄作词、詹晋文作曲的《秀丽的孟达》，乐年作词、金保林作曲的《我叫个循化的撒拉》，马兰芳作词、詹晋文作曲的《相约黄河相约循化》以及《骆驼泉》《巴西古溜溜》《春天》

《撒拉尔的家园》《积石山颂》《撒藏回汉亲如一家》等歌曲相继问世,影响大、流传广,深受各族群众的喜欢。特别是著名作家邢秀玲女士和著名音乐人詹晋文先生联手创作的歌曲《撒拉阿娜一朵花》,一举夺得2012年中国杯音乐作曲金奖,这是继《新循化》之后,绽放在撒拉尔绿色家园里的又一朵艺术奇葩。

自1964年到1984年的20多年,既是《新循化》广泛传唱和流行的过程,也是不断被再创作、再升华的过程。据我所知,同一个名称之下的《新循化》,就有1972年版、1974年版及1984年版等数个版本。尽管其歌词、曲调因时代的变革和社会发展而发生着改变,但是歌名却一直保持着最初的模样。可以说,《新循化》历久弥新,常唱常新,已经深深地植根在循化各族人民心中,成为宣传循化、打造循化、推介循化的亮丽名片和经典品牌。

四

继为青海省代表团参加全国少数民族群众业余艺术观摩演出大会量身打造的《新循化》之后,《说唱新循化》又是一部专门为循化县文工队参加全国少数民族乌兰牧骑文艺调演而创作的说唱节目。作为这个作品的主创人员,我亲身参与和见证了这部经典作品孕育、诞生直到唱响的全过程。

1983年,是循化文艺事业发展历程中值得一书的年份。县文工队在全省文艺汇演中脱颖而出,被省文化厅选派参加全国少数民族乌兰牧骑文艺调演。按照乌兰牧骑"装备轻便、组织精悍、一专多能、便于流动"的基本要求,省文化厅领导对参演节目提出了进一步修改、提升的具体要求。为了贯彻落实省上领导的指示精神,县上责成文化局局长韩福德同志坐镇领导工作。按照"吹、拉、弹、唱、说、跳,样样全、样样会"的目标要求,对演员、乐队人员进行了必要的调整和完善。应该说,县文工队男、女演员的基本功在全省基层文艺演出团队中是出类拔萃者。而以一台节目的结构和形式而言，唯一的缺憾是少了一个"说"的节目，这有可能降低整台节目的成色。缘此，我们决定创编一个有唱又有说的节目，以弥补短板。其时，赴京演出在即，创作一个全新的节目已经来不及了，优选的方案是对《新循化》进行二次创作，使其在内容和体量上有一个较大的提升，期待在首都舞台上再放异彩。

经过领导研究，确定由时任文工队队长韩绍林，文化馆民族歌手韩占祥和时任文化馆《文学习作》编辑的我，组成"三人创作组"。并确定由绍林带队负责，占祥试唱，由我担任执笔。

需要说明的是，此时的《新循化》，不论从歌词内容到曲谱，已经不是最初的模样。经过一批又一批、知名、非知名的文艺工作者叠加式的翻新创作，早已"旧貌换新颜"，变成了一个全新的作品。我们需要做的只是将其进行再度的创作与提升，让其更具时代特征、更具民族特色、更具有乌兰牧骑特质而已。

创作思路确定下来之后，绍林即带着我们到就近的临夏州进行封闭式的创作。

◎韩占祥先生在演唱《新循化》 （韩新华 提供）

五

笔墨当随时代，歌舞应抒心声。《说唱新循化》就是要在"新"字上大做文章。首先，我们贴近时代脉搏，从内容上除旧布新，用富有激情和感染力的新的语言，着力表现党的十一届三中全会给撒拉族地区带来的新的历史性巨变，反映撒拉族人民精神风貌的新的深刻变化，努力将其打造成为讴歌新时代、反映新生活、奏响时代最强音的新的优秀作品。

歌词作了大幅度的扩容之后，音乐上也随之作了延展和拉伸。在原先的民间小调《巴西古溜溜》的旋律依然作为主调的基础上，以套曲的形式吸纳了青海花儿《尕马儿令》等调令，与主调及其变奏曲交替出现，时而舒缓如驼泉轻流，时而急促如黄河奔腾，时而缠绵如诉"口弦"弹拨，时而如花儿高亢嘹亮，将歌词的内容表达得淋漓尽致。

表演方式则由最初的男生独唱改编为男、女多人说唱的表演唱。为了使原本欢快的《新循化》更加生动、活泼，我们在其中的多处嵌入了原汁原味的撒拉语道白，使这个作品的地域特征和民族风格得到了进一步的展示。演员们的表演亦庄亦谐，风趣盎然，表现了撒拉民族乐观、豁达、幽默的性格，引发了观众对山河美丽的撒拉家乡的无限神往和遐思。

作为《说唱新循化》的执笔作者，我是名副其实的"曲中人"。虽然说对这个作品自然多着一份无以言喻的情感，毕竟事隔 40 年，亲手创作的歌词居然有好多句子已经记不起来了。前不久，我专门拜访了韩绍林、韩占祥、绽享文、韩宝善、詹晋文等当年的创作及马卫国等演职人员，追昔溯往，才得以完整地"复原"了在全国乌兰牧骑会演时的《说唱新循化》文字台本，现分享如下。

说唱新循化

作词：韩绍林、韩新华（执笔）、韩占祥

作曲：集体

报幕（白）：朋友，你到过青海高原吗？你到过我们撒拉家乡吗？在巍巍昆仑山下，滔滔黄河之滨，有一块美丽富饶的地方，气候温和，绿树成荫，瓜果飘香，勤劳、淳朴的撒拉族、藏族、回族、汉族人民，正在用自己的双手，

　　建设着锦绣灿烂的新循化。请看表演唱《说唱新循化》。

众（唱）：

　　　　　　　　今天我上台笑哈哈，

　　　　　　　　白府绸的汗褟青夹夹。

　　　　　　　　要问我叫个啥，

　　　　　　　　名叫个韩撒拉。

　　　　　　　　要问我唱个啥，

　　　　　　　　漫一支《新循化》。

　　　　　　　　跨过了雄伟的黄河桥，

　　　　　　　　两边的杨柳招手笑。

　　　　　　　　尕艳姑们摘来了红苹果，

　　　　　　　　又抱来了大西瓜。

　　　　　　　　同志你请过来呀，

　　　　　　　　看一看撒拉的家。

　　　　　　　　同志你请下车呀，

　　　　　　　　咱们把尕恰哈啦。

（白）：新循化的主人们啊，请你讲一讲撒拉人旧社会里阿门者哩？

（白）：唉，提起旧社会，三天三夜也说不完哪！

（唱）：

　　　　　　　　提起了旧社会，

　　　　　　　　仇恨满胸膛。

　　　　　　　　世代做牛马，

　　　　　　　　野菜当食粮。

　　　　　　　　羊皮做衣裳，

　　　　　　　　住的是破草房。

黄河水流岸上旱，

庄稼十年有九旱。

三座大山重，

活下的真孽障。

（白）：盼哪，盼哪，艾布斯撒拉克西终于盼来了救星共产党，恩人毛主席呀。

（唱）：
春雷一声响，

东方出太阳。

来了救星毛主席，

来了共产党。

推翻了三座山，

撒拉把身翻。

人民当家做主人，

颂歌震云天。

炸开青石板，

清水绕山转。

涝池坐山顶，

水库映蓝天。

坡坡浅山地，

变成水浇田。

今日撒拉家，

改地又换天。

治理洪水沟，

搬走石头滩，

运来土万担，

修成海绵田。

万顷碧波闪，

层层入云端。

马达震山川，

铁牛跑得欢。

说起黄丰渠，

工程真法码。

流经四十里，

还把电来发。

浇地不用愁，

点灯不用油。

旱地长金瓜，

山河美如画。

科学来种田，

粮食堆成山。

农业大发展，

家乡换新颜。

粮食连年大增加，

丰收捷报传。

党中央铺的五彩路，

越走越心宽。

生产责任制，

搭上了幸福桥。

农林牧副齐发展，

生活大改善。

家有缝纫机，

出门有车骑。

信用社里有存款，

你看多舒坦。

乐队（白）：撒拉家乡的变化实话大呀！

男甲（数板）：　　　　　　要说大，确实大，

三中全会春风刮；

雨露滋润禾苗壮，

党的政策向阳花。

撒藏回汉齐动员，

知识分子干劲大；

乱石滩变成花果山，

浅山地修得美如画。

男甲：　　　　　　哗、哗、哗，

女齐：　　　　　　清清的河水引上了山，

男甲：　　　　　　嘟、嘟、嘟，

女齐：　　　　　　尕铁牛地里跑得欢。

地膜种西瓜，

个大瓤沙甜又香，

　　　　　　　　　　一亩能摘一万八。

男甲：　　　　　　　牛羊满山鸡满圈，

女齐：　　　　　　　多种经营大发展。

男甲：　　　　　　　科学种田结硕果，

女齐：　　　　　　　撒拉家乡换新颜。

男甲：　　　　　　　我说的这段算一段，

　　　　　　　　　　你们接着往下赞。

女齐：　　　　　　　好、好、好，对、对、对，

　　　　　　　　　　我们接上了往下赞。

女独（唱）：　　　　上去高山望平川，

　　　　　　　　　　铺满了金色的绒毯；

　　　　　　　　　　尕马儿回拉着来吧，

　　　　　　　　　　拉回了还来呗。

　　　　　　　　　　成群的牛羊山坡上转，

　　　　　　　　　　好花儿飞上了蓝天；

　　　　　　　　　　尕马儿回拉着来吧，

　　　　　　　　　　拉回了还来呗。

　　　　　　　　　　瓜果飘香十里远，

　　　　　　　　　　穷山沟换了新颜

　　　　　　　　　　尕马儿回拉着来吧，

　　　　　　　　　　拉回了还来呗。

乐队（白）：党的十一届三中全会制定的政策实话"亚赫夏"！（撒拉语，好

的意思）

女众（白）：含糊嘎达挖日！（撒拉语，确实的意思）

男（白）：亚日勒，大变化还在后面哩亚日，你往奥它些看！

（唱）：
　　　　　　　　　前山的花椒坡，

　　　　　　　　　后山的苹果园。

　　　　　　　　　花椒颗颗结成串，

　　　　　　　　　苹果红艳艳。

　　　　　　　　　露仁核桃大冬果，

　　　　　　　　　挂满了黄河岸。

　　　　　　　　　撒拉的家乡真干散，

　　　　　　　　　人人见了人人赞。

　　　　　　　　　实现了责任制，

　　　　　　　　　生活大改善，

　　　　　　　　　家有电视机，

　　　　　　　　　银行有存款。

　　　　　　　　　出门有车骑；

　　　　　　　　　你看多舒坦。

　　　　　　　　　撒拉族人民真能干，

　　　　　　　　　个个见了个个赞。

　　　　　　　　　从前的干循化，

　　　　　　　　　实现了水利化。

　　　　　　　　　从前的尕连枷，

变成了机械化。

从前的穷循化，

变成了富循化。

过去的苦循化，

开出了幸福花。

从前的老循化，

变成了新循化。

为啥变化大，

这里面有卡码。

恩人共产党，

挥手指航向。

三中全会好，

神州春风刮。

民族政策"亚赫夏"，

心儿里乐开了花。

各族人民团结紧，

齐心协力搞"四化"。

跟着共产党，

建设新循化。

跟着共产党，

建设新国家。

跟着共产党，

四化路上大步跨。

根据歌词内容和表演风格，我们将歌名也作了改动，在北京演唱时就叫《循化亚赫夏》。但是，这个名字并没有同词曲一道流传开来，一部分人直接称其为《新新循化》，对这个"双语杂交的二转子"名号不以为然，可见群众一往情深的依然是《新循化》这个芬芳恒久的名字。经过岁月的淘洗，掺杂其中的撒拉语道白部分，早已被人们遗忘或者摒弃得一干二净。我们自鸣得意的"特色之笔"，竟然被群众当成了"没味道的噱头"。就连当初三人创作小组之一的占祥先生在大大小小的舞台、场合下不计数次的演唱中，都是一气唱到底，若非特别提示，很少能听到对白的内容。他实言相告："'唱家'们不知道'写家'的苦，'写家'们不知道'唱家'的气。唱歌讲究的是气韵贯通、情绪流畅。正在鼓足劲道一气呵成地唱下来，突然上来几句撒拉话，一下子乱了节奏，散了气场，换了情绪，破了感觉。多人表演唱，有一些道白活跃一下舞台气氛也好。可是一个人演唱的时候，掺上道白，挡挡刮刮，卡码里不来。"也许，我这个所谓的"写家"不懂歌手们的"气"，但我相信，在岁月的淘洗中沉淀下来的一定是真金白银。

应该说，遵命而作的《说唱新循化》是一个新的、完整的、独立的作品，但她又深深地烙着《新循化》的印痕。只要稍有艺术细胞的人，一定会明显地感受到《新循化》的神韵魅力，是如何被后来的文艺工作者们水乳交融般地移植和融合到《说唱新循化》中的。我想说的是，《新循化》是屹立在循化文艺高地上的一棵永不凋谢的常青树。我们有过仰望与致敬，也有过借鉴与模仿，但是，从来不曾有过超越的奢望。令人欣慰的是，在同一个名字之下的多个版本，美美与共、共存共荣、相映生辉，这是循化文艺百花苑里的一个美妙的文化现象。

《说唱新循化》是集体智慧的结晶。没有人能说得清现在的某一句歌词、某一节音符是出自某人之手，我们只是在需要我们的年代里做了我们想做、也可以做得好的事情而已。需要记住的是，文化局原领导李发杰、韩福德乃至老一辈文艺工作者蔡廷玉、韦新、尹崇尧、绽享文、韩兆吉、韩绍林、韩占祥、李长隆、韩新华和西宁市平弦剧团的作曲家周娟姑，甘肃临夏州歌舞团作曲义希坚措，尤其是本土的音乐工作者王振宗、詹晋文同志以及许多没有留下姓名的幕后作者和民间文艺爱好者们，为这个作品的不断创新和日臻完美，倾情奉献了令人赞叹的才华和智慧。

应该记住的是，继原文工队队长韩绍林在首都舞台上领衔主唱《说唱新循化》之后，著名的撒拉族歌手韩占祥先生为传播《新循化》做出了重要的贡献。身为国家级和省级两个代表性非物质文化遗产项目的传承人，占祥先生为传播和弘扬民族文化可谓是呕心沥血、鞠躬尽瘁。从央视舞台到县庆盛会、从田间地头到农家小院、从文化活动到民间集会，他走到哪里就把《吾如乎苏孜（婚礼祝词）》和《说唱新循化》带到哪里。哪里有占祥先生的身影，哪里就会响起他美妙的歌声。

从 1964 年撒拉族歌手韩兴才在全国少数民族群众业余艺术观摩演出会上首唱《新循化》，到 1984 年循化文工队在全国乌兰牧骑文艺调演中再唱《说唱新循化》，经过了整整 20 年的风雨春秋。在岁月的两端，两代歌手在首都北京引吭高歌，两个版本的《新循化》两度在首都舞台大放异彩，这样的梅开二度，既是美丽的邂逅，更是撒拉族的经典作品在艺术圣殿的激情绽放，它见证的是党和国家对少数民族政治上的关怀和文化事业上的帮助与支持，这是两代撒拉族歌手的荣幸，也是循化所有文艺工作者的荣耀。

六

对一个有理想、有追求的人来说，凡事只有更好，没有最好，艺术创作也是如斯。但是，对一件近乎完美的艺术精品进行二度创作和提升，何其难矣！回想 30 多年前的绍林、占祥和我，虽然都是半路出家的"半瓶子醋"，本事不大，水平不高，能力不强，只是多了一份为民族、为家乡做贡献的情怀和担当。

回忆当年赴临夏创作《说唱新循化》过程中的趣闻逸事，无疑是各自人生中一朵朵芬芳的花絮。

记得我们"下榻"的是临夏三旅社，地处闹市中心，却都是一溜平房，一间房两张床，每张床6毛房钱。为了节省费用，我们决定三个人挤住一间房，另加了一张床铺归我，没想到精明的"河州鬼"坚持要按床位收钱，总共收了一块八毛钱。吃饭倒是方便，出门五十步是饭馆。一人一碗骨头汤加一块锅盔便安顿了早饭。午饭一人一碗臊子面，稀里哗啦，干净利索。晚饭想着能够适当改善一下，没想到绍林只是把拉面换成了打卤面，好歹比拉面贵了5分钱。我自忖不能这般将就对付，好歹要摆点"编剧"的架子。我说，我是执笔撰写的"脑力劳动者"，总得给买一个厚实点的笔记本吧？绍林答应得很畅快，没想到买给我的竟然是学生作文本，一本一毛二分钱。占祥提供音乐素材，试唱，又兼具"体力劳动者"声带发炎，需要买些桂圆胖大海养养嗓子。绍林算计了半天出门置办去了，没想到回来时无名指上只拎着一斤冰糖，至于桂圆、胖大海之类一概全无！听绍林说是河州城里就没有卖这些"碎小"的铺子。俗话说，"只要有钱，河州城里连兔子的犄角都能买到"。绍林的话我不信，占祥不信，连绍林自己也不信！不需要以"婆婆挖给了两碗面，你说蒸哩嘛烙哩？"的说辞来搪塞，其实，我们能体谅绍林这个文工队堂堂的"大掌柜"死死卡住"非生产性开支"的无奈之举。那个年代拿玻璃罐头瓶当茶杯很时髦，为了节省难得的一斤冰糖，队长决定，只泡一杯。三个人轮着喝也倒罢了，要紧是队长决定以划拳决定谁喝，说是体现"公开、公正、公当"。第一泡水，谁赢谁喝。此时沉在杯底的冰糖还没化开，我连大压小的"婆娘拳"都不会划，喝的自然全是白开水。待到第二泡水化开了冰糖，绍林和占祥却改了规则，说是谁输谁喝。结果可以想见，我无论怎样"使劲"，除了输还是个输，眼睁睁地看着他俩用最"低级、卑劣"的套路把香甜的冰糖水喝了个干净！

时隔40年，我们当年的"三人小组"时有小聚，面对满桌的美味佳肴，却吃不出当年的那份滋味。眨眼之间，占祥过了八十大寿，绍林也已跨过了古稀之坎，我这个小老弟正在一路狂奔追随他俩而去。"光阴好比是打墙的板，上下里翻，催老了英雄的少年"，当年迎难而上、无私奉献、虽苦犹甜的精气神早已成了回忆，留下的都是痛并快乐的笑谈！

一枝一叶总关情
——追忆《文艺作品选》及其他

韩新华

　　循化县政协第十六届委员会决定征集出版一套四卷的《循化文史丛书》，邀请青海民族大学副校长、博士生导师马成俊教授，黄军成教授，《群文天地》杂志主编侃本，《中国青年报》驻青海记者站原站长唐钰，原循化县政协文史委员会主任彭忠等数位专家、学者和我，协助开展征集和编辑方面的工作。

　　不久前的一个夜晚，我们几个编辑相聚黄河之滨的印象撒鲁尔酒店，就史料的征集范围、内容、对象以及征集方式、方法等进行了研究和探讨，自然而然扯到了20世纪80年代初循化文学的话题。唐钰和我都是那个时期的文学青年，他对我在文化馆编印的《文学作品选》赞赏有加，说那本小册子看似粗糙、土气，却是一代文学青年的启蒙钥匙。唐钰甚至建议我写一篇回忆文章，"钩沉一下《文学作品选》的前前后后，也好纪念我们曾经燃烧过的文学梦想"。这是个不错的建议，我愉快地答应了。

"不务主业"的人

　　要说《文学作品选》的"前前后后"，我觉得有必要从我调到宣传部说起。1977年的下半年，我名义上还在循阳学校担任"戴帽子中学"初一班的语文老师，实际上被抽

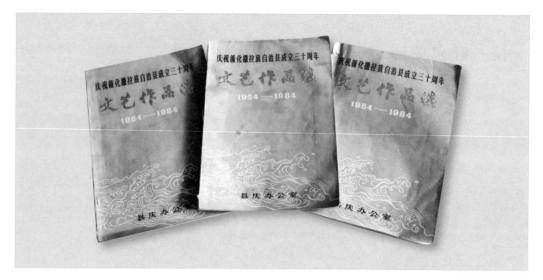

◎《文艺作品选》书影　（韩新华 提供）

去组建和排练城镇公社业余宣传队的节目，准备参加全县各公社、机关单位一年一度的春节文艺汇演。

某一天，城镇学区教育干事怡学智急匆匆地把我叫到办公室，说县上决定调我到县委宣传部工作，让我在一两天内报到。怡干事面露难色，说其实我们不愿意放你走，但没有办法。教学上的事县人事局已有安排，至于公社宣传队的事，县中学的韩绍林老师每天放学后会过来指导排练，不用你管了。由此看来，我退无可退，守无可守，被逼"改行"已成定局。

其实，改行于我而言也许只是迟早的事。此前已经有传言说文化局局长李发杰和资深文化干事蔡廷玉看上了我，准备和人事局协调，调我去文工队担任专职编剧。

这是浪话，但事出有因。1976 年前后，我在城镇公社乙麻目小学当老师，私下里却偷偷爱上了文学，而且有点"发烧"症状。同事们半是羡慕半是置疑。那些年，县上的文化活动主要就两大项：县电影队下乡巡回放电影，很受群众欢迎，同样受群众欢迎的是，每年春节期间的全县文艺汇演，对此，县上是下了大的决心。每年 9、10

月份从各公社和机关抽调能写台本、能谱曲的 20 多人集中在老党校，时任文化局局长李发杰亲自坐镇指导，用一个多月时间编写歌舞及戏剧台本，然后回到各自的公社，从各生产队抽调演员进行排练。春节期间举行全县文艺会演，各公社、机关单位轮着来，每晚一台节目，一直演到正月十五，极大地丰富了群众的文化生活，省文化局还把循化县的这个创举向全省各州县进行了推广。说是会演，其实也是一种比赛，各公社之间从创作到排练再到演出，自然会有明里暗里的竞争，这种竞争的好处是"逼迫"出现了一批优秀的节目，也发现了一批能写会编的"业余编剧"，其中就有蔡廷玉、韦新、尹崇尧、李长隆等，也包括小字辈的我。我想，也许是发现我具有一定的潜力，甚至有了一些小小的成果，文化局才会连续三年抽我去以城镇公社创作组的名义编写唱词、歌舞台本。那一段时间，我创作的歌舞剧《访模范》在《西宁演唱》发表；歌舞《撒拉阿娜绣四化》、女声表演唱《湘乡经验亚赫夏》参加了 1978 年 11 月的青海省文艺调演；另外，和韩明道老师携手创作了提倡晚婚的四幕歌剧《树新风》，因为城镇公社的业余宣传队不具备排演歌剧的能力而未能搬上舞台。想不到在后来的某一天，我在县邮电局门口的阅报栏里突然见到青海日报的《江河源》文艺副刊整版发表了这部作品。据说，这是撒拉族作者或者是循化县的作者发表在省级报刊上的第一部戏剧作品，只是我至今都不知道是谁的慧眼发现了这朵小花，并且不惜用一个整版让这部稚嫩的作品与读者见面。1976 年，我的第一个短篇小说《撒拉新歌》被收入人民文学出版社出版的短篇小说集《高原春色》，随后，县文化局又以我作为创作组成员，以这个小说为素材，创作了多幕歌剧《积石春雷》，搬上舞台参加了全省的文艺调演。

这里插说一件事。也许发现我是个"可造之才"，1985 年初，时任文化厅华洛桑厅长把上海戏剧学院少数民族编剧班的录取通知书给了我，这是"上戏"给青海的唯一名额。该班在全国只招 15 名学生，学制 2 年，由各省文化厅保送，主要是为少数民族地区的文艺表演团体培养专业编剧，毕业后"哪里来哪里去"。当时，不知道井外天有多大的我一心想着到省级机关"闯荡"一下，而对于学成之后"原石头滚回原窝"的结局，我是心有不甘。恰好，我准备调去省政协的事情也在那几天里有了眉目，虚荣心让我的脑子一热，便轻易地放弃了去"上戏"深造的机会。因为害怕挨训，我一直瞒着华厅长，致使在别人看来"千金难求"的名额被轻易地"困死"在了我的手里。调到省政协后的某次政协会议上，我与省政协委员华厅长迎面相遇，询问之下我不得不如实相告，气得华厅长脸色黑里发青，甩下"你这个人，死猫扶不到墙上！"的狠话后拂袖而去。

"种瓜得豆的笔杆子"

就在文化局的李发杰局长们筹划着调我到文化系统的时候，县委宣传部部长薛凤友抢先打了个"短平快"，还没等李局长反应过来，一纸调令就让我成了宣传部的通讯干事。

如果说县委大院是龙腾虎跃的"风水宝地"，那么宣传部便是"嘴巴子"和"笔杆子"们施展才能的天地。薛部长安排给我的工作是跟着马富荣搞通讯报道。当时，青海民族学院毕业的马富荣已经是"资深"的通讯干事，敏锐、敏感、敏捷，善于发现新闻线索，敬业、勤奋、人缘好，又能吃苦耐劳，以每月见报4篇以上的"硬指标"，连续多年当选全省优秀通讯员，在报社和广播电台有较高的知名度。遇上这样的益师良友自然是我的福气。可是，在跟着他做了几次采访，写了一两篇类似通讯、消息的文稿之后，我发现自己在撰写这类文字时居然是个"低能儿"，写的稿子根本入不了报社、电台的法眼。同事们甚至说我"不是当记者的料"。问题究竟出在哪里？马富荣疑惑不解，但我自己十分清楚。彼时的我正沉溺于天马行空、胡思乱想式的文学创作里不能自拔，对真实、准确、及时的消息类文字几乎提不起兴趣。脖子上吊一台磨出了黄铜本色的莱卡相机，架势像极了罗伯特·卡帕，昂贵的胶卷都用来拍了所谓的"艺术作品"。所以，在宣传部待了四年，我几乎没出过什么有声有色的新闻作品。对这种"不务主业"的做法，我心有不安和愧疚，到后来我甚至做好了接受严厉批评的思想准备。但是，预想中的"狂风暴雨"却始终没有降临，此时，我才明白薛部长其实并没有因此"看扁"我，而是事事处处"高看"我一眼，常常在给我"放水"。他鞭打快牛，牢牢抓住独当一面的马富荣搞通讯报道，却大放其手让我做自己喜欢的文学梦。其实，北师大中文系毕业的薛凤友，从骨子里也有难以割舍的文学情怀，正是因为看过我的一些非常稚嫩的作品，他才毫不犹豫地将我调到了宣传部。我甚至以为，他对我除了鼓励，似乎还多了一份偏爱。

后来我得知，在宣传部物色人选时，马富荣曾积极推荐我，说我人稳当，文字功底搞通讯报道绰绰有余。我知道他是指望我能减轻一点他的工作压力，哪料到我是个"占着好茅坑拉不出好屎"的主儿。直到两年前马富荣才说了心里话："你是来了，可我的负担并没有减轻多少。为了保证每月的见报任务，我白天上山下沟忙着采访，晚上熬夜写稿子，常常忙得焦头烂额。而你却在部长的庇荫之下优哉游哉地搞着你的文学创作。"现在回想起来，我感激对我惜爱有加的老部长，对搭档马富荣更是心存一分歉意。好在退休后我和马富荣又成了形影不离的摄友，前缘得以接续，使我有机会把欠的情找补回去。

认真说来，我绝不是吊儿郎当、不务正业的人，只是把更多的热情和精力给了我钟情的文学"维纳斯"。就在宣传部工作的那段日子里，我写的《万绿丛中一宝镜》在《青海科技报》发表，并获得该报创刊十周年优秀作品奖，被认为是"介绍孟达天池的第一篇科普文章，打开循化植物宝库的第一面窗口"。随后，散文作品《我们家乡的天池》在西宁市文联主办的文学期刊《雪莲》以开卷位置发表，又被认为是展示秀丽天池的"第一篇文学作品"。接着，我写的配乐散文《驼泉情丝》在青海人民广播电台播出之后，又被中央人民广播电台配乐播出，效果超好，中央台还为这个作品配发了评论。而后，这件作品被收入青海人民出版社出版的《野骆驼的踪影》一书。窃以为，我没有辜负老部长的美意，也对得起自己的初心。

此外，我在《民族文学》《青海湖》《博格达》《青海日报》《雪莲》等刊物上也发表了一些作品，《啊，核桃树》《又逢小园杏花红》《我们家乡的天池》等散文作品在文学青年中有一定的影响。1980年秋天，我和青海著名藏族诗人格桑多杰、土族著名民间文艺家李友楼一同被推选出席了中国作协在北京举办的"中国当代少数民族文学座谈会"。会后，《青海日报》还约我写了一篇感言，发表在《江河源》上。

1984年，青海省人民政府隆重举办庆祝新中国成立三十五周年文艺作品评奖活动。在获得优秀文学作品奖的87件作品中，撒拉族著名诗人韩秋夫先生的诗歌作品《古城之恋》和我这个业余文学爱好者的散文作品《啊，核桃树》双双获奖。对于师出无名、微不足道的我，有人不屑，有人鄙夷，但毕竟还有更多的人慷慨地给予了称赞和鼓励。

扯这些闲话，似有"王婆"之嫌，但又不得不说。正如撒拉族诗人马丁先生在我的摄影作品集《镜界》发行会上说的，"今天，我们说循化的文学，说撒拉族的文学，韩新华是无法绕过去的。"老朋友应景应时的溢美之词，指的其实是我为点燃最初的"星星之火"而付出的努力。我想说的是，一片亟待开垦的荒漠，别说是有一朵小花贴地而开，即便只是一片嫩叶破土而生，就引起了人们格外的怜惜和呵护罢了。

"满瓶不响，半瓶晃荡"

辛勤的努力带给了我一些虚荣，也带给了我更多的孤独和不安。当兄弟民族的作家队伍像一群骏马奔驰而过的时候，一只小羊在荒野里的孤单和期望，是可想而知的。如果能有一块属于自己的阵地，有一群志同道合的文朋艺友，互相支撑，携手打拼，那该有多好啊！

我的忧虑没逃过文化馆长王怡庭的"慧眼"，他决意要把我挖到他的麾下。其实，王怡庭是循化文学事业名副其实的第一代开拓者，早在被打成"右派分子"之前，他已经在《青海湖》《青海日报》等刊物上发表了不少散文和诗歌作品。在"吃尽了人间寒苦、受尽了人间磨难"之后，他终于在 20 世纪 80 年代初得以平反昭雪，组织上发现穷困潦倒的他还有能写会画的才能，就安排他当了文化馆馆长。王馆长对我惺惺相惜，以他河南人的口才优势频频给我灌"迷魂汤"。先是说我"天赋异禀"，有"作家气质"，特别适合在文化馆搞文学创作，如果我能下来，那才真正是"鲤鱼跳上了龙门"云云。

我到宣传部住的是原通讯干事韦新同志调离时转让给我的一间宿舍。不久，韩志业同志调任宣传部部长，他是我上循化中学时的校长，又是只隔着一条清水河的同乡。在他上任的第二天我就主动将宿舍腾出来让给老校长住，自己则骑自行车从清水老家上下班。那时，县上的交通基础设施还很落后，从清水乙么亥村的老家大门口骑到县委大院的宣传部门口，全程都是沙土路，颠簸坎坷自不必说，遇上风雪天泥泞难行，一身泥水，狼狈不堪，加上身不由己的迟到和早退，久而久之，自己都尴尬得不好意思进县委大院。

就在我思想开始松动的时候，王馆长不失时机地许以"利诱"，允诺只要我愿意，他可以将象棋房里 14 平方米的小套房腾出来供我当宿舍用，以便安顿我的小家。

看来，美好的主观愿望和不利的客观因素，好的跳槽机遇和一时无望改观的现状，都把我推向了又一次抉择的节点！权衡再三，我毅然决定"下嫁"文化馆。当我离开八面威风的县委大院走进积石古城墙之外的小小文化馆时，我的家人以及同学、同事都说我是脑子"搭铁"，包括赏识我的朋友们也替我惋惜。

有人说，不会选择，不坚持选择，不断地选择，是人生的三大遗憾，也是成功路上的绊脚石。当我年近古稀回首往事时，可以说，我就是在这三大遗憾的循环往复中蹉跎了一辈子！但我从来没有过一丝的悔意，即便是被时间证明了是错误的选择。因为，每一次面对选择，我都是义无反顾地顺从了内心的呼唤。

王馆长对我的工作给予了无条件的支持，及时封我一顶"文学创作辅导员"的桂冠，这又进一步助长了我无羁的"野心"。我想办一份"刊物"，以此作为窗口和阵地，发现和培育一支本土的文学创作队伍，这个想法恰好与王馆长的夙愿不谋而合。我俩当即就研究了办刊的一些具体问题。如刊物名称,想到了"骆驼泉""积石风""清水湾"等。这些无疑具有鲜明的地域和民族特征,是极好的文学书刊名称,但我所顾虑的是,一个小小文化馆办的刊物,没有一个上得了台面的作家压阵,如果起始之步过于"生猛"反倒会骑虎难下。起初,我也曾想过请韩秋夫老师担任顾问给予指导,但又怕委屈了人家,遂打消了这份奢望。经过再三斟酌,最终将刊物定名为《文学习作》,朴实、平实、踏实,少了一分惊艳,也少了许多后顾之忧。

同时,我们还确定了《文学习作》以不定期的方式油印发放。一旦作者队伍形成一定规模,作品质量有所提升后,再改为半年一期或者一季度一期,甚至搞个铅印也不是没有可能。当时的县财政经费日趋拮据,文化馆更是捉襟见肘,日常文化活动常常是拆了东墙补西墙,但为了鼓励和激发作者的创作热情,我们决定稿件一经采用,即赠送样刊2份,再奖励5本方格稿纸作为稿酬。

征稿信发出去后,果然引起了关注,不到半个月,就有作者送来稿件。我记得最早送来稿件的是唐钰,他一下子给了我《幽谷瀑布》和《美哉,壮哉——乌山池》两篇散文,让我"随意斧正,任意选用"。"文字很优美,字体很俊秀,誊写很工整,态度很谦恭,尕娃很帅气",这是唐钰给我的最初印象。

在此后不太长的时间里,我们陆续收到了一批散文和诗歌作品。经过初步审读,发现有一批相对"成熟"的作品。我的想法是,即便是一般水准的作品,也要逐字逐句地帮助作者修改好。业余作者太不容易,我有切肤感受。再说,大家都是刚刚开始爬着学步,没有谁能一下子站得起来。

稿件审定之后,我专程去尕楞公社请了詹乐年老师帮忙刻印。他在香萨村当民办老师,是爱好写作的"才子",更是循化的"蜡版刻印一支笔"。我在宣传部时曾经约他写过一篇反映香萨村20年变迁的通讯稿,以配合人民公社诞生20周年的宣传活动,所以有一定的交情。他一听要编印循化文学的"第一份刊物",安顿好课程就跟着我下来了。

不到三天时间，詹老师就刻好了 60 页的蜡纸，再用一身油墨和大半夜的辛苦完成了印刷和装订，第一期《文学习作》就这样横空出世了！看到"第一个孩子"降临，大家高兴得不得了！为壮声威，我们还举行了所谓的"发行仪式"。当作者们陶醉在油墨的芬芳里时，我们也兑现了承诺，每个作者除了拿到 2 份样刊外，还获得了 5 本方格稿纸。说它是稿酬也行，奖励也罢，毕竟在当时的市面上买不到类似的稿纸。在许多作者还用小学生作业本创作的时候，印有"循化文化馆"字样的稿纸，既是对作者的报酬，也是一份荣耀。

《文学习作》第一期印发后，社会反响极好。我用"极好"这个词是有根据的，记得我们小心翼翼地印到 300 多份时，终因蜡纸破损漏墨，不能再印了。当时还想，除了作者和爱好者外，没有人会需要这么多。哪料到没过一个星期，300 多份刊物就被拿了个精光，还有人天天上文化馆索要。一问才知道《文学习作》竟然被爷爷奶奶爸爸妈妈们要去当了孩子学习作文的范本！一些作者回忆当年的情景，说这份油印小刊让他们发现了自己的文学潜能。唐钰甚至说，他后来走上记者之路且卓有建树，追溯起来，可以说是当年的《文学习作》坚定了他的信心：与其教书，不如码字。

与作者们的信心相伴而生的，是我这个"辅导员"的困惑。我是师范毕业的中专生，受到的教育有限，文学素养更是无从谈起。只是经不起冲动和诱惑，便揣摩着写了些东西，但失败的教训多于成功的经验。在帮助作者修改作品时，一些作者总想弄明白道理，为什么要这样改？那样写为什么不对？我说不出子丑寅卯，又不好搪塞。

为了避免"师傅不高，徒弟拉腰"，我通过《雪莲》编辑部的章昌灿老师牵线搭桥，邀请了白渔、钱佩衡、王立道、王歌行四位专业作家到循化文化馆进行文学讲座。

据我所知，这是循化文学界第一次邀请专业作家下基层进行辅导讲座。几位老师都有培养少数民族文学爱好者的情怀和热情，不计报酬，不讲条件，就在文化馆简陋的电视房里开讲。坐着班车下来，坐着班车上去，回西宁时每人手里只是多了馆里赠送的一斤循化特产的花椒而已。现在回忆起当年的寒酸与窘迫，不禁羞涩难言。即便如此，这次讲座绝对是一堂"释疑解惑、指点迷津"的启蒙课，对文学创作充满幻想和渴望的文学小青年而言是"真正意义上指导、指教、指引、指路"，我相信这是文学爱好者们的真心话。

泰戈尔说过，"天空没有留下翅膀的痕迹，但我已经飞过"。在人生的长河中，《文学习作》只是一滴水珠，但它确实让我们享受到了"初为人父、初为人母"般的惊喜、感动与快乐。

"编一本好书敬客人"

好景不常在，好花不常开，这绝对是个规律。果然，《文学习作》只编印了3期就夭折了。

那是1983年初，省上举行全省文艺汇演，而且要从中选调一个优秀的文工团队参加次年在北京举办的全国乌兰牧骑文艺调演。消息传来，令人亢奋，从县委、县政府领导到文化局都把参加调演当成全县文化工作的重中之重，不惜举全县之力要创造优异成绩，为次年的三十周年县庆献礼。领导们的心里其实还有更大的梦想：乘势而上，进军首都舞台！

要达到这个"宏大"的目标，首先要有高质量的台本。于是，挑来选去，最终决定让我为这次调演编写节目。文化馆和文工队都是文化局的下属单位，韩福德局长一个电话打过来，让王馆长通知我从下午开始在文工队上班，归韩绍林队长指挥，从创作节目开始，直到会演全部结束。

我一旦离开文化馆，《文学习作》没有专人操心，就可能面临夭折。我和王馆长心有不甘，就一起去找局长商量，希望能有转圜的余地，实在不行，就转而求其次，让我一半时间在文工队一半时间在文化馆，两头来回跑，一石打二鸟，也算两全其美。可没想到王馆长话没说完，就被韩局长怼得土头灰脸："孰大孰小？孰轻孰重？孰缓孰急？你们傻傻分不清吗？"临了又强调，"编印习作的事情先放下，会演结束之前韩新华不要回来。"我们只得悻悻而归。

有多少付出就会有多少回报。在这次文艺汇演中，从县上领导到编创人员到每个演职人员，都牢牢抓住"突出特色、短小精悍、一专多能、精益求精"的"十六字方针"，不负众望，力压群芳，不仅在全省会演中拔了头筹，而且最终代表青海省参加了全国乌兰牧骑文艺调演。我们的多个节目被评为优秀，受到了表彰奖励，甚至被安排到人民大会堂、中南海怀仁堂为中央领导演出。

文工队上了北京，面子有了，荣誉也有了，循化的干部群众皆大欢喜。文工队的俊男靓女们趾高气昂得像是羊群里的骆驼，走在循化的街道上，简直要亮煞路人的眼睛！循化文工队算是彻彻底底的火了，只是等我从北京回来又到各乡镇巡演结束再回到文化馆时，已经到了年底，伴随着冬季的来临，搁了将近一年的《文学习作》不只是"凉"了，而是彻底"冰"了。

时光荏苒，转眼跨入了1984年，这是循化撒拉族自治县成立三十周年的大喜之年。春节刚过县上便成立了县庆办公室，各部门、各单位都为献礼县庆忙活开了。经过研究决定，文化系统要完成"三个一"献礼工程，即安排一台晚会、组织一场赛事、编印一本书。晚会是必须有的，用北京演出的全套节目，就可以做到美轮美奂。循化是名副其实的篮球之乡，组织几场赛事轻而易举。难的是给文化馆安顿的一本书，编什么？怎么出？局长、馆长们都犯难了。经文化局局长韩福德与宣传部部长马德顺商量，商定编一本循化本土作者创作的文学作品选集，"向嘉宾们展示一下我们循化在文学创作上的成果"，并决定由我负责选编直至印刷的全部工作。

这样的工作说起来是一两句话的事，可做起来就好比是"老虎吃天"！在领导们看来，《文学习作》是一座美丽的花园，只管从里面挑一些花朵出来，编成个大花篮就是了。可是，这些毕竟是习作，要拿来给出席庆祝活动的代表尤其是中央领导和外面来的人看，是关乎"面子"、关乎"耳朵"的大事。再说，就算选出二三十篇作品，也根本无法撑起一本书的体量。我提了两点建议，一是在"循化本土作者"之后加上"为主"二字，把省上的专业作家们创作发表的有关循化、有关撒拉族的文学作品收录进来，这样能整体提升书的质量品位。二是把"文学作品选"改成"文艺作品选"。虽然只是"学"和"艺"的一字之改，却在范畴界定和内容选择上有更大的空间。事实上，当时的循化，相比于小说、散文、诗歌类的文学创作，戏剧、音乐、舞蹈、美术、书法、摄影等艺术门类的成果要多一些，涌现出了不少群众喜闻乐见的优秀作品。我的建议得到了领导的首肯。

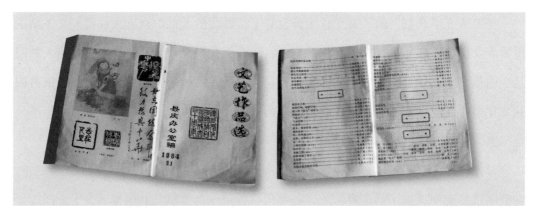

◎《文艺作品选》书影 （韩新华 提供）

在当时来说，编这样的一本书，尽管只限于内部发行，但也算是县里的一件大事、喜事，得到了从县上到省上文艺界的关心和支持。

县里的业余作者们踊跃异常，无不以入选此书为幸事。学界名人董培深老先生专门创作了长诗《漫歌塞上江南》，著名民间歌手韩占祥创作了花儿唱词《漫一声花儿迎客人》。当然，这本书的主体作者无疑是唐钰、马汉青、倪建华、赵鹤林、韩新德、马秀芳、韩忠祥、马静涛、马伟福、韩京夫、马光辉、马启云等一批优秀的文学青年。他们发表在《文学习作》的优秀作品，都被收录其中。

当时散居西宁、海东等地的循化籍作家、诗人以及文学爱好者更是给予了极大的关心和支持。刚被平反不久的撒拉族著名诗人韩秋夫先生特意为《文艺作品选》创作了诗歌作品《撒拉尔之歌》；青海人民出版社文学编辑马学功创作了诗人《驼铃叮咚，驼铃叮咚》和散文《她走了，因为她是女人》；省作协专业作家马学义先生专程将此前一年发表在《青海湖》期刊上的小说《鲁格娅》送到了县文化馆；撒拉族作家马文才将应约为《雪莲》创作的散文《清水湾》优先寄送给了我们，同时还随寄了组诗《春播三照》。回族作者绽玉霞女士奉献了她的精美散文《群山万壑渡黄河》；撒拉族作者海美应约专门创作了组诗《故乡素描》；海东报社的撒拉族女作者马梅英也将两首诗作寄给我们以示支持；新华社驻青记者孙宁海寄来了他的组诗《故乡，我对你说》和《我的弟弟》；在兰州的著名书法家黎凡先生寄来了他的墨宝《青海崛起》，表达了对家乡文艺事业的美好祝愿。

省城一些知名专业作家也对这个文化工程给予了热情的支持。青海第一部长篇小说《俄洛天刚亮》的作者杨友德将他1966年发表在人民文学的散文《马乙沙格夜渡黄河》寄送给了我们。出乎意料的是，已经出了好几本诗集的著名诗人朱奇先生寄来了他于1961年8月发表在《青海湖》上的诗作《撒拉族人》，并附言："新华同志：这两首诗，是写撒拉族的。如能编选入辑，诗中不妥之处，望你与秋夫同志一起斧正即是。"从这封短信可以看出这位著名的诗人对我们这本小小的册子所给予的关心和期待。此外，蔡国瑞、赵宗福、辛光武、李振、邵兰生等作家也都将他们创作的循化题材的文学作品寄送给了我们。

《文艺作品选》收录26位作者的25件散文作品，30位作者的42首诗歌作品，3位作者的中、短篇小说，2位作者的文学评论，还收录了崇尧、春谷二人创作的独幕话剧《请县长》。收录了经典的歌舞作品如舞蹈《驼泉》（集体创作）、舞蹈《打墙》（蔡征、靖原、占祥、义希坚措创作）、歌舞《阿里玛》（绍林、新华、占祥、靖原、旭明、义希创作）以及著名词曲作家黄荣恩创作的歌曲《撒拉艳姑赶街》等7件作品。收录了孟毅伯、黎凡、韩连成、陈显福、王怡庭、陈衍生、赵鹤林、邵维善、明瑞恒、杨德新、马玉山、张琨、杨金玉、刘建国、贾炳中等的42件作品，涉及美术、摄影、书法和篆刻等各个门类。县委宣传部部长马德顺为《文艺作品选》撰写了序言，陈衍生老师设计了版式，并为一些重点作品创作了精美的题图和尾花。

我还想说的是，以百米唐卡蜚声海内外的宗者拉吉先生，当时还是个寂寂无闻的乡村画师。我执意要将他的藏画作品收入本书，不仅因为他是这本书里唯一的藏族作者，而且他从他的《学文化》《牧歌》里似乎已经显示出他在藏画艺术方面超众的天赋。

既是处女之作，难免留下缺憾，有很多意义非凡的作品未能入选其中。撒拉族作者马明善曾发表过短篇小说《摔跤手》，据说是撒拉族的第一个短篇小说；民办教师韩明道曾在《青海日报》发表过短篇小说《春花阿奶》；我和韩明道合作创作的四幕歌剧《立新风》也在《青海日报》发表；由汪浩作词、黄荣恩作曲、1964年由草滩坝村民韩兴才在北京演唱的原版《新循化》等，由于种种原因没有入选其中。这不是可以用"时间仓促"等理由搪塞过去的，作为当事人我至今依然有无法释怀的愧疚！

印刷厂里的"编外师傅"

待到宣传部和文化局领导审读通过《文艺作品选》时，已是6月中旬，距离三十周年大庆庆祝活动只有不足两个月的时间。

考虑到时间紧迫，我们决定在距循化更近的临夏找一家印刷厂印刷。20世纪80年代初期，交通不畅，通信落后，信息闭塞，我搭上班车赶到河州，背着书稿，满大街向行人打听哪儿有印刷厂可以印书。临夏自古以来是甘青地区的商贸重镇，集市繁荣，商贾云集，从骡马牛羊到虎豹皮张，从针头线脑到花鸟虫鱼，光怪陆离，林林总总，无所不有。都说这里"只有你没有见过的，没有你买不到的"，但问起印刷厂，路人几乎都是摇头不知，好多人甚至搞不清印刷厂是做什么营生的。后来我跑到州文化局打问，才找到临夏州唯一的印刷厂，在河州城东郊，距我"下榻"的临夏第三旅社有十多华里远。

那时候是手拣铅字排版印刷，铅字和铅条搭拼的版心又沉又脏。每次校对，即便加一个字、减一个标点，都要拆开版心，拣出错别字，改清后重新拼好版心再用绳索固定。要是排漏了段或者缺了行，那就惹下了大麻烦，当页往后所有排成的版芯都得逐行逐页地重新调整编排。烦琐、复杂繁重，且全程手工操作，没有一点捷径可走。熟练的排字工人一天也就排两三个版。要命的是我们的书稿里还有不少的音乐曲谱，奇奇怪怪、长长短短、曲曲折折的符号，排版难度更大！排字师傅们有一句话叫"宁排三千字，不排一行曲"。厂长翻弄着一大摞书稿直皱眉头，说是得两个半月才能做完。我一听急了，这怎么可以！再三央求，好说歹说，人家终于答应给我多安排几个熟练的师傅。同时，我坚持每天和车间师傅一同上下班，随排随校，随校随改，以便加快进度。

那时，临夏城里都是沙石路面，更别说东郊农村了，晴天一身土，雨天一脚泥，印刷厂附近又没有饭馆。幸亏王馆长从班车上给我捎过来了一辆除了铃铛不响哪儿都响的公用自行车，缓解了我的劳累困顿。每天早上吃一碗牛肉面，再买上一个锅盔当午饭，一直在车间跟着排字师傅。师傅排完一页，我马上跟进校对，晚上厂里下班，我才回到三旅社。师傅们说我天天"死守"，快把他们"逼疯了"。

等到三校开始，王馆长又安排美术辅导员王建青和会计许海钧赶到临夏支援。人多力量大，柴多火焰高。经过几天奋战，我们终于按预定的进度完成印制任务。

成品装订打包的那天傍晚，临夏飘起了蒙蒙细雨，为防路途受阻，我们决定星夜起程回循化。午夜时分，我们越过了大雨如注的大力架山，翌日晨，我们将1500本散发着浓郁墨香的《文艺作品选》交给了县庆办公室。

处女之作的欣慰

一个新生命的诞生，也许不尽完美，但她却是母亲掌心里的宝。对那一拨刚开始或者有意钟情文学的小青年而言，《文艺作品选》无疑是一块充满诱惑、充满憧憬的神秘之地。他们在这块贫瘠的土壤里播下了稚嫩的种子，以期收获最甜蜜的果实。于我而言，编印《文艺作品选》，别有一番滋味在心头。懵懂、忐忑、自信和期待，交织在策划、征集、编辑、印制的全过程。我感激组织的信任和领导的赏识，放手让我去做喜欢做的编辑工作。我也感激自己性格中的"犟劲"，让我由此开始磨砺和提升一个编辑者必需的优秀品质和担当。此后一年，我被调到省政协专职做《青海文史资料选辑》的征集、编辑工作，一干整整30年直至退休，经过我手编辑的各类文史书籍接近60本、千余万字。其中不少书籍被全国政协文史委评为优秀文史图书，我个人也被评为全国的优秀文史工作者。山千重，水万重，透过30年编辑路上的尘埃与烟火，我发现《文艺作品选》竟然是自己职业生涯中的处女之作、开卷之作，也是奠基之作、成人之作！

对于一棵树、一朵花而言，最重要的是什么？想必很多人会说是"果实"，而我要说是"种子"！我知道，大江大河最初的模样是涓涓细流，所有的繁荣和茂盛，都是来自拓荒者们昔日播下的第一粒种子。或许，我就是一粒种子，早在38年前就播进了《文艺作品选》的土壤里；或许《文艺作品选》就是一粒种子，在我数十年的编辑生涯中，一路陪伴我生根、开花、结果。

夕阳晚霞梦犹在，一枝一叶总关情。39年后的今天回望《文艺作品选》，在我们的生命历程中，她是什么样的存在？有人说是早春的一片绿叶，有人说是雨后的一道彩虹，有人为她喝彩，有人为她骄傲，有人为她自豪……

（四）

昨夜星辰

ZUO YE XING CHEN

缅怀恩师李庆莩

唐 钰

2018 年夏天的一个下午，李庆莩老师的外孙女到青海日报社来找我。我以为又是来催办出书一事，心里有些惴惴不安。但她只是平静地给我说了一声："我姥爷要回西安了，他想见你一面。"

这消息多少让我感到有些意外。因为之前，李老从来没提过要去外地疗养的事。

几天后，我在西宁市海湖新区一座高楼上终于见到了李庆莩老师。简单寒暄了两句，我便向李老师汇报起《纵横图新论》出版事宜，但李老师只是笑眯眯地看着我，好像他已经完全忘记了这件他 30 多年来夜以继日、殚精竭虑、呕心沥血、攻克难关的生命中最重要的一件事。

面对我迟疑、惊讶的表情，李老师的女儿告诉我："爸爸已经记不起以前的事了。

◎李庆莩老师在授课 （唐钰 提供）

◎本文作者唐钰（右一）和其母张佩玲（左一）与他们共同的恩师李庆莩老师（中）合影。

（唐钰提供）

幸亏他今天还认得你，平时连他的孙子都认不得了。"

听到这话，我倒吸了一口凉气。一颗智慧的大脑难道已经失去了往日的睿智和敏捷？一盏智慧的灯难道现在已经无法释放出昔日的光辉和温暖了吗？

看到此情此景，我悔恨至极。因为我的懈怠和无能，致使恩师在思维敏捷的清醒时刻，没有如愿看到他想要的结果。

就在我起身告别的时候，李老师还在反复地说："北京的张翔、报社的唐钰，是我最有出息的两个学生。"

李老师的家人说，这是老爷子整天不断重复说得最多的一句话。

恩师李庆莩是我妈妈张佩玲 1960—1962 年就读循化师范时的数学老师。1979—1982 年，我就读循化师范时，又很荣幸地成为李老师的学生。所以，李庆莩先生与我们家是世交，与我个人又成了忘年之交。

想起恩师李庆莩先生的坎坷人生，我心中难免有些酸楚。

李庆莩先生，1924 年 2 月 23 日出生于甘肃省静宁县。他的父亲 1908—1922 年在新疆从事教学工作，曾获得过省长颁发的银质奖状。

1942 年起，李庆莩先生因求学辗转各地，在西宁、重庆、北碚、石河、威戎等地，遭遇过日机轰炸、溺水、沉船、警察枪击、工地塌方、车祸事故等危险，多次死里逃生。1944—1949 年就读中央测量学校大学部航空摄影测量系。但由于战乱的动荡，学校由贵阳迁至重庆、苏州、广州，其中从贵阳到重庆徒步而行，备受旅途之苦。

1950 年，李庆莩先生毕业于西北人民革命大学。1951 年被分配到西宁，先后在湟川中学、青海师范、西宁高中从事数学专业教育。1958 年调到循化中学工作。1966 年 5 月 9 日，循化四清工作团党委将李庆莩定位为"六种人"而开除其公职，送回原籍劳动。在后来蒙冤的 13 年当中，李庆莩老师受尽屈辱和艰辛。他的日记本上记有工作鉴定：教书 1 万小时（20 年），积肥 5 万担（每担 100 斤，共 13 年），业余辅导学生 1000 人。

1979 年 4 月 19 日，李庆莩老师终于迎来了人生的春天。他被平反复职，再次回到了他日思夜想的循化中学教学舞台。为了把失去了的青春年华夺回来，把荒废了的宝贵学业抢回来，李庆蓂老师以一种只争朝夕、时不我待的人生态度全身心地致力于教学工作。他的同事、学生经常看见李老师眉头皱着，走路、上厕所都在思考问题。他烟不离手，经常烟屁股烧焦了他都不知道。那一段时间，李老师像是打了鸡血一样夜以继日地工作，宿舍的那盏灯总是通宵达旦地亮着。

1980年，李庆蓂老师当选为循化县政协委员，1981年调到循化师范担任数学教师。1982年3月25日被任命为循化师范教导主任。同年2月，李庆蓂老师被循化县委、县政府评为优秀教师。

时任循化县副县长的韩志业在表彰大会上讲话时说："师范学校的李庆蓂同志是一位好老师。他具有精深的数学知识，但还在不断地学习。他积累有多年的教学实践经验，工作仍一丝不苟。看过李老师所教学生作业的人，没有一个不钦佩的。去年人代会期间，他作为政协委员参加会议，但他不辞劳苦，利用会前、会后时间完成自己的任课时数，保证了学生的学习。李老师严谨的治学精神和细致的教学作风，是值得我们大家学习的。"5月31日，李庆蓂老师获得青海省教育厅评定的讲师职称。

1983年7月，李庆蓂老师获得中央民委、国家劳动人事部和中国科协颁发的"在少数民族地区长期从事科技工作"荣誉证书。正当他壮志满怀、热情报效祖国之时，组织程序却把他推送到了告老还乡的末班车上。1985年，李庆蓂老师从循化县教育局教研室全薪退休。

然而，像李老师这样才华横溢的英才，即便退休了也不会虚度年华。1986年至1992年，本来回到故乡颐养天年、享受天伦之乐的李庆蓂先生，却在甘肃省静宁县威戎中学从事义务教学整整6个春秋。1992年7月14日，魏忠信等50多名教师难舍难分地恭送李庆蓂老师再解绛帐、乔迁县城时，曾送红匾、条幅各一件。匾文写道："秉承父业　教书育人　退休故里　服务桑梓"。同事们并不知道，李庆蓂老师从退休生活中挤出6年时间服务于静宁县威戎中学，完全是为了完成报答故乡人民养育之恩的那桩心愿。

其实，李庆蕚老师离开威戎中学的真正目的，不是去县城养老。早在 1985 年，他刚从循化撒拉族自治县师范学校退休后，偶然在一本数学杂志上看到一篇介绍《纵横图》的文章。由此，李庆蕚老师对充满变数的幻方产生了浓厚的兴趣。

《纵横图》又称幻方，是《组合数学》研究中历史悠久的一个分支。最早的《纵横图》记载是在我国春秋时期的《易经》中，距今有 2500 多年的历史。公元 130 年，希腊人塞翁在一本书中提到幻方时，已比中国幻方研究晚了 600 多年。

到南宋时期，著名数学家杨辉虽然制作出十阶纵横图——《百子图》，却存在着对角线各数字之和不是幻和 505 的缺陷。后经我国诸多数学家全力攻关，依旧没有取得突破性进展。

李庆蕚瞄准了幻方这座险峰，并将其作为人生的终极目标。然而，作为攀登者，他缺乏可借鉴的参考资料，也没有成功规律可循，更没有计算机这种科学的手段。面对眼前尴尬的窘境，李庆蕚老师只能靠最原始的纸笔反复演算来不断摸索前进。于是，废寝忘食成了家常便饭。1985 年 10 月下旬，李庆蕚老师因肩周炎发作住进医院。一天晚上，在打完针后，满脑子蹦跳的数字让他辗转反侧，难以入眠。于是，他索性坐起来挑灯夜战，又开始研究起幻方来。从事幻方研究不仅要有超人的耐心和严谨的态度，还需要百折不挠的坚强毅力。因为在研究过程中，你若是写错一个数字，那就意味着全盘皆废。而每调整一个数字，就必须要从头再来。这一夜里，李庆蕚老师把草稿纸揉了扔，扔了写，不知演算了多少遍。第二天凌晨，值班护士进门查房时，却见李庆蕚老师一动不动地坐在病床边的一把小凳子上。本能的职业反应使她三步并作两步，一边赶忙跑过来搀扶一边大声询问道："老大爷，你怎么了？哪里不舒服？"这时，平时不苟言笑的李庆蕚老师慢慢站起来，缓缓地把眼镜往上一推，笑嘻嘻地告诉对方："姑娘，我好着呢。我现在非常舒服。"于是，自个儿开心地仰天大笑起来。护士哪里知道，就在失眠的那天晚上，李庆蕚老师不仅成功地绘制出了十级纵横图，而且破解了纵横

◎李庆蕚著《纵横图新论》（初稿）书影
（唐钰 提供）

◎李庆蕚获得的荣誉证书 （唐钰 提供）

图对角线的数字之和不是幻和 505 的难题。这一天对李老师来说，是幻方研究质的飞跃，也是成功的开始。那个让李庆蕚老师刻骨铭心的日子是：1985 年 10 月 27 日。

李庆蕚老师本想在退休以后专心致志地进行幻方研究，但现实生活有时也让他倍感无奈。他续弦的老伴是个老病号，身体虚弱，李庆蕚老师不仅长年为其看病、熬药、护理，还要天天买菜、做饭、伺候。还有一个小孙女上学，也需要他照顾。但不管再忙再累，李庆蕚这个顶天立地的男人，宁肯自己受委屈也不会有负于他人。这一点，真的让人钦佩。

我和李庆蕚老师的后续友情正是从后来发生的一些生活变故开始的。为啥说是后续友情呢？因为，李庆蕚老师不过是我人生当中自然过渡的一位老师。因为他的严厉甚至刻薄，一般的学生很难跟他建立起友谊的桥梁。尽管他是我和我妈妈两代人的老师，可我对李老师始终是敬而远之。1979 年我入学循化师范后，李庆蕚老师对我宠爱有加，多次在班上表扬我。因为我是全县考生中唯一解出中专考试数学二元一次应用题方程的学生。但时间不长，李老师开始冷落我了。这主要是我本人的缘故。

1979 年中专考试，我取得了总分全县第十七名的成绩，原本要进省内中专。可能是因为我年少的缘故，我爸爸居然找到县教育局局长马良善，恳求把我留到循化师范。这件事对我刺激很大，我坚持上高中考大学，但我爸爸妈妈一直给我做思想工作说："你是农民的孩子，不能和县城居民比。先端上铁饭碗，以后再考大学也不迟。"就这样，我勉强地走进循化师范学校的大门。

当时，创办一年多的循化师范学校还没有标准的教材。李庆蕚老师教的数学居然是小学算术，这让我大失所望。而且，李老师的教学要求严格到了让人无法接受的地步。那时，我们师范生有毛笔、粉笔和钢笔的"三笔"训练要求。为了强化板书训练，李庆蕚老师光是加减乘除这几个数学符号，就让我们在黑板上、本子上百遍千遍地写了一个多月，而 0 到 9 的数字书写训练持续了两个多月。尤其是等号，不管是在黑板还是本子上，都让我们拿着尺子把两条平行线画得整整齐齐。有一次，班上一位同学没把等号长短写齐，李老师居然停下课让那位同学在黑板上写了一节课的等号。并说，下节课若还没写好，那全班同学别上课，他什么时候过关了我们再上新课。大家都知道，李老师从来就是说一不二的人。他认为，师范学校的学生毕业后都是千万个学生的老师，现在如果写不好，以后不知影响多少学生，这不是开玩笑的事情。

当时，心怀高考梦的我看见李老师如此"浪费"时间，心里像猫抓一样难受。以后，但凡李老师的数学课，我就低头自学高中数学《解析几何》《三角函数》。此举被李老师发现后严厉批评我好高骛远，不切实际。作为未来的人民教师，为了不误人子弟，眼前应该扎扎实实地把基础打牢。但我屡教不改，叛逆情绪越发高涨。我要么逃学，要么上课看小说。之后，在期末考试时，李老师直接给我一个严厉的惩戒：考分打了59 分。但我在全校作完检讨之后，依旧我行我素。李老师无奈，动不动就把我拉到黑板前罚站，并加大了对我的训斥力度。当时，虚荣心极强的我无法理解恩师的良苦用心，误以为是在羞辱自己。于是，背地里骂李老师是"六亲不认的黑包公""冷血动物"，并发誓从此再也不学数学。从那以后，我和李庆尊老师的关系进入冰点。师范毕业后，我被分配到古雷学校。在那个"学好数理化，走遍天下都不怕"的年代，我逆行选择了语文教学，彻底放弃了自己钟爱的数理化。

未料想时隔 20 年后，我和李庆尊老师又续前缘。

2002 年秋天，我突然接到了李庆尊老师的求助电话。说他在静宁县遇到了非常棘手的家庭纠纷，让我出手相救。我便引荐西宁君剑律师事务所主任慈永刚妥善处理此事。

错综复杂的家庭关系理顺后，李庆尊老师搬进西宁市社会福利院开始了他的晚年新生活。从此以后，我和李老师的关系日渐紧密起来。李老师烟瘾大，我时不时过去孝敬一下他老人家。有一次，我俩在福利院附近的一家小饭馆喝茶聊天时，李老师突然很认真地问我一个问题："唐钰，你实话告诉我，你恨不恨我？"我反问他："我恨你做啥？"李老师声音有些低沉地对我说："当初，全班同学中，我对你的批评次数最多、还最严厉，最不留情面。我觉得，你是一个学数学的好苗子，前途很大。所以我宠爱你，但你不听话。我恨你是恨铁不成钢、不争气。太让我失望了。"我没想到李老师从心底如此抬爱我。为了消除他心中的愧疚和不快，我立即起身拉着李老师的手说："李老师，说真的，当时不记恨你是假的。但我后来当上青海日报社记者的那刻起，我真的非常地感谢你，是你成全了我。要不是你的批评，我哪能会将兴趣转向到文学、走向新闻写作的路子。你看，我不仅成了《中国青年报》响当当的记者，现在还是《西海商报》的一把手主编。"李老师微笑地看着我说："你不恨我，我心里就踏实多了。"我接过他的话茬明确地表态："李老师，我哪会恨你呀？我现在感谢你都来不及。一想起我在新闻领域取得的一些骄人成绩，我恨不得给你磕个响头呢。"听到这话，李老师指着我乐得合不拢嘴了。

李庆尊先生就是在这样的环境中，把幻方研究当成自己的终极使命而马不停蹄。自从他成功破解十阶纵横图之后，又开始向百阶纵横图研究迈进。他通过参考有关资料日复一日地研究，很快掌握了用图解法做奇、偶数阶纵横图的方法，并运用这种方法做出任何奇数阶纵横图。

李庆蕚老师在研究偶数阶纵横图时数字越多，难度就越大越复杂，但他经过不懈努力，于 2006 年 6 月 10 日成功制作出百阶纵横图，并编写了约 20 万字的《纵横图新论》。到此时，李庆蕚老师特意给百阶纵横图起了一个祝福的名字——《中华万寿图》。在绘制过程中，为了确保《中华万寿图》准确无误，他每天给自己规定只填写 500 个（组）数字，仅填写工作，他就足足用了 20 天。

2009 年 5 月 4 日，青海师范大学数学系孔庆新教授得知李老绘制出《中华万寿图》的消息后，特意请李老把作品拿到学校展出，以激励在校学生。巨幅《中华万寿图》的展出，在省内数学界和教育界引起了强烈反响，同时也得到许多业内人士的好评。展出结束后，青海省图书馆特意将李老编制的《中华万寿图》和《纵横图新论》收藏。

青海师范大学数学系主任冶成福教授等人看完李老的科研成果后，认为《纵横图新论》提出了许多新的概念，内容丰富，材料翔实，填补了我省在幻方研究方面的空白。《中华万寿图》则是用简单方法解决了复杂问题，对幻方研究有着积极的意义，创造了青海幻方研究领域的奇迹。于是，冶成福、孔庆新、苏卉教授等向有关部门共同推举李庆蕚先生的研究成果。

展出当天，我派记者刘文育到青海师大对李庆蕚老师进行了专题采访。2009 年 5 月 27 日，《青海法制报》刊发记者刘文育采写的长篇通讯《幻方世界中的青海奇迹——八旬老人李庆蕚的传奇故事》，顿时引起社会的关注。之后，《青海日报》《西海都市报》和西宁电视台对李庆蕚老师的感人事迹均作了专题报道。

在《中华万寿图》得到专业人士的好评后，李庆蕚先生没有停止研究的脚步，继续向科学高峰攀登。有一天，李老师约我吃饭。见面后他兴奋地告诉我："唐钰，你知道吗？不光是你们写文章的有灵感，我们研究数学的也有灵感。"我便好奇地反问李老师："数学家的灵感反应是什么样的？"李老师故作神秘地对我说："有一次，我看到别人下跳棋，突然萌生了一个大胆的想法，想根据棋盘的形状绘制出一幅纵横图。通过几个月的研究，我现在制作出了不同数字的五角星、六角星纵横图。"

2013 年 1 月 26 日，我的作品集《问道》首发式在西宁隆重举行。我委托马静涛同学专车去西宁福利院老年公寓接李庆尊老师来参加仪式。当天，李老师和许多老朋友、同事和学生久别重逢，聊天叙旧，合影留念，心情十分愉悦。席间，有人得知李老师自退休后一直进行幻方研究的事后，十分惊讶地问道："你花这么大的精力研究幻方，制作出纵横图究竟有什么用呀？"李庆尊老师非常自豪地告诉大家："幻方就是把数十、数百或数千的数字填入方阵，使每行每列及主对角线的和都等于同一个数。《中华万寿图》正是将 1 万个自然数填入 100×100 的方格中，组成百阶幻方，使每条线上的和数都等于 500050。"

人们有所不知，由于李庆尊老师独创的方法能解任何多元不定方程，又可以衍生出任何纵横图，如果能得到充分利用，可能会成为某个科研领域的重要技术手段。

"我现在不愁吃喝，也不图名利，只希望在有生之年能为国家做点贡献。这也正是我二十多年如一日研究幻方的主要原因之一。"在场的人无不为李老师不待扬鞭自奋蹄的拼搏精神所感动。

之后，我给李庆尊老师安排了一次为期三天的循化之行。李老师第一天到县城会了会他的老朋友。然后在我的老家白庄镇塘洛尕村住了两天。李老师非常喜欢农村田园生活和农家小院土炕，也非常喜欢吃农家小吃搅团、洋芋、凉面、辣子蘸馍，每顿饭都夸我妈妈做的饭可口好吃。

在返回西宁的路上，李老师向我道出了他的两个愿望：一是希望权威机构能对他的成果进行鉴定；二是希望把自己的研究成果捐给国家，使成果能得到充分利用。我心里也很清楚，实现这两个愿望的前提，就是先要把《纵横图新论》变成铅字。

2014 年 5 月，李庆尊老师郑重地把自己校对多次的《纵横图新论》文稿交到我手里，说这是他 30 年的心血结晶，希望我能设法早日出版。我欣然接受了恩师的重托。

当年 6 月，我把《纵横图新论》书稿带到兰州，委托给我的朋友甘肃澳翔印业有限公司的业务经理钱鑫,让他在短时间内做出样书。钱鑫也被李老"老骥伏枥,志在千里"的精神所感染,凭着一腔热忱动用了自己在兰大的一些人脉关系,积极调动大学生的力量精心组织样书的制作工作。

我把李庆蕚老师即将出书的消息告诉了北京某律师事务所的张翔。他是李老师的另一个得意门生,师生关系密切。张翔当即和李老师通了电话并表态,图书当年出版的话,他资助3万元,第二年出版他资助5万元,三年后出版他资助7万元。

然而,出书所遇到的困难远远超出了我们的想象。钱鑫耗费了半年时间,拿出了第一本样书,我兴冲冲地送到李老师手里。李庆蕚老师一见封面和铅字便喜出望外,说他抓紧时间校对。

三个月后,李庆蕚老师打电话让我到福利院取书,给我的却是另外一本书。他说,"样书漏洞百出,错误比比皆是,这样制作会出大问题。数学研究是一项非常严谨的研究工作,差之毫厘,将谬以千里"。说着便给我打开了他校对过的一些页面,一看确实都用红笔画成大花脸了。我这才知道,李老师又花了三个月的时间,亲自到打印室校对,打印了这本终审版的样稿。

我再次把书稿交给了钱鑫,让他想方设法、万无一失地把《纵横图新论》样书先做出来。随后,打电话给张翔,问他资助的书款何时到位,张翔回复,等到年底再说。

第二年开春,张翔和我通电话时说,他的律师事务所出了一点状况,资助李老师出书的事恐怕要搁置一段时间,等以后他的律师事务所运行好转了再作考虑。这些情况,我没有及时告诉李老师,那段时间我和青海日报社政教部主任高小青、中央人民广播电台驻青海记者站站长凌晨、中国新闻社青海分社社长胡钟艺等全力寻找资金渠道,力争李庆蕚老师的《纵横图新论》早日问世。

2016年10月2日,中国幻方研究者协会暨中国国际数学幻方学术论坛在上海召开。李庆蕚先生调整为第六届组织机构副主席。协会下设四个分部,李庆蕚为基础理论部委员。

　　李老师没有出席这次会议，但把当选中国幻方研究者协会副主席的消息在第一时间告诉了我。我这才去西宁福利院当面向李庆荜老师汇报了出书所遇到的困难和实情。李老师拿出 3 万元现金说，这是他仅有的一点私房钱，希望能早日为他出书。

　　怀揣着这沉甸甸的 3 万元书款，我感觉到连走路都是沉甸甸的。我催促钱鑫加快进度。可钱鑫告诉我，印书印了 20 多年，还第一次遇到这样棘手的事。他连连咨询了几家出版社，都说校对的事他们没办法，完全要靠我们自己想办法。最好是委托一家专门的数学研究机构或大学数学系的人进行校对，才能保证李庆荜老师的书稿不出差错。不过，那需要一笔高昂的费用。我当时给钱鑫交代：钱的事我来想办法。书的事全靠你了。后来，钱鑫有些垂头丧气地对我说，校对的事真的不好办！他动用全厂的工人校对一星期也无济于事。因为《中华万寿图》的数据太庞大了。错综复杂的几万行数字排列，一般人看上一百行就眼花缭乱。不懂数学的人根本无法胜任制图和校对工作。

　　这时，一纸调令又把我从青海法制报社调回青海日报社。

　　2016 年 11 月 10 日，我在朋友圈发布了这样一条信息：九旬老人三十年呕心沥血之作《纵横图新论》因缺经费压箱三年无法出版，现寻求仁人志士资金支持。

　　消息发出后，微信点赞率和关注度很高。青海湖南商会秘书长陈玉武先生到青海日报社专门了解李庆荜老师的详细情况后表示：他将尽一切努力促成此事，以示对李庆荜先生的尊重、对科学的尊重，对兄弟朋友一个交代，对社会、对将来一个交代。陈秘书长的一席话说得我心里暖洋洋的。

　　93 岁的李庆荜老师安慰我说："此事不要太着急，西宁小公园的算命先生说了，我能活到 96 岁。"

　　再说，我调到青海日报社后招兵买马牵头组织编纂《青海省志·报业志》，在这个全新的领域里肩负重任摸索奋斗开拓，一干就是 5 年。这五年，对于李庆荜老师来说是一个漫长的等待。而对于我个人而言，是一种痛苦的煎熬。其间，我和李老师有过几次会面。李老师多次宽慰我："唐钰，出书的事你心理负担不要太重，也不要太为难自己。书能出了就出，出不了也没关系。反正我已经完成了幻方研究的心愿。现在我把书稿交给你了，你可以署名，这版权、这成果以后全归你了。"李老师说这话时，我都快哭了。信任、期待、厚望和无奈交织在一起，让我无言以对眼前的恩师。

说实话，那段时间，我跟李庆莩老师联系少了。而李老师及其家人都不好意思过问出书的事了。

2018年3月，我和中央人民广播电台驻青海记者站站长凌晨征得李庆莩老师的同意后，将《纵横图新论》书稿交给了青海某大学，作为其共同研究成果，希望他们发挥团队力量加速图书出版进程。

◎《纵横图》手稿（唐钰 提供）

当年 9 月，李庆蕚老师的亲属明确地告诉我，他们不再打算出版《纵横图新论》了。于是，我把李老师曾经交给我出书用的 3 万元私房钱分文不差地交到他儿女手中。然后，将《纵横图新论》书稿从青海某大学收回。

2019 年 8 月 5 日，李庆蕚先生当选为中国幻方研究者协会第六届组织机构副主席。当月，《幻方专辑》发表了李庆蕚书稿《纵横图新论》的部分章节。

2022 年某一天的下午，我突然产生了一种想去看望一下李老师的念头。没想到"风轻云淡"弱弱地告诉我：李庆蕚先生已于 2019 年 12 月 14 日在西宁过世了。

惊悉恩师作古的消息，我的心情无比悲伤与沉重。

李庆蕚先生生不逢时，在动荡岁月中荒废了青春和智慧。然而，他在退休后的 30 多年里，校准人生的罗盘，用真诚的情怀和坚韧的毅力，把生命之光燃烧到了极致。他不仅完美地弥补了人生的缺憾，而且在耄耋之年创造了青海幻方研究的奇迹。同时，还为后人树立起了生命不息、奋斗不止的光辉榜样。他崇尚科学、严谨治学、百折不挠、勇攀高峰的求索精神，将会成为一面鲜红的旗帜，永远高扬在我们心中。

安息吧，李老师。你的生命如幻方一样神奇多彩。我深信，总有一天，你用生命谱写的《纵横图新论》，必将像启明星一样闪耀在科学的蓝空。

果园里退而不休的共产党员
——记循化县离休干部李斌

朱向峰* 李文宁**

积石山袒露着褐色的胸膛，起伏绵延，傲岸而冷峻。峡谷内黄河滔滔，激流奔突。一条较开阔、平缓的谷地被冲积而成。撒拉族先民走到这里便完成了万里大迁徙，从此定居下来，世代繁衍生息。物换星移，这里成为全国唯一的撒拉族自治县。撒拉族占全县总人口 11.2 万人的 60%，藏族占 23%。

夕阳西下，天边的云霞绚丽如锦。一位老人吃力地蹬着一辆破旧的自行车，身影顺着山势时隐时现。余晖温热而柔和地抚慰着他饱经风霜的脸膛。他熟悉这里的每一个村落、每一片果园，他在这片土地上整整行走了 50 个年头，走过历史的风雨，走过岁月的沧桑，义无反顾地追求着他心中的目标。

他就是循化县离休干部李斌，陕西高陵人，1925 年出生，1952 年入党。曾任循化县委组织部部长、科委主任等，1985 年离休。其间蒙受了 26 个春秋的不白之冤。磨难和艰辛浸泡了他人生最宝贵的年轮。

1999 年夏雨后的一天，我们第一次到循化采访他时，老人刚从孟达的一个苹果园里赶回来，头顶草帽，布鞋上沾满了泥巴，两条裤腿挽至膝盖，小腿肚子上也沾附着

---

* 朱向峰，青海日报社原总编辑。
** 李文宁，青海日报社政教部原副主任。

暗红色的泥点——一副"大跃进"时公社社员的模样。见我们盯着他的裤角，他坦然一笑："山路，泥多，不好走……"

李斌老两口仍住在20世纪60年代修建的那片平房里。屋子低矮阴暗，几个老式沙发、两张油漆斑驳的写字台、一个火炉子，就是客厅里的全部内容；卧室的天花板上有几处雨水洇透漫漶的痕迹。可几面墙上挂满了各种各样的锦旗和奖状，使简陋的屋子蓬荜增辉，流光溢彩，让人顿生"斯是陋室，何陋之有？"的慨叹。

在西宁工作的两个儿子经常催促老人到他们身边来安度晚年，可李斌坚决不去："上西宁干什么？我的根已扎在这片土地上了。"

十几年间，李斌受到各地群众赠送的锦旗、牌匾达20余个，曾受县、地、省和国家级表彰21次。大多数竟是老人离休之后荣获。

1999年7月9日夜，查汗都斯乡牙藏村，瓢泼大雨汇聚成狂暴的泥石流涌进村庄，凶猛的洪峰将村口头一家人的大门板裹挟而去，浪涛在村巷横冲直撞，欲吞没一切。李斌望着大雨急得一夜没合眼，他在惦记着那里的乡亲们，牵挂着年初栽种的1200株枣树苗和2万多株小枣苗。天刚亮，他就骑着自行车急急地向近20公里远的牙藏村奔来。当行至离村庄还有千米之遥时，路面整个被泥石流淹没了。老人挽起裤角，脱掉鞋，扛起车，走向没膝深的泥水中，凌厉的碎石像利牙放肆地刺咬着他的脚掌，阵阵疼痛使他直吸冷气。而此时他心里只有一个念头：枣苗！

泥石流果然无情地吞没了那半亩地中的2万多株幼小的生命。这是他亲自到陕西背回来的50斤优良籽种啊。小小的枣苗寄托着他和乡亲们的希望和幸福，可如今……老人禁不住鼻腔里酸酸的。他从村里借来铁锨和脸盆。按枣苗行距一掀锨铲出泥巴和碎石，舀出浑浊的泥水，再端来清水，用茶杯冲洗枣苗。一株、两株、三株，片片嫩芽上终于焕发出生命的光泽。老人捶捶酸痛的腰，"有没有什么别的法子？"猛然间眼前一亮："对！用喷雾器试一试。"不错，效果又好，速度还快。村民们望着赤脚站在泥水中、浑身沾满泥巴的老人时，一双双眼睛湿润了。村支部书记韩它海日动情地说："现如今，有些干部有桑塔纳坐还不想动弹，一个 70 多岁的老人踩着双踏轮，不图一分钱，为百姓的难处，跑得脚巴骨里风响着哩！这精神，不得了啊！"

村民们纷纷挽起裤腿，加入抢救枣苗的行列中。在李斌的指导下，天快擦黑时，一万多株枣苗从泥水的窒息中终于呼吸到了清新的空气。

"两年之后，这些枣苗能卖十几万元，又有几户可以脱贫了。"在回家的路上，老人高兴地打着车铃。清脆的铃声敲碎了山村暮色的寂静。

夜深人静，燃烟独坐，回想起自己的一生，真是思绪万千，"为党为人民工作的时间太短了呵……"

1950 年，李斌从西北人民革命大学毕业后分到了青海省农所工作。可他却找组织要求到最艰苦的地方去。这样他来到了撒拉之乡。怀着"为党为人民工作"的满腔热血，不顾个人安危，全身心地投入建政反霸、减租减息、土地改革等革命运动。25 岁就被委以县委委员、组织部部长的重任。正当他宵衣旰食、更加忘我工作的时候，一次冤案使他身陷囹圄。自此，磨难和痛苦像挥之不去的噩梦时时缠绕着他。整整 26 个春秋，一万多个日日夜夜呵……现在离休了，可以好好地抚慰一下昔日磨难造成的创伤，轻轻松松地休养生息打打麻将玩玩牌，哄哄孙子遛遛鸟……无牵无挂，颐养天年。就这样了却余生吗？不！这不仅不是自己的兴趣，更与自己的人生目标大相径庭。为党为人民工作的时间太短了呵……生命里的每个细胞似乎刚刚调动起来，怎么就离休了呢？在科委工作两年半的时间一晃而过，好像那是昨天的事……

1981 年，强加在李斌头上的一切莫须有的罪名被彻底纠正。他被任命为循化县科委主任。面对这个头衔，他想到的首先是："26 年过去了，给党和人民少做了许多贡献，我要将损失全力补回来！"这种想法像个永不停息的马达给他的生命提供着不竭的动力。他整天拼命苦干，风风火火。同事们笑他："李主任人还没进来，高喉咙大嗓子的陕西腔就传遍满楼，爬楼像去捡钱，一步就是三个台阶，那劲头，小伙子都比不上。"李斌听见了，郑重回答："现在赶上了好时候，好政策，要干的事儿真是太多了，慢慢腾腾可怎么行呵！"

　　自此，县城的人们常看到科委那间办公室的灯光亮到深夜。关于引进太阳灶的申请报告、推广 8 项试验的情况反映……科委所有的材料他都自己起草。长沙发上皮大衣一裹睡个囫囵觉是常事。妻子石月玲常常把晚饭都送到办公室。两年多里，仅自编下发的科技宣传材料达万余份，计 50 余万字。自此，穷山沟的百姓常看到一个高个子陕西人扯着大嗓门在庄子里进东家出西家，忙个不停。一双布鞋经不起他一个多月的折腾，后跟就磨出个大洞。连那个刚分来就跟他下乡的大学生马占魁都抱怨，"与李主任下乡辛苦不说，一年还得搭进去五六双鞋子。"

　　在李斌担任县科委主任的两年多时间里，先后获得国家、省、地、县级各种集体荣誉奖 12 次，他本人也获得各类奖项 6 次，两次被评为优秀共产党员。

　　忙碌和奔波已经成为他生命的存在方式了。可现在，离休了，干些什么呢？这两天家里人进人出倒是挺热闹，很多人都来劝说："以你的才学和在群众中的威望，在县城开个农业技术服务部，既可学有所用，又可挣到好多钱。"还有人愿意出资 7 万元想与他合伙经营。"你出技术我出钱，挣的钱对半分。"也有人愿以优厚的条件聘请他去当顾问或技术员。这些的确也都是不错的选择，既有事做，又可以为子女挣一笔不大不小的家产。可自己一辈子在追求什么呢？图金钱？一点都不是。那这样选择，不是对诱惑的投降吗？不是与心中的目标相去甚远了吗？

　　李斌踱出屋外，夜空辽阔而深邃，一弯新月高悬碧霄，像一个明亮的问号，等待老人作出回答……循化是个民族地区，农村还有很多人没有摆脱贫困，他们最盼望最着急的就是吃饱穿暖，过上比较富裕的日子。我是园艺师，有帮助贫困群众实现这个愿望的技术和知识，致力于这方面的工作，不正是一个党员实践为人民服务宗旨的最现实的体现吗？不正是自己心中所追求的目标吗？不正是自己人生价值的进一步发挥吗？想到这里，他激动万分，挥毫写下了这样的离休誓言："随叫随到，保君满意；义务劳动，分文不取；发挥余热，为民服务；报答党恩，其乐无穷。"

　　面对人生的又一次转折，他毅然选择了心中的目标。在以后 14 年的离休生活中，他像个虔诚的宗教徒，竭尽全力耗费生命在实践着这个庄严的誓言。

　　1999 年 2 月，也就是春节前几天，李斌风尘仆仆地从陕西引进了一批枣树苗。他经过多次试验和考察后认为，在循化发展枣树是加快农村脱贫致富的一大有效途径。他顾不上抖落身上的尘土，来不及喘口气，便又急匆匆地给果农们去送枣苗。去远处雇辆手扶拖拉机，去近处骑自行车。他必须得亲自送，因为他要给果农们一一教授枣苗何时栽、如何栽、怎样管理等实用技术，光送一份指导资料怕果农们掌握不了。

　　数九寒天站在手扶拖拉机车厢里，强劲的冷气直往口鼻里灌，不时让人窒息；最让他难以忍受的是，长时间剧烈的颠簸而引起肠胃阵阵如针刺般绞痛。山路崎岖，路况又差，就是常人坐着手扶拖拉机在这样坑坑洼洼的路上折腾几公里，都感到浑身酸痛难忍，更何况一个年过古稀的老人！那次去孟达，他手足麻木，双腿僵硬乃至半天也下不了车……此前他骑着自行车到十几公里的清水乡送枣苗时，竟一头栽进了路边的沟渠。一个老人，一个离休的老人，一个 74 岁的老人，每天晨星闪烁时出门，夜色四合时回家。短短 4 天时间，就跑了四五个乡镇的七八十户农家，硬是将 2500 株枣苗一一送到了果农手里。当他拖着极度疲惫的身躯送完最后一株苗子时，零星的新年爆竹声密集起来。他蓦然想起，原来这天已是大年三十了。

　　"只要你还能工作就多多少少应当工作。而工作的时候就要有一股革命热情，就要有一种拼命精神。"在李斌工作日记的扉页上写着这样的毛主席语录。为了能让更多的人尽快摆脱贫困，他总是充满激情地奔忙着，全然忘了老之将至矣。古人说："意莫高于爱民，行莫厚于乐民。"

　　当李斌来到积石镇线尕拉村的怡桂英家时，看到破败的房屋、孩子们身上褴褛的衣服，他的眼角湿润了，暗下决心用科技帮他们尽快走上致富之路。他义务技术承包了这名回族妇女家的 20 亩果园。苹果花开了 12 次，又谢了 12 次。李斌为这片果园付出了多少辛劳和汗水，只有吹过树梢的清风知道。

在他的技术指导下，怡桂英果园的累计收入已超过 10 万元，盖了新房，买了小车，娶了儿媳，成为远近闻名的科技致富能手。如今她正投资 60 万元兴建循化县首家科技养鸡场。提起李斌，她激动地说："像这样的共产党员，我实服了。给人民办好事，不要你一分钱，不收你一颗果，不吃你一顿饭，叫人一想起来就过意不去。"

在循化县，受李斌技术指导富裕起来的群众何止怡桂英一家。牙藏村党支部书记撒拉族老人韩它海日更不会忘记：李斌自 1990 年与村里签订义务指导技术合同后，经他多年改造，如今早已老化的果树返老还童，结满了果实。县城离我们村近 20 公里，他每次骑着自行车来，还自带干粮和茶缸，只在村中要一点开水喝。过意不去的乡亲做好了饭，端给他，可他根本不动筷子。村里人劝他坐车，报销他的车费，他以骑车能锻炼身体为由推辞。如今牙藏村果品收入已占到全村人均收入的 60% 以上，50 来户人家由此一举摆脱了贫困。当他从报纸上读到邓小平南方谈话时，热血沸腾，激动不已。是啊，"发展就是硬道理""贫穷不是社会主义"，一句句言简意赅的话语，使他心里豁然明亮。他又一次感到，面对贫穷的农户，自己肩上的责任更多更重了。"到 2000 年基本解决农村贫困人口的温饱问题，是我们党和政府向全国人民作出的庄严承诺。实现这个战略目标，标志着中国人民将在新的发展起点上进入新世纪。"当他看到江泽民总书记的这段话时，振奋不已，分明感到了作为一名共产党人的紧迫感和使命感。有一次他在修剪果树时，不慎从 4 米高的树枝上摔落，造成右手腕大骨骨折。如今伤口愈合处，就像农家木桶上的箍圈，微微隆起。他在给果树治病时，两次被狼狗咬伤大腿，至今那深陷的牙印仍清晰可辨。他看到一家园子的果树果小叶黄时，情不自禁地翻墙而入，被人当作是贼娃乱棍赶了出来；他引进推广太阳灶和节柴灶等适用技术，不但有效保护了循化县的植被和生态环境，还为全县创造了 5000 多万元的经济价值；他引进试验地膜种植西瓜、蔬菜技术，使当地西瓜提前成熟 20 多天。这项技术推广面积达2000 多亩，经济效益高出粮食作物产值 5 倍之多；他试验推广荞麦、油菜、甜菜、甜玉米的复种和葡萄、辣椒、刺黄瓜、花椒种植等十几项新技术，有效增加了农民的收入，为全县的脱贫致富开辟出一条新途径。

1995年，李斌对果树进行高接换种试验，每株产果百斤以上，有效提高了经济效益，这项技术正在全县推广。1998年，他试验成功了大红枣和水果型梨枣，1999年已推广到黄河沿岸的一镇四乡250户，8000多株，给以后的发展打下了良好的基础。几十年来，他和他所培训的农村技术人员累计嫁接各种果树70万株，李子树15万株，培育花椒苗15万株，核桃苗5万株，培育的各种果苗超过百万株。

李斌没有正规的实验室，可陋室里到处都堆放着资料，沿墙溜挂满了各种果树的标本，每个标本下面拴着不同颜色的布条，上面仔细地写着说明。他没有那种标明规格的实验瓶，可他有各式各样的罐头瓶和大小不等的点滴瓶，里面用白酒浸泡着不同水果在不同时期的果实。他没有科研所里那种逐级审批的试验项目，更没有试验经费，可他的试验成果却使越来越多的农民从中得到实惠……

所有这一切，不由使人联想起鲁迅先生曾赞美的"老黄牛"——吃的是草，挤的却是奶，是生命的精华！

人说悲莫过于老年丧子。1993年，李斌最疼爱的小儿子不幸去世。一夜间，他苍老得像换了一个人。前来请他做技术指导牛精的群众看到这惨痛的情景时，再也不忍心开口了。但李斌从群众难以启齿的表情中看出了他们的心思。孩子去世不到一星期，他就强忍着巨大的悲痛，拖着虚弱的身体来到波浪滩苗圃。平常一个小时就能走到的路程，他足足走了三个多小时。望着几天之内形貌大变的老师，苗圃藏族工人丹智太、撒拉族工人韩乙沙格等四名李斌亲自传授园艺知识的年轻人一下哭了起来："李师傅，你不能这样折磨自己呀！"李斌的泪水也夺眶而出，声音沙哑地说："这片果园是我带着你们种起来的，现在正处在打药、修剪的关键时刻，不能因为我个人的事影响果园呵！"说着就一头钻进了果树林。

如今，这里的树枝上挂满了累累果实，在阳光的映照下熠熠生辉，这多像老人那历经风霜的人生大树上结出的丰硕而沉甸甸的生命果实啊！

老人在离休之后，不顾年迈，终日奔波，认真试验，反复调查，给县委、县政府提供了十几份有关果品发展八项试验、病虫害防治的调查报告，提出了许多很好的建议或意见，多次被县上采纳。1997年，循化县政府根据果品园艺业调查组提供的"全县毁园现象并不严重"的调查结论，召开会议研究部署下一阶段的园艺工作。

李斌知道了这一消息，认为调查组的调查结论没有反映出真实情况。果品园艺业是全县的支柱型产业，是农民收入的主要来源之一，更是群众脱贫致富的有效途径。情况反映不准，会给县上的决策带来偏差。想到这里，他再也坐不住了，就风风火火地跑到了街子乡自己搞调查。

在乡干事买海迈的协助下，李斌开始了深入细致的调查。他发现挖树砍树的现象十分严重。不少昔日树冠如盖、果实累累的果园一夜之间消失得无影无踪，眼前的果园枯叶飘零，颓桩孤立，败枝狼藉。老人不禁泪水涟涟："这些树木才十几年，正是盛果期呵……"又对旁边的买海迈说："我们县果园里最老的果树刚几年，苹果树寿命70年以上，梨树为百年，砍掉，可惜呀……"

经过十几天徒步调查近百个果园后，李斌郑重其事地将自己的调查汇报材料呈报给县委、县政府。他不讲情面、一针见血地写道，调查组给领导汇报的情况不实事求是，这会给人民造成不可弥补的严重损失。挖树毁园若不制止，又会出现更多的贫困户。他还在汇报材料中分析了"科学管理跟不上、科技服务流于形式"等挖树毁园的原因，并提出了解决的办法。

县委、县政府十分重视李斌反映的情况，连续召开了两次专题工作会议，邀请李斌参加。很快，循化县人民政府制定出台了《关于进一步加强果园管理工作的通知》，下发到全县，挖树毁园的现象随之得到了有效遏制。"刚直不阿，观点明朗；追求真理，敢说敢做；求真务实，正气凛然。"时任循化县委书记陈兴龙这样评价李斌。

在循化县流传着这样一句民谣："不生孩子上医院，不结果子找李斌。"可李斌清楚，要使全县的园艺事业持续稳定进而加快脱贫致富步伐，光靠一个人的力量毕竟是弱小的。让更多的果农了解科技、使用科技，着力提高劳动者的科技素质才是根本。因此，他离休生活中的又一件大事就是全力普及科学知识，信仰科学精神。他用尽 6000 元的离休金，自绘科技挂图百余张，长度超过 110 米，制作科技照片 1000 多张，自编科技资料 100 多万字，各种标本 600 多件，义务举办起科技展览和科技培训班。离休 14 年来，从未间断。当他听说海东要举办河湟艺术节的消息时，就精心准备科普展品。开幕那天，他早早起床，来到汽车站，在老伴的帮助下，将一捆沉重的展品艰难地挪近车厢，爬上爬下，绑到了车顶的货物架上。到了艺术节会场，老人雇了辆架子车。可一名交警死活不让他进会场，怎么解释求情都不行。老人性起，拉着架子车扭头就跑，绕着会场转了半天，终于从一个没人注意的角落里"溜"进了会场。刚一开展，人们从四面八方汇集而来，争先恐后地观看、咨询。群众来了一拨又一拨，李斌不厌其烦地讲解、回答。一天下来，嗓子哑了，嘴皮起泡了，浑身像散架似的难受。年轻人恐怕都吃不消，更何况一名年过古稀的老人。在 7 天的艺术节期间，李斌的科技展办了 4 天，接待观众 4 万多人次。他的精神感动了海东科技处的同志，他们执意请老人吃了一顿饭。

十多年来，他曾在循化、民和、互助、化隆、平安等地举办科技展览 51 次，参观学习的人达 20 万人次之多，给国家节约开支 4 万元以上；十多年来，他自费办科技培训班 250 多次，参加学习人员 5000 次，培训出 1000 多名农民技术员，100 多名助理农艺师，给国家节约培训费 5 万元以上。现在这些技术骨干正活跃在循化县的万亩果园里。

那年国庆期间，李斌在县城办科技展览。他在大街上挂起了 20 米长的展板，又从学校借来 10 张课桌，上面摆满了各种实物、标本和科普资料。到了晚上，收摊太麻烦，他干脆从家里拿来行军床，抱来皮大衣，露宿街头。夜空辽阔，星汉灿烂，高原的 10 月已经寒气袭人。老人裹紧大衣，度过又一个难眠之夜。在这不眠之夜，他想起了很多很多。

在生活贫困的时候，那个撒拉族阿奶每年都要提来两瓶胡麻香油，回族小伙送来 50 斤豆面，还有那个藏族妇女翻山越岭送来的一背篓鲜嫩的蕨菜。儿子去世时，那么多人来给他和老伴宽心，整个果区的果农都在替他们难过，分担他们的悲伤……多么纯朴善良的群众啊。为他们谋利益，把这一把老骨头都搭进去也值！老人在心里对自己说。

科技展办了3天，老人在街头睡了3天。许多人不止一次地问他同一个问题："你不图钱，不图名，到底图个啥？"

"是呵，到底图个啥？"有时候他也这样问自己，图钱？孩子们都有工作了，自己和老伴每月的工资足够花了；图名？都70多岁的人了，黄土快埋到脖子根了，还要那些虚名干什么？思来想去，发现问题的答案其实早就和他的血液一起汨汨流淌，那就是党全心全意为人民服务的宗旨。

1995年，他回陕西高陵老家探亲，与村里签订了义务承包120亩、间接指导200亩果园的三年技术协议合同。村民们硬要在条款中写进有偿服务的内容，李斌坚决不肯。现在果园的经济效益达到50万元，果农们个个都变成了万元户，但他从未收取过一分钱的差旅费和其他报酬。

1998年，当他从电视上看到河南新乡一个村因果树病虫害肆虐，高薪向社会聘请技术员时，当即写信提出"义务技术指导，差旅费自付"，怕对方不相信，同时还寄去了自己的园艺师证书和优秀党员证书复印件，可始终没有回音，老人诙谐地说："现在这种社会风气，别人肯定把我当傻子或骗子看了。"

为了防治果树病虫害，李斌自制农药，不仅不卖一分钱，还将配方毫无保留地传授给果农；他从省农科院借来6部高压喷射器（一种给果树打针的机器），让果农们无偿使用。机器坏了，自己掏腰包上西宁配零件、维修；循化的果农们靠他的技术指导富了，不要说技术费，就是给他送几斤苹果，他都要照价付钱；连他展览用的水果蔬菜的实物普展，次次都是"自带干粮，分文不取"。

在循化，李斌走到哪里都受到尊敬和爱戴。撒拉族群众都称他为"老共产""真共产"。群众说："他把老百姓的事情当成自己的事情办哩！"干部们说："有了李斌，我们老觉得干部还没当好。"

1999年冬天我们第三次去采访李斌。走进他家小院，地上堆满了用牛皮纸裱糊的各种展板。李斌说："现在是农闲，正是搞科普的大好时机。"他已经在查汗都斯、街子、甘都连着办了3天的科技展览。甚至昨天他还把科技展办到了积石镇清真寺的大院里，"星期五是穆斯林群众的主麻日，人多，科普效果好。"他在浓郁的宗教氛围中吹进了一缕科学的气息。

老人高兴地说："这几次科技展上群众已登记了400多株枣苗，等有个1000来株，春节前后再跑一趟陕北。"

生命不息，奋斗不止。这就是李斌。

在结束这篇文章时，获知一个信息：在全国科普工作大会上，李斌被授予"全国先进科普工作者"光荣称号。

雄伟的积石山默默守望着脚下的家园；冬日的黄河显得宁静而平缓，不知疲倦地日夜奔涌，追寻着无际的大海……

平凡的人生　永远的丰碑

——怀念父亲蔡廷玉

蔡　援[*]　蔡　征[**]　蔡　萍[***]　蔡　勇[****]

◎年轻时的蔡廷玉　（蔡征 提供）

　　在我们小时候的印象中，父亲在哪里，家就在哪里，家在哪里，幸福就在哪里。循化，是父亲和母亲在第二故乡为我们营造的第一个温馨之家。在循化，父亲与母亲执手同行，与儿女相守，度过了他们青春洋溢、其乐融融的幸福日子。

　　1955 年 7 月，父亲在完成了青海师范专科学校的学业后，偕同年毕业的母亲志愿报名去参加循化县的民族教育事业，这一干就是 30 余年，直到 20 世纪 80 年代初才回到原籍—西宁市。

　　初到循化的父母亲正值青春年华。他们迅即融入了当地崭新的教学岗位，在第二故乡开启了

*　蔡　援，青海省文化和新闻出版厅退休干部。
**　蔡　征，青海省摄影家协会主席。
***　蔡　萍，西宁市城中区文化馆天乐艺术团团长。
****　蔡　勇，青海省富康医药集团有限责任公司销售经理。

他们的事业。50年代初的循化县，正值县、乡两级政权组建和县域经济、教育和文化各项事业开始创建的年代。父亲以他干练文静的性格和新一代人民教师应有的担当与责任，凭借其初始的才华和学识，先后完成了在县中、小学岗位实习，后随机转到了县文教局所属的视导组任教育干事，并从事文字工作。从那时候起，他就致力

◎赵芬兰（左一）辅导草滩坝村撒拉族妇排练舞蹈
（蔡征 提供）

于撒拉族民俗、宗教、文化教育等诸多方面的综合调查与研究，熟悉了当地的地理环境，搜集了汉族、藏族、回族、撒拉族等少数民族民风民俗方面的诸多素材。随着岗位的转换，父亲工作中独立思考、严谨治学、践行实干的职业性格就日渐显露出来，加上政治上积极进步，较好的组织能力和文艺天赋，不久就脱颖而出，担任了县直机关团总支书记。

但凡相濡以沫、同甘共苦的人生伴侣，大都有着共同的品格、共同的情趣和共同的爱好。和多才多艺的父亲一样，母亲也极具能歌善舞的文艺天赋。1964年她在城镇公社草滩坝小学任教时，除了尽职尽责完成教学工作外，还常常牺牲业余时间，手把手地给村民排练文艺节目，她编排的节目还得过奖励，母亲也因此被评为公社的先进工作者，其获得的奖状一直保存至今。

在工作和生活中，父亲和母亲总是互相勉励、互相支撑。母亲时不时地赞扬我们的父亲，说他是一位有追求、有信仰的青年才俊，更是一位爱家的好丈夫、爱孩子的好父亲。在我们的印象中，父亲在循化的工作岗位上勤勤恳恳，始终处于忙于工作、乐于奉献的状态中。20世纪50年代后期至60年代，父母亲工作繁忙，我们三兄妹相继出生，家里正是最艰难的时期。但是，在父亲的心里早已有一个与他共同成长与进步的家庭教育计划。每逢母亲调岗或交流乡村学校任教时，他总是鼓励母亲要服从工

作需要，不要向组织上讲任何困难条件，家和我们兄妹的生活与学习留给他来照顾。孟母择邻而居的故事不止一次发生在我们的身上。遇母亲去农村时间长，父亲就将家搬迁到县城街巷有一定文化氛围的居民家为邻，请其长者帮忙照顾我们的生活和学习。及至我们长大之后，蔡援曾问父亲在循化的家为什么在东街的银行巷、生产街、前进街，和城关西街的寺门巷和劳动街之间搬来搬去，父亲说那是为了我们能离他的单位近一点，以便随时管护我们兄妹，也让邻居良好的文化习惯使我们受到熏陶。蔡援用左手写字的习惯，就是生产街罗家大院和王家叔伯们给调教过来的。蔡征和蔡萍的"青普话"拼音发声的基础和喜欢舞蹈的文艺禀性，都和父亲择邻而居不无关系。

在我们幼小的时候，父亲是优秀的全职爸爸，也是称职的全职妈妈，尤其是母亲在文都藏族乡当老师一干就是5年整的那段时期里。那个时候乡村交通很不便利，主要生活食材都要从县城采购后交由马车运输队的熟人带送。吃水果、蔬菜只能等蔡援和蔡征利用星期天的时间，从县城步行30里路送到文都乡中心学校。可以说，母亲一个人在乡下工作吃了不少苦，受了不少罪，而父亲为了母亲能安安心心、全力以赴地完成在乡下学校的教学工作，为了我们兄妹能快乐地学习和健康地成长，也是操碎了心。母亲工作上有成就，离不开父亲在她背后鼎力支持和默默的奉献。

1959年新中国成立十周年，循化县要做几件大事以庆祝、献礼。父亲被领导点名参加了筹备组并承担《循化撒拉族自治县概况》部分内容的撰写和十周年成就展的布展工作。我们兄妹三人就是在父亲精心安置的温馨的循化家中，在好邻叔伯的管教下，静静地等来了他和他同事们献给祖国、献给循化人民的心血之作。直到现在我们都一直珍藏着这本浸润着父亲心血的书。我们就是从这本撒拉民族的教科书中，了解了撒拉族文化的家底，熟知了循化的昨天和今天。每当静静地享受父亲给我们留下的文化珍宝的时候，我们内心里充满了对父亲的敬仰和怀念。

四季更迭，时光未老，父亲和母亲在循化县的家中步入了不惑之年。我们兄妹也接受了那个年代的国民教育。因为新的教育体系还未健全，学业应时而动，课目表上的课程以时事政治、领袖语录、算术为主要内容。父亲为便于我们的成长，避开因成分不好而涉及的政治影响，同时也不荒废于少年时的嬉戏之中，将家安在县人委家属院东边的第一排。这个新家很破旧，像农家的茅草屋，坐北朝南，内屋三大间东西两个土炕，中间为伙房兼吃饭的地方，屋外有一个小院，隔墙就是县城东西向一条街。但是，因为父亲的多才多艺让我们兄妹也有了艺术的天分，由于母亲的慈祥，让我们这个简陋的家充满了温馨的气息，我们在这个幸福快乐的港湾里无忧无虑地生活了15年之多。这些年来，循化的街道、循化的那间小屋时时萦怀于心。其实，我们所怀念的完全是父亲和母亲的味道。

在那个灰色年代的动乱尾声中，父亲由县委农村工作部调到县文化局，开始了民族文化工作的老本行。他怀着一颗平常和从容的心，行走于循化县城机关、山村乡野，没有忧伤，从不彷徨，从不放弃，坚持如一，任劳任怨，以一个文艺工作者的执着贴近生活，努力实现他为地方民族文化奉献才华的夙愿。

父亲是个高尚的人，也是一个平凡的人。父亲经常教诲我们兄妹，要接受他的平凡，同时也要接受自己的平凡。在他看来，平凡的人生是同样值得尊敬的，而最难能可贵的是，每一个人在人生活的节点上努力成为更好的自己。

母亲多年辗转清水乡、文都乡和积石镇草滩坝小学，从事繁重的教学工作，长时间的站立导致疾病缠身，加上因鼻腔疾患先后三次手术治疗留下较重的后遗症，不得不离开她热爱的教师工作而转岗到县农机站，开始了她职业生涯中又一段新的历程。

记得自1971年入春开始，我们家喜事连连。先是父母亲为我们这个家庭添了小弟，蔡勇的诞生成为我们家的"活宝孕旦"。父亲为此而停休一天，专程从文艺创作培训班回家，亲手做了土豆烧牛肉，以贺小弟的诞生。其次，蔡援学演革命京剧样板戏《沙家浜》中的郭建光在舞台上受伤而光荣入团，并且成为县中学的先进人物，成为那个年代不唯成分论，重在政治表现的生动体现。再次，是蔡征、蔡萍中学毕业后响应党的号召，分别去了红旗公社赞卜乎大队和县五七农场知青点接受劳动锻炼，在那个广阔的天地里锤炼了各自的青春人生，因出色的表现成为光荣的共青团员。正如父亲所预期的那样，蔡勇为我们这个家带来了如意的福祉。循化的人间烟火暖人心，就像金色的丰收酝酿了如意的美酒，使我们这个家的每个成员都如愿以偿。这些过往里，虽然不乏难以忘怀落寞的、失意的、难过的、思念的甚至是心痛的故事，但都被阳光春风吹散。每每回味这段美好时光，是循化的家给予了我们吉祥如意。我们兄妹四人在父母亲的期盼中开始长大并懂得了许多。

父亲在循化很有人缘。许多同事朋友曾经是我们家的常客。如吴绍安、韩志业、史彦龙，文化名人李发杰、黄天才、王振国、赵鹤林、陈衍生、韩占祥、韦新、韩绍林、马明善、尹崇尧等，有些是父亲的领导，更多的是志同道合的文化同人。他们常常相聚一起，相谈甚欢，推心置腹，情深意长。其中有不少挚友已经作古，但我们一直记得他们的音容笑貌和他们的文华之才。值得一提的是，父亲的忘年之交撒拉族文学青年韩新华与我父亲是当时民族文化同途共进的两个"老少写家"。这种相逢相知的友谊与研学的勤奋合作，使他们在以后省城的文化岗位上仍延续着共同的文学、戏剧和理论研究的文化之梦。

毫无疑问，父亲在事业上是成功的。多少个日日夜夜，父亲在辛勤耕耘，在采风，在研学，在和他的同事们交流，在辛勤的劳动中传承并发展着循化撒拉民族的优秀传统和艺术之光，而且为这一独特的文化复兴奠定着坚实的后发基础。他为循化县创作了近百件民歌、曲艺、舞蹈、戏剧电影，还有电视等艺术作品，许多作品广为流传。他与他的文学同事和朋友们，还发表了反映循化撒拉民族新生活的歌舞剧《黄河新曲》，连环画《骆驼泉的故事》，剧本《请县长》，撒拉族民间故事《阿娜红花姑和撒拉三十八》（刊登于《青海剧作》1986年第二期），撒拉族歌剧《积石春雷》还参加了1976年全省文艺献演。电影剧本《文成公主》（刊登于《西海故事》1985年第二期）、撒拉族电视剧《带血的抛嘎》（刊登于《青海剧作》1986年第二期）。父亲在民族音乐理论研究中也有了自己的贡献之作。音乐理论文集《撒拉族花儿的渊源和格律》等，适时提出了《巴西古溜溜》是撒拉族说唱艺术中最具民族音乐的基本特征的文化命题。学术界认为"这是一个特有少数民族带有本根特性的山歌，是历史意义上的一种民族音乐成熟的标志"(《中国戏曲史·青海卷》)。"父亲呕心沥血、花费数年研究并创作的撒拉族花儿剧《骆驼泉》经过舞台献演，全方位展示了素材的史料性、音乐的民族性和艺术的典范性，受到了文化艺术界的高度关注和称赞。1985年，该作品荣获全国少数民族题材剧创作"团结奖"。

◎ 蔡廷玉全家合影 （蔡征 提供）

1980年，父亲调离循化县，到青海省群众艺术馆《青海群众艺术》编辑部担任副主编。母亲退休后也随父亲一并回归西宁。我们兄妹四人也先后离开生活和工作了将近30年的循化县。一家人回归原籍，每个人在省城成功地完成了岗位和专业的转换，各自开始了新的事业。

父亲在省城的事业又有了新的奋斗目标。他通过母亲向我们传递了三个愿望：一是想要加入党的组织。二是尽快适应省级群文工作的转岗角色，并力争在全省民族文化工作的普及与管理、学术研究，包括撒拉族文化推介和传播中再出新成果。三是因身体条件，他想向组织提出因病退休的请求。说句实话，当父亲健在的时候，我们都因为各自工作繁忙，总是忽略了他的愿望。尽管母亲向我们传递了父亲的心愿，但我们还是因各自工作的忙碌和忙着组建各自的小家庭而淡忘了父亲的心愿，直到1988年10月9日22时，父亲因病抢救无效，溘然病逝，倒在了他终生喜爱的工作岗位上。父亲是因急病而走的，走得那么突然，叫人难以接受这残酷的现实，他生命的年轮停止在了他钟爱的岗位上，时年只有 54 岁。父亲的永别来得太突然，以致令我们几乎窒息。每当想起这一切，只能将父亲未竟的意愿和我们不懂事的那些遗憾镌刻于心了。正如《岁月的童话》中所说的：“回忆是一种奇妙的东西，它生活在过去，存在于现在，却能影响未来。”我们兄妹在整理他的遗物时才发现，父亲生前的三个心愿，除了退休养病未能实现外，其他两个夙愿均已成真。1982 年至 1988 年 10 月间，他潜心研究的学术专著《撒拉族音乐概论》手写本全部完成，只待付梓公之于世。他生前受国家文化部委托，与时任省文化厅副厅长华洛桑先生合著的《论少数民族的群众艺术工作》作为全国群众艺术馆馆长业务培训的指定教材被正式编印入书。令我们敬佩的是，父亲作为《青海群众艺术》刊物的业务和行政主管，常年拖着病体，仍精心组织了该刊物的恢复到期刊的调整工作，创造诸多条件奠定了该刊适时公开出版发行的基础，对刊物百期的愿景规划作了精心安排。在这些具体工作规划的过程中，父亲始终坚守办刊的政治原则和方针，以严谨求实的奉献精神和出色的职业才华与能力，使该刊在适应改革开放，旗帜鲜明地宣传党的方针政策，提升全省群众文化艺术工作的专业化水平中发挥了重要作用。由于父亲对党的宗旨和文化工作方针的坚守，加上他始终如一的不懈努力与辛勤劳动，他赢得了同志们和各级领导的认可。1985 年 5 月，父亲光荣地成为一名中国共产党党员，实现了他在政治生命上的完美追求。也因为他的学识积累与出色的专业能力，1986 年 1 月经省职称改革领导小组审核批准，父亲具备出版专业副编审职务任职资格。

父亲生前为人谦逊，待人真诚，潜心学习，文学功底丰富扎实，专业能力让我们子女十分仰慕。然而在成绩面前，他淡泊名利，从不张扬，就连他申请入党的过程对我们都从未说起过。父亲走了之后，我们在他办公室的遗物中看到了 1986 年 5 月写的转正申请书。在这份手稿中，父亲向党组织倾诉了自己的心里话：“做一名合格的共产党员，是我多年的心愿；忠于职守，遵守纪律，做好本职工作，是我必须践行的党员义务。为此我将郑重承诺：全心全意为人民服务，清正廉洁，保持崇高的政治信仰，为党的事业献出我的一切。”父亲短暂而灿烂的一生，我们永远无法忘怀，他可亲可爱的人格魅力和品格精神永远是我们全家传承的精神财富。

没有了父亲的日子,一晃32年有余,因父亲的英年早逝,母亲在尝尽20余年悲伤之后,于2011年的冬月追随父亲走了。我们兄妹四人一下子成了真正意义上的孤儿。思念越来越浓,当印记中父母的一种岁月、一段故事、一种回忆在脑海中不断重复呈现的时候,我们总想为他们做点儿什么。

2018年岁末,父亲的老朋友、青海省政协文史委员会原副主任韩新华先生建议我们兄妹将父亲的《撒拉族音乐概论》手写本整理后付梓公布于文化界内,我们欣然接受了他的善意。韩新华先生还撰写了编者按语,对我父亲在循化文化界的贡献作了客观、如实的推介,对父亲的《撒拉族音乐概论》的学术价值也作了精准的点评,特别就新时代撒拉族文化的传承与借鉴寄予厚望,这令我们兄妹十分感动和感激。现摘录如下:

> 蔡廷玉先生是青海省著名的民族文化学者。自20世纪50年代中期始,就致力于撒拉族民俗、宗教、文化的综合调查与研究,参与《循化撒拉族自治县概况》编写工作。蔡廷玉先生也是撒拉族民间音乐研究的先驱。他生前潜心创作了百余件民歌、舞蹈、曲艺、戏剧等文艺作品。其中,撒拉族"花儿"剧《骆驼泉》献演县庆、国庆过百场。1985年获首届全国少数民族题材剧创作团结奖;撒拉族曲艺《巴西古溜溜》被《中国大百科全书》收录;花儿剧《撒拉族的春天》《撒拉族人民唱新歌》参加全省、全国文艺调演并获奖。出版了撒拉族历史剧《"堆威奥依纳"——骆驼舞》剧本和连环画《骆驼泉的故事》等。蔡廷玉先生长期在循化撒拉族自治县文化系统工作,足迹踏遍了循化的山山水水,在潜心创作多种形式的文艺作品的同时,搜集、整理了大量的民间音乐素材,这些第一手资料,成为研究民族民间文化弥足珍贵的资料。难能可贵的是,在亲手搜集大量原始资料的基础上,他对撒拉族民间音乐的形成、分类、分布、演唱特色、规律及如何发掘、整理、创新、发展,进行了深入

的研究，撰写发表了一批有深度、有高度、有影响的学术文章，受到了界内外有关人士的高度评价。

《撒拉族音乐概述》是蔡廷玉先生生前未及发表一篇重要的学术论文。本刊现予全文刊发，旨在为研究民族民间文化留下一份宝贵的学术资料，同时深切缅怀蔡廷玉先生等曾为保护发掘繁荣民族文化事业做出的重要贡献，让他们对民族民间文化的挚爱和严谨的治学态度得以发扬光大。

◎蔡廷玉创作的部分文艺作品（蔡征 提供）

父亲是一笔丰厚的财富，父亲是一座高大的丰碑。在他离世的 33 年中，我们兄妹都各自组建了幸福美满的小家，同时在各自的专业领域里有了一定的成就。老大蔡援从事艺术单位的管理工作，老二蔡征通过自己的勤奋努力与践行，由原县文工团的演员光荣地成为全国德艺双馨文艺家，蔡萍妹和四弟蔡勇也实现了文艺专业的爱好，并成就了自己的职业荣誉与岗位目标。年少时，我们依赖父亲，青年时不懂父亲，当我们步入暮年时，才深深感到了无尽的哀愁、无奈的叹息和太多的遗憾，还有一种无法释怀的委屈。我们深深懂得，从家在循化到老家西宁，父母亲一直都在陪伴着我们的成长。父亲生前曾多次对我们讲："我们一家人都是从循化走向西宁并在省垣文化系统从事文艺工作，循化是我们的精神之家、文化之家。撒拉民族的文化建设和发展，不能只满足于现有的积累和利用。必须在国家和全省文化事业的大格局中，通过几代人不懈的努力，才能使之进一步繁荣和进步，形成强大的精神力量，成为新时代特有的文化激励。"他说："我的作品和研究较多的是对循化撒拉民族历史文化的记录和转述。好多作品中少不了这个民族昔日存留的那份悲凉和昏黄。未来文化叙述和新发展得靠新一代，也要靠你们的新境界了。"恰如父亲的愿景那样，我们兄妹见证了循化之家30余年来翻天覆地的历史性巨变。我们始终记着感恩与回报的嘱托，在各自的工作中将家国情怀倾注于循化的民族文化中。从2009年开始，我们按照父亲生前对循化事业建设大格局的设想，将创作与研究放在了循化撒拉尔—青海撒拉尔—中国撒拉尔文化建设新理念中。先后以大型原创民族歌舞剧《中国撒拉尔》、原创民族舞蹈诗《风从青海来》；摄影系列作品《冰雪天堂 秘境青海》和《青海民族风情》；声乐演唱曲目《我是个循化的撒拉》等，解读、阐述和宣传了新循化的昨天、今天和明天。以此作为对念念不忘的循化之家的感恩和维系之情，也告慰父母亲对我们含辛茹苦的养育之恩。

失去父亲33年，韩新华先生与我们的情谊一直在延续。他在协助循化县政协编辑一部文史丛书，特意约请我们兄妹为这本书写一篇文字，以纪念父亲为循化的文化事业做过的贡献，这不禁让我们十分感动。一封诚挚的约稿函又一次撕开了我们对父母亲怀念的堤坝，父亲的建树，母亲的慈颜，双亲的品德，在循化县的几十年经历，如滔滔黄河在我们胸中汹涌。

文字尽显苍白，毕竟父爱如山。谨以父亲谢世之际党支部为其撰写的挽联作为结语，以表我们的怀念之情：

勤勉一生沐春风化秋雨鞠躬尽瘁，
勤劳半世燃烛身作嫁裳呕心沥血。

家父高登歧的光荣一生

高小青[*]

　　家父高登歧，1920 年 5 月出生于山西吕梁临县林家坪南沟村，一生投入民族的解放和祖国的建设事业，是一位合格的共产党员。

革命生涯

　　在我开始有记忆的时候，父亲永远是忙忙碌碌的。在我三四岁时，父亲在循化孟达公社担任领导，在我幼小的记忆里，那时的父亲身材魁梧，一脸和善，常年一身褪色的军装，身挎牛皮公文包；在家的时候很少，一匹马天天陪伴着他，奔走在孟达的山山水水，行走在寻常百姓家。我出生时，父亲已届不惑之年，等我上学后，一直有一个疑惑，为什么其他同学父母那么年轻，而我的父母已经人到中年。长大后，母亲点点滴滴的回忆，父亲不经意间的言谈，才知道父亲青少年时代的艰辛和不凡。

　　父亲出生后，家境贫寒。我们祖上原在陕北榆林，我的曾祖父，青年时代因生计所迫，常年奔波在黄河两岸，后来定居在现在的老家山西临县南沟村。我曾问过父亲，为什么要定居在南沟？原因很简单，高姓是南沟的大姓，陕北、吕梁言语风俗相同，于是我们就从陕西人变成了山西人。听爷爷讲，我们家族从他父亲起，一直人丁

---

[*]　高小青，青海日报社政教部原主任。

不旺，到我父亲辈上一直是单传，因为人丁稀少，又是外来户，在南沟一直受到乡邻村人的轻视甚至欺侮，生计十分艰难。作为家里唯一的儿子，父亲从小立志改变家庭状况。小学毕业后，十二三岁就开始闯荡社会，走南闯北，经商，务工，吃尽了苦头，用一双勤劳的双手辛勤耕耘。到十七八岁的时候，凭着父亲的吃苦耐劳、精明强干，家里已置下了二十几亩薄田，几眼窑洞。拿我姑姑们的话来说，当时算得上村里的殷实人家。在家乡遭到外敌入侵之际，父亲先后秘密加入了山西抗日组织——山西牺牲救国同盟会、临县抗日联合会，投身抗

◎　年轻时的高登歧　（高小青　提供）

日战争。不久，受上级的委派，担任共产党建立的基层抗日民主政权——南沟行政村村长，组建了村里的抗日民兵组织，开始与日本鬼子面对面战斗，并很快成为一名共产党员。1941 年，抗战进入最严酷时期，父亲毅然带领村里青壮年加入八路军晋西北游击支队（后改编为八路军晋绥军区第七旅），并担任中队长。这一段经历，父亲很少给我们说过。记得上初中时，看过两部反映山西人民抗战的小说《晋阳秋》《吕梁英雄传》，感觉说的就是家乡父辈们抗战的事。我曾经问过父亲，书里面说的故事是不是你们经历过的？父亲只是淡淡一笑说，大概差不多吧。有一年回到老家，听村里老人讲，当年和父亲一起参加八路军的村里青壮年，到抗战胜利时，活下来的也就两三个人，可见这场战争的残酷。在老家生活的那一段时间，我多次向村里老人打听过父亲解放前的一些事，老人们说，你父亲从来不说自己在外面干什么，只知道他们在和日本人打仗，不过十里八乡的人都知道，你父亲敢想敢干，十分勇敢，是一条汉子。尽管父亲从来没有给我们认真讲过自己的抗战经历，但从后来看到的反映抗战的文学、影视作品中，

我们还是能感受到那场战争的惨烈程度和中华儿女誓死抗敌的壮烈。我为有一个在中华民族生死存亡之际，将生死置之度外，投身抗日战场的父亲感到骄傲和自豪。

我的故乡吕梁地处晋西北，抗战初始，贺龙便率八路军一二〇师进军这里，创立了晋绥敌后抗日根据地，并建立各级政权。到 1945 年抗战胜利时，故乡已经是名副其实的解放区，一派祥和安宁，一片欣欣向荣。抗战胜利后，国内有了一段短暂的和平时期，饱受战乱的家乡人民开始重建家园，父亲也准备转业到地方工作。这时，内战爆发，父亲又一次投身战场，先后参加了临汾战役、晋中战役、太原战役。1948 年，解放战争进入大反攻，父亲所在部队奉命加入南下部队准备解放大西南。作为家中独子，父亲完全可以选择留在解放区工作，但这时的父亲已经是一名经历战火洗礼的革命军人，一名信仰坚定的共产党员。父亲说服了万般不舍的爷爷奶奶，义无反顾奔赴解放全中国的战场。离开家乡时，爷爷奶奶将家里所有积蓄 200 多白洋交给了父亲，当时爷爷奶奶并不十分清楚我的父亲到底要去哪里，只知道去的地方很远，还要打仗，带上这笔钱，只不过是应付一下不时之需。谁知就是这区区 200 大洋，却给父亲后来的政治生涯带来了极大影响，甚至于差点危及生命。战场局势瞬息万变，当父亲他们部队打到陕西准备进军湖南、四川时，西北战场发生变化，西北野战军急需补充兵员，父亲所在部队又奉命编入西北野战军第一军，走向解放大西北战场。父亲先后参加了西府、兰州、解放青海等战役战斗。

新中国成立后，父亲所在部队改编为青海省军区，父亲也成了一名副团职军官。战争结束，和平来临，就在一切顺风顺水，远在家乡的母亲准备来青海和父亲团聚时，父亲却遭遇一场意外劫难。前面说过，父亲离开家乡时，带了 200 多块大洋，由于战事顺利，这笔钱几乎分文未动。新中国成立初期，部队实行的是供给制，无论官兵一律没有工资。父亲生性慷慨大方，手里又有一笔钱，每逢节假日，总是约请几个战友逛逛商店、下下馆子，这让大家很是羡慕，也给心怀叵测的小人有机可乘。不久，"三反"运动席卷全国，因个别人的诬陷，父亲被打成"三反分子"，原因竟然是这 200 块大洋，被扣上了"贪污军费"的帽子。父亲遭受了不白之冤，200块大洋没收充公，降为副连职，下派到玉树军分区。此时，远在老家的母亲辗转几千里，历经千辛万苦，来到玉树结古与父亲团聚，漂泊十几年的父母终于有了自己的家。幸运的是，几年以后，政策发生了变化，中央针对"三反"运动扩大化问题开始纠偏。经过本人多次申诉与上级甄别，父亲的问题得到部分解决，但也只是认为处理过重，结论不变。后来，父亲被调到新组建的解放军第四陆军医院担任物保处主任。在省军区期间，父亲先后参加了青南、海西剿匪及大通、门源、湟中等地平叛战斗和多地建政工作，还护送十世班禅大师进藏至黑河（那曲）。

1958年，青海多地发生叛乱，新建的基层政权遭到严重破坏，急需大批干部，父亲主动申请转业到循化工作。接到转业命令，父亲一刻也不耽误，携母亲和刚出生的二姐赶往循化，这一去就是28年，成了一名循化人，直到离休。

在那个火红的年代，"大跃进"运动、人民公社化正在中国大地蓬勃开展。也许是有过早年炼铁经历，父亲到循化的第一个职务是县炼铁厂厂长。上任伊始，父亲带领大家土法上马，很快炼出循化历史上的第一炉铁，县委、县政府立刻向省上报喜，受到上级嘉奖。全民大炼钢铁时，父辈们建设国家的热情和无私，是值得后人们敬仰的。

时间不长，父亲调往新成立的黄河公社（现在的积石镇）担任党委书记，此时又逢三年自然灾害，粮食歉收，粮、油和蔬菜、副食品等极度缺乏，相比内地，青海灾情更为严重，不少外地人纷纷离开循化去内地求生，而父亲选择留下，与当地人共渡难关。父亲带领乡亲们开展生产自救，同甘共苦，上山开荒，试种经济作物，终于挺过难关。很多现在循化人种植的蔬菜就是当年父亲从外地引进的。

1961年我出生了，当时我们家定居在沙坝塘一户杨姓人家。我的出生，给人到中年的父亲莫大的欣喜，但在人人吃不饱肚子的年代，我的到来也给父母亲带来了忧愁，由于营养不良，母亲奶水不足，从生下来，我的身体就十分赢弱，父亲想尽各种办法给我补充营养，甚至高价从西宁购买奶粉等营养品，家里每个月仅有的几斤细粮也由我独享，后来又专门饲养了两只奶山羊，父亲不多的工资几乎全花在我的身上。那段日子，父母只能以麻渣、树皮和有限的粗粮果腹。母亲讲，那一年出生的很多孩子都因营养缺乏而夭折，而我能幸存下来，长大后还算有一个强壮的身体，完全是父母的精心哺育，父母之恩大于天。

三年自然灾害终于过去了，缘于早年吃过许多的苦，父亲最见不得穷人受苦。就在人们生产生活趋于正常时，父亲主动向县委提出到全县最偏远、最艰苦的孟达公社工作，担任党委书记。我们全家也随父亲定居孟达大庄。在我的印象中，孟达到处都是大山深沟，长满了核桃树、花椒树，父亲常年奔波在大山峻岭中，我弟弟就出生在这里。从父母口中常常听见"专塘""阿麻岔"等地名，长大后才知道，这些村庄是全县最偏远的地方。想想当年，在没有一寸公路的孟达，父亲全凭双脚在大山深沟开展工作是何等的艰辛和不易。

弟弟出生不久，父亲又被调往甘青交界的道帏公社工作，担任党委书记。我们全家再次搬家，定居在藏族村庄拉木龙哇。这是一个半农半牧的村庄，坐落在靠南的一块平台上，紧挨着安多塔。下面有一条清澈的河流，河滩上开满五颜六色的野花，彩蝶飞舞，鸟语花香，成了我们姐弟和藏族小伙伴的童年乐园。到道帏不久，父亲买了一台美多牌半导体收音机，这在当时可是个稀罕物。记得那时，每天傍晚，村里的男女老少都会来到我们家里，围坐在一起听收音机。每当音乐响起，传来歌声，大家情不自禁跳起欢快舞蹈，欢声笑语常常持续到深夜。一台小小的收音机给当年生活单调的人们带来了无尽的欢乐，也成了我童年最美好的记忆。

"文化大革命"前夕，父亲调到县里工作，担任了县商业科（供销社）科长、主任。当时，县城住房十分紧张，我们在县城的第一个家是商业科一座废弃的仓库，紧挨烈士陵园。幼小的我们一到晚上吓得不敢睡觉，为了安抚我们，每天睡觉前，父亲或母亲总是拿着一把日本军刀围着屋子转上两三圈，我们才能安然入睡。这把日本军刀是父亲1943年参加汾阳战斗时的奖品。在这场战斗中，父亲表现英勇，战斗胜利后，上级把这个战利品奖励给了父亲，父亲一直带在身边。这把军刀后来成了大唱样板戏年代最好的道具，也一直是我少年时代最好的玩具。有一天，家里来了一位在省城某厂工作的山西老乡，看到锈迹斑斑的军刀，主动提出他们厂里有专门的设备，能把这把军刀打磨成新的一样，于是，父亲就把军刀交给这位老乡。谁知，这把军刀从此就没了踪影。父亲讲，他曾经向这位老乡家人打听过这把军刀的下落，可他们家的人却一口咬定这把军刀是他们自己的，听完这话，父亲再也没提过军刀的事。等我长大后，多次向父亲提出打算要回这把军刀，可父亲说："要它干什么，就当是一块废铁，扔了不就完了嘛！"这把唯一见证父亲抗战经历的日本军刀莫名其妙成了别人的东西，至今想起来，我心里总是莫名的愤怒，也成了我们家人的一大憾事。

后来，商业科建起了家属院，我们住上了宽敞的房子，过上了相对宁静的生活，我们也陆续长大。二姐初中毕业后响应号召上山下乡，后来成了商业部门的工作人员，我也完成高中学业，弟弟也成了一名高中生。

前些天，通过走访循化一些老人及家人的回忆，如果说要讲父亲对循化商业的贡献，有这样四件事值得一提：第一件，在全县 10 个公社建起了供销社。到商业科上任后，父亲便带领工作组，走遍全县的山山水水，广泛听取各族群众意见，建起了 10 个基层供销社，并在人口相对集中的村庄建起分销店，形成覆盖全县的商业供销网络，极大地满足了全县老百姓生产生活需求。父亲还不定期组织流动售货小组，深入偏远山村送货上门，深受群众欢迎。同时，还招收了一批各族青年加入商业供销队伍，培养出一批本地商贸人才，其中不少人成长为财贸部门的领导或业务骨干。第二件，首次在循化引进并成功种植了苹果树，多年的农村工作经历，父亲了解到循化非常适合种植果树，千方百计从外地引进了苹果树，并与大家一起成功培育出国光、青香蕉、红帅、黄帅、红星等优良品种，循化由此成为驰名省内外的瓜果之乡。第三件，办起了循化第一个食品厂。在物资十分匮乏的年代，循化市场所供应的商品几乎全部从外地调入，为了丰富市场，父亲带领大家白手起家，建起了食品加工厂，生产出饼干、蛋糕、桃酥、面包、豆腐及酱油、醋，实现了全县基本副食品自给自足。第四件，建起了循化第一个酒厂。为满足百姓生活需求，20 世纪 70 年代初，父亲组织几名商业职工成立攻关小组，反复试验，酿制出循化第一瓶白酒，命名为积石大曲，很快批量生产，投放市场，给当年生活单调的循化人带来了很多欢乐。这款酒还远销到甘肃等外省和周边州、县，成为地方名产。后来不知什么原因，酒厂停产了，这让很多循化人至今唏嘘不已。

大约是 1976 年，为解决循化县出差人员和百姓到省城食宿困难，县里决定在西宁设立办事处，年近花甲的父亲受命筹建并被任命为驻宁办主任。刚开始，筹建工作只有父亲一人，那段时间，父亲独自骑着一辆自行车，奔走在西宁的大街小巷。为了征到一块地，从来不求人的父亲，几乎找遍了在相关部门担任领导的老战友，最终在西宁黄金地段征到一块地。基建的那段日子，父亲凡事亲力亲为，整天忙碌在施工现场，终于建起了一幢五层高楼，从此循化人在省城有了自己的"家"。

1986 年，66 岁的父亲，经组织批准离职休养，享受副厅级政治生活待遇，定居青海太原干休所，安享晚年。2017 年 12 月 17 日逝世，享年 97 岁。

为人处世

父亲是一本厚重的书，是宽厚、慈祥、善良的；作为抗日战争时就投身革命的一名共产党员，父亲理想信念坚定，忠诚正直、淡泊名利；担任基层领导干部近 30 年，父亲始终兢兢业业、心怀百姓，廉洁奉公；生长于吕梁山区农民的儿子，父亲一生热爱土地，视农民为兄弟姐妹。

父亲对普通百姓怀有很深的感情。在公社工作期间，父亲结交了很多农民朋友，我们在县城的家，也成了老乡们来县城办事或看病的免费食宿点。每当老乡来访，父母亲总是笑脸相迎，热情接待，管吃管住，有时一住就是好几天，我们弟兄睡觉的炕上，常常睡满了借宿的老乡。后来我们家搬到了西宁，还有不少循化老乡借住在家里。

父亲在玉树军分区工作时，有一次下乡剿匪，在曲麻莱草原捡到一个被人遗弃的女婴，三四岁，父亲把她抱回家。原本父母亲是打算收养这名女婴的，无奈条件不允许，加上玉树又很落后，为了让女婴好好活下去，在我们家生活了一段时间后，父亲将她送到省城的儿童福利院。20 世纪 70 年代，家里收到一封信，内有一张照片，是这名弃婴寄来的，信中说她已经在青海卫校读书，我们全家十分高兴。后来因种种原因，再也没能和这名弃婴联系上，不知她现在是否安康！在我 1 岁多时的某一天，父亲领着二姐去县城，回家的路上，突然听见路边水沟传来哭声，过去一看，是一个奄奄一息的两三岁的男婴，父亲赶紧把他抱回家，交给母亲精心喂养，救活了这个孩子。后来多方打听孩子父母下落无果，加上又是三年生活困难时期，父亲还是将这个孩子通过民政部门送到了省城儿童福利院。

计划经济年代，担任一县商业部门领导，父亲手握的权力可以说很大。想想那个年代，几乎所有商品都凭票供应。求父亲"走后门"的人不在少数，每当有人找上门来，父亲总是严词拒绝，为此得罪了不少人。唯一例外的是，只要有农民兄弟找上门来，父亲尽量满足他们，老乡们出于感激送来的土特产，一律照价付款。那时，一些老乡还常常上门借钱，本身不宽裕的父亲也从不拒绝，借出 10 块、8 块的对父亲来讲司空见惯。我上初中时，家里来了一位撒拉族老乡，他对父母亲说，借的那笔钱，因为这几年家里情况不好，可能暂时还不上。他显得很不好意思，父亲赶紧安慰："不要紧，不着急，不忙着还。"有一年，我回山西探望父母，当时已卧病在床的父亲问我有没有见过这个老乡，我回答，没见过，就是见了也不一定认识。父亲说，这个老乡当年借过他 300 块钱，到现在也没还上，估计现在还是很困难。再三叮嘱我以后千万不要问人家要这笔钱。离开家乡多年，父亲一直牵挂村里的父老。在生活困难的年代，每次回老家，父亲总是要从青海带两袋白面和一袋大米，耗时七八天，辗转几千里，为了村里的老人孩子能吃上一顿一年都见不到的大米、白面。跟随父母在老家的那段日子，家里像过年般热闹，当年家乡父老那种喜悦和满足至今印刻在我的脑海里。80 年代，

◎戍边战士高登歧 （高小青 提供）

老家村里准备扩建小学，需要占用我们家大半个老宅子，村干部专程到太原和父亲商量征地的事情。得知是为了学校的事情，父亲二话不说，痛快答应，无偿捐赠，让村里人大受感动。新学校建成后，村里打算立碑记载此事，听到这个消息，父亲专程赶回老家当面劝阻，他对乡亲们说："只要娃娃们能上好学，学到知识，比什么都好！"

出身农家的父亲一生挚爱农村，挚爱土地。1958年从部队转业时，父亲可以选择在城市工作，可最终去了循化，唯一的理由是，循化是农区，去那里就是想做一个农民。印象中，在公社工作时的父亲，除了一身褪色的军装，和农民没有什么两样，常年带着一把铁锹，头戴一顶草帽，走到哪里劳动到哪里。父亲说，在地里劳动是人生最大乐趣。就是后来定居在城市，只要有空地，父亲就想方设法开垦出一块菜地，种上一些蔬菜瓜果。90年代，听到老家亲戚说现在村里出外打工的人越来越多，村里的好多土地都撂荒时，年逾九旬的父亲曾一度萌生了回家种地的想法。父亲一辈子最得意的是，能干一手漂亮的农活。

70年代中期，在农业学大寨的热潮中，循化提出创建全省第一个大寨县，抽调大批干部到公社生产队帮助工作。已离开农村多年的父亲又主动请缨到街子公社三兰巴亥大队，当了一名驻队干部，在将近两年的时间里，父亲很少回家，白天和社员在地里劳作，晚上和队干部们商量发展生产事项，那段时间，父亲的主要精力放在了推广科学种田、引进新品种上。父亲驻队的第二年，三兰巴亥大队迎来了前所未有的大丰收，从此这个村子一天天富了起来，现在已是远近闻名的富裕村。不少村里老人到现在还说，是高科长给我们带来了好运气。到太原干休所定居后，所里给每家都分了一块地，这让晚年的父亲又有了用武之地，在干休所，父亲"务劳"的菜地永远是最好的，收获也是最多的。晚年，父亲常常回忆往事说，在循化，在公社工作的经历是最难忘的，全力推动合作化运动，动员农牧民子弟上学读书，组织广大社员大搞农田基本建设，推广科学种田。这是做得最有意义的事！

父亲胸怀坦荡，从不计较个人名利。受到错误处理，降职到玉树军分区工作，父亲毫无怨言，很快全力投入工作。父亲曾回忆，为了给当地驻军筹集物资，他和战友们赶着马队，多次穿过青南、川西大草原，往返几个月，行程数千里，到四川成都采购物资。遭遇土匪、猛兽、暴风雪、洪水袭击是常有的事，危险程度甚至超过战争年代，可谓九死一生。1955 年，解放军第一次授军衔，抗战时期就参加八路军的父亲只是被授予中尉军衔，而许多资历不如父亲的人大都获得校级军衔，这让父亲的许多老战友感到不公。对此父亲却很坦然，他说："想想那么多的战友倒在了战场上，我能活下来，还有什么可计较的。""四清"运动期间，父亲被抽调到某县"四清"工作团，因为工作认真出色，上级准备提拔父亲担任县级领导干部，此时，风向发生一些变化，有人暗示，只要说几句违心的话，还是可以提拔的。而父亲选择沉默，失去了上升的机会。"文化大革命"期间，父亲的一些担任领导的战友受到冲击，经常有外调人员找到父亲，了解战友情况，收集"罪证"，父亲一概实事求是。后来不少老战友评价父亲说，像高登歧这样的人实在是太难得了。父亲的做人原则就是这样，不说违心的话，不做违背良心的事。在循化期间，有不少父亲在省里身居要职的老战友来家里做客，看到循化这么落后，生活这么艰难，主动提出要将父亲调到省上工作，还可安排更高的位置，父亲总是婉言谢绝。他说："循化山好水好，人更好，在这里工作生活挺好的。"就这样，父亲成了循化任职时间最长的科级干部，直到退休。70 年代末，有过一次调整工资的机会，当时的政策是按 40% 调整。凭父亲的资历贡献，涨一级工资理所当然，可看到个别人为这一级工资寻死觅活时，父亲又一次选择了放弃。"文化大革命"初期，父亲遭到批斗。有一个道帏公社的造反派头头专门带一帮人到县城批斗父亲，手段极其恶毒，父亲受到了极大的人格侮辱和身体伤害。后来，这个人也被处理。改革开放落实政策时，这个人专门找到家里，请求父亲给他出个证明。就在我们准备把这个人赶出家门时，不计前嫌的父亲还是热情接待了他，耐心倾听了他的诉求，主动到有关部门说明情况，最终这个人得到公正的处理。80年代，省军区落实政策办公室给父亲发来一纸平反通知，推翻加在父亲头上的一切不实之词，予以彻底平反。没收的200白洋，折合人民币200元予以退还。有关职级待遇，因父亲转业地方工作多年，需要部队地方沟通解决。父亲却说："只要在政治上还我一个清白，职级待遇不算什么，完全可以不考虑。"计划经济年代，几乎所有商品都需要凭票供应。记得那些年，每到节假日，我们姐弟都到商店排队购买供应的商品，有时一排就是一整天。有人对父亲说，你们家的娃娃没必要排队，你一句话，什么东西买不到。父亲回答，既然立了规矩，大家都一样，规矩不能破！那个年代，最紧俏的商品是自行车、缝纫机，但直到县城大部分人家拥有这"两大件"时，我们家才有了自己的自行车、缝纫机。在这之前，我们弟兄的衣服鞋袜都是母亲手工缝制的。

父亲对自己这样，对家人同样如此。父亲刚到四陆医院工作不久，适逢医院扩大规模，计划从社会招收一批护理人员，读过小学的母亲完全符合条件。就在母亲准备报名时，父亲却劝说母亲放弃这次机会，原因是要照顾其他人。在循化时，为了补贴家用，母亲一直在外打零工。有一年，上级给商业科下达一批临时工转正指标，已经在食品厂干了多年临时工的母亲有转正的机会，而父亲却对母亲说："有那么多人，家里比我们困难，还是让别人转正吧。"直到晚年，母亲始终因为一辈子没能成为"公家人"感到些许遗憾。从小到大，父亲很少给儿女们讲什么大道理，只是教育我们要做诚实正直的人，要努力学习文化知识。但从父亲对待人、对待事业、对待生活的潜移默化中，我们还是懂得了做人的道理。父亲从来没有利用职权为儿女们的工作做过什么，他常说：

"一个人应该明白有什么样的本事就干什么样的事情。只要堂堂正正，自食其力就好。"我们姐弟四人，大姐在老家高中毕业后，当了一名乡村小学教师，后来凭自己的努力，成了吕梁市某单位财务人员；二姐上山下乡回来后，当了一名营业员，后来也是凭自己的努力成了一名银行职员；弟弟随父母调回山西老家不久就遭遇了下岗，也是靠自己打拼出一片天地；我在从事一段税务工作后，成了一名新闻工作者。

父亲对于不少老干部常常把资历、职级、待遇挂在嘴上到处炫耀的行为不屑一顾，他说，既然退休了，就是一个老百姓，说那些还有什么意义。作为一名老干部，经常有一些学校单位邀请父亲去作革命传统报告，他总是婉言谢绝。父亲认为，那个年代投身救国救亡、投身革命的人千千万万，自己只不过尽了一个中国人、一名共产党员的职责，没有什么可炫耀的。

父亲在循化工作生活近30年，和各族百姓建立了深厚的感情，他深深爱着这片土地，早已把自己当作地道的循化人。晚年定居太原，每次我们回家探亲，一见面，父亲首先就问循化的事、循化的人。2004年9月，父亲收到参加自治县成立50周年盛大庆典的邀请，十分激动。虽因年事已高未能成行，但还是写下了一封热情洋溢的信，表达了他对第二故乡的祝愿和情感。信中说：

秋天是收获的季节。在丰收的日子里，我们迎来了循化撒拉族自治县成立50周年的盛大庆典，作为一个"老循化"，我感到十分高兴。忆往昔看今朝，我抑制不住激动的心情，我欣喜地看到，经过全县各族群众50年的艰苦奋斗，我的"第二故乡"——循化撒拉族自治县，发生了翻天覆地的变化。

俗话说"人逢喜事精神爽"，循化是我的"老家"，回想起我在循化县近30年的工作生活经历，我与循化的各族群众结下了深厚的感情，尽管也奉献了一些微薄之力，但感受更多的是循化父老乡亲对我和我的家人的关爱，在县庆50周年之际，我有幸接到循化县委、县政府的盛情邀请，深感荣幸，无奈年事已高，只能通过书信的方式表达感激之情，期盼循化的明天更美好。

每逢佳节倍思亲。我现在已经离开青海、离开循化，回原籍定居，但每时每刻我都惦念着第二故乡，惦念着循化的父老乡亲，我的心始终和循化的父老乡亲们在一起，我为循化取得的每一个成绩感到高兴和自豪。

如今，我已入暮年，年过八旬，但我看到，循化越来越显生机。我深信，有中国共产党的正确领导，循化一定会在全面建设小康社会的历程取得更大的成绩。这是我，一个老循化、一个投身革命60多年的老共产党员对故乡的祝愿。

父亲是宽容的慈爱的，从小到大，儿女偶尔也会闯个祸，犯个错，与大多其他人父母不同的是，父亲从来不会因此责骂甚至拳脚相加，而是问情事由，讲清道理，教会我们怎样做人。高中毕业后，心高气傲的我曾四次参加高考，有两次榜上有名，因为不是心仪的学校，我选择了放弃。想想在那个对于许多人能考上中专都认为是光宗耀祖的年代，好不容易考上大学却轻易放弃，许多人觉得不可思议，而父亲却给予我充分的理解。他对我的要求是，只要走正道就好！平时，在他严厉的外表下，其实是一颗慈爱的心。父亲给人的印象是比较严肃的，可在家里还是有温情的一面。我们还未成人的那个年代，物质贫乏，家境贫寒，一大家子的生活都需要父亲微薄的工资维持，父亲手很巧，在家里常常制作出来一些很精巧实用的用具，小时候我们的很多玩具都是父亲亲手给我们制作，如猴子（陀螺）、

◎　高登歧与家人合影 （高小青　提供）

风车、手枪、冰车。每次到外地出差，父亲舍不得吃、舍不得穿，总是要给我们带回时兴的玩具和循化难得一见的食品。早年走南闯北的经历，父亲有一手精湛的厨艺，难忘的是，我们小的时候，每逢节假日，平时忙于工作的父亲，总要亲自下厨，给我们做上一桌丰盛的大餐。这一切让我们姐弟享有了与大多同龄人相比更优越的生活。

父亲是个乐观坚强的人。面对多次政治运动带来的伤害和不公，始终坦然面对，他常说："不做亏心事，不怕鬼敲门，相信总有还我清白的一天。"刚到循化时，我们家居无定所，将近十年一直寄居在不通电、不通水、不通公路的乡下农家，艰苦程度可想而知。可父亲是乐观的，工作之余，开垦荒地，上山打猎，想方设法改善生活，家里始终充满欢声笑语。到今天，我坚定地认为，我的童年是最幸福、最快乐的！父亲85岁高龄时，突患大面积心梗，就在医生诊断不治时，父亲不仅奇迹般地醒了过来，还站了起来，医院的专家一致认为，这是一个奇迹，八十高龄的心梗患者能康复到这个程度，主要靠的是自身的毅力。晚年的父亲，年事渐高，各种器官衰竭，多次住院治疗，特别是病重期间，始终是那么坚强，面对病痛无情的折磨，从未说过一声痛。

父亲老了，腰板已经开始佝偻；眼神里不再有严厉，而是贮满了慈爱。我们都已经长大成人，有了自己的家、自己的事业。想想父母为儿女付出的辛劳，而作为儿子从未向父亲说过一个谢字，和父亲相隔几千里，每次回山西探亲，父亲都说，你们忙，不要来回跑了，安心工作。其实我十分清楚他内心深处有多么渴望见到我们。我曾经无数次设想，等有了空闲，经济宽裕时，带着父母出去旅游，让父母饱览天下美景、享尽天下美食，买好多父母喜欢的东西……可三年时间里，父母却先后离我而去。

父亲去世的消息传到循化后，有循化乡亲专门点灯为我父亲祈福，这让我万分感动！父亲一生在许多地方工作生活，熟悉他的人，对他的评价最多的是两个字:好人！古语云："仁者寿！"正因父亲常怀仁爱之心，胸怀宽广，得以享年近百岁！著名诗人臧克家有一句诗："他活着为了多数人更好地活着的人，群众把他抬举得很高、很高。"父亲就是这样的人！

在父亲的遗体告别仪式上，组织对他给予了这样的评价："高登歧同志的一生，是乐于助人、无私奉献的一生，他为人忠厚正直、襟怀坦荡，谦虚谨慎、疾恶如仇，平易近人，生活节俭、艰苦奋斗；他勤奋好学，严格要求自己，全心全意为人民服务，勤勤恳恳，任劳任怨；他一心扑在工作和事业上，干一行爱一行，爱岗敬业，默默奉献；他始终热爱共产党、热爱新中国、热爱社会主义，无论战争年代还是和平时期，无论身处顺境还是逆境，始终坚定共产党人的理想信念，为自己所追求的事业倾尽心血，无怨无悔，展现出了一名共产党员的高尚品德！"

龚景瀚，书写循化历史第一人

韩忠诚

中国第一部编年体史书《左传》有言："太上有立德，其次有立功，其次有立言，虽久不废，此之谓不朽。"古人将立德、立功、立言作为成功人生的三部曲。在循化的历史上要说有人达到了所谓"三立"的境界，应首推龚景瀚。

龚景瀚何许人也？在写本文之前，我们不妨从一则人物档案开始。

姓名：龚景瀚

生卒：1747—1802 年

祖籍：清福建闽县人【注意：与闽侯县不同，闽侯县是在民国时期的1913 年由清末的闽县和侯官具合并而成的】

学历：乾隆三十六年（1771）进士

职业：清代乾隆、嘉庆时期公务员

主要著作:《（乾隆）循化厅志》《澹静斋诗钞》《离骚笺》《邶风说》《祭礼考》《鲁都考》《坚壁清野议》。

主要官职：甘肃各州诸县、循化县同知，官至兰州知府，乾嘉时期朴学的代表性学者、诗人、藏书家

最伟大的成就：纂修《（乾隆）循化厅志》

◎《循化志》内文 （韩忠诚 提供）

　　如果说《史记》是中国历史的正史之首，那《（乾隆）循化厅志》无疑是循化历史系统意义上的第一部历史著作，而龚景瀚就是书写循化历史的第一人，堪称"循化的司马迁"。

　　因为在龚景瀚撰写《（乾隆）循化厅志》之前，独循化而言，循化还是像中国历史中的上古时代一样，如同处在传说时代。这一切变化来自乾隆五十七年（1792）的一则任命：任命当时在固原任职的龚景瀚为循化厅同知。这封任命对于处在"康乾盛世"的清王朝而言同样不值一提，但对循化不一样，因为自龚景瀚任职后纂修的《（乾隆）循化厅志》开始，循化便有了自己真正的历史史料。

　　此时的循化是怎样的呢？在这则任命下达之前的乾隆二十七年（1762），移河州同知于循化，一直到民国时1913年的循化被称为循化厅，也就是说循化厅这个名称在中国历史上延续了整整150年，后来民国政府于1913年废厅设县。而在1762年之前循化到底如何？依据相关史料记载，循化在禹贡（夏朝）属雍州地，在殷周为羌戎地；在西汉时，其境西属金城郡河关县辖地，南部为金城郡白石县辖地，东汉时因废置金城郡其归属陇西郡；东晋惠帝时凉州刺史张轨上表置晋兴郡，循化为晋兴郡临津县辖地；唐初废河津县置米州（后改为米川县）隶属河州，唐玄宗开元三年（715）唐将哥舒翰在今循化东清水乡置镇西军，后鄯州都督杜希望（《通典》作者杜佑之父）在循化筑盐泉城；北宋时循化为积石军辖地；元代在循化设置积石州，洪武四年，在今积石镇设积石州千户所，隶属河州卫。

按历史顺序而言，循化之名真正出现始自清雍正八年（1730），清世宗雍正以"遵循王化"之意赐名"循化"，当时归属河州管辖。按《（乾隆）循化厅志》记载，早于循化成型前的起台堡修建于明朝万历年间，因此"先有起台堡，后有循化城"这句话倒是很流行。

说到此，我们顺带说下起台堡这个明朝万历年间留下的军事堡垒。何况我们对于起台堡的了解也大多是因为《（乾隆）循化厅志》的记载。而提到《（乾隆）循化厅志》，一定脱离不了描述这个让整个大西北声名显赫的，由纯军事堡垒演变为自然村落的村级结构。

目前的起台堡村是循化县道帏乡唯一的一个汉族村，在明朝因游牧于此的蒙古铁骑成为河湟谷地的毒瘤，明万历年间，明神宗派兵部尚书郑洛治理青海的蒙古势力（多年不上朝的万历皇帝朱翊钧此时却展现出了非凡的机警），后郑洛在上书朝廷的捷报中称西海蒙古势力为"海寇之患"。而郑洛弹压围剿叛军，至1598年由明将李汶、田乐等经松山战役收复大小松山，最终克敌制胜，史称"郑洛经略青海"。有诗为证：

> 文武百官喜，神宗拜庙堂。
>
> 河西行捷短，黄水曲仍长。
>
> 哈思永安堡，戍边终不忘。

起台堡、永安堡、哈思山等也正是在这样的历史语境中应运而生，作为对抗海寇的军事建筑。也就是说起台堡并非自然产生的村庄，其中的"堡"字很能说明问题，在陕甘宁青所处的广大西北地区，只要是带"堡"字的地名大多都与军事有点关系。

岁月无情，但历史不可以无痕。现今居住在起台堡村的村民很自豪地说：起台堡人杰地灵，曾经在此出了以邓春兰、邓春膏以及"韦氏三杰"为代表的近百名军、政、文化界要员。为传承民俗文化，反映河湟谷地的自然环境、历史变革、文化艺术、人文修养而编纂了青海省第五部村志——《起台堡村志》。

迎接龚景瀚的就是这样一个没有历史文集、历史史料的循化。可是上天独爱循化，清王朝派遣了一位治学严谨、关心现实、注重文学社会功能，一位集文史、政治、军事才华于一身的经世学者到此任循化厅正五品同知一职。

循化幸甚，因为龚景瀚的到任，在不到一年的时间里他本着以训诂为特色，以朴学精求校勘、善于考证的作风为原则，最终纂修了《（乾隆）循化厅志》。我甚至认为龚景瀚"不务正业"，为什么呢？龚景瀚所任同知一职按级别而言属于知府的副职，按现在的说法就是在市、州担任一个政府或人大的副职，然后到市、州所在辖区的县、县级市担任一把手这样一个职务。同知主掌盐茶、粮、捕盗、水利等事务，其职责不在文官的修史纂志之列。

诗人就是诗人，即使在山穷水尽之时也不忘自己的初心、崇高的理想。龚景瀚在赴任途中作《赴循化道中》：

> 河州西去郁岧峣，鸟道盘空百丈遥。
> 出塞方知天地阔，近关已觉语音嚣。
> 山当绝域朝朝雪，路绕流泉处处桥。
> 持节惭为假司马，从今未敢薄班超。

通过这首诗，然后结合《（乾隆）循化厅志》卷五《官师》记载："循化地处极边，缺分清苦,番回多事,官此者视若畏途。大家一视同仁,不欲一人独受其苦,又或忽之为不足重轻之地,故数月辄一易其人。自二十七年以来,署任者皆不及一年,正任或有历二三年者,而广玉则并不及两月也。"我们可以知道,在循化当官在当时不算肥缺,因为仅自乾隆二十七年起到五十八年止,首尾 32 年间,历任循化厅正署同知多达 33 人,这其中就包括龚景瀚本人,平均每人在任时间竟不及一年。

说循化在龚景瀚到任同知之前没有系统性的历史史料是有原因的。在此之前对循化的史料记载甚少,多半也是有关撒拉族先民东迁的一些记载。如芈一之教授《撒拉族史》、米娜瓦尔《再论撒拉族的族源与形成问题》以及一些本土学者和国外学者都有深入的研究和论述,但是我们要知道的是研究历史问题需要翔实可靠的史料佐证才可以,而遗憾的是以上有关循化和撒拉族先民的论述并没有直接的第一手史料依据,更没有考古学方面的实物,而只单纯是运用以前的第一手史料所作的研究和诠释(注意的是而这种第一手史料本身也并非单纯研究撒拉族或循化的,如《多桑蒙古史》《回族源流考》《唐书》等),而且多半也是引用《(乾隆)循化厅志》《明史》《明洪武实录》的原文及丘处机的《长春真人西游记》中的描述。

如撒拉族先民到达循化的时间就引用了《明洪武实录》的相关内容,特别是后来的《(乾隆)循化厅志》:撒拉族土司"始祖韩宝,旧名神宝,系前达鲁花赤,洪武三年邓大夫下归附"的记载。意思就是说撒拉族的韩宝太爷在前朝(元朝)任达鲁花赤(元代官名)一职,在明朝洪武三年(1370)在邓愈的招谕下归附的明朝,也就是研究撒拉族的学者、专家认为的撒拉族先民是在元代迁徙到中国的,至少是在公元 1370 年以前到达的循化。

对于这样的结论我是认同的,首先,无论是《明洪武实录》《明史》,还是《(乾隆)循化厅志》都离撒拉族东迁到达循化的历史事件较为接近,何况我们研究历史事件,总不能用几百年以后的史料作为依据,用以上这些离历史事件较为接近的史料来佐证撒拉族先民到达循化的时间至少比民间口头传说来得真实,即得出这样结论的研究方

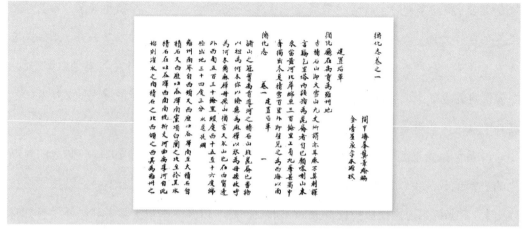

◎《循化志》内文 （韩忠诚 提供）

法符合唯物史观的观点。其次，明洪武三年（1370）是明朝刚开国不久，洪武是中国明代的第一个年号，邓愈也确实是明朝的开国名将，是明朝开国六公爵之一。更为关键的一点是，据《洪武功臣录》《明史》记载，邓愈担任过征虏左副将军，协同明朝军事统帅徐达西征。再次，邓愈在世期间也担任过荣禄大夫一职。最后，邓愈也曾在西征中进克河州（今甘肃临夏地区），招降吐蕃，经过青海部分地区。以上几点理由，足以让我们确信专家们的观点是准确的。

史料评判是一个相当严谨的技术活，对此我还是认同古史辩学派顾颉刚和钱玄同等人的观点，也即既然是存在过的历史，必然或者应该留下点东西。如此说来，有关循化或撒拉族先民的历史真的是缺乏可靠的文字记载和考古发现的实证，也因而对这类问题没有哪个学者做到"一锤定音"。而这方面，《（乾隆）循化厅志》就做得挺不错。

《（乾隆）循化厅志》共八卷，其首先列明《城池》《文庙》《厅署》三图；卷一包括《建置沿革》《分野》《形势》《疆域》，通过引征《元和郡县志》《太平寰宇记》《明清一统志》《宋史地理志》《新（旧）唐书地理志》等文，详细记述了循化历代行政区划和兴废归属；卷二包括《山川》《古迹》《关津》《城池》，继续引征《水道提纲》等文，详细记录了循化境内的山川、峡口、渡口、关隘等情况；卷三包括《营汛》《兵粮》《官署》《仓廒》《学校》《义学》《驿站》，从当时循化营配置、兵房数起写，记录了粮料、官署、仓库、学校、义学、驿站的详细情况；卷四包括《管内族寨工屯》，详细记录了当时循化厅属地方撒拉族的基层社会组织——工、藏族基层组织——族寨和今黄南州同仁县保安地方之土族基层组织——屯的全面情状，包括人户、科赋数额、土司头人姓名等；卷五包括《官师》《土司》，详细记录了循化厅营同知、主簿、参将、游击文武官吏的品级及历任之人及土司制度的详细情况，包括各土司下辖的人户数、士兵数及始封年代、传袭世次等；卷六包括《祠庙》《寺院》《人物》，详细记录关帝庙在内的祠宇之建造始末，佛教寺院和伊斯兰教寺院的规制及附列进剿苏四十三等反清武装而阵亡的士兵人数等名录；卷七包括《水利》《农桑》《盐法茶法》《经费》《风俗》《物产》，记录了循化地处偏僻和农业不发达的现状，并罗列了境内的水渠详情，盐法茶法，以同知为代表的官员的俸银、养廉银、岁银等情况，着重介绍了藏族、回民婚丧年节礼制习俗及循化当地的物产情况；卷八包括《夷情》《回变》，详记罗卜藏丹津事件后，青海蒙藏之间纠葛和清政府的处置措施，并对当时循化当地新老教派纠纷渊源作了高度集中概述。

龚景瀚修志循化，从卷一的"建制篇"到卷八的"夷情篇"，翔实周密，每一个论断基本都有根据，一般而言，其格式就是先列论断，其次再找根据，征引了大量史传、地志、档卷等原始史料，最后某些论断还有作者的评述。如在卷一《建置沿革》中论断循化在禹贡（夏朝）为雍州地，继而列举明朝胡渭编写的《禹贡锥指》、郦道元著的《水经注》等为证，详加评述。又如在卷二《关津》中，详细列明了草滩坝庄渡口等多个渡口的位置，如清水工渡在厅治东十里河北阿麻岔庄，也表明现今的加入村、砖塘村等村名和某些地名早在那时就已存在。又如在卷三《营汛》中称："保安营在雍正八年尚为守备，其改为都司不知何年，当考。"作者修志到如此尽心谨慎的地步，实属不易。如此精湛的考校之风，严密的论证，难怪在《龚海峰行述》中称："文达公纪昀（纪晓岚）深赏其文。"

无论是在龚景瀚之前的徐霞客在《溯江纪源》中描述：大河自积石入中国，以及后来的史学大家顾颉刚对撒拉族形成的有关史料，均未能形成系统的史学著作，因而其历史地位都无法与《（乾隆）循化厅志》相抗衡。

除此之外，龚景瀚还是一个杰出的军事统帅，在嘉庆年间因白莲教起事，他上书的《坚壁清野议》具有极强的战略思想，在一定程度上加速了起义的失败。他还是乾嘉时期朴学代表性的学者，其创作的《澹静斋诗钞》《离骚笺》《邶风说》《祭礼考》《鲁都考》充满思想性。龚景瀚虽然是一个经世派的朴学文士，但他因受到顾炎武文须有益于天下的观点，一改从唐代韩愈以来经世治古、离事随礼、言道而不力行，只会仰望天空、俯瞰大地的道统思想，身体力行地为清王朝燃尽自己。他更是一个藏书家，有清代诗人秦瀛《为龚海峰题》一诗为证：

日向坊间购异书，夜向灯前翻故纸。

前身应是老蠹蟫，性命总不离文史。

典衣竟买三万卷，堆案盈籍富无比。

法国哲学家萨特说："如果试图改变一些东西，首先应该接受许多东西。"我想说的是我们一直拥有《（乾隆）循化厅志》，但除了近年的重修外，对此研究过少。在新时代我们也应与时俱进，重新钻研《（乾隆）循化厅志》，重新重视龚景瀚。我们完全有必要建一个祠堂或者以人物馆来纪念这些伟大的历史人物——龚景瀚、邓春兰、邓春膏、喜饶嘉措等。至少以他们的名字来命名循化的街道是可以的。

前辈立德、立功、立言的一生值得我们每一个人学习。一位龚老先生逝世270年后的循化人，谨以此文来纪念《（乾隆）循化厅志》的纂修者——龚景瀚。

五

学人踪迹

海映光牧师与循化影像资料

王建平[*] 马成俊

　　宝贵的图片资料是时光的标本，是了解一个地方、一个民族最直观、最生动的窗口。海映光先生作为美国宣道会在中国西北地区的传教士，于20世纪30年代在循化传教期间拍摄了近百幅照片。这些反映循化地区山川地貌、建筑遗迹以及撒拉族、藏族、回族和汉族风土人情的影像资料，可以说是循化地区截至目前发现的最早的影像资料，是研究循化地区社会经济文化变迁珍贵的、不可多得的史料。

　　1923年，海映光和他的妻子海慕德（西文名字的音译是劳拉·纽伯莉）女士分别来到中国甘青边区从事传教活动，1949年不得不离开甘肃临夏。可以说，他们夫妇把生命中最美好的时光献给了中国甘青地区特别是少数民族地区的传教事业，特别是在中国穆斯林中传教。尽管他们在中国穆斯林中的传教使命没有获得实质性的进展，但通过跨信仰和跨文化的交流，他们留下了非常珍贵的记录了民国时期撒拉族、东乡族、回族、藏族和汉族等信仰文化的原始记录资料——5000多张照片和数十分钟的甘青地区民族文化的录像。这些资料在海映光和海慕德夫妇相继于20世纪70年代和80年代去世后，由他们的二女儿劳拉·简·赫琳女士于90年代初期，将她父母留下的有关中国甘青地区的5000多张底片和200多张彩色幻灯片，加上她父亲于40年代拍摄的有关甘青民族风俗的一卷录像胶卷，悉数捐赠给了哈佛大学燕京学社图书馆。

　　有关海映光牧师留下的这批丰厚历史图像资料，只是到了21世纪初才引起学界重

* 王建平，上海师范大学教授。

视。哈佛大学燕京学社图书馆于2011年才将它们电子扫描数字化,并邀请笔者(王建平)根据图像内容进行整理和文字注释。笔者在整理海映光照片集的同时,连续3年利用暑假到甘青地区进行历史调查,甚至寻访了见到过海映光牧师的几位老人,作了访谈记录。

海映光牧师不仅是派往青海撒拉族居住区循化的第一位美国宣道会传教士,还是名副其实的植物学者、语言学家、摄影师和医药工作者。他一生的大半时间花在了跨文化交流的事业上,为中国和美国之间的文化交流、园艺植物学交流,甚至宗教学和民俗学的历史记录做出了重要贡献。很可惜,他的业绩目前还不为学界所熟知。笔者在查阅美国宣道会的刊物《宣道会周刊》大量有关宣道会华西差会资料和其他相关资料,以及采访了一些知情者、征集资料并加以整理和筛选的基础上完成了这篇有关海映光先生生平事略的文章。笔者在写作和编辑及修改中获得了海映光和海慕德夫妇的二女儿劳拉·简·赫琳夫人(时年81岁)的帮助和指正,同时也得到了哈佛大学燕京学社及哈佛燕京图书馆林希文馆员的热情支持,特别鸣谢。

1901年,海映光(其中文名字是在中国甘肃河州即临夏传教时起的,也有记录为"何佩道")出生于美国威斯康星州的彻特克镇的一个普通家庭。

1908年在华盛顿州的埃弗里特镇宣道会主日学校就学。1908—1922年,海映光一直在埃弗里特镇生活。他早年受主日学校《圣经》教育的影响而立志于将自己的生命献给基督耶稣,立志于传教事业,特别是海外传教事业。

1906—1919年,他在埃弗里特镇的华盛顿公立学校上学,1919年于埃弗里特镇高中毕业。

1921—1922年,他在华盛顿州首都西雅图的新普森圣经学院上学。在那里,他遇到了同学劳拉·纽伯莉——新普森圣经学院院长的女儿,后来成了他的妻子。海映光在学校里学习非常积极。他信仰虔诚,热忱地参加教会活动。他是华盛顿州西雅图宣道会橡树湖教堂北太平洋区青年人协会组织的第七次集会的青年领袖。作为神学院的学生，他领导了一次见证会，使用了 3 个 "R" 字母开头的词汇进行了宣道：筹算、休生和欣喜。他的宣道服务受到了师生们的欢迎和好评。他还时常与新普森圣经学院的同学一起向他人宣道。

1922—1923 年，为了准备未来的宣道，他与订婚的女朋友劳拉·纽伯莉赴纽约州的纽约市附近的尼亚克镇的牧师训练学院就学。

1922 年 3 月，从华盛顿州西雅图的 "新普森圣经学院" 专程而来的乔·科克到纽约的尼亚克学院讲道。曾在该学院学习的卡特·霍顿（海映光）陪同乔·科克进行访问，对年轻学生进行宣道工作。

1922 年暑假，曾在新普森圣经学院学习的海映光和其他两位学生利用暑假期间到北太平洋区的埃弗里特周围地区工作，他被教会评为 "表现优秀"。

1923 年，在尼亚克学院组织的主礼乐团集会上，海映光代表 "中国" 进行了一场有关佛教、道教和儒教等比较的演讲。

1923 年 11 月 29 日，他乘船远洋跋涉来中国，途中在日本作了短暂停留，在那里亲眼看到了当年 9 月 1 日发生的关东大地震的灾难后果。在船只到达上海后，他又乘船到汉口，然后又坐上火车向北方向行驶整整一晚，最后在火车铁轨的终端下车。在再没有铁路交通可利用的情况下，他雇用了骡子，驮着行李，整整行走了 26 天到达了宣道会在华西的第一个差会站（甘肃南部某地,应该是今天的临洮）。他在甘肃临洮（那时叫狄道）差会站的圣经学校学了两年的汉文知识。他边学习边领略西北黄土高原的人文知识及风土人情，为未来的传教事业打下坚实的基础。

1923—1925 年，海映光的女朋友劳拉·纽伯莉也旅行到了甘肃，在旅途中遭遇到了同样的艰辛困苦。劳拉·纽伯莉在陇南的差会站里也学习中文。

1924 年 8 月，海映光和劳拉·纽伯莉出席了宣道会在甘肃临洮（狄道）召开的年会。

1925 年 6 月 15 日，海映光与劳拉·纽伯莉在甘肃临洮结婚。宣道会华西差会站的海外牧师们为这对新人履行了证婚仪式。

1925 年，海映光与妻子海慕德（劳拉·纽伯莉）一起去河州（今临夏市）参加宣道会甘青边区差会站年会。同年，海映光夫妇被宣道会任命为第一对赴甘肃（当时包括青海海东地区）穆斯林聚居区中传教的夫妇。他俩在一位突厥语老师的指导下学习突厥语中的撒拉族语言，并且从撒拉族语方言中收集了 1000 多个句型和相当大的词汇量，将它们抄写下来并做成卡片，平时以此为基础进行练习、对话和模拟交谈。

1925 年下半年，海映光夫妇在青海循化县的穆斯林居民家租了一个屋子，并在循化县的撒拉族穆斯林中间传教。

1926 年 8 月 14 日至 22 日，海映光先生出席了甘肃洮州旧城（今临潭）举行的宣道会华西差会站第二十四届年会。

1927 年 4 月 4 日，海映光和海慕德的第一个孩子，女儿马特尔·露丝出生于甘肃河州的内地会教会医院。内地会传教士海春深夫妇那时也在河州。据海春深牧师的夫人回忆说，海映光夫妇都是非常热心的人。即便海慕德那时正怀着身孕，但她遇见别人有困难时，仍然毫不犹豫地伸手帮助。

1927 年 5 月，美国和英国领事馆鉴于险恶的政治动荡局势而告诫本国人尽快离开甘肃。海映光夫妇抱着才出生一个月的婴儿匆忙离家。他们和其他传教士家属乘着羊皮筏子在黄河上漂流了 24 天。从兰州到包头的旅程中历经险恶，甚至遇到土匪的敲诈勒索，最终逃离动乱地区。由于无法回到甘肃，海映光夫妇携带婴儿从中国辗转到日本，然后回到美国，在华盛顿州西雅图暂住。

1927—1928 年，海映光和海慕德在西雅图太平洋学院学习。他们完成了学院规定的学业，两人都获得学士学位。

1928 年 9 月 4 日，海映光在华盛顿西雅图举办的宣道会太平洋西北区年会上被授予圣职，他在华盛顿州的纽卡索镇主持晚祷仪式。海慕德于 9 月 6 日在年会闭幕式中，宣誓立志奉献给主的事业。

1928 年冬，海映光一家回到甘肃，住在河州。他们目睹了次年当地百姓因战乱、大饥荒和瘟疫而极度受难的困境，参加了赈济饥荒、分发食品的活动，还提供药品及义诊以减轻甘肃灾民的痛苦。

1929 年，海映光因斑疹伤寒、发烧而卧床养病，后来妻子海慕德也染疾而病重。他们夫妻俩花了相当长的时间才战胜病魔而慢慢康复。

1929—1930 年，海映光一家急着想回到循化工作，但因为穆斯林在河湟的起义，他们返家之路被堵，不得不在甘南夏河的拉卜楞临时暂时居住。他们一家与在拉卜楞寺传教的宣道会传教士季维善牧师夫妇为邻，一起在藏族和回族群众中工作。他们乘此机会学会了藏语。

1930 年，海映光一家终于回到循化进行传教工作。那时因河湟之乱，该地区政治动荡而时局艰难。海映光一家的所有财产在动乱中和旅途中被盗匪劫掠一空。他们重新在循化城西门外的草滩坝村租了一所撒拉族民房安顿下来，并在传教的同时向撒拉族穆斯林提供医疗服务和识字教育。自 1928 年下半年至 1933 年，海映光先生拍摄了不少有关撒拉族和藏族社会生活的照片。

1931 年 1 月 18 日，海映光夫妇的二女儿劳拉·简出生于甘肃兰州的教会医院博德恩医院。

发表于 1931 年 6 月 20 日的《宣道会周刊》上，传教士莫有为的文章《回到甘藏边区》这样写道："在西藏东北部的传教地域里，霍顿（海映光——笔者注）夫妇正竭尽全力在循化城附近的撒拉穆斯林中间传教。在我们华西教区中，他们的工作是最困难的。这个穆斯林部落最初是从中亚的蛮荒之地来到中国西北的。他们是周围穆斯林地域的炸药库。绿林式好汉或在公路上劫掠是他们的业余生活，农耕和贸易是他们养家糊口的通常生活方式。霍顿夫妇经历了险恶的包围及穆斯林骚乱者攻陷泯州事件的厄运，斑疹伤寒死神几乎降临其门，被强盗夺去了所有的财产，但他们坚持着，在危难中不断祈祷，为未来的胜利而感赞主。"

1932 年，海映光一家花了 8 天时间从循化旅行到兰州，参加在兰州举行的传教士大会。同年 5 月 21 日，海映光在《宣道会周刊》上发表了《在西藏边界的撒拉人中间》一文。他在文中写道：

> 大约 6 个月前，我们在城里（积石镇——笔者注）开了一个小教堂。就整体而言，有许多人来听讲，但大多数来者要么是汉民，或者是回民。我们住在循化城西关外的一个撒拉村庄里，有许多撒拉人来我们这里做客。以这样的方式，我们接触了许多人，但最好的办法是到他们的村庄里接触他们。

1933 年 5 月的第一周，海映光一家参加了在甘肃岷州（岷县）举行的传教士大会。同年 6 月底，海映光牧师在兰州与塞缪尔·字威默（亦称知味墨）博士及其女婿克劳德·毕敬士牧师相见。字威默博士和毕敬士牧师从兰州到青海西宁进行传教调查。7 月 8 日，字威默博士和毕敬士牧师经由巴燕戎（化隆）旅行到循化的海映光一家进行访问。他们在循化受到了海映光一家的慷慨款待。字威默博士说，海映光牧师说的汉语和藏语就像当地人说得那样流利。海映光还从阿訇那里收集到相当数量的阿拉伯文书籍。7 月 10 日，海映光牧师陪同字威默博士和毕敬士牧师从循化旅行到河州，参加与字威默博士联合举办、有好几个差会协会所参加的有关穆斯林工作的大会。同年 9 月 2 日，海映光在《宣道会周刊》上发表了《华西甘肃的撒拉人》一文。他介绍说："尽管撒拉人居住于现今的西藏边区有 500 多年了，但他们的数量仍然是不到 25000 人。虽然他们人数不多，但影响却不小。在整个中国西北地区，撒拉阿訇占据了许多领导教门的职位。在青海和甘肃西北，撒拉军官和士兵在军队里有很大的比重。撒拉人在宗教上很虔诚。每个村，即便村子很小，都有清真寺。许多清真寺盖得很漂亮。每天从宣礼楼上传出的五次唤礼声是从不间断的。在礼拜时间内，总可以看到大多数中年和老年男子在清真寺里礼拜。星期五的聚礼是在每个工（撒拉族的社会组织，相当于一个大型社区，由数个村组成——笔者注）的大型中心寺里举行，而周围村落的男子都来参加。

没有专门为女子礼拜而设的清真寺。听说老妇人可以在晚上的那次礼拜到大殿后面礼拜，但我从没听说有妇女利用机会来参加。"

是年，海映光牧师与德文华（香港资料也有记载为"宋昌仁"）牧师一起花了14天，行程150英里到河州（临夏）的东乡族穆斯林聚集的地区，走访了不少市镇，在东乡族穆斯林中间传教，他们沿路向穆斯林讲道，并散发用汉文和阿拉伯文印刷的宣教小册子和传单。他们一路受到友好的欢迎。同年3月14日，海映光夫妇和两个女儿离开甘肃回国度假，最初他们乘马车旅行8天，然后冒着大雨、大雪的气候向沿海地区继续旅行，其中还穿过土匪猖獗的乡间。5月15日他们一家乘船离开中国，于5月29日抵达加利福尼亚州的洛杉矶，然后继续旅行到华盛顿州的西雅图。

1934—1936年，海映光牧师在假期里向一系列的传教士大会及教会礼拜中作演讲。他还在普林斯顿神学院任教授的字威默博士指导下学习阿拉伯语和伊斯兰教。而海慕德夫人则进行医疗治理以便恢复身体健康。

1936年8月，海映光一家离开西雅图乘船赴中国上海。

1937年，海映光和海慕德急于想回甘肃，但在中国发生了战争和不停歇的政治动乱。他们夫妇俩将两个女儿送到山东烟台的"中国内地会芝罘学校"上学，然后赴天津，再到北京，其间参观了两地的清真寺并拍摄了该地有关伊斯兰教文化的照片。海牧师夫妇再从北京旅行到了西安。在西安他们与同事季维善牧师一家相会。季维善夫人及小儿子和海映光的妻子海慕德为了避免路途的危险而乘飞机从西安到兰州。季维善牧师和海映光牧师则花了3天多时间乘卡车到兰州。同年5月16—23日，海映光夫妇参加了在甘肃狄道（临洮）举行的代表团大会，王明道牧师应邀从西安到狄道开会。同年8月21日至9月1日，海映光夫妇出席了在河州（临夏）举行的"甘青边区传教大会"年会。

1937年起，海映光夫妇驻扎于河州传教，以面向那里的广大穆斯林群众，同时也在河州城的汉民教会里积极开展传教工作。同年年底，海映光先生与诺特松（中文名字叫纳慈恩）先生一起旅行到循化，以便为诺特松夫妇一家寻找一所合适的住宅，使他们在那里生活和工作。海映光在循化熟识的许多撒拉族、回族穆斯林朋友欢迎和接待他，因为他们记得海映光牧师在过去和他们的友善相处及对他们所给予的关心。

1940年，海映光从河州赴拉卜楞，在那里与季维善牧师会合，然后一起去四川的松潘。他们一路考察、传教，还摄影。海映光从松潘到成都，然后再回甘肃。同年，狄道（临洮）的圣经学校被关闭了多年后又重新开学。海映光被任命为该校的监管人兼苟保罗牧师校长的助理。同年11月，海映光到兰州会见正在中国巡视各差会站，包括甘青边区差会站的美国宣道会总部的外事部部长斯奈德牧师。在兰州驻留两天后，他们与另外3位传教士同事一起骑马在海拔较高的雪山地区旅行3天到达海映光工作的河州差会站。在那里，所有传教士们得到了海映光夫妇的悉心照顾。在河州停留2天后，海映光陪同斯奈德牧师一行离开河州，一路参观穆斯林的清真寺和拱北（苏非神秘主义修行者的坟墓）及访问甘肃其他各地，如合作、岷州（岷县）、卓尼、洮州（临潭）和狄道（临洮）等地的差会站。

1941年夏季，因太平洋战争，美国领事馆和宣道会外事部部长斯奈德先生告诫传教士及其家属尽快离开中国，海映光夫妇的两个女儿从山东芝罘（烟台）的内地会学校来到上海，与其他传教士的孩子一起从上海乘船回美国。她们在佛罗里达州上学，而海映光夫妇则仍然留在西北甘肃传教。

1941年秋冬，海映光出席了在甘肃岷州召开的传教士大会。

1942年，海映光夫妇在河州租用了一个大园子。他们种植了蔬菜、水果和花卉（包括大丽花等），并与中国邻居和其他传教士分享这些成果。他们结交了许多朋友，并将有营养价值的蔬菜和水果品种通过培育和嫁接发展为新品种后介绍和推广到甘南各地。这些从美国和其他各地引进的蔬菜（包括土豆）和水果在甘肃大饥荒时期帮助了许多受灾的群众。海映光牧师与华人牧师一起广泛旅行，到各集镇向人群传教讲道，并散发汉文和阿拉伯文的小册子及传单。他们的活动吸引了很多老百姓。

1943年11月20日，海映光在《宣道会周刊》发表了《甘肃蒙恩的溪流》一文。

他叙说了工作情况：

> 大约昨天中午，我们举行了洗礼，11个人（3个男子和8个妇女和姑娘，都是非穆斯林——笔者注）信了主，在水里受洗。……受洗的一对男女有着非常有趣的体验。长期以来，妻子一直被鬼作祟。他们使用了所有的办法试图摆脱鬼怪，他们请了汉族僧人和藏族僧人念经，还在院子里竖立类似图腾的东西假定抵消鬼的影响。然而，这些都无济于事。

同年，华人教会年会在河州召开，苟先生（应该是苟希天牧师——笔者注）作了主题发言。海慕德女士则为女孩和年轻妇女开设了学习《圣经》的夜校，而海映光则开设了男子学习班。参加这些班的人数逐渐增多。350多名孩子参加了海慕德女士领导的主日学校学习活动，由于小教堂场地的限制，许多孩子不得不站着学习。同年12月4日，海慕德女士的文章《黑暗与光明》发表于《宣道会周刊》。她自豪地告诉读者：

> 我们每星期三和每星期四晚向年轻人敞开我们的家。他们学习《圣经》，见证耶稣，唱赞美诗，祈祷，几乎完全自己进行。年轻妇人的出席尤其使人高兴，她们中的许多人在基督教体验中获得了帮助，并且充分准备发挥领导的作用。每星期日上午9点，在定期的礼拜开始前，有一场专门为儿童安排的礼拜。有时候，我们的小教堂的能力有限，每个板凳都坐满了，甚至站着的人也挤满了。一两个星期前，我们清点了小孩的数量，结果惊奇地发现超过350人，还不包括抱着的婴儿。……今年夏天暑假初，我们开办了特殊为儿童礼拜一周的活动。在会议中，一些大小孩做了帮忙，孩子们进步很大。他们很开心，他们也用心学习《圣经》，用他们的童声唱着新的祝圣歌："耶稣，我最好的朋友。""除耶稣之外别无他路。""耶稣最能够拯救我们。"我们在孩子中教唱的许多歌曲是《圣

经》中的选段，然后我们以中文谱曲，孩子们确实很喜欢唱这些歌。一位信仰佛教的杨姓姑娘皈依基督教，她家世代信仰佛教。她的皈依得到了她母亲的同意。……一位世代信仰道教的男孩也皈依了（基督教）。

由于太平洋战争，1943 年是第二次世界大战正酣的时期，传教士们奉命返回本土。海映光夫妇乘坐飞机穿越世界屋脊喜马拉雅山到印度，然后从印度启航到美国，1944年 2 月到达加利福尼亚。在美国期间，海映光夫妇继续在美国的宣道会教会中积极参加活动，关心中国西北群众的疾苦及中国抗战的命运。他们不会忘记那些与他们共同生活了许多年的基督教朋友和其他各族朋友，包括与穆斯林和藏族牧民结下的友情。

1947 年 5 月 14 日，海映光夫妇乘坐轮船从旧金山出发后穿越太平洋抵达上海，然后他们跋山涉水回到他们在河州传教的差会站，由此再次回中国继续传教工作。这是中国抗战结束后，他们有了机会重返华西的传教岗位。

1948 年初，威廉·卡尔森牧师和诺特松（汉名纳慈恩）牧师驾驶吉普车载着海映光夫妇从狄道（临洮）到他们在河州的家。他们一路穿过悬崖峭壁，驱驰在非常糟糕的路面上，甚至非常危险地驶在冰冻的河面及小溪上。在快到达河州时，冰冻的河面因承受不住吉普车的重量而使整个车沉入冰冷的河里。传教士们经过两天的努力，最后用骡马将沉车拖上河岸，然后拉到城里。同年 7 月，海映光夫妇出席甘青边区传教会第三十八届年会，海映光牧师在年会上被选举为宣道会甘青边区差会站主席。年会的会议报告指出，华人教会获得了很大的进步，有 122 人受洗，许多人参加教会礼拜。

1949 年 6 月，由于局势恶化，新近来到甘青边区传教的传教士及其子女被迫撤离到比较安全的香港，然后根据需要到其他地区的差会站进行工作。这样，甘肃只留下了很少几位老传教士，其中有海映光夫妇。尽管美国领事馆劝告他们尽快离开，他们仍然留在甘肃工作。同年 6 月底，海映光牧师乘飞机到香港九龙会见宣道会总部外事部部长斯奈德先生。他们会见了宣道会在中国的全体差会站代表，讨论了共产党军队的军事进展及撤除仍然停留在中国的全体传教士的可能性。6月30日，海映光牧师乘飞机飞回甘肃。

1949年8月，在共产党领导的人民解放军逼近河州并解放河州的前一个星期，海映光夫妇不得不离开了他们在河州生活了10多年的差会站之家。宣道会华西差会站停留在甘肃的所有外籍传教士和其他人员都被迫撤退到香港，他们经由广西旅行到香港，于年底到达香港。

1949—1950年，海映光夫妇和其他传教士们在香港租界调景岭的将军澳那里的连尼磨坊设置的难民营及香港岛的东华医院聚集的难民群中工作，那里居住有数千名从大陆逃来的难民。他们夫妇俩还在这些难民的孩子们中教授《圣经》。

1950年9月12日，由于知道没有任何希望再回中国大陆进行传教工作后，海映光夫妇只得回到美国加州旧金山。

1950—1951年，海映光夫妇在各地旅行并在宣道会的教会上进行演说，讲述中国西北的基督教状况及宣道会传教事业，呼吁教会对中国基督教的关注。

1951年，海映光一家最终接受了布尔皮种子公司的邀请在加利福尼亚瑞弗塞德镇工作，并在那里定居。海映光先生从此就在种子农场工作，一直工作到1971年。尽管不再做传教工作，但海映光夫妇仍然积极地参加教会活动和社区差会活动，他们继续对中国及中国的基督教差会事业给予高度的关注。在那段时间，海映光先生仍然难以忘怀自己在甘青地区的传教生活，惦记着那里的穆斯林朋友、藏族朋友和汉族朋友，牵挂着河州地区基督教徒群众的命运。海映光夫妇此后积极地参加了加利福尼亚州的美籍日本移民社区的教会活动。

1963年2月25日，海映光先生出席了加州格棱代尔为卡尔文·法兰克林·斯尼德牧师，即他在甘青边区差会站传教的老同事举行的葬礼。他致辞介绍了斯奈德先生的生平和贡献。

1969年9月12日在加州格棱代尔，海映光先生代表宣道会在甘青边区差会站及宣道会外事部参加了他长期在中国传教的同事德文华女士的葬礼，并致悼词。

1971 年，海映光先生从他工作的布尔皮种子公司退休。

1973 年 4 月 26 日，海映光先生在加州瑞弗塞德镇逝世，享年 72 岁。《宣道会周刊》发表了讣告，介绍了他对中国西北地区传教事业的贡献。

1987 年 10 月 29 日，海映光的夫人海慕德女士在加州不幸逝世，终年 86 岁。海慕德女士在去世前的那几年里曾经接待过欧美学术机构的学者采访，简要介绍了其丈夫留下的影集和电影胶卷。她对来自英国剑桥大学的学者就海映光牧师留下的彩色幻灯片内容作了简便的说明。20 世纪 70 年代前，《不列颠大百科全书》和美国《国家地理》杂志曾经刊登过几幅海映光牧师在青海和甘肃拍摄的自然景观照片。美国新泽西州的纽瓦克市博物馆还收藏了几件海映光牧师曾经在甘青地区藏族牧民中购买的首饰等。

以上利用较大篇幅对海映光夫妇的学习经历及其在中国的传教活动作了较为详细的梳理，以便给从事海外基督教传教士在中国甘肃青海传教活动研究人员提供线索，使他们能够按图索骥，进行深入研究。王建平先生长期致力于中国伊斯兰教研究，在留学欧洲和在美国进行学术访问时掌握了大量海外传教士在西北地区传教活动的资料，包括大量收藏在海外图书馆和博物馆的相关影像资料，其中就包括海映光夫妇在循化撒拉族地区从事传教活动时拍摄的珍贵照片。这批照片是从美国哈佛大学燕京学社图书馆获得的。2010 年前后的一天，王建平老师和我电话商量，将海映光先生拍摄的反映撒拉族 20 世纪 30 年代生活的老照片编辑成册，正式出版，以飨读者，书名就叫《影像记忆：20 世纪 30 年代撒拉族社会生活》。合作方式是由王建平教授提供照片并取得哈佛大学燕京学社和海映光亲属的授权，我和马伟负责文字说明及经费筹措。于是，我们的合作就这样开始了。为此，王建平老师来到西宁，郑重地将照片拷贝给了我和马伟，并签订了该书出版之前照片不能外传的协议。暑假期间，我和马伟带着这些照片，一面辨认每张照片上的英文说明，虽说是说明，其实很简单，记录简约，加之时间长久，字迹模糊，很多已经无法辨认。所以只有拿着照片，一张一张地对照那些建筑遗迹的背景进行确认。所幸每张照片的背景仍然比较清晰，如积石山、草滩坝工渠、骆驼泉遗址、土门子桥两边的山丘、清水桥背后的大山、黄河岸边等。就这样，那个暑假，我们较为顺利地完成了对每张照片的确认工作。接下来，我和马伟分头撰写对每张照片的文字说明和背景分析，凭借着我们对撒拉族的长期研究积累的经验，这项工作也得以按时完成。照片的确认和文字分析搞完以后，王建平、马伟和我又在西宁见面，当面对整个书稿进行讨论，根据三个人提出的意见对个别地方作了修改。此时，王建平老师也很顺利地得到了哈佛大学燕京学社图书馆和海映光先生亲属的同意和授权，同意我们在中国大陆正式出版这些珍贵的照片。

书稿定稿以后，我与北京民族出版社汉编一室的老朋友李志荣先生联系，并把书稿交给了他，希望能够高质量出版这部图文并茂的书籍。一段时间后，书籍出版发行，凝结了海映光夫妇、王建平、马伟和我及几位编辑心血和汗水的书稿得以面世，立即在撒拉族和循化各界人士中引起了较强烈的社会反响。长期躺在哈佛大学燕京学社图书馆无人问津的反映80多年前循化社会面貌的影像资料终于还原在了循化县各族人民面前，大家看着高大的县城城墙，黄河边的高大水车，清水河的握桥、土门子桥，骆驼泉边汲水的撒拉女子，背着背篼的藏族妇女及躺卧在城墙下的骆驼，还有那些古色古香具有中国古典建筑特色的座座清真寺，等等，无不啧啧惊奇，无不感到时光流逝中的社会变化。

说来也巧，这些天受循化县政协的委托，在编辑文史资料时，我们在县城回族马云路老人家里看到了他父亲马文德先生收藏的500本左右的各种书籍，其中就有基本包括《旧约圣经》、《马太福音》(汉语、阿拉伯语双语本)、《行在光中》、《两教问答》、《新约全书》等在内的基督教经典，这些书的出版年份是1921—1932年，由上海英国外文圣经社、上海苏格兰圣经会、上海汉口中国基督教圣教书会印行。更为巧合的是，这些宣传基督教的手册和文本的出版年份与海映光夫妇在甘肃青海少数民族地区传教的时间刚好契合，这绝不是偶然的事情。

后来的事实证明，尽管海映光夫妇在循化撒拉族地区进行了不懈的努力，前前后后花了三年的时间传播基督教教义，但是由于基督教、伊斯兰教与中华文明属于不同的文明类型，他们的传教活动并没有实现预期的目标。但是不能否认的是，他们的努力开启了不同文明在甘青边远地区首次实实在在的对话，马文德先生家的藏书可以证明一切，不是吗？

参考资料：

[1]The Alliance Weekly, in the period of 1925 to 1973. A magazine published by Christianity & Missionary Alliance, based on USA.

[2]Vavilov,Vegetables around Gulja, Comments, April 8, 2009, no page number.

[3]Ruth C. Ikerman,God's Gardener, Christian Herald, February 1955, pp. 33-34.

[4]Paul Kocot Nietupski,Labrang: A Tibetan Buddhist Monastery at the Crossroads of Four Civilizations. Ithaca, New York: Snow Lion Publications, 1999.

[5] 对青海省循化撒拉族自治县草滩坝村撒拉族村民陈士德老人（85 岁）的采访，2013 年 8 月 28 日下午。

[6] 对青海省循化撒拉族自治县积石镇的西关回族退休教师董珩老人（92 岁）的采访，2012 年 8 月 19 日下午。

[7] 对青海省循化撒拉族自治县草滩坝村撒拉族村民王秀兰老人（78 岁，现定居兰州）的采访，2012 年 8 月 21 日下午。

[8] 对青海省循化撒拉族自治县积石镇的西关回族退休干部马少卿老人（95 岁，定居兰州）的采访，2013 年 8 月 19 日上午。

[9] 对青海省循化撒拉族自治县草滩坝村撒拉族村民王继德奎老人（60 岁）的采访，2011 年 8 月 15 日下午。

[10] 对美国伊利诺伊斯州维顿镇的传教士子女罗伯特·卡尔逊（中文名字孙名世，84 岁）的采访，2012 年 3 月 2 日上午。

[11] 与海映光牧师的二女儿劳拉·简·赫琳夫人的电子邮件通信，2010 年 2 月至 2012 年 8 月。

[12] 与甘肃省临夏市华寺清真寺住持马鸿章阿訇（81 岁）的访谈，2010 年夏至 2013 年夏。

[13] 对甘肃省临夏市福音堂基督教义工完莲娃（80 岁）访谈，2013 年 8 月 27 日上午及晚上。

捷尼舍夫及其《撒拉语结构》译介追记

马　伟[*]　马成俊

捷尼舍夫及其语言学成就

　　《撒拉语结构》的作者埃·捷尼舍夫是苏联科学院语言研究所突厥—蒙古语研究室主任、国立莫斯科大学亚洲学院突厥语文学教研室教授、苏联突厥学家委员会副主席、苏联科学院文学与语言学部语言史和方言学学术委员会副主席、语言学博士，他于 1921 年 4 月 25 日出生于奔萨市的鞑靼族家庭中。

　　1938 年，他中学毕业以后，曾在莫斯科铁路运输工程学院（桥梁隧道专业）学习，"二战"时期曾建筑斯摩梭斯克附近的防御工事。1945 年战争结束后，捷尼舍夫进入了列宁格勒大学东方系，师从著名学者马洛夫。1949 年，在马洛夫指导下通过了毕业论文《钦察语及其与现代克普恰克语的联系（变位系统）》的答辩，1953 年通过了关于《金光明经》手写本的副博士学位论文的答辩。1954 年，捷尼舍夫在莫斯科成为由 H.K. 德米特里耶夫领导的突厥语研究室的科研人员。1956 年，苏联科学院主席团派捷尼舍夫去北京，帮助中国的专家们调查中国境内的突厥语族语言和培训突厥语科研人员，他继承了老师马洛夫的事业，在中国西部从事现代突厥语方面的研究。

　　在中国工作期间，捷尼舍夫在中央民族学院承担专门班次的大学生和研究生的土

＊　马　伟，青海民族大学文学与新闻传播学院院长、教授。

◎捷尼舍夫（右一）与米日县长、韩建业老师合影
（马成俊 提供）

耳其语和突厥语史课程，用汉文发表了关于回鹘文献语言的两篇论文及其重要著作。根据这些讲义整理而成的中文版著作《土耳其语语法》和《突厥语言研究导论》先后于1959年和1981年在我国出版。讲课期间他到中国西部维吾尔、撒拉、裕固等民族生活的地区进行了3次田野调查，获得了丰富的语言学、民间文学、民族学和历史学等方面的材料。其中最让捷尼舍夫满意的是在撒拉族地区的调查，后来他也主要因关于撒拉语研究方面所取得的成就而被评选为苏联科学院院士。

1959年，捷尼舍夫返回莫斯科后开始着手整理他在中国搜集的材料，发表了一系列作品。他首先发表了《撒拉语初探——论汉语对撒拉语的影响》和《在吐鲁番发现的三件新的回鹘文书》。在前一篇论文中，他阐述了汉语词汇对撒拉语的影响，以及撒拉语音位和词法方面的特点；在后一篇论文中，他首次将尚未为人所知的三件回鹘文献介绍给世人。在这个时期，他最重要的著作是《撒拉语》和《撒拉语长篇材料》。在后一著作中，作者阐述了撒拉族民间文学的种类：神话故事、历史故事、哭嫁歌、哭丧歌等。也就是在这些年内，捷尼舍夫还发表了一些关于撒拉族和裕固族的语言、历史、民族学、民俗学的文章。

1969年，捷尼舍夫通过了博士学位论文《撒拉语的结构》的答辩，并于1976年正式出版。同年，学术著作《西部裕固语的结构》也问世。这两部著作的出版，在学术界产生了很大的影响，被学界认为是关于正在逐渐消失的中国西部诸突厥语言和突厥民族的真正有价值的文献。

捷尼舍夫曾编写了《金光明经》手写本的回鹘语法，研究新疆现代维吾尔语的长篇材料、词汇和方言，主持语言研究所突厥—蒙古语研究室的工作整整 18 年，培养出了许多著名专家。他还发起集体编纂一部四卷本的著作《突厥语历史比较语法》及概括性著作《突厥语言学基础》（与匈牙利突厥学家合作）和《蒙古语历史比较语法纲要》（与苏联科学院东方学研究所的研究人员合作）等。

捷尼舍夫还曾入选土耳其语言学会的通讯院士。2004 年，捷尼舍夫因病去世。

1957 年，捷尼舍夫在循化的语言调查

在捷尼舍夫后来出版的日记中，详细记载了 1957 年 4 月至 7 月他在循化调查的情况。他说他是撒拉族所见到的第一个外国学者。但这种说法是错误的，因为在他之前波达宁等学者及国外传教士等早已在撒拉族地区作过调查，说他是撒拉族见到的第一个苏联专家应该是正确的。由于当时苏联与中国的特殊关系，他的调查活动得到了中国各级政府的高度支持。据曾亲自参与辅助工作的韩建业先生生前的讲述，捷尼舍夫的调查队可谓是"浩浩荡荡"，他不仅有青海省政府派来的专门厨师王师傅，中央派来的专门翻译陈鹏，还有专门的司机、向导等，而且还有省领导前往循化拜访他。捷尼舍夫在北京工作期间，我国著名突厥语学者耿世民教授当时也曾辅助他工作，但耿世民教授"不合时宜"的建议，惹恼了这位苏联专家，当时的耿世民先生因此被开除团籍而且下放进行劳动改造。"苏联专家"在我国工作期间的地位由此可见一斑。

在撒拉族地区，捷尼舍夫的调查工作也得到了循化撒拉族自治县人民政府与当地撒拉族群众的高度重视。根据捷尼舍夫自己的记述，他在撒拉族自治县的不同地方选取了 10 个村民点进行记录，这些田野点为 Altiyuli（现属街子镇）、关巴村（现属化隆县甘都镇）、柳湾村（现为白庄镇拉边村）、孟达村（现属清水乡）、俄家村（现属道帏乡）、乌只勒姆（现属查汗都寺镇大庄村）、大庄（现属清水乡）、汗巴合村（现属街子镇）、

瓦匠庄村（现属清水乡）、下白庄村（现属白庄镇）等。这些村中提供语料的共计21人，其中男性15人，女性6人。

捷尼舍夫在后来的日记中写道，有7个来自街子的著名阿訇来拜访他，并向他介绍街子清真寺及周边历史遗迹。第一个让他看到的是《古兰经》，然后是普如舍赫拱北（坟冢）、阿合莽拱北、尕勒莽拱北、舍赫苏莱曼尼拱北、第一个尕最阿布都里·阿则孜的拱北、尕勒莽六个儿子及他妻子的拱北。捷尼舍夫被告知，Altiyuli（街子）也源于此，即"六个儿子"。尕勒莽次房妻子的孩子居住在清水地区，尕勒莽的后代都埋在他六个儿子的拱北旁边。捷尼舍夫参观了骆驼泉，受到包括阿訇在内的撒拉族人民的热情招待。他采访了当地"最有名的八十三阿訇"，以及其他一些有名的阿訇，如穆罕默德·热木赞阿訇、赛地阿訇等，甚至在深夜还从街子去伊麻目村参观，被邀请到穆罕默德·热木赞的家里。

捷尼舍夫写道，他采访的好几个阿訇能把老人告诉的任何故事用阿拉伯文拼写下来，包括从撒马尔罕迁徙的故事。一位86岁的叫穆罕默德·热木赞的撒拉族老人前来和他交谈。这位老人记得小时候他父亲去朝觐时曾路过撒马尔罕，当地人还记得撒拉人。甚至有一人说，如果撒马尔罕某个水井里的水达到井口时，撒拉人将返回故地。

远在孟达和白庄的阿訇也来看望捷尼舍夫，时间长达一个星期，并向他保证能让他看到"白骆驼舞"，并愿意提供一切尽可能的帮助。在他写作时，阿訇们每天来他住的地方，有时一个人来，有时好几个人一起来。他们对这位苏联专家的写作很感兴趣，让捷尼舍夫给他们阅读写好的"撒赫斯"和故事。捷尼舍夫也适当地向这些人赠送他带来的药品。他们中一人有头痛病，一人有脚伤，一人视力有问题。

捷尼舍夫专门写道，他最得力的助手哈克木给予了他极大的帮助。哈克木精通撒拉语，并说着流利的汉语和藏语。他很有天赋，很聪明，很敬业，负责任，他每天都帮助捷尼舍夫，即使是自己的母亲生病期间，也未间断过这种帮助。有一次哈克木从下白庄村找来了一位95岁的叫热木赞保的老人。捷尼舍夫从他那儿录下 orux sös（亲戚们的话，即婚礼祝词），其中既保留了撒拉语的古代特点，也包含了撒拉族传统的生活方式。热木赞保曾参与过骆驼舞的表演，但自 70 年前开始被阿訇们禁止了。

7月4日的日记很有意思。那天，捷尼舍夫去街子，刚好有穆罕默德·热木赞阿訇来看他，他向穆罕默德·热木赞阿訇核对了之前从 Talibu 那儿记录的语料。当捷尼舍夫请求他讲一下骆驼舞的对白时，穆罕默德·热木赞阿訇说根本不记得了。穆罕默德·热木赞阿訇建议捷尼舍夫邀请年龄更大的沙班保。86 岁的沙班保曾在年轻时表演过骆驼舞。两位撒拉族老人谈起这些事都很兴奋，认为需要把舞蹈表演出来。哈克木找来了需要的东西：两张羊皮和一根绳子。两个人反穿羊皮扮骆驼，沙班保也反穿一张羊皮扮尕勒莽。他用手里的绳子牵着骆驼。在尕勒莽行走的过程中，他遇到了一人（由 TaLibu 扮演），他们开始对话。捷尼舍夫记下了这些对话。骆驼舞只在婚礼上表演，因此，在对话结尾部分，出现了 orux sös（婚礼祝词）。沙班保只记得 orux sös 的一半。现在，骆驼舞已不再在婚礼上表演了。

穆罕默德·热木赞阿訇在清真寺里讲述了他之前自己写的关于撒拉族的历史，捷尼舍夫把这些活的历史给记下来了，他还索要了一本用撒拉语写的书，以便能在北京复印一下。这本书的主人叫 Guma，每天都读它，这本书对他很珍贵，但他还是把书借给了捷尼舍夫，并要求复制完后做个新书皮然后再通过 Halilullahi 阿訇带回来。

捷尼舍夫在积石镇住处的女主人叫尕林桃，她的女儿叫再乃拜。她们平时在家织女帽、童帽、女袜等，并用精美的图案点缀帽子。捷尼舍夫惊叹再乃拜在这方面简直是个艺术家。男主人是个军人，曾在马步芳军中做事。

在捷尼舍夫的日记本中提到的采访对象还有 Cuma Kuo、艾乙扫、Ho Shi-pan、柳湾的 Ma Lot（是个铁匠）、甘都的白克尔等。

捷尼舍夫在日记中还专门提到当时在循化进行撒拉语调查的中国科学院第六队部人员。他记载队长为 Li Liangchong，副队长为 Pai Pyn'iulin，还有 3 个成员 Kerim、Yunus 和 Yusuf。根据笔者对参与这次调查活动的已故撒拉族语言学家韩建业（撒拉族

◎捷尼舍夫著博士论文《撒拉语结构》书影 （马成俊 提供）

名叫 Kerim）生前的采访，2014 年 5 月对同样参与此次调查活动的循化县退休干部韩克强（撒拉族名字叫 Yusuf）的采访，这几个人实际上是：林莲云（队长）、白逢源（副队长）、韩建业、韩克强及谢日夫·玉奴斯（新疆喀什人，维吾尔族名叫 ŠerifuYunus）。显然捷尼舍夫对林莲云和白逢源的名字拼写与实际不太一致。

从日记中可以看出，当时的省领导及撒拉族群众对创制撒拉族文字非常感兴趣。他们向捷尼舍夫询问创制文字的事宜。捷尼舍夫说，他愿意帮忙，并告诉苏联突厥语民族的情形、新疆维吾尔族的情形。翻译陈鹏问能否用拉丁文，捷尼舍夫也觉得可行。他认为文字问题需从政治和文化两方面考虑。最好用汉语拼音，因为撒拉人都说汉语，小孩都在学汉语。

捷尼舍夫还特别写道，撒拉族说话很快，如同土库曼人说话，他们的长相也像土库曼人。

关于捷尼舍夫在循化的调查情况，笔者专门于 2014 年 5 月 10 日采访了曾最早创制撒拉族文字方案（草案）的韩克强老人，1932 年出生，曾在西宁昆仑中学学习。新中国成立后，根据国家民委相关精神，曾和韩士英、韩子潘商量了关于创制撒拉族文字的草案，草案具体执笔者为韩克强。由于当时工作紧张，他们都是在业余时间准备、起草了撒拉族的文字方案。1956 年 6 月，向循化县、青海省和中国科学院各提交了一份材料。这个文字方案是以拉丁文为基础而设计的，因为拉丁文代表了当时的先进方向，但老百姓更愿意认同阿拉伯文字母。后来，"中央少数民族语言研究所筹备处"回复他们，派少数民族语言第六工作队来循化作撒拉语的调查。工作队队长为林莲云（印尼华侨），副队长为白逢源（西安人），成员有韩建业、谢日夫·玉奴斯（维吾尔族，新疆喀什人）等。1957年，苏联专家捷尼舍夫来循化调查撒拉语。当时，韩克强曾陪捷尼舍夫在循化街子、清水等地做过调查工作。韩克强说，在街子清真寺开学的七斤阿訇对捷尼舍夫的学识感到稀奇并啧啧惊叹。捷尼舍夫首先在街子调查了大约一个月，由各村派人去他那儿提供资料，之后他去了清水大庄村，然后去了白庄。后来，他在莫斯科的妻子（俄罗斯族）生病，他就匆匆回去了。再次回来后不久，他又作了一些补充调查。离开循化时，县里专门召开了欢送会为他送行。当时的县长为马米日，主持常务工作的是副县长霍殿永。当时，韩克强和韩建业还从街子骆驼泉边的一户人家借来了一本《土尔克杂林本》给捷尼舍夫，因他匆忙回国，那本《土尔克杂林本》最后未送还给主人家，主人家天天向韩克强索要那本文献，搞得他很被动。

译介《撒拉语结构》的过程

回顾近一个世纪以来的撒拉族研究，我们发现以往由于主客观因素的制约，外地其他民族学者与本地区本民族学者的交流不够广泛，有的甚至脱离撒拉族的实际，致使一些研究成果不能够全面、准确地反映撒拉族的社会现实问题。而本地学者也由于条件所限，视野较为狭窄，往往缺乏"他者"的视角，对一些重要的问题熟视无睹，习惯成自然，导致"视而不见"。面对这种现象，青海省撒拉族研究会特别重视与省内外、国内外的广泛联系，介绍和翻译他们的研究成果，为撒拉族的现代化建设服务。近年来，为了让广大的撒拉族人民了解本民族的历史和文化，我们在社会各界的帮助和支持下，先后编辑出版了《百年撒拉族研究文集》《民族小岛：新世纪撒拉族研究》《影像记忆：20世纪30年代的撒拉族社会》等论文集及影像资料，汇集了20世纪以来国内外研究撒拉族学者的论文与影像资料，共计300余万字，给撒拉族群众和从事撒拉族研究的专家、学者提供了方便。同时，我们还努力组织人力翻译了部分英文、日文等有关撒拉族的研究文献，以便给关心本民族语言历史文化的仁人志士提供一个比较的视角。

2011年，我们邀请中央民族大学外国语学院俄语——中亚语系的白萍教授翻译捷尼舍夫先生的《撒拉语结构》这本著作，也是基于这样的考虑。由于学科专业的关系，我们与白萍教授素昧平生，平常也没有学术上的任何联系。时值马伟在中央民族大学攻读博士学位，通过马伟与白萍教授的联系和沟通，并提出请她翻译捷尼舍夫的泱泱大著时，她愉快地答应了，这让我们感激涕零。从此以后，白萍教授利用课余时间和节假日，花了两年多的时间，终于于2014年初完成译稿，我们第一时间交给民族出版社的李志荣编辑，请他尽快审稿出版。李志荣编辑把这项工作交给了责任编辑巴哈提（哈萨克族）审阅，巴哈提编辑了解这本著作在语言学方面的学术价值，很快完成了审稿程序。此时，万事俱备，只欠东风，我们又将这本书的出版纳入青海民族大学民族学学科建设计划，解决了出版经费问题。2014年8月，在她俄文版问世45年以后，《撒拉语结构》一书精装版如期付梓并发行。捧着这部撒拉语研究的经典著作，我们如释重负，一项心心念念、念兹在兹的泱泱大著终于与读者见面了。本书的出版，为撒拉族语言文化的保护与研究工作起到积极的作用。今天，当循化县政协征集相关文史资料时，我们感觉到应当写点东西，以纪念为撒拉语研究做出杰出贡献的捷尼舍夫教授。在此，我们感谢捷尼舍夫先生给撒拉族人民留下了如此宝贵的文化财富，感谢捷尼舍夫先生的夫人及女儿授权我们翻译这本书，感谢白萍教授在百忙之中花费宝贵时间给我们翻译这本著作，感谢撒拉族人民的好朋友、中央民族大学胡振华教授在翻译过程中给予的指导与帮助，并给该书写了非常有价值的序言，感谢民族出版社李志荣先生及其他朋友们的帮助。同时也特别感谢循化撒拉族自治县人民政府对撒拉族研究会及我们所做工作的大力支持。

循化学人录

罗　麟[*] 编撰　　姚　鹏^{**} 辑录

〔**编者按**〕循化籍著名地方学专家罗麟先生，生前曾连续担任青海省政协第四、五、六、七届文史资料委员会委员。为抢救民国时期我省地方史学人史料，罗麟先生从 1994 年开始，历时五载完成了《青海学人录——1920—1949 青海就读高校学生事略》及《青海学人录（续编）》的征集、撰写工作。

现由青海民族大学铸牢中华民族共同体意识研究院副教授、兰州大学姚鹏博士将该《青海学人录》中有关循化籍的马馀三等 47 名学人史料，按顺序编辑录入，供史学研究者参考。关于喜饶嘉措、杨希尧、邓春兰、邓春膏、邓春霖、吴均 6 位学人的有关史料，在《循化文史丛书》中有专文介绍，故未辑录。

马馀三

马馀三（1887—1975），原名师融，号昭明，青海循化积石镇人。早年入私塾攻读，1917 年毕业于甘肃省立法政专门学校法律科。1918—1919 年，在北京参加文官考试，入北京法大进修。1920 年起，开始自学中医。先后任甘肃高等法院书记官、甘肃第六

---

* 罗　麟，生前系青海湟川中学退休教师。
** 姚　鹏，青海民族大学铸牢中华民族共同体意识研究院副教授。

法院（西宁地方法院）检察官、青海乐都县县长、青海西宁地方法院院长、青海省政府顾问等；1935—1945年，任青海省高等法院院长，其间因积极筹建各县法院、审判庭等有所贡献，受到国民政府司法院、司法行政部奖励。1945年辞职，在家从事中医医疗工作，直至青海解放。1950—1951年，参加西北革命大学学习。1951年冬，以历史问题被判刑劳改，1952年假释，在省劳改局担任中医工作，后任劳改局职工医院（今省红十字医院）中医师。1957年，列席青海省第二届人民代表大会。1960年，以工作有成绩，恢复公民权。1975年去世。

1913年，在甘肃加入同盟会，参加孙中山领导的革命活动，在讨袁及此后的护法等役中以从事地下活动有贡献，曾受到褒奖。1924年加入国民党。在任青海省政府顾问时，西北地区还在河西驱逐马仲英，在宁夏拒绝孙殿英入青的纷扰，马馀三往来于南京、西安、兰州、河西、银川等处，为加强中央与青海地方的联系，促进陕、甘、宁、青各省相互间合作而努力奔走。其间，在河西被军马摔下，腿骨粉碎；于黄河水道乘木筏赴宁夏时，在桑园子峡木筏撞毁沉入河底，被人救出；赴西安时，所乘飞机在甘肃灵台迷航坠毁，只他一人生还，当时人们称为集"海陆空"奇迹于一身之人。

他自幼爱好书法，擅长魏碑、汉隶和楷书等，与当时贾思复、李德渊、刘冬森等同为青海省书法界名人，于右任来青海视察时，认为马氏书法颇有功力，可称青海名家之一。生平所留墨迹和收藏的名家书画，于"文革"时被毁殆尽。

一生潜心钻研中医经典著述，特别对《金匮要略》《内经》《伤寒论》《外台秘要》《医宗金鉴》《寿世保元》《傅青主女科论志》等深入研讨，为研究中医学理论打下坚实的基础。其后通过长期为亲友、邻里、街坊诊病，总结宝贵的临床经验，在诊治伤寒、肝胆、妇科等症及男女不育症方面，均有独到之处。患者经其诊治服药后，无不取得满意的疗效。

新中国成立后，青海省组建青海中医学会，马馀三被选为理事。20世纪50年代末期，由于不断总结经验，归纳众多名家之长，并继续汲取经典著述的精华，其医学造诣更进一步完善，医术自成一家，慕名前来求诊者络绎不绝。他一面应诊，一面潜心著述，先后编写《中医诊断浅论》《新编汤头歌诀》等著作出版发行，深受省内外中医界好评。接着又编写了《妇科病理初论》，惜于"文革"时散失。

马馀三生前为振兴祖国中医事业，壮大青海省中医队伍，先后培养了不少新秀。他有精湛的医术，但从未以权威自居，一生诊病十数万人次，从来都是恳切询问病情，细心详察病情变化，有求必应，不厌其烦，从不考虑求诊者地位，而以治病救人为自己的崇高职责，也从不收受酬谢，因而屡屡受到患者的好评。

詹世铭

詹世铭（1892—1959），又名禹民，字新吾，青海省循化县人，中国民主同盟盟员。幼时入私塾就读，1917 年毕业于甘肃省立法政专门学校法律科，其后又进修于北京法大。解放前，历任甘肃省皋兰县地方法院检察官、推事、首席检察官，青海高等法院院长、甘肃高等法院首席检察官等。解放后，积极参加新中国的各项建设活动，选为甘肃省民盟委员会委员、省政协委员。1959 年 10 月因病去世。

孟自成

孟自成（1895—1966），字炼百，青海省循化县人，中国民主同盟盟员。约于 1928 年前毕业于北京大学经济系。解放前，历任绥远都统公署秘书、青岛特别市政府首席参事、安徽省巢县厘金局局长、国民政府蒙藏委员会简任秘书、国民革命军骑兵第五军少将秘书长。解放后，曾任西北军政委员会监察委员和甘肃省政治协商委员会常务委员。1966 年在"文化大革命"运动中，因故离世。

马师援

马师援（1898—1952），字又波，青海循化县积石镇人，为循化名士马伯寅的次子。幼年入私塾攻读，后考入甘肃兰州中学。毕业后，1916 年考入甘肃省立法政专门学校法律科，勤奋钻研，学业有成，以优等生毕业，又进入北京法大进修，取得法官资格。曾任国民革命军法官。1929 年青海建省后，曾充任青海省政府法律顾问。1936—1937 年，任互助县县长。1938 年后，先后任大通地方法院检察官、西互地方法院首席检察官。1940 年后任民和地方法院院长、青海省高等检察院检察长等。

马师援和善耿直，学识通达，重礼仪，崇品德，敬贤纳谏，且喜琴棋书画。任法官时，能深入访察实情，按律办案，执法严正，颇有政声。

陈学仁

陈学仁（1906—1961），字静山，青海省循化县人。曾就读于兰州中学及上海大夏大学、北京师范学院教育系。抗战时，北京师院迁西安更名为西北联大。后迁汉中城固，分为西北大学和西北师范学院。1941 年毕业于西北师范学院。1942—1943 年，在城固县立中学受聘教员及教务主任。1943 年 4 月返回青海。历任昆仑中学、西宁中学、女子师范学校教师，省政府秘书处第三科科长。1945 年任门源县县长（两年），1948 年任西宁女子师范学校副校长直到解放。西宁解放后，继任女师代校长一年，其间于 1950 年因病请假在家疗养。1956—1958 年，任西宁市政协委员。1958 年在西宁市园树庄集中学习 3 个月后，因历史问题被判刑，在新生皮毛厂劳动改造，后因病于 1961 年去世。1979 年落实政策，予以平反，补发丧葬费。

陈学仁在门源县任县长期内（1945 年 7 月 23 日至 1948 年 3 月 1 日），做了几件实事：一、断案准确，为民除害。1946 年初，处理马丫哥（外号红嘴鸦儿）等二犯。因图财杀死该县百姓二人一案，久无结果，经人告发审讯，案情大白，二犯被处决，被抢财物全部追回，民间广为传颂。二、重视环境绿化，亲自带领百姓和学生常年植树，建成"浩门公园"（现称儿童公园）等两处，县城有了树林，人们有了乘凉憩息之处。三、努力查禁赌博、鸦片，打击窝点，认真搜查，施以重罚，并将罚款用于办教育，粮食交义仓，赈济灾荒，成效显著，民风大振。四、关心教育，深入学校检查教学情况，为县立高小成立图书室并亲书室名，将历年毕业生优秀作业和手工工艺品陈列展览，以激励后学。在门源十六任县长中较有政声。

马从乾

马从乾（1907—1991），字天民，青海省循化县人。毕业于甘肃省第一中学高中部，后升学于南京中央大学文学院中文系，受著名文学家黄侃（继刚）教授的教诲与熏陶，学业多有进益。

历任青海省政府秘书、咨事，省立西宁中学校长，青海省民众教育馆馆长等职务。解放前后，任教于青海昆仑中学、省立西宁女子师范学校、青海省第一、二中学，系文史专任教师。在青海师专（青海师大前身教务处）、青海师院图书馆工作。在昆仑中学任教时，积极提出高中部班级推行责任导师辅导制，学生在导师的切实辅导下，为主要课程打下了坚实的基础，为昆中历届高中毕业生到省外升学起到了促进作用。在西宁中学任校长期间，极力倡导和鼓励高中毕业生到省外高校深造（当时青海尚未建立高等院校），使该校学生为获取优良学业和高等专门科技知识创造了较好的条件和机会。当时西宁中学学生接受高等教育、学业有成，返青后为青海的建设事业做出贡献的为数不少，有些还成为各条战线上的骨干力量。

在国史、语文研究中，写出心得笔记论述稿多本，已散失。喜爱书法，以正楷、大字、行书为好。晚年乐于为人书写，博得亲友、邻里好评。

一生致力于地方教育事业，为我省培养出了一批有学识、有才能的莘莘学子。对青海文化教育事业的发展做出了自己的贡献。1981年从青海师大光荣退休。1991年病逝，享年84岁。

吴 垠

吴垠，字子平，1911年9月2日出生，青海省循化县人。1928年在兰州测量学校地形科学习，1930年毕业后在兰州测量局工作。1929年青海建省后急需科技人才，应青海省政府的要求，经甘肃省主席孙连仲同意，1931年与同学马有功一起从兰州调回西宁，为青海省的测绘事业竭尽全力，做开拓性工作。1931年在青海省暂编第一师任少校参谋。1938年在青海省回教教育促进会立高级中学（1942年9月更名为昆仑中学）任训育主任兼地理、国文教员。任教期间，致力于民族教育，努力培养人才，极力倡导学生到省外高校深造，弘扬勤学苦读、尊师爱生的学风和校风，并率先垂范，身体力行，博得学生的尊敬。20世纪40年代初，负责青海省政府交际处工作。那时，正值抗战时期，国内许多文化名人纷纷来到青海，他做了大量细致的接待工作，有效地促进了青海省与内地的教育和文化交流。特别是1942年国画大师张大千先生专程来青，居住塔尔寺数月之久，他与张大师过从甚密。不仅帮助大师从印度购来绘画颜料，还提供马匹等交通工具及赴敦煌的御寒衣物等，为大师在青海留下许多艺术珍品做出了贡献。吴垠酷爱书画艺术，曾收藏张大千、于右任、徐悲鸿、黄君璧、罗家伦、张心语等艺术大师的多种书画珍品，但在"文化大革命"中均遭散失。

1941年，国民政府在青海省设立合作事业管理处（系厅级建制）。1943年行政院任命他为青海省合作事业管理处处长。当时青海许多牧区遭受自然灾害，灾民报请救助，他以合管处的名义向国民政府申请了大量贷款，赈济灾民。在任期间，勤于职守，健全制度，并以"人人为我，我为人人"为宗旨，宣传群众，教育群众，竭诚为拓展青海省的合作事业服务，不遗余力。

1944—1946 年，任青海省商会联合会理事长。1947 年，任青海省青新公路工程处出纳。1948—1949 年，任西北长官公署经济处上校处长。1949 年 9 月西宁解放后，在青海省军区军官训练班学习，后分配工作时因病未能任职。1951 年 5 月 22 日，因反革命罪被捕管制，后被判刑 10 年，劳动改造。1961 年刑满释放，在青海皮革厂工作半年，以后回家闲居。1966 年下放循化伊麻目庄参加生产劳动。1979 年迁返西宁。

他生于清末，经历民国，在新中国度过了近半个世纪。现虽年已耄耋，每天仍听广播、看报纸，积极参加有关社会活动，关心国家的改革开放事业和祖国的统一大业。

1998 年 11 月 12 日谢世。

董　璞

董璞（1913—1980），字志生，青海省循化县人，兰州师范学校毕业，兰州政法学校肄业。后参加兰州司法官高等考试被录取，在临洮县等地法院工作。历任书记官、检察官、推事等。解放后参军来青海工作，受到省上领导奖励。1949 年 9 月，任青海省高级人民法院审判员。1953 年调省人民政府办公厅行政处工作。1964 年底，因历史问题遣返循化。1966 年"文化大革命"开始后，又遣送文都乡（藏族乡）参加生产劳动多年。因病情严重，请假来西宁治疗。1979 年予以平反，恢复公职，同时办理退休手续，后改为离休。1980 年 2 月 3 日病故于西宁。

陈学礼

陈学礼（1915—1992），字立民，青海省循化县人。南京蒙藏学校毕业，1940 年考入西北工学院纺织系。1945 年毕业，获学士学位。新中国成立前，曾任青海省建设厅工务科科长。解放后，经省行政人员培训班学习被分配到省人民政府工业厅任职。1950 年后，调西宁小桥洗毛厂（今省第一毛纺织厂）任科长。1952 年因历史问题被劳动改造，劳动期间因表现良好，提前释放就业。先后在新生设计院、格尔木建筑工程公司、西宁市第三建筑工程公司等处任技术设计、制图技师、工程师等。

他性格活泼开朗，体质强健，驻校就读期间，爱好体育活动，是篮球赛场上的健将之一，也是一名优秀的裁判员。他爱好戏剧，尤其喜爱京剧，曾执着地研究探讨，颇有心得。

在修建省第一毛纺织厂时（当时为洗毛厂），成绩优异，受到奖励。在建设海南州医院、海南饭店、海南影剧院、格尔木市基本建设、市三建等处的工程设计诸方面，成就显著，获多次奖励与表扬。他是我省学工方面技术较强、设计制图精良的专业工作者之一，受到同行与社会的好评。

马绍德

马绍德，1917 年 12 月出生，青海省循化县人。西宁一中初中、昆仑中学高中毕业，国立社会教育学院社会学系毕业，获社会学士学位。大学毕业后，任西北科学教育馆编辑、甘肃省博物馆历史部主任。1986 年 5 月离休，离休后曾任兰州老年大学书法教师、甘肃省书法教育研究会顾问、中国书法家协会会员。

在工作期间撰写并发表的论文有《王安石新法研究》《甘肃省历代书法家简介》《社会科学与社会政策》《中国历史陈列纲要》《科学与民主》等多篇。

赵　迪

赵迪，1918 年出生，字始一，青海省循化县人。

于青海省回教促进会立西宁高级中学高中毕业。1940 年在成都金陵大学补习班学习。1942—1943 年先后在重庆中央政治学校大学部法政系、重庆社会教育学院肄业。1944—1946 年在三青团青海支团部任干事。1947—1949 年在国民党青海省党部任书记、书记长。在"镇反"中被处决。

马维乾

马维乾，字符和，1919 年 8 月出生，青海省循化县人，青海省回教教育促进会立高级中学毕业。1941 年赴重庆白沙大学先修班进修，后考入四川大学法律系深造，毕业后获法学士学位。1946 年在原西康省冕宁县法院任书记官。其间以大学实习生的身份，在工作中努力应用所学的法学知识，取得了较好的成绩，受到表扬。1947 年返青后，在西互地方法院任辩护师，并在青海省女子师范学校任教员。

新中国成立后，经过培训，在西宁市观门街学校、大同街学校任教员，为西宁城区小学教育尽职尽责，做出了自己的贡献。1979 年退休。

吴建业

吴建业，1919 年出生，青海省循化县人。青海省回教促进会立西宁高级中学高中毕业，国立乐山技艺专科学校皮革科毕业。毕业后返青，为振兴地方皮革制造业出谋献策，遂在西郊原李家墩（今省委党校附近）倡办水力皮革厂，任该厂第一任厂长，是青海地方皮革业开拓者之一。

解放后，从事个体劳动。于 1996 年 6 月 27 日（农历五月十二）晚 8 时病逝。

吴也波

吴也波，原名吴坪，后以字行，青海省循化县人，1920 年 9 月出生。

1942 年，毕业于国立西北技艺专科学校农业经济科，后留校任农经科助教、经济研究室助理员。与西北经济研究所合作调查研究兰州市物价，编制物价指数，对战时经济管制提供可靠资料。20 世纪 40 年代初，青海发生牛瘟，蔓延整个青藏高原。1942 年 10 月，国民政府任命西北技专谷子俊教授筹建青海兽疫防治处，1943 年初，谷调吴也波为西宁办事处主任，负责修建兽防处办公室及血清疫苗厂等，仍兼西北技专经济研究室科研工作。在刘世超、曹贯一教授的领导下，以草原畜牧经济和喇嘛寺院经济为课题，调查研究，积累大量畜牧经济原始资料，为青海畜牧兽疫防治打下了坚实基础。在此期间，兽防处还负责接待国内外前来考察农林畜牧的专家，他和这些专家交流有关畜牧经济方面的情况及问题。如与美国顾问费理朴谈青海草原畜牧状况，按自然地域可划分为环海、河曲、皇城等马，藏系羊、哈萨克羊、荒漠适山羊，牦牛、犏牛等分布区，以及构成草原经济的特征和长期落后的封建体系的经济形态。费理朴此后在其有关中国畜牧等著作中广泛引用这些论据。又如美国顾问、水土保持专家罗德民和中国专家蒋德麟前来考察时，重视他在《甘肃民国日报》发表的《青海可耕荒地数字》论文，专约研讨。在青海保持水土流失问题上，提供以积极造林、种草上山作为中心工作的论点。1944 年秋，马步芳排斥异己，迫谷子俊返回中央，另派人接管兽防处。他因系青海籍人，马强留在青海省政府工作，派去负责青海图书馆大屋顶的改建工程，接着又派与王尚斌工程师等研究设计湟中大厦等建设工程。从此，他从农业经济研究走向建筑工程行业。

1945 年初，吴也波被派为原四十集团军军官训练团教官。1946 年 10 月被吸收为国民党员，派为国民党西宁市党部筹备处筹备员，同年底选为三青团青海支团部干事兼领导。1947 年 8 月，国民党党团合并，被派为青海省党团统一组织委员。但由于派系倾轧，旋被派去兼任青海省社会处科长，主管人民团体的组训。同时在西宁师范任教。

1949 年 9 月青海解放，吴也波即积极向公安部门登记，参加新民主主义教育学习班学习。1950 年，以国民党骨干分子逮捕，判刑 3 年，在新生建筑公司劳改。1956 年 4 月刑满在公司就业，恢复公民权，参加工会，同工同酬。1956—1962 年，在修建中共青海省委办公大楼、青海省人民政府办公大楼、曲沟水电站等工程中，担任基层的施工技术工作。1962 年退职。1963—1981 年，参加西宁市街道办维修工程队，后发展成西宁市第二建筑公司，因在建筑技术方面有所创新和改进，曾 4 次被评为"先进工作者"，并授予工程师职称。"文革"中被关入牛棚，家被查抄。1981 年，从西宁市第二建筑工程公司退休。

由于吴也波在建筑工程方面有丰富的经验，1982 年起，被省内一些单位聘为技术顾问，为其建设工程技术负责。如青海省政协聘其为基建领导小组成员，驻工地技术代表，修建办公大楼等工程，从勘察设计、施工和设备安装等全过程，都参与其中。其联合设计办公大楼工程质量优良。同时还兼任青海民族宾馆十层大楼的甲方技术代表，在 1992 年秋施工验收时，获得工程质量优良的评誉。1994 年，被塔尔寺管委古建工程队聘为技术负责人，国务院拨专款抢修加固塔尔寺工程，负责施工技术管理工作，为恢复象征民族团结的这座古刹原貌，他尽心竭力、积极从事各项工作。1994 年底，小金瓦寺维修工程全部竣工，经国家文物局验收，获得好评。并为维修大经堂、达赖、班禅行宫（大拉让）、宗喀巴佛殿、大吉哇（寺院行政管理机构）及寺院境内条石道路、八塔广场及山门等工程的施工方面做出努力，取得了可喜的成绩。

方叔礼

方叔礼（1920—1993），字镜清，青海省循化县人。甘肃武威青云中学高中毕业，1947年国立政治大学法政系毕业，获法学士学位。1947—1949年，任青海省政府财政厅秘书。解放后，在上海从事商业工作，为和平商行职员，1958年下放。1978年任上海佛教协会秘书长，并在上海龙华寺负责接待工作。1993年病故于上海。在大学期间，曾撰写《河西建设之诹议》刊登在《西北通讯》创刊号上（1947年3月10日出版）。

吴　谦

吴谦，字谦之，1920年出生，青海省循化县积石镇人。初读于甘肃省兰州中学，后转学青海回教教育促进会立高级中学，于1939年毕业，任青海省教育厅科员。1940年，入成都金陵大学先修班学习，次年考入四川璧山国立社会教育学院肄业。1941年因患病休学，回青治疗。1944年考入国立西北大学英语系。1948年毕业，获文学士学位。应青海回教促进会立昆仑中学聘，任英语教员。其间曾一度赴陇东西峰镇辅助当时中央陆军第八十二军军长马继援补习英语，半年后仍回昆中任教员，直至解放。当时青海昆中缺英语教师，因此他在此阶段内对该校英语教学做出了积极贡献，当时该校入内地升大学者，多受其惠。

解放后，经过集中学习，任青海省第二中学英语教员。次年教学改革，停授英语而代以俄语。因之停教待聘，遂以挖沙石等劳动为生，及后经肃反等运动，被拘留审查，最终下放循化农村劳动。

1979年春，应青海民族学院聘任公共语文教员。1981年全国大专院校恢复英语课程，便改任英语教员，1986年应聘为英语副教授，为中文、少语两个系硕士生授课。因在下放劳动中罹患胃癌，经医治无效，于当年秋病逝于省人民医院，享年67岁。一生未娶，身后诸事由青海民族学院和诸弟料理，归葬循化故里。

吴谦性聪慧，喜文学，名家诗词诵记不忘。以遭际不遇，终鲜成就。他在教公共语文时，编有讲义，可见其用心，后俱散失，有志未遂。他幼年失母，赖祖母抚养长大，所以对祖母竭尽孝道。当他在渝患疾时，他的四姑母多予赐助并关爱，因怀不忘。解放后其墓数迁，独捧骨移葬，尽哀而归，足可见其性情，而竟未得永年，论者惜之！

詹乐国

詹乐国，1920 年出生，原籍青海循化县城人，后迁居落户于甘肃兰州市。甘肃学院附中高中部毕业，1941 年考入复旦大学法律系就读，1945 年毕业并获法学士学位。回甘肃兰州后曾任兰州地方法院书记官、辩护师等职。20 世纪 50 年代初因脑出血在兰州去世。

董 珍

董珍（1921—1973），字少伯，青海省循化县人。西宁中学高中毕业，后到西北大学经济系就读。1952 年 3 月参加革命工作，曾任兰州农校语文教员。1962 年 4 月 24 日，被退职回家。1973 年 6 月病故。在肃反运动中被误定为"西革会成员"。1979—1988年间，其女董曼霭多次向农校申诉，遂将原处理否定，予以平反，恢复名誉（据甘农字〔1989〕第 001 号文件）。

陈德昌

陈德昌，1921 年出生，回族，青海省循化县人。 1940 年青海省回教促进会立西宁高级中学高中毕业。1945 年西北农学院畜牧兽医系毕业，获农学士学位。毕业后返青任农林部青海兽疫防治处技师兼血清制造厂厂长、门源军马场场长等。解放后，于 1956 年前后先在青海省农林厅工作，后任海西都兰骆驼场兽医。1980 年前后因病去世。

陈学智

陈学智，1921 年出生，青海省循化县人。解放前一直外出求学。曾在西康国立中央技专就读，后在四川工业大学毕业。大学毕业后，在四川宝兴森林工业局任职，高级工程师。1988 年退休。

吴 塨

吴塨，字揆一，1922 年 2 月 19 日出生于青海省循化县积石镇。

1937 年入青海省立第一中学读书。1943 年在兰州考入国立西北大学商学系。1947 年毕业，获商学士学位。在西北大学期间，于 1945 年抗战胜利后，与同学 20 余人组织"西北成学社"，创办《西北风杂志》，担任编辑，介绍西北各地人文地理、历史、政治及风俗等，并参加当时学生运动。1946 年 6 月，《西北风杂志》遭国民党 "西北长官公署"查禁，被迫停刊。大学毕业后，在西安一中担任英语教师。1948 年 5 月，因被特务跟踪离开西安，在中国石油公司兰州营业所会计科担任会计工作。1949 年 8 月兰州解放，被兰州军管会吸收并分配到企业处工作。9 月 1 日随解放军西进，准备接收玉门油矿。武威解放后，组织上决定让他接收石油公司武威运输站。1950 年元月调至兰州西北石油管理局财务处工作，并担任石油工会筹委会秘书长（筹委会主任由康世恩兼任），负责组织工人恢复生产，做出了一定的成绩。1950年8月西北石油管理局工会宣告成立，他被组织上择定担任工会主席及总会计。1951年8月，由于对当时西北石油运销公司经理李某的工作作风提了意见，被李某挟嫌报复，利用职权写诬陷材料，兰州市中级人民法未经任何调查审讯程序，即以"反革命罪"判刑3年，投入劳改。1954年8月刑满后被留在兰州新生汽车修理厂（今兰州客车厂）就业，搞会计业务。1956年11月，向兰州市中级人民法院及兰州市检察院提出申诉，请求复查。兰州市检察院以当初案子未经检察院审理，乃查阅中级人民法院案卷时，只有单位所写一份材料，再无其他任何可资证明罪名的确认依据，即按党的政策，送兰州市中级人民法院落实政策。由于此后政治运动频繁，兰州市中级人民法院拖至1964年10月，始裁定撤销原判决，宣告无罪。因原单位西北石油管理局于1954年随同全国各大区的撤销而撤销，无法找到落实单位。1974年，始由甘肃省第一监狱恢复干部身份，但原职原薪直到1980年党中央发布平反新中国成立以来冤、假、错案决定后仍没有得到恢复。1985年3月，经申请批准离休，享受县级待遇。

1985—1987年，应聘担任兰州"金城联合大学"教授，讲授会计学，同时在甘肃省财政厅会计顾问处（甘肃省会计师事务所）及甘肃省审计事务所工作。《中华人民共和国会计法》公布实行后，由甘肃省财政厅与财政部平衡选拔，批准吴垯及16位会计人员为第一批注册会计师。现仍发挥余热，继续从事有关社会审计事务。

罗　麟

罗麟，字振轩，笔名双木、双穆、米川、竹天等，1922年4月5日出生于青海省循化县积石镇，后迁居西宁。1938年春，考入青海省回教促进会立西宁高级中学（简称回中，全部公费）。在高中阶段，他和同班同学10多人，在《青海民国日报》创办《塞萤》副刊 17 期，发表文艺作品多篇。1943 年末，全省高中会考中名列榜首。

1944 年夏，经青海省政府推荐，考入重庆复旦大学，攻读法律系司法组专业，半公费待遇，并选修新闻编辑和修辞学两课，获法学士学位。在大学期间，学习勤奋，成绩优异，曾先后在《西北通讯》和《青海民国日报》上发表《救贫乎？救愚乎？》《旅沪心声》《洛克认识论试谈——在哲学上的破与立》《读喜剧的人生观》《配偶论》《夏坝剪影》等十多篇文章。

1948 年 7 月返青，由昆仑中学聘为专任教员兼导师，并在西宁中学、省高级护士职业学校代课，同时还兼任复刊后的《青海民国日报》社总编辑近一年。其间还主编《法声》《新青年》两副刊，并在报面上扩大开辟了有关文史、妇女、卫生、儿童、咏篓、拓荒等十余种副刊园地，撰写发表了《从社会角度论勤俭》《回教婚丧的俭洁精神》等论文。

西宁解放初，代表《青海民国日报》社向军代表交清物资和积存的报纸后，被介绍到青海省军政人员训练班、青海省行政人员训练班学习。1950 年 3 月，调青海省人民政府民政厅工作。1955 年因胡风集团分子嫌疑被省公安厅审查 8 个月。经查证，由青海省高级人民法院判为无罪释放，仍回原单位工作，补发了审查期间的工资。

1957 年跟随省民政厅厅长去海西州协助搞畜牧业生产，在日安部落（藏族聚居区，尚未建立基层政权）进行调查，并撰写《我对民族感情的一些认识和理解》，由省民政厅党组批准打印，作为内参，分送给省委统战部和青海日报社。此文主要反映在"左"的思潮影响下，给当地民族工作，特别是对组织牧业合作社带来的危害。

1958 年 10 月，"反右"后期，全家由省民政厅遣送农村插队落户，参加生产劳动。

1979 年，省民政厅纠正对他的错误处理，恢复了公职，在青海湟川中学（当时称市二中）从事教育工作。先教语文课，后负责校图书馆工作。于 1983 年退休，后又返聘一年。

在湟川期间，被评为先进工作者。编印《书刊简讯》22 期，在省图书馆会议上受到好评和奖励。1982 年被聘为《人民教育》杂志通讯员、《中学生》审读员。1983 年 2 月 9 日,青海省科学技术协会给他颁发了"在建设新青海辛勤劳动二十五年"的荣誉证书。1984 年在语文教学通讯社举办的第二届全国中学生读书暨华夏读书活动中,被授予华夏阅读指导奖。1988 年 9 月 28 日,青海湟川中学第二届校友会理事会议上选为常务理事会副秘书长,负责组成编辑组,进行湟川中学校史的编撰,并于 1993 年《青海湟川中学五十年》一书脱稿问世,为湟川中学 55 周年校庆献出了一份厚礼。

退休后先后受聘于青海省民政厅和青海省社会福利事业促进会,参与编写《青海省志·民政志》6 年;在福利事业促进会任研究室副主任近 2 年中,组织开展了青海省社会福利事业首届理论研讨会,并编选出版了《论文选编》一书(内部发行)。1993 年末,被评为优秀社会福利工作者。

在退休后的 12 年中,连续担任第四、第五、第六、第七届省政协文史资料委员会委员或特约委员,西宁市、城中、城东区政协文史资料撰稿员,已发表的论文和文史稿有 30 多篇。

黎善镇

黎善镇,字坚白,青海省循化县人,出生于 1922 年 9 月 14 日。1940 年,在西宁回中初中毕业后,赴重庆国立边疆学校高中部就读。1944 年高中毕业后考入国立政治大学地政系。1948 年大学毕业,获经济学学士学位。曾为平均地权研究会会员。1947—1948 年,在南京担任《西北通讯》月刊社经理部主任、编辑、记者,并在该刊发表《论西北之经济建设》(第一卷第二期)等文章。

1948 年大学毕业后,历任国民党陆军八十二军政工处少校教官、军报《阵中通讯》社社长兼总编辑,军干部训练团督导主任、军政工处中校副处长等。

1949 年 9 月初西宁解放,黎善镇随军投诚,即参加青海省军区解放军官训练处第一期学习。结业后，于1950年初被分配到中国人民解放军一军教导团司令部任连级干事兼教员，后调至西宁市政协工作，镇反中被停职。1955年5月，以"历史反革命"罪被逮捕审查，判处管制3年。1966年下放劳动，至1979年10月撤销管制。

在十多年管制期间，多次从事农业规划、土地测量、农田水利和小水电站修建工作，认真负责，成绩显著，受到上级和群众的好评。1960年曾参加研制街子一座立轮带动八盘水打石磨工程并获得成功。该石磨在当时循化属创新工程，其模型在1963年参加的青海省工业展览会上获奖。1980年从事民用建筑设计和施工工作，建有大型化肥仓库和县畜牧局的恒温储藏室等。

1980年6月，黎善镇得以平反，由西宁市中级人民法院裁决宣告无罪。1981年3月，循化县委落实政策，恢复公职。受聘为循化中学高中地理教师，接连选为校务委员。历年来完成多项观摩教学课题和教研项目，编写循化乡土地理教学教材等。并多次荣获"优秀教师""最佳授课""模范教研组长"及县"先进教育工作者"等称号。1986年被评为中教一级教师职称。

1983年7月，参加民革组织。1991年参加循化县老年书画协会。1992年任民革循化支部主委。1994年被民革青海省委评为先进支部。1990年当选为循化县第十一届人民代表大会代表。1984年至1995年历聘为循化县政协第七至第十届委员会委员、第十届常委。同年，被青海省政协特邀为祖国统一联谊会会员。

青年时期爱好体育，曾参加"政大"篮球代表队为队员。自幼与书法有不解之缘。1981年后致力于书法，临池不辍。先后参加循化积石书画学会、老年书画协会等，并为香港东方文化中心书画研究部委员。其书法作品曾在循化、西宁、海东、兰州、香港等地参展。为十世班禅大师故居诵经楼题写匾额和楹联。

1993年调到循化县工商联工作，任循化县工商联主委兼任执委。

1996年春，被选为县老年书画协会理事长。

徐明德

徐明德，1923 年 2 月 20 日出生，青海省循化县人。1936 年来西宁进入青海省回教促进会附设二小读书。于 1944 年昆仑中学初中毕业，其间，1943 年协助中学音乐教师王云阶筹办音乐学校未成，于 1944 年 9 月赴成都，在王云阶、邓子淳前辈的帮助下，半工半读中完成了成都新民中学高中学业。1946 年考入四川大学航空系，后因病休学。1948 年复学转入土木工程系。1949 年 3 月学校停课，回西宁暂任教于世芬小学。

1949 年 9 月西宁解放后，入青海省军政人员训练班学习，结业后参加了征粮工作。1950 年 3 月经领导同意回成都，于 1953 年 8 月完成大学学业。1953 年 9 月被分配到华北铁路设计分局工作（现改为铁路天津第三设计院），其间参加了华北、东北等地新线的勘测设计及旧线、复线的勘测设计改造。在工作中勤恳努力，提出了一些好方案，从而节约了大量的建设资金，得到组织上多次表彰奖励和同事们的好评，并得到提职提薪，被评为工程师。

1978 年 12 月退休，在天津安家落户度晚年。曾多次返青，探亲访友之际，一度为振兴青海经济牵线搭桥，四处奔波。

赵　绪

赵绪（1923—1952），字季余，循化县城人。西宁中学毕业，国立西北技艺专科学校畜牧科毕业。1944 年 7 月至 1949 年任青海省兽疫防治处技佐、技正（相当于助工、工程师）。1950 年调青海省畜牧厅搞技术工作。1952 年 3 月，因公外出搞兽疫防治，途经化隆县时遇车祸以身殉职，被青海省人民政府授予烈士称号，葬于西宁市烈士陵园。

董培深

董培深，原名珩，现以字行，笔名丕声、佩生等，回族，青海省循化县人。1923年出生于北京，1937年在西宁回中初中部就读。1940年转入重庆国立边疆学校，1943年高中毕业后，考入国立复旦大学文学院教育系。在校期间曾被选为系学生会主席，兼任校学生自治会副主席，多次参加上海的学生运动。至1948年底，因解放战争逼近上海，学校宣布疏散，临时发给肄业证（肄业三年半），遂返回兰州，转赴西宁。

1949年元月，曾任青海省财政厅秘书，兼任昆仑中学高中部英语教师和师范部《教育学》教师。1949年8月辞职返回循化。8月底循化解放，被县委书记郭若珍吸收参加革命工作，任循阳学校副校长兼教导主任（校长为马文德）。1950年5月因事请假赴兰州，旋因心脏病复发，转院至上海人民医院医治，于1951年3月病愈出院返回兰州。不意于4月9日为青海省公安厅逮捕解往西宁，以反革命罪判刑劳改，直至1979年初，始平反释放。

1979年9月，被循化县中学聘任为高中教师，讲授英语和语文课。1982年11月被推选为青海省中小学语文教学研究会理事，并代表省语研会参加在福州举行的第二届全国中学语研会年会。1985年和1986年分别被评为县、地、省三级优秀教师，并参加地区和省级颁奖大会。1987年调任循化县教育局教研室教研员。1987—1993年担任循化县政协八、九、十届委员会常委、文史资料组副组长，主编《循化县文史资料》（第三辑）《邓氏父女史料专辑》。1993年12月，兼任县家教研究会副理事长。

1948年，曾在南京《西北通讯》半月刊发表《为西北学生升学问题呼吁》（第三卷第五期）、《抢救青海灾民》（第三卷第七期）等文。

1979年以后，撰写教育论文和教学心得多篇。并两次在省中小学语文研究会年会上宣读。发表的论文主要有：

（1）《古汉语教学之我见》，刊《全国中学语文教学第二届年会会刊》（1982年12月）。

（2）《语文教学中的爱国主义教育》，刊《西宁教研》（1984 年 1 月）。

（3）《作文教学应具备的五个方面》，刊《语文教改新探》一书（1990 年 12 月），获 1990 年省中教改革论文竞赛二等奖。

（4）《家庭教育是人生教育的根基》（1990 年 11 月），获省妇联家庭教育论文竞赛二等奖。

（5）《从列祖列宗的"懿行"谈起》，刊《青海日报》1989 年 5 月 20 日"文化园地"专栏。

（6）《积石赞》，载《循化撒拉族自治县三十周年县庆会刊》（1984 年 9 月）。

（7）《造福桑梓，功垂千秋》，刊 1994 年 12 月青海省政协文史资料委员会主编《喜饶嘉措大师》一书。

马图乾

马图乾，字书城，1924 年 6 月出生，青海省循化县人。青海西宁中学高中部毕业，1944 年秋升入原四川华西协合大学教育系学习，1948 年秋大学毕业。1949 年被原青海西宁师范学校聘为专任教师。

新中国成立后，入西北人民革命大学教育研究班学习，毕业后先后在青海师范学校，西宁市第一、二、四、五中学等任教员，长期担任教研组长职务。在改进教学、提高教育质量、研究教材教法等方面，勇于探索试验，取得了较好的成效，受到了奖励。被评为教育工会先进工作者、优秀教师，并获得青海省教育厅颁发的长期从事教育工作者荣誉证书。1981 年 12 月获得西宁市委、市人民政府颁发的"忠诚党的教育事业、辛勤工作三十年、为四化建设培养人才做出了积极贡献"奖状等。在长达 36 年教书育人的工作岗位上，勤奋进取，尽到了一位人民教师的光荣职责。1985 年退休。

卢克让

卢克让，1925年出生于青海省循化县积石镇。1944年于西宁国立师范学校毕业。1946年考入南京国立边疆学校理科化学组（大专）学习。

1949年9月在青海省军区卫校任化学教师。1951年筹建青海省卫生学校并担任数理化学科委员会主任，主要讲授医用化学及药物化学。1954年因教学成绩突出，荣获青海省劳动模范。

1963年，卢克让被调往省实验学校（今西宁市第十四中学）任化学教研组长，并担任西宁市物理化学中心教研组长。1978年恢复高考后曾编写化学高考复习大纲，由省教育厅打印分发到全省各州县供考生复习。同年，与李延庆老师共同负责为本省高考物理化学命题。还代表青海地区出席全国化学第一次代表大会（在南京召开），在会上宣读化学实验方面的论文《化学试剂在化学实验中的应用》，并作了演示。同年，成立青海省化学学会，担任一、二、三届理事。在1978—1982年的历届化学学会年会上，宣读个人论文4篇，并刊于《青海科技报》，获得与会者的好评。"文革"期间，受到审查、批斗。1979年落实知识分子政策，恢复公职。1985年离休。

卢克让在数十年的教学教研工作中，积极钻研，成绩显著，所撰写的有关化学教学的多篇论文及对所承担的《青海科技报》稿件的修改审定，产生了较好的社会效益。其名列入《共和国奠基人·青海卷》一书。

方叔智

方叔智（1925—1981），别名文清，青海省循化县城人，中共党员。湟川中学高中毕业后，1943年考入兰州原西北医学专科学校，毕业后以优异的成绩考入兰州大学医学院。在大学期间，刻苦用心，各门课程成绩优秀，深得著名消化内科专家杨英禧教授的赏识，在学业和经济方面都给予他极大的关怀和资助。

1953 年大学毕业后，被分配到甘肃省人民医院内科从事心血管专业工作。在 28 年的医务工作中，工作勤奋，基本功扎实，勇于探索实践，得到医学界各方面的好评，成为甘肃省心血管内科疾病治疗的专家之一。他首先在甘肃省施行左、右心导管技术，1959 年最先发现甘肃礼县大批突发死亡的病因是克山病，为甘肃省克山病的防治工作做出了较大的贡献。1954 年，荣获甘肃省卫生厅颁发的二等模范奖章。1955 年，赴北京医学院心血管高级研修班进修。1956 年晋升为主治医师。1957 年加入中国共产党，1959 年晋升为甘肃省人民医院大内科副主任、主任兼医院高干病房主任。他是中华医学会会员，曾任中华医学会心血管学会甘肃分会理事、内科学会甘肃分会理事。1973 年调到兰州炼油厂职工医院任内科主任。他连年获得兰油厂厂级先进个人、模范标兵称号。1980 年获主任医师职称。

在国内各级医学杂志上曾发表过多篇关于治疗心血管疾病的论文，受到同行人士的好评。1981 年因身患癌症不治病故。

马 捷

马捷，1926 年 8 月出生，原名马有信，青海省循化县人，中共党员。

1940 年毕业于循化积石小学，后考入甘肃临夏韩家集私立云亭中学。1942 年初，由于该校停开英语，以阿文代之，考虑到以后的升学问题，遂离开该校，转学至青海省立西宁中学。1943 年夏初中毕业，1948 年高中毕业。后考入国立西北大学法商学院法律系司法组学习。1949 年 5 月 7 日西安解放前夕，部分青海籍学生离校返回家乡，多数学生留校迎接解放。1949 年 5 月西安获得解放，继而学校实施军管。为动员学生参加革命，以全面进军大西北，军管会宣布：凡读完三年级的学生，愿意参加革命工作，提前发给毕业证；如仍继续学习，法律系、边政系等停办的系科学生，可转入其他系科学习。他与一批青海籍学生毅然离开学校，投奔革命。

为适应进军甘、青、宁、新诸省区的需要，1949年6月，中共中央西北局城工部（即后来的统战部）在民族科成立民族问题研究所。他和10多名西北大学、西北农学院等院校的边疆和少数民族学生，被吸收参加该所的民族研究工作。当时研究的主要内容是：了解西北各少数民族的基本情况，特别是宗教信仰和民族风俗习惯情况，为解放大西北的人民解放军和地方工作人员提供工作中应注意的事项，从而为顺利进军大西北做出贡献。

1949年底至1950年初，被西北局派往甘肃省，参加以调解民族纠纷为主要任务的临夏工作团。

1950年2月，为培养西北民族地区急需的具有共产主义思想的少数民族干部，西北军政委员会决定，在兰州设立民族学院。同月底，西北军政委员会又通过积极培养大批少数民族自己的干部，迅即于兰州筹办西北民族学院的决议。马捷被派往兰州参与筹备工作。西北民族学院于同年8月在兰州正式诞生，马捷即在该院工作。

1950—1970年，马捷在西北民族学院先后担任秘书科、文书科科长，语文系维文班班主任等。1954年去西北大学马列主义研究班学习，1955年返校后任马列主义基础课教师。1958年被晋升为马列主义课讲师。在此期间，先后编写马列主义基础课、社会主义教育课、马克思主义哲学课等教材数册。另外，还编写经典作家论述社会主义、共产主义的语录数册，并多次被评为马列主义课优秀教师。

1968年"文革"中被关进牛棚。1970年初，西北民族学院被勒令停办，全校教师、干部被遣散。他与30余名青海籍教师、干部被送回青海接受再分配。同年4月，被分配到青海民族学院工作。

1970—1989年，在青海民族学院先后担任马列主义课教师、政治系主任和民院副院长等职。1979年3月晋升为国际共产主义运动课副教授。在此期间，先后担任马列主义基础、国际共产主义运动史、科学社会主义、经典著作选读、马克思主义哲学、社会学等课程的教学任务，并兼任科学社会主义硕士研究生导师和全院各专业研究生的马列主义课教师。

从教 40 多年中，曾担任国家民委学术委员会委员、青海民族学院学位委员会主任委员、学术委员会副主任委员。为该院争取青海民院几个专业硕士学位授权单位做出努力。先后编写国际共产主义运动史、经典著作选读、马克思主义哲学、社会学等课程的教材若干册。

1989 年离职休养后，参与《青海民族学院学报》《青海民族研究》的审读工作其名列入《共和国奠基人·青海卷》（1993 年）一书。

马尚乾

马尚乾，出生于 1926 年 10 月，青海循化县人，中国民主同盟盟员。1947 年毕业于湟川中学。1949 年肄业于北京大学经济系。1956—1985 年，曾任青海省教师进修学校、青海师范学校校务办公室副主任、教务科长、伙食科长、附属学校教务主任。1980—1985 年，曾任中国民主同盟教育学院支部主任委员、委员等职。1985—1986 年，任中国民主同盟青海省委创办的一多高中副校长。曾编写西宁市城中区仓门街地区地方志、西宁市《城东区志》《城东区物价志》和《学校教育实习》部分章节。

1985 年 3 月退休。

吴 基

吴基，青海省循化县人，1926 年出生，九三学社社员。

1948 年夏毕业于国立湟川中学，即考入上海国立同济大学医学院医疗系。1955 年 3 月毕业，分配至地质部刚在京组建的 632 队——青海石油普查大队，随队进入柴达木盆地，在格尔木荒滩建立活动帐房的医疗站，开展医疗活动。接着随队进青海、新疆、西藏三省交界的库木库里地区，在队党组的领导下，在这与世隔绝高寒缺氧的荒漠中，与护理人员兢兢业业，竭尽全力克服种种困难，为勘探队员的身体健康服务。如1956年接唐古拉山分队急电，有一位患高山反应合并肺水肿病危患者，他驰赴迎接，以两头骆驼绑驮担架，护至红柳泉，在四无人烟的沙滩上，以一辆旧汽车权当病房，抢救当时国内设备齐全的医院尚无有效治疗办法的病危者，经过他们精心急救，这位病人逐步脱离险境，遂转队部治疗。在三年多时间里，队员无一人死亡，为柴达木的最初开发，竭尽全力。同时还为当地少数民族及地方干部治病，获得了地方好评，称为共产党的好"俺木齐"（蒙语指医生）。他当时曾将在荒漠进行医疗过程中取得的经验与体会及建议，写成2篇论文向母校汇报，并分别在《同济大学校刊》及《长江日报》发表。

1958年初，吴基以莫须有的"曾担任三青团分队长"罪名，被划为"历史反革命"，受机关管制处分，1962年始得平反。

1960年，地质局职工到天峻县开荒，病死十余人，但他所在的大队由于采取种种预防措施，无一人死亡，受到局党组的表扬。

1962年，吴基被调至西宁市二医院内科。1965年西宁市郊区传染病流行，他被派至大堡子卫生院固定巡回医疗，先后抢救了白喉、流脑、蜘蛛网膜下腔出血、毒痢、肺脓肿等重病患者140余例，包括危重患者40余例。当时农村卫生院设备简陋，没有对流脑、蜘蛛网膜下腔出血穿刺、检验的手段，病人又没有钱到大医院就治，他大胆改选一号注射针进行腰穿，并与第一机床厂医务所联系，请求协助检验，病人得以救治，一一痊愈，深受农民的欢迎。接着大通县突发毒痢，被派至黄家寨、后子河公社等处防治，他采用先进的654—Ⅰ治疗经验，较好地完成任务，由于一年多巡回医疗成绩显著，受到大通县和市卫生局的好评。

"文革"中，吴基被批斗，打入牛棚。1970年下放至大堡子卫生院，后又调至郊区卫生科，筹办赤脚医生卫生学校，先后培训学员4期，计200余人。改革开放后，这些赤脚医生经过统一考试，多数以成绩优良取得初级农村医生职称，少数获得中级职称。他以工作成绩突出被郊区党委评为先进个人。1979 年，调回市二医院任医务科科长，在院党委领导下，整顿医德医风，制定各种规章制度，开展业务学习和科研，派遣医护人员外出进修，逐步提高了医院医疗质量。1984 年，在全省市医院医疗质量评比检查中病历书写获第二名，受到表扬。他还参加全省医疗工作会议两次，1984 年参加青海省卫生厅组织的医院管理改革参观团，到华北、东北等地 30 余处大中小型各类医院参观，撰写参观小结，在省市医院院长会议上传达，得到省卫生厅好评。

1985 年 2 月退休，仍发挥余热，为上门求诊者治病。

董　环

董环，字少复，回族，1927 年 2 月 6 日出生于青海省循化县城关，寄居兰州市柏树巷祖居。

1943 年毕业于临夏县韩家集云亭中学初中部；1947 年底，毕业于兰州大学附中高中部；同年底，考入迪化市新疆学院教育系就读；1948 年底，考入上海国立复旦大学合作系；当时，淮海战役爆发，上海处于战争边缘，学校遂宣布疏散，即于年底返兰，转入兰州大学会计系就读。1949 年暑假返循探母，为政府招收参加工作，从事地方教育，遂休学一年。至 1951 年赴兰复学，1954 年底本科毕业，获得学士学位。

1954 年兰大毕业后，分配至宁夏畜牧厅财务处工作。翌年，宁夏省制撤销，并入甘肃省农业厅财务处工作，后省级单位几经合并后于 1972 年调入机械部兰州电源车辆研究所任主管会计，直至 1987 年退休。

在工作期间，每年被评为先进工作者，计 20 多次，并被省、部评为高级会计师职称。写有论文多篇，刊载于省、部级刊物。

退休后发挥余热，在返聘单位做会计。

杨 慕

杨慕，出生于 1927 年 6 月，青海省循化县人，中共党员。1947 年湟川中学高中毕业后考入北京大学经济系。于 1949 年返回湟川中学任教，后任青海师大附中高中语文教师。

1978 年被西宁市委及市人民政府授予一级模范教师。从 1978 年起，先后为州、市、县、部队、厂矿 20 个单位、学校青年教师作辅导讲课，听课人数达 1000 多人。1983 年被选为出席省教育战线先进集体、先进个人代表大会代表，其后评为省级劳动模范。其名收入受国家及省表彰的先进教育工作者名录中。论文《关于词语解释的浅见》等发表于《青海师大学报》及《青海教育》等。

1984 年任青海师大附中校长，次年退休。退休后先后被聘为省委党校举办的升大学补习班和省科技中心补习班语文教师，直至 1996 年，教学效果得到社会和师生的好评。

东 平

东平，原名牟凤山，1927 年 9 月出生于青海省循化县。1936 年就读于循化县积石小学，1942 年高小毕业后赴西宁考入湟川中学，在校学习 6 年。1948 年夏，以优异成绩毕业于湟川中学高中部。有一定的组织能力，曾在学生会中担任过学术股、生活股等股长、学生会总干事（主席）等职务。

1948 年秋，考入天津国立北洋大学，读半年时间，天津即将解放，他于 1949 年初回青海。当年夏，在湟川中学任英语与物理课教师。

1950 年夏，由青海省文教厅选派，与其他 20 多名青年学生到沈阳东北工学院学习。当时正值抗美援朝时期，为支援我志愿军抗击美帝国主义的正义战争，他曾先后 3 次献血 800 毫升。

1953 年，我国开始执行第一个五年计划，他以优异的成绩毕业于东北工学院冶金系钢铁压延专业，被分配到当时我国最大的钢铁企业——鞍山钢铁公司。当时，鞍钢在苏联及其专家的援助与指导下，开始三大工程建设，恢复生产，他以极大的热情投入创建鞍钢第二薄板厂的工作中，夜以继日地编写工人技术教材、制作设备模型、给工人讲技术课、带领工人到现场生产实习，为圆满实现鞍钢第二薄板厂的建成和投产贡献了一分力量。

1954 年末，他被调到鞍钢技术质量监督处驻金属制品厂检查站作技术工作，利用业余时间翻译了俄文版《热镀锌》一书，1957 年冶金工业出版社出版发行，该书对当时我国的热镀锌生产起到了指导和借鉴作用。

"文化大革命"期间，他被下放到轧钢车间生产劳动。

1978 年重新从事技术工作，参与了原鞍钢焊管厂创建连续焊钢管生产线的设计、施工与安装工作，与广大工程技术人员和工人一道，创建了我国唯一一条连续炉焊钢管生产线，填补了我国钢管生产上的空白。主编了《连续炉焊钢管生产工艺》《连续炉焊生产》两本中级工人教材，对提高工人的技术水平起到了良好作用。

1988 年初退休，仍由原单位聘用，先后扩建、改造了 3 个小型轧钢厂，创建了 1 个小型轧钢厂。并于 1993 年末在陕西省安康安康市郊区，创建了一个小型轧钢厂，于 1994 年 3 月正式投入生产。

在鞍钢工作期间，多次被评为厂部先进工作者和技协积极分子。1985 年参加鞍山市"三师"竞赛活动，荣立三等功。1986 年被命名为鞍钢先进生产者，1990 年参加型钢轧辊冷却装置及工艺研究，获辽宁省科技进步三等奖。

1981 年由国务院科学技术干部局授予轧钢工程师技术职称，1987 年 7 月由辽宁省人事厅授予轧钢高级工程师专业技术职务任职资格证书。掌握英、俄两种外语。1995 年初退休，在家安度晚年。

祁 忠

祁忠，1927年出生，青海省循化县人。1947年西宁中学高中毕业，同年考入上海复旦大学法律系学习（其间因病休学），1953年转历史系就读，1957年毕业。1957—1969年在安徽省哲学所（系安徽省社科院前身）工作。1969—1978年在安徽青阳新河乡插队落户，参加农业生产劳动。1978年落实知识分子政策，调安徽省图书馆工作（1978年8月至1989年5月），后评为研究馆员职称。1989年5月退休，后返聘于原图书馆工作。"文化大革命"前，曾发表《两汉的户口》（《史学月刊》，1964年4月）。党的十一届三中全会后发表了《包拯及其奏议》（《安徽省社联通讯》，1984年1月）等文章。1989年5月，获文化部颁发的荣誉证书。

马 明

马明，字一天，1928年5月6日出生于一个耕读世家，青海省循化县人。自幼聪颖好学，兴趣广泛，琴棋书画均有所好。

1934年步入学堂，1941年毕业于循化积石小学。当时循化无更高学府，为使学业有进，1941年秋赴甘肃临夏县韩家集私立云亭中学读书。初中毕业后，于1945年考入国立湟川中学高中部，1947年秋以优异成绩高中毕业。其间学识日增，眼界顿开，立志进一步深造。遂与同学结伴，赴上海、南京等地报考大学，1947年秋被复旦大学法律系录取。但因家境贫寒，只好在离家较近的兰州大学法律系就读。在兰大期间，他不仅接受了高等教育，还受到了革命思想的洗礼。1949年8月，正值青海解放之际，他跟随首任青海省委书记的张仲良同志参加赴青工作团回到西宁。之后，又被分派到循化武装工作队，随郭若珍同志（中共循化县委第一任书记）到循化开展工作。

解放初期，百业待兴。他积极参加循化的民主建政、减租减息，查租反霸和恢复学校等工作，特别是为恢复和发展全县教育事业竭尽全力。复学工作结束后，被分配到积石小学任教。

1950 年，循化县召开了第一届各族各界人民代表会议，他被推选为秘书长。同年，参加了青海省师范学校教研班。学毕返里，仍在积石小学任教员兼教导主任。1952 年秋开始，先后在白庄小学、积石小学任校长。1953 年冬，循化县成立了小学教师联合会，他当选为主席，后任循化县教育工会主席。同年 11 月，循化县各族各界人民代表会议协商委员会（后更名为中国人民政治协商会议循化县委员会）正式组成后，他被选为委员。

1957 年暑假期间，他有幸参加青海省教师参观团，赴京、沪、汉等大城市参观学习。回青后，他就循化教育状况提出了如下意见：一是外行不能领导内行（当时循化县教育属宣传部门主管）；二是循化县教育教学质量差，需要大力改进提高；三是小学教师应与其他干部享有同等待遇。当时正值整风"反右"运动，他的意见被视为对社会主义制度的不满，被打成"右派分子"，旋送祁连八宝农场劳教长达 5 年之久，直至 1962 年被遣返循化农村劳动。在"四清运动""文革"期间，又受到冲击。1967 年 5 月 28 日病逝，年仅 39 岁。

1979 年他的冤案得以平反。

马明一生勇于进取，治教严谨，育人有方，为桑梓教育事业竭尽全力；他为人正直，待人坦诚，敬业乐群，重在求实。同窗友好、知情人士无不为其英年早逝感到痛惜。

黎善铨

黎善铨（1928—1994），青海省循化县人。1941—1944 年，在国立西宁师范学校毕业。1946—1949 年，在南京国立边疆学校师范专修科生化系就读。大专毕业后，于 1949 年末回青海，在昆仑中学、西宁中学任教师。青海解放后即参加学习班，结业后，由组织分配到湟中县征粮队工作，遭叛匪袭击，因立场坚定，在评审中受到组织表扬并提升为大队长。1951—1953 年，赴甘肃西北工学院深造，毕业后分配到甘肃省工业厅做建筑技术工作，后调至甘肃省建筑设计院、建工部西北公司工作，1982 年后期调甘肃省住宅修建公司工作。

黎善铨在负责建筑设计工作期间，于 1977 年设计预应力混凝土空心板通用图集，由甘肃建筑设计院省标办出版，被省部定为第一部甘肃省标，沿用至今。他先后负责设计并施工的有甘肃农具厂、甘肃糖厂、永昌电厂、中国原油基地福利区等约 40 万平方米建筑。由于成绩显著，1953—1962 年连年均评为甲等奖；1959 年被评为技术革新红旗手；1962 年被建工部特授予"一等先进工作者"称号。1988 年晋升建筑工程师职称。

1989 年 1 月退休后，因病在家护理疗养，1994 年病故于兰州。

在黎善铨逝世 2 周年时，《时代风》双月刊（由中共甘肃省委党史研究室主办）发表了他的生前遗稿《塔尔寺前的枪声——1949 年征粮工作纪实》，此文从字里行间能见其忠诚、仁爱、勇敢无私的优秀品质及临危不惧的牺牲精神。而这种精神，不仅表现在三天三夜征粮时与土匪战斗的非常事件中，也贯穿于为抗日而参军的军营生活中。1945 年初，响应全国青年参加"青年志愿军"的号召，他作为一个有血性的爱国青年，毅然放下初中功课，投笔从戎。但也因这段历史，在"文化大革命"中曾遭受过非人的折磨。

然而黎善铨在建筑方面的著述和他负责修建的一幢幢新厂房、住宅群及去世后发表的这篇文章，永远铭记着他的品德和业绩。

陈显科

陈显科，字剑品，1928 年出生，青海省循化县人。1944—1947 年，在西宁国立湟川中学高中毕业。1947年秋考入上海国立复旦大学经济系就读。1949年底回青海。在循化历任白庄、循阳、积石小学校长。1952—1958年，调任青海化隆甘都师范学校教员、班主任、教导主任，后调化隆县文卫局工作。1962—1977年，下放回原籍，参加农业生产劳动。1978年落实知识分子政策后，任甘都中学教导主任，循化县中学副校长。1985年退休。

在长期从事教育教学中，结合不同学校的实际情况，对学生循循善诱，讲课深入浅出，得到同人、学生的好评。1951年秋被选为模范教师，并出席了全省首届模范教师会。解放初期，被评选为循化县文教界代表、县政协委员。抗美援朝期间，又被选为抗美援朝循化分会委员。在循化为恢复和发展全县教育事业，特别是在创建甘都师范学校中，尽心竭力，采取措施，取得成效。他在这个学校培育的毕业生，已在各地工作岗位上成为骨干力量。

1957年暑期，为借鉴外地先进经验，他参加了青海省教师参观团，到京、沪、杭、武汉等地参观学习。1982年、1984年两次与县上和海东教育处及八县教育局局长、职业中学校长等去北京、天津、青岛、济南、西安等地，学习有关职业教育的经验，为县中学职业班开了好头。1981年，荣获县上颁发的教龄25年以上光荣证。1984年加入中国共产党。平生酷爱书法，喜弄琴弦，退休后被选为县退离休干部书协副理事长、老年协会副理事长，组织老年人开展有益活动。曾数次获省、地书展纪念奖，县上书展优秀奖；并获县书展优秀荣誉证书。

晚年完成《循化方音与北京语音对照释例（初稿）》，并常写古体诗，与亲友相赠答，借以自娱。1996年撰写《水调歌头·赞孟达天池》一词，得到亲友的好评。教育子女有方，有4个中专生、3个大专生，在不同的工作岗位上，忠诚地为人民服务。

杨 忱

杨忱，女，青海省循化县人，出生于 1929 年 10 月。1938 年起在湟川小学、中学读书。1948 年高中毕业。青年时期刻苦学习，立志为落后的家乡和振兴中华贡献力量，选择从事教育为自己的终身事业，遂考入北京师范大学教育系就读。

1949 年青海解放后，即报名加入教师队伍。直至 1958 年，在西宁市小学任教师、教导主任、校长等。曾多次评为教育先进工作者而受奖，并积极投入普及文化教育宣传、农村夜校、扫盲运动等各项社会活动。因成绩显著，获得"人民教师"光荣称号。在此期间，曾连续当选为西宁市人民代表大会第一、二、三届代表。西宁市妇女联合会第一、二届执行委员、市教育工会理事。

在多年的教学实践中，就如何改进课堂教学、促进学生德智体全面发展，提高教学质量、关心教师工作、生活等方面的问题提出建议和意见，列入市人代会提案进行讨论。1958 年反右运动中被划为"右派"、历史反革命，到祁连劳动教养 3 年。1979 年得到平反，恢复公职，在西宁市五中、十二中教学。1983 年 10 月离休，安度晚年。

陈 琳

陈琳，1929 年出生，青海省循化县人。西宁中学高中毕业，1947 年在上海国立同济大学电机系学习。1949 年 9 月青海解放后，在省军政干部训练班学习后被分配到西宁人民电厂任助理技术员，后调省工业厅基建处工作。1955 年任省财经学校教师，在财校期间协助校领导搞基本建设并组建了电化教研室，给学生上录像、电化教育等课程。1985 年退休。1995 年改为离休，仍被校方聘请搞基建和电教工作，在 30 多年的学校教育工作中，为推动校内基本建设，开展电化教育、改善学校环境等工作付出了一定的心血，尽到了职责，博得校领导和师生的称誉。

马殿元

马殿元，字冠寅，1880 年出生，青海省循化县人。1913 年 7 月，甘肃省立法政专门学校法政科毕业（此人和光绪乙酉科拔贡马殿元，字受卿或绶卿者是同名的两个人），时年 34 岁。

赵焕奎

赵焕奎，字星五，1890 年出生，青海省循化县人。1919 年 2 月，甘肃省立法政专门学校经济本科二班毕业。后返青任循化县私塾教师及西宁蒙藏学校、西宁县政府职员。新中国成立后，任青海省文史馆馆员。1966 年病故于西宁。

吴可照

吴可照，字明若，青海循化人，1896 年毕业于甘肃陆军测量学校。

1923—1924 年，奉命与熊亦愚等勘测青海玉树与西藏边界线，绘制草图。1936 年，由甘肃陆军测量局印行。1925—1927 年勘测天水至兰州公路线等。1931—1932 年，由青海南部边区警备司令部派赴玉树复测青藏边境分界线。1933—1936 年，任青海玉树区囊谦县第一任县长，开垦荒地，兴修巴米滩水渠等，恪尽职守，有政声。1935 年秋解职后，在西宁开一小铺谋生，1958 年逝世。

张时之

张时之（1909—1987），又名失之，青海省循化县人。自幼聪明好学，记忆力强。

曾读于私塾，勤学苦练，学业大进，为当时学生中之佼佼者。能言善辩，常引经据典，以流畅言词，反复论证，与众雄辩，颇能服人。时人送以"张铁嘴"绰号。

青年时期与青海回族青年马乐天（解放后曾任青海省政协副主席）入南京文化学院中文科学习，结业后返青海工作，曾任陆军第九师、第一〇〇师少校参谋，并入黄埔军校、洛阳分校学习。1935年末到1936年，随部队到河西走廊堵截红四方面军西上时，曾充当师部中校代参谋长，并任甘肃省高台县县长。1938年12月2日至1940年10月11日，任青海湟源县县长。后受聘青海女子师范学校任文史专职教师。

新中国成立后，张时之担任女子师范学校附小部主任。1951年春，因历史问题被判刑劳动改造，由于表现较好，曾减刑提前释放。1942年以后曾跟随青海名中医师马馀三老先生学习中医，并搜集整理其医疗经验处方、中医学医疗基础理论等教材和有关资料。此后在循化县加入、西宁城北区林家崖地区、西宁东关等处行医，受到就医者的诸多好评。1987年病故于西宁。

马有功

马有功（1911—1959），又名有公，字承哲，青海省循化县积石镇人。幼年就读于私塾，后入甘肃省立中学学习。后考入甘肃测量专科学校，毕业后返青海工作，曾任青海省测量局技师、组长。其间，组织勘察测量工作组赴甘肃、青海及果洛等地测绘地质、地文等情况，绘制出较为翔实的青海地理位置图（解放前后曾印刷出版多次），为全面绘制青海地理位置图本提供了重要参考资料。

据《青海民国时期县长名录》载：马有功，1938年3月22日至1939年8月任共和县长，1939年9月6日至1940年2月27日任玉树县县长，还曾任玉防警备司令部上校参谋长、青海省南部边区警备司令部电信传习所教官、湟源县稽征所主任、大通特种营业税局局长等。

新中国成立后，经由青海省行政人员训练班学习，被分配到省政府工作，随青海省人民政府副省长马朴到牧业区各地宣传党和人民政府的各项民族政策，收到良好的效果，得到组织和领导的表彰奖励。1956 年退职居家，1959 年病故。

邓光国

邓光国（1921—1981），字翊华，别署翼华，青海省循化县起台堡人。其父为留美兽医学博士邓春霖，母为毕业于甘肃女师的循化县城内詹世南女士。他先后在兰州一中、甘肃学院附属高中毕业。1941 年考入复旦大学法律系，1945 年毕业获法学士学位。邓光国娴熟英语，笔译、口译自如。在校暑期被征赴汉中空军基地，为援华抗日美国空军当翻译。大学毕业后回兰州，历任三青团兰州区团宣传科长、甘宁青监察使署科长。1947 年被选为兰州市参议会参议员。

解放后，开煤场、办茶园。任上沟业余中学教员，给成年职工上课。当过小学代理教员、街道企业会计、架子车工。"文革"中被遣送灵台县五星公社，"文革"后给予平反，在兰州四中、兰州土门墩企业职中当英语、语文教员。并为一些干部、解放军军官、教员补习英语。

邓光国一生喜读书，尤爱读英文书刊。1981 年 6 月 5 日因肺病呕血而逝。遗留备课材料数本及有批注的英文版《中国文学》若干本。

六

存稿选编

回忆循化解放前后

周文焕　口述　张　博　整理

　　循化解放时，我曾组织群众欢迎解放军；循化解放后，我又担任了第一任人民县长。这段时间为期虽短，但在我的一生中却留下了极为深刻、难忘的印象。现在仅就自己亲身经历的一些事记述如下，如有不对的地方，尚请知情者指出改正。

　　1949 年 8 月下旬，正当人民解放军围攻兰州消灭马步芳的主力部队时，第一兵团各部解放了临洮、临夏等地。临夏原是马步芳家族的祖籍，又是屏障青海东南的门户，人民解放军解放了临夏，就打到了马步芳的痛处。马步芳像热锅上的蚂蚁，除向蒋介石中央政府发出了十万火急的求援电报外，又调兵遣将星夜开拔相救。俗话说，兵败如山倒。当时马步芳虽然使尽了浑身解数，但还是挽救不了已经注定的败局。马步芳的新编骑兵军韩起功部在临洮和解放军接触了一下即溃不成军，稀里哗啦地往后流窜，马步芳的胞兄、前国民党四十集团军副总司令马步青也带着妻妾儿女和平时搜刮来的人民血汗钱从临夏经循化向西宁逃奔。那时的循化风声鹤唳、一夕数惊、兵荒马乱、人人自危，广大群众叫苦连天。

　　我早年曾在马步芳军队里当过中校参谋，和马步芳的许多军政官员都厮混得很熟；解放前虽然早已解甲归田，但仍担任着马步芳"百姓害"（德兴海）在循化的仓库主任。韩起功败退过来时问我："你走不走？"循化县伪县长王敬伯也私下和我商量："走不走？"我一一都连忙回答："走，走！你们先走，我收拾收拾后面来。"其实我早已下定决心不走了。那时我对马步芳没有那么痛恨，对共产党和解放军也没有怎样惧怕，我想不管哪个朝代，都不能不要老百姓。我的一颗心就是牵挂着老母亲，她早逾古稀，风烛残年，安住古居，尚且朝不保夕，又怎能背井离乡，逃往他处呢？何况三弟周文煊（在甘肃夏河县任伪警察局长，后起义随一兵团去新疆，现离休）杳无音讯；四、五二弟尚在马步芳部队中服役，开赴陕、甘前线，下落不明。但是我又不能不应付一下眼前的局势，我牵着骡子专门到溃败下来的骑兵军里去钉掌，并且把行李都收拾好，也把家中比较重要的东西送到了托坝村的亲戚家，故意做个样子让人看。以后，风声越来越紧，兰州让解放军打下来了，王敬伯又来问我："不行啦，上面来了命令，叫坚壁清野。""啥叫坚壁清野？""就是让点城，把啥都烧掉，让八路军来了以后没粮吃，没房住，没水喝，把他们困死……"没等他说完，我就吃惊地反问："你家如今住在甘都，老根子还不是循化人！？看来，你连老祖宗都不顾了。"王敬伯为难地说："不烧城，韩起功现在甘都，我去甘都就交不了差！"我听后沉思了一下说："这个你放心，你带上家眷行李先走，今晚在甘都河沿看我烧城吧！"王敬伯怀着迷惘、狐疑的心情，匆匆地离开了。

王敬伯刚走不久，从临洮、临夏逃下来的溃兵，也一窝蜂地拥过了黄河，随即听说驻甘都的新编步兵军马全义也纵火焚烧了县城以西黄河之上的唯一大桥——握桥（古什群峡桥，由于该桥系从两边用巨木一层一伸地架设起来，远远望去，恰似两人握手，故习称"握桥"）。因而我就作了决定，带领"德兴海"仓库的同人文天民、石廷芳及庞甲三等很多人，把现存在县政府的大堆柴草，一次又一次地、一大垛一大垛地都堆在县府旁边的箭道空地上。天刚黑，开始了"点城"，霎时间浓烟翻滚，烈焰腾空，远远一看"还很阵势哩"！我一面看着浓烟大火，一面想着此时的王敬伯大概在甘都马步芳公馆里和韩起功、马全义的面前夸说他在循化坚壁清野的"丰功伟绩"哩！

"烽火戏诸侯"的"点城"之举，无异于给已经混乱不堪的局势火上浇油。循化城乡的老百姓由于反动宣传的影响，精壮散于四方，老弱转至沟壑，各村各街十室九空，我的老母亲和家人也都逃到了县城南乡藏族聚居的山沟里。唯独我怀着惴惴不安的心情，听天由命地等待着难以捉摸的未来。我当过兵，胆子大，有些社会阅历。1936年还在河西阻击过中国工农红军。当时，我出于恻隐之心，曾在马匪军的刀口下救出了几个红军被俘人员，并收留了一个名叫胡克文的孨娃当作义子（后在军队撤回青海途中被马匪其他部队裹走）。在两军交锋中，我对红军的英勇顽强、群众纪律有了一定的认识，思来想去，我认为红军绝不会变得像反宣传所说的那样坏吧？有了这样的认识，我的胆子就更壮了，决定小心翼翼地暗自准备迎接解放军的工作，争取百姓安居，地方安宁。

1949年8月27日（农历闰七月初四，星期六），阳光灿烂，天朗气清，是一个永远值得纪念的美好日子。这天下午，循化城东四里多路的土门子桥，经过一阵激战之后，循化民团团长王福成事先纵火焚烧了此桥。此时，把守该桥的残部溃退下来，王福成泅过黄河逃到积石山去，其他溃兵丢盔弃甲，四处逃窜，他们一面狂奔，一面呼喊："共产党来了！共产党来了！"我听见之后，立即和县商会会长马瑞斋等十余人，按照事先的商定，牵着一头佩着红布的老花牛，抬着满满一门扇西瓜，举着由孟毅伯老先生书写的标语，簇拥着当时年龄最大的张银匠老阿爷、尹老掌柜等前往迎接解放军。刚出东门，就远远望见解放军排成四路纵队威武雄壮地开了过来。我们连忙上前搭拱献礼致敬。解放军同志一个个都是边走边说："谢谢老乡！谢谢老乡！"有的拉着我们的手，有的摇着我们的肩膀，表示十分的热情与友好。我们端着礼品不断地敬献，他们婉言谢绝，又浩浩荡荡不停地前进。我们端着的好西瓜，他们连看都不看一眼，我们被解放军秋毫无犯、军纪严整的感人行动征服了；古今中外，谁见过这样的仁义之师！马步芳把共产党诬蔑为洪水猛兽般的反宣传，顷刻之间，在我们的脑海里就烟消云散了。古老的循化，就这样一去不复返地送走几千年以来的黑暗痛苦岁月，迎来了各族人民自己当家做主的崭新历史！

人民解放军解放了循化，循化的百姓陆陆续续、欢天喜地地返回了自己的家园，我在精神上感到了极大的满足，就大放宽心地和姓穆的一位友好彻夜畅谈。不料，第二天早晨我们还谈得起劲时，门外就有人高声呼喊："周局长（因我曾任过税务局长，故人这样称呼），王司令员请你！"王司令员是谁？又有何事唤我？我心里七上八下地随着来人来到了草滩坝王福成家的北房堂屋，昔日好友——临夏大河家的马全钦先生（民主人士）立即将我介绍给一位亲切和蔼、谈笑风生的解放军首长。他说："王司令员，这就是我给你保荐的周文焕先生。"王司令员立即和我握手道谢，热烈赞扬我们隆重迎接解放军的革命行动。我当时真是受宠若惊，手足无措，只是连声说好。寒暄一阵之后，王司令员当即亲自主持召集现有在城关的群众，选举县长，成立临时县人民政府。会上共推选我为县长，马瑞斋先生为副县长。事情发生得太突然了，我和马瑞斋面面相觑，但在王司令员的大力支持和群众的盛情推举下，也只好硬着头皮勉为其难地去"上任"。

原来，王司令员就是率部解放循化的第一兵团司令员王震同志。王震同志随身带了个到西宁劝晓青马军官投降的劝降团，马全钦就是这个团的一个成员。他向王震同志介绍了我的情况后，王震同志便直接支持我当了循化的第一任人民县长。可是当我们两人去"上任"时，却被驻扎在县政府的门卫同志"挡了驾"。我俩返身又求见了王司令员，并说明了原委。王震同志立即命令通讯员给王恩茂同志打电话："让驻扎在县政府的部队马上搬出来，叫民运部的同志迅速搬进去，民运部在当前的任务就是帮助两位县长维持地方秩序，支援大军渡河。"我们两个就这样先后两次见到了王震同志。王震同志明智决断、平易近人的优秀作风却给我们留下了终身难忘的美好记忆。

遵行王震同志的指示，我们俩合力协助郭鹏军长、王恩茂政委、左齐主任等所指挥的二军指战员们北渡黄河。黄河在循化境内像一匹桀骜不驯的野马，被积石山制服在怪石林立的峡谷里，水深流急，自古以来就称天堑，何况上下数百里内唯一的古什群峡桥又被匪军焚烧了，数万大军要胜利飞越谈何容易。但是又有什么困难能阻挡住人民解放军的前进步伐呢？我们四处动员群众，组织水手，夜以继日地扎木排、绑皮筏、修补破烂船只，并将黄河南岸的几艘船磨坊丢掉石磨，也利用起来。经过几天坚持不懈的努力，支援二军前卫师——第五师终于8月31日在查汗都斯试渡成功，并控制了黄河北岸的滩头阵地。接着又开辟了伊麻木、草滩坝两个渡口，上下数十里内的各族群众都争先恐后地投入了支援大军渡河的热潮。各个渡口的欢声、歌声、号子声从早到晚，此起彼伏，不绝于耳，好似正在奏着千军万马飞越关山、胜利进军的宏伟交响曲。军民之间齐心协力，同舟共济，欢洽无比。军首长说："危险时刻，我们指战员宁可自己做牺牲，绝不让老乡们有丝毫闪失。"老乡们说："我们人熟、地熟、水性熟，支援解放军渡河是我们义不容辞的任务，不管遇到什么困难，我们都要一马当先！"许多水手穿梭般地南北往返，一天十余次地牵着军马凫水渡河，仅马光蛟和韩拉麻扎等5人在9月5日一天就牵渡军马近40匹（此事见《甘肃日报》，1949年9月18日）。当时，我具体负责草滩坝渡口的后勤组织工作，和郭鹏军长等一道目睹这次大军船筏齐发，当地青年水手韩七十八、韩阿卜都等大显身手，乘风破浪的支援大军很快抢渡的镜头，不禁心潮起伏，思绪万千，想到自己能跻身于这一伟大行列，并为之贡献自己的一分光热就感到无比的自豪和无上的欣慰。但是不幸的事情还是发生了，有些解放军指战员在乘渡河时被激流吞没，为了解放青海的光辉事业献出了自己宝贵的生命。直到现在，我们这些人每一念及还感到内疚，感到有负于王震同志的当面重托。

我们兴奋、积极、紧张的生活持续了一星期多之后，又陷进了一个短暂的然而却是艰险的真空时期。解放循化的人民解放军在渡河之后又继续前进了。当二军首长临离开循化时对我们说："今后多与临夏的鲁专员取得联系。"（鲁系×军政委，时留临夏任专员）此时，循化县在马步芳部队里溃逃的散兵游勇回来了，他们之中除了少数人尚能安分守己外，大多数则本性未改，三三两两啸聚山林，拦路抢劫，杀人越货，又弄得黎民百姓日夜不安，人人自危。我们两个当县长的愁肠百结，干急无法，不要说剿服他们，就连二军给我们留下的100多支枪支也怕被他们弄走，不得不硬着头皮带领刚组织起来的一些人站岗放哨，日夜巡逻。同时殷切地盼望着省军政当局迅速派人来循化正式建立人民政权。

一天，化隆县新任县长刘坚壁同志带话来了，叫我们到甘都见面，加强相邻两县之间的配合联系。我们去甘都办了两件事：第一是加强了两县的相互联系，听到了省委派人快要来循化县的消息；第二是见到王敬伯主动交出的他在循化当县长期间搜刮的民脂民膏。我们刚从甘都回来不久，就如释重负地迎来了郭若珍同志。郭若珍同志是省委派在循化的县委书记兼县长，他带来了一批干部和营指战员，迅速地稳定了循化的政治局面。我和马瑞斋又都担任了副县长，协助郭若珍同志工作。不久，也招降了藏在积石山里的王福成等人，并收抚了地方上的一些流贼惯匪。从此，古老的循化就真正以崭新的面目，开始了新生活的建设。

回忆循化回族、撒拉族初期兴办教育经过

高凤翔

　　1929 年，是循化回族、撒拉族兴办教育的开端。1928 年农历三月初七，马仲英途经循化并袭击县政府，释放了在押囚犯。就此一事，时任青海省主席孙连仲，专派旅长高树熊，会同前西宁镇守使马麒次子马步芳，前来循化办理附匪事宜。当时高树熊和马步芳在街子清真大寺，召开了有临城四庄的老人头目参加的一次大会。除询问马仲英来循化的情况外，特别对高树熊讲话说："你们循化的回民和撒拉族，不学习文化、不重视教育、不懂做人的道理、不关心国内外的大事，所以你们在每次变乱中，不分是非，不明真相地参与闹事，其结果是吃了亏，受了害，今后地方要办教育。"高树熊和马步芳返回西宁，向青海主席孙连仲汇报办理马仲英至循化的事宜后，又谈及循化教育落后，特别是回民、撒拉族人很少读书的情况。孙连仲最后说："青海回民不读书，汉民重迷信，现在立即通知各县，兴办地方教育。"时隔一个月，马步芳派人从他甘都私邸，驮来银圆，交给四庄学校董事会，用于修建学校经费。当时马外家、马七斤、高三十八、陕老三、杨麻赞、尕四十、韩五拉五等负责修建瓦匠庄学校。1930 年春，学校略具规模，建有教室 4 座，宿舍 10 间，厨房 3 间，厕所 4 间，开始聘请教师，招收学生，正式开学。高树熊在街子清真大寺的"讲话"，被视为循化回族、撒拉族兴办教育的开端，加上一些进步人士的重视，促进了循化回民、撒拉族的教育事业。

　　1930 年，初办瓦匠庄学校达 6 年后，相继开办了清水学校、街子学校、白庄学校、

查加学校、崖曼学校、苏只学校、孟达学校、查汗都斯学校。往昔不闻书声的撒拉八工，至此，已到处是琅琅的念书声了。

1930 年，孙连仲部骑兵旅旅长安树德（回族），在开创的青海省回教教育促进会的基础上，进一步充实、扩大。初设的会员制改为委员制。马步芳兼任委员长，并在西宁水北门外修建了回民学校（后改为昆仑中学），同时各县逐年设立回教教育促进分会。循化教育促进会成立于 1933 年。任命马维善、马文德为第一任正副委员长，办理促进会所属学校之行政，如教职员的调派、督促儿童入校念书、教职员工资核发等事宜。1938 年，又开办了伊麻目、拉边、西沟、立伦等初级小学。鉴于学校的逐年增加、学生的日益增多以及教职员的缺少、校舍的不足等问题进行了全面整顿。并派当时回中毕业生马步荫，任循化回教教育促进会教育长兼街子完校校长。还有回中生马明德、马天德、马检魁、马福禄、喇世荣、马文良等分别任校长，并有教员 30 余人。教育分会设有秘书、录事、财务、文案。学校有教务、训育和事务。学校为了调动各方面的因素与地方紧密配合，成立了董事会，委任当地有权势的头面人物担任，董事会会同学校校长管理学校一切事务。因而，循化回族、撒拉族的教育事业逐渐趋于正规。到 1947 年底，发展到完全学校 9 处，初级学校 10 处，入校生有 2795 人，教职员 81 人。

以上忆叙是笔者亲见、亲闻、亲历的。因我幼时读书于瓦匠庄学校，继而后笈于西宁回中，高中毕业后，长期任职于回教教育促进会的校长。1947 年秋，调升为循化回教教育促进会教育长。因此，对于循化的撒拉族、回族教育，我是身任经历。故以存真求实的精神，书写了"三亲"文史资料，以供辑史者参考。

循化创办邮局始末

郭乔五

　　解放前循化地处边僻，交通闭塞。在清末民初以前，凡外出谋生以及负笈求学者，年长日久，难得家中信息。偶有回家之人，才有机会写封家信托其捎去，并对捎信人送些人情礼物或资助点盘费，真有"家书值万金"之感。清末宣统二年（1910），循化始办邮寄代办所。当时待遇微薄，无人接收代办，经再三动员，由本县城内人郭凤鸣出来担任。从此，来往信件，始能畅通无阻。代办业务日渐发展，于1922年成为三等邮政局，由兰州邮政管理局管辖。其编制人员，设局长一人，信差一人，均由兰州管理局委派，其信差一职，由郭凤鸣长子郭全栋充任，郭全栋病故后，由其胞弟郭全材（郭乔五）任。

　　当时邮局业务以皮毛邮包为主要收入，有陕西同州（大荔县）商人王大（名已忘记），每年在隆务、保安（后改设同仁县）一带收购羊皮、狗皮等数千张。当时该地尚未设邮局，仅有代办所，只收小型邮件，不收大宗邮包，故由保安驮至循化来邮，此其大宗收入之一。再有循化吉福祥、长兴店等商号，每年邮往天津等处羊毛数万斤；再由天津邮来布匹邮包数百件，仅此两宗邮包可收邮费数百元至千元银洋。当时大宗邮包，由于运输工具限制，每件重量不得超过16公斤；装入邮袋后，由骡子驮运，过大过重不收。这种局面维持到1947年，因青海马家官僚资本统制全省皮毛土产后，私商不准贩运做交易而大宗邮包即行停止。因而邮局收入不够支出，故撤局改为邮亭。

循化设为三等邮局时，所管辖的有化隆邮寄代办所、同仁邮局代办所、保安信箱、起台堡信柜、甘都信柜等共 5 处。当时信件书报均由邮差背送，遇到风雨、大雪，不保通行。邮路仅有三条：一、循化至临夏，每 6 天来回一次，两个邮差 3 天到一次。路线由循化至起台堡，韩家集到临夏，再由临夏经四十里铺、吹麻滩、尹家集、大河家到循化，顺带沿途信柜往来邮件。二、循化至西宁，每 7 天来回一次，3 个邮差 2 天到一次。路线由循化经甘都、化隆、扎什巴到西宁，返回时仍走原路。三、循化至同仁，每 5 天来回一次，邮差 1 个，往返经过保安信柜。循化邮局每两年由兰州管理局专派巡员视察 1 次。

兹列历任循化邮政局局长于后：

第一任，王××（名不详），兰州人。

第二任，施宪章，甘肃定西人。

第三任，薛庆余，兰州人。

第四任，陈得元，兰州人。

第五任，薛庆余（再任）。

第六任，张德泗，西宁人。

第七任，张国仕，乐都人。

马仲英起事经过循化的简述

周光天 郭乔五 周新吾 口述　　常明道 执笔

20 世纪 20 年代马仲英起事于西宁，经化隆、循化，到临夏作乱；其在经过循化的一段情况，虽历时 50 多年，而在我们的记忆中，犹历历在目。现将其循化活动的情况，略述于后。

1928 年 3 月 5 日下午 5 时许，马仲英率领叛兵十余人，从西宁经化隆到循化，在伊麻目渡黄河时，即向同船过渡的旅客中游说胁迫，过河后即持刀乘马，直奔县城；入城后，进入县府。但县府人员自上至下，竟无一人知其来意。老百姓见其来势凶猛，如临大敌，均皆避之，不敢接近。

马仲英领随从人马数十人进入县府以后，即找县长和其他县府人员。当时找出县长苗长惠和高帮审（相当于副县长）、将其二人捆绑起来，派人监守，并令其他随从人员分别开放监狱内在押犯人，搜劫仓库及县府内私人衣服等，想以此扩充势力。当时放出犯人好多，抢出的衣服发给犯人。在抢出库中白洋时，监守县长、帮审的叛兵置苗、高二人于不顾，也奔去掠取。苗、高二人趁此时机互相用嘴将捆绳解开，分头逃难；县长翻过东墙进入城隍庙，被守庙人急藏于棺材中；高帮审逃出县府至友人郭岐山家中，二人幸免于难。

马仲英将抢得的大刀、枪支分发给犯人后，伙同随从人员数十人出县府，在街头

劫去老百姓骡子3头。并令其随从人喊叫:"老百姓不要怕,我们是打国民军的。"还说:"你们愿意跟的,跟我们走。"随即出东门。离县府后,在城东石巷住了3天,一面召诱胁迫,一面派人探视临夏国民军虚实,两三天后,即过大力加山去临夏,和国民军寻衅不已。但由此引起了汉回民族的矛盾,以致酿成流血事件。至今思之,令人极为痛心!

循化县清水河及古什群峡建修木桥的经过

吴子衡

　　1921 年之前，马麒已任甘边宁海镇首使兼蒙番宣慰使。此年春，赴河州乩藏上坟，行抵循化清水河畔，见原有的木握桥变为宏伟壮观、平坦坚固的大木桥，遂下马参观。此桥东西两头各耸立着一架彩油漆牌坊，中间悬挂"清水桥"木匾一方，由西宁观察使湘潭雨民黎丹撰并书；两边卧扇板上嵌有"周道如砥，攸往咸宜"八字，为邑拔贡雪堂赵应瑞所题。马观后十分赞赏。

　　马麒返回西宁，途经循化县城时，士绅赵雪堂、詹翰宗、马伯寅、董海鹏、马楚卿等前往拜访。赵应瑞与马麒曾同官于清朝提督马安良军内，因旧交关系，马特别向赵询问此次重建清水河木桥之详情，赵据实以对，说："1919 年秋，邑人董绳伯时任宁夏护军使（昭武军统领），回里探亲祭祖时，路过清水河见到握桥（清光绪初年邑同知长赟修建），已有倒坍之虞，遂慨捐白银 800 两，以作重修清水河木桥之用。当即，面托马伯寅、詹翰宗、马楚卿当督工。董绳伯返回宁夏时与邑人徐励吾（时任河州镇守使步兵二营营长）相约。来年春，率其该部官兵赴循化家乡为修建清水河桥主事。又面请循化县县长袁国治相助建桥事宜。应用木材由尕楞乡森林内备齐，采购大原木 400 根，征集八工撒拉民、六沟藏民、汉民以及回民民夫 400 名轮流服役。招聘甘肃永靖县白塔寺知名木匠大掌尺陈来成前来负责建桥。依照兰州黄河铁桥之样式修建清水木桥。二掌尺椿喜成、何进成专做桥头东西两面牌坊。历时 5 个月建成桥身长 13 丈 5 尺、

◎循化清水河桥（美·海映光 拍摄）　　◎循化古什郡桥（美·海映光 拍摄）

宽度 1 丈 8 尺的木桥一座。所有木、石、铁等费用从捐款中支出。这次建桥共投 8 万个工日。"

马闻听之后，极表赞许。当即提议在古什群峡（峡南岸有个村庄叫古什群，谓之古什群峡）依照清水河桥样式修建木桥一座，并面请赵雪堂、马伯寅、詹翰宗等协力监工。所用木料、所征民夫，由循化县县长袁国治按照清水河桥前例办理。并派一营步兵到古什群峡建桥处做工。建桥费用由循化县地方财政开支。

1921 年春，袁国治、赵雪堂、马伯寅、詹翰宗等商议建桥事宜。仍请木匠大掌尺陈来成到古什群峡负责建桥。建桥地基勘定在拱北峡出口处，其南岸山脚到河边是 20 多丈的平坦地，北岸山脚到河边是 20 多丈的偏坡地。此处离县城 60 里。开工时间定于来年 4 月间。

到期陈来成掌尺带木工匠人来古什群峡施工地点开工。从尕楞乡森林内采购大原木 400 根，长度 6~9 丈，直径 2~3 尺。历时 6 个月，建成长 15 丈 5 尺、宽 2 丈的大木桥一座。桥南面码头底根到握木顶层，高 9 丈，两侧宽 7 丈。打宽五六寸、厚四五寸、长四五尺的石条 800 多个，均以白石灰拌糯米浆砌成，石条两端钻成凹形铆，以宽 4 寸、长 6 寸、厚 3 寸的生铁钉嵌下去，仍以白石灰拌糯灌浆，砌成墙壁式的石条码头。北面利用自然形成高 9 丈的岩石，石匠略加钻修作为码头，很坚固。两岸握木是 14 层，每层长 6 丈，直径 2 尺余的大原木 10 根，每层往河中间伸 6 尺，一面 7 层，计伸出 4 丈 2 尺，两面共伸出 8 丈 4 尺。桥身横长的空间是 7 丈 1 尺，用长 8 丈 7 尺、直径 3 尺的大原木 8 根作为过梁。这次建桥，循化县财政共支出 1800 余元，历时 6 个月告竣，投 12 万个工日，到"双十节"举行落成典礼，庆贺建桥成功。

1928 年秋，黄河上游连降暴雨，河水猛涨，南岸码头为人工砌成，经不起巨浪冲击而坍垮。因之整个大桥就被水流冲去。

1931 年马麒去世后，马麟继任青海省主席，他派亲信何清斋（马麟木厂总经理）来循化重建古什群峡创建黄河木桥，一切费用照前例办理。并二掌尺何进成负责建桥。同样派一营步兵前来做工，历时 4 个月落成，桥身结构与前桥基本相同。

1935 年夏季，古什群峡黄河木桥被烈火烧毁，起火原因，至今不明。

1938 年，马步芳任青海省主席后，曾派其师部参谋王文炘来循化修建古什群峡黄河木桥。有关建桥事项，仍照前桥办理。与此同时，马步芳令营长马如蛟、营副宗占彪带领红四方面军流落人员 700 余名编为工兵营，到古什群峡南岸开垦荒地 2000 多亩，又筑 500 亩苹果园大墙一处。其后，又令其到古什群峡建桥处做工。历时 4 个月告竣，直到 1949 年 8 月 27 日，韩起功部溃退到古什群北岸，企图以黄河为屏障阻止解放军的进军，逃走时马步芳新编步兵军长马全义，骑兵军长韩起功命令化隆甘都民团营长马瑷部焚毁此桥。

1971 年，在党的关怀下，国家投资在伊麻目渡口用钢筋水泥修建了一座宽敞坚固的国防大桥，永远结束了在险浪上横渡黄河的苦难生涯，为各族人民的相互往来、交流和各民族的繁荣发展开辟了新的天地。

北塔山事件的经过

马得勋

北塔山位于新疆北部，北纬 41°3′，东经 91°2′，东西长约 60 公里，南北长约 20 公里，海拔 1200 多米，距奇台县 200 多公里。原始森林遍布山坡，山上山下流着涓涓溪水，是个优美的风景佳域。不仅如此，北塔山地处边陲，与蒙古国接壤，在军事上有着重要的战略地位。长期以来蒙古国企图占领我北塔山，利用种种借口，不断向北塔山进犯，直至 1947 年 6 月酿成了震惊中外的北塔山事件。

1946 年，马步芳所属骑五军军长马呈祥当时就活动在北塔山一带。

一天，美国驻迪化（乌鲁木齐）领事馆的副领事马克南来到马呈祥处，给马透露了一个可靠军事机密：蒙军一个混合营的兵力，已越境到了北塔山附近的大松树沟，叫马以防万一。

当时，哈萨克族牧主头领乌斯曼任阿山第六区专员兼保安司令，大列力汗（蒙古族）任副专员。两人长期不合，经常钩心斗角，直至分裂。大列力汗带十几名亲信投靠了蒙古国边防军，乌斯曼为了防止大列力汗的进攻，也积极扩大自己的势力，军队由原来的 1000 多人扩充到 7000 多人。马呈祥为了维持军饷，经常搜刮当地农民的财物。

一次，乌斯曼派了一个 30 多人的侦察排到奇台县探听骑五军暂一师的军情，在返回途中抢掠了当地农民的马匹和财物。农民将这一情况告于驻防当地的韩福良团部，韩即派了一个连追击，途中俘房一名哈萨克兵，送交军部审理。被俘者名叫秃子（别名），是乌斯曼的侄子，在乌部任连长。马呈祥为了收买乌斯曼来扩大自己的势力，巩固北塔山，便见机行事，将秃子放了回去，并送马1匹、步枪1支、子弹100颗。秃子回去不久，牵了两匹大洋马，带着乌的一封亲笔信来探望马呈祥，从此乌与马关系日趋密切。

1946年3月，乌斯曼公开投靠了骑五军。当年4月马呈祥在奇台县北部整训乌斯曼部队，并驻防在北塔山哈萨峰，成立了哈萨办事处，韩得彦任处长，专给马供应武器、弹药等。

一天，暂一师师长韩福良令马天福连给乌斯曼送武器，马天福到达哈萨峰的当天夜里，正值大列力汗率蒙古国边防军悄悄包围了哈萨峰。乌、马看到形势危急，要求韩师长增援。韩把这一情况告于马呈祥，马呈祥当即令马希珍连去增援，这时大列力汗探知马天福连也在哈萨峰，怕难以取胜，遂撤兵离去。

第二天，马天福连在返回途中与增援的马希珍连相遇。马希珍问明情况后给师长汇报，师长又电告军长，马呈祥看出事态发展的不祥之兆后，就令马希珍连去驻防北塔山的胡交尔一带，配合乌斯曼驻守北塔山。

马来到胡交尔，看出此处对作战不利，就投兵到能攻易守的小树林沟。而蒙古边防军的一个混合营就驻防在对面大松树林沟，距马希珍连20多里。

1947年6月1日，乌部的两名自卫队员在大松树沟巡视时被蒙古军俘获。得知乌马军情，第二日蒙军派出两名代表到小树林沟与马希珍会谈，叫嚷北塔山是蒙古国的区域，叫马希珍在24小时之内撤出全部军队，否则后果由马希珍负责。马希珍先是严词拒绝，但为了慎重起见，向上级汇报了情况，马呈祥复电说："两名代表中先放回一名，叫他回去再派人来谈判，留下的一名待后处理。"

6月5日早上6时多，蒙军突然向马希珍阵地发起炮轰，同时出动5架飞机，在大炮和飞机的掩护下，蒙军一个混合营的兵力气势汹汹，直逼马希珍阵地。

留下的那个蒙兵代表见时机已到，就夺路而逃，当即被马的部下击毙在阵地前。

各排立刻进入阵地进行还击，一排长马全福见形势紧张。回头寻找连长马希珍想要商量对策。但马不知去向，而且二、三排的兵力也无影无踪。马全福感到责任重大，只有同敌人血战才有出路，于是他返回阵地，鼓励战士要齐心协力歼灭来犯之敌。这时阵地上炮声、枪声响成一片，蒙军一次又一次向马全福阵地猛攻。

马全福排拼死力敌，同时端起机枪向蒙军飞机扫射，一架飞机立刻中弹，拖着浓烟在蒙军机场上空坠毁了，其余敌机见状，慌忙逃遁。

马全福渐渐感到寡不敌众，于是命令士兵死守阵地，自己到哈萨峰要求乌斯曼增援，乌二话没说就率部与马全福赶到阵地。经策划，由乌率80人绕到敌后，直取蒙军指挥所，而马全福仍留在阵地抵抗。于是兵分两路，乌率领80人绕到蒙军指挥部，经过一个小时的激战，俘虏蒙军十余人，缴获文件、作战地图、电台、枪支等，然后率部回到马全福阵地。

马全福阵地的蒙军得知指挥所被围，忙撤兵去增援，但等待他们的却是徒劳。

再说马希珍。当战斗开始时，他怕失利，就率二、三排悄悄到哈萨峰躲藏，以保实力，当马全福和乌斯曼会合反敌时，他迫于责任，只好随后来到了马全福处，这时战斗已经胜利结束，马全福问马希珍伤员如何处理时，马希珍说："管不了那么多事儿，赶快撤兵。"马全福勃然大怒，要求坚守阵地，还要把他逃走的事报告军长，给他定罪，并掏出手枪要枪毙马希珍，马无奈，只好罢休。

这次战斗从早上6时开始到下午5时结束，持续了近12个小时，我方阵亡1人，重伤11人，损失战马30多匹。击落敌机1架，缴获小炮1门，步枪20余支，手枪2支，无线电台1部，重机枪1挺，还有作战地图、蒙边防军的编制情况等物件。

北塔山事件立刻轰动了全国。当时的《中央日报》《和平日报》等报刊，均在第一版刊登《马希珍是一个勇敢善战的将军》一文。许多中外记者前来采访，一时间，马希珍成了闻名全国的英雄。马全福知道这一情况后非常气愤，到马呈祥前把马希珍临阵逃脱的情形说了一遍，马听后气愤至极，本想枪毙马希珍，但考虑到他已经在国内外引起反响，枪毙他会给自己造成不利，于是马希珍原职未动，只把马全福提升为副连长，并把北塔山事件的真实情况电告马步芳，马步芳复电说："对北塔山要加强驻兵"，并命令韩番团到北塔山驻守。7月，马步芳派慰问团到北塔山，通过新疆警备司令部授予马全福为"北塔山战斗英雄"的称号，奖给国民党第八号勋章一枚。从此，对北塔山的驻守更加强了。

此稿曾向了解这一事件的马全福、马福录、郭乔五、韩得彦等征求了意见，他们提了许多宝贵的意见，在此表示感谢。

解放前夕王福成民团烧毁循化土门子桥的经过

韩克力木　连　生　口述　　韩京夫　整理

1949 年 8 月，即循化解放前夕，王福成民团如何烧灰土门子桥，企图阻止解放军的情况，我略知一二，现将当时的情况叙述如下，若有错误之处，望知情者斧正。

土门子桥离循化县城有 2 里多路，桥长约 20 米，宽约 3 米，桥南是十几米深的大沟，与南山相连，桥北是奔腾的黄河，

◎　循化土门子桥　（美·海映光　拍摄）

因此这座桥是来往东西的交通要道，具有一定的战略意义。

桥西有王富成民团修筑的战壕，长约 70 米，宽约一米三，深约一米七。战壕顶上用木板覆盖。整个战壕呈横"弓"字形，在解放大军将要到来之际，王福成民团手持老式步枪，把守此处，企图阻止解放军的进军。

王福成的别名叫老人头，是伪新编军军长韩起功的弟弟。在循化解放前夕，王强行征拔县城附近的村民及河州一带溃散过来的民团兵共 150 多人，组成民团，自命为团长。

　　1949年8月26日，王福成跟随韩起功溃部到了甘都，马步芳为了阻止解放军的进军，电令韩起功烧掉土门子桥，韩把这一任务交给了王福成，王福成令本团营长韩有福（尖鼻营长）立即出发，执行烧桥任务。

　　韩有福奉命来到土门子桥，命令民团把就地存放的先前准备好的烧桥木料劈成碎块，堆放在桥面上，再撒些易燃物。

　　第二天上午，韩有福下令点火，顿时浓烟滚滚，烈火冲天，整个大桥只剩下一根没有被烧断的桥梁。到了下午，解放大军开到土门子桥前，一面就地烧茶做饭，一面向战壕里的民团大声喊话："解放军是为人民的，不伤害你们，快给解放军让条路吧！"韩有福闻言，走出战壕向解放军回话说："你们交枪吧，不交枪就没有过来的路。"于是双方开了火，解放军开炮轰击民团后面的土堡，胁迫民团投降，民团也开枪射击，解放军一人受伤，民团二人受伤。

　　大约过了两个小时，王福成骑着一匹大黑马，随行七人，朝土门子桥飞驰而来。解放军见状，以为民团的援兵来了，就向王福成一伙射击，子弹"突突"地打在马蹄周围，王福成见势不妙，拨马便逃。

　　战壕里的民团见此情景纷纷逃离战壕，大部分向桥南的羊圈沟涌去，其余人四散逃命。解放军见民团已散，在南山脚下很快修成一条通过沟底的小路，大队人马开始下沟，骡、马上驮着大炮之类的武器，他们在一片吆喝和欢愉声中过了土门子沟，浩浩荡荡地开往循化县城。看！循化的人民群众早已在城东的大路上，迎接着亲人解放大军的到来。

八千两黄金的由来

马得勋

不久前，我写了《马呈祥在新疆解放前夕出国的经过》一稿，刊登在《青海文史资料选辑》第十一辑上。很多同志看了后就问我："马呈祥在新疆才三年多，他哪里来的 8000 两黄金呢？可能是敲诈勒索、克扣军饷得来的吧？"我认为同志们的提问是很有道理的。因为写文史资料不能掺进虚虚假假，应当实事求是地去写。所以在此，我把八千两黄金的由来叙述如下，请同志们参考。

骑五军是 1945 年进新疆的，进疆后就驻防在离乌鲁木齐市 8 华里远的老满城，这个城由新疆警备司令部管辖。骑五军的一切军用物资由他们负责供给。但是骑五军是马步芳的嫡系部队，马呈祥是马步芳的外甥，一切重大行动都得请示马步芳，不受该部管束。

当时新疆抽大烟的人较多，一两大烟可兑换一两至一两五钱黄金，一般的人不敢贩卖，因为沿途各站都有宪兵搜查。当时马呈祥看到贩卖大烟有利可图，就请示马步芳。过了一段时间，马步芳给骑五军调来了 10 辆大卡车，借口给骑五军转运军用物资，实际上是马呈祥专门贩卖大烟的运输工具。当时，委派我和马宗义负责这 10 辆汽车跑运输。

第一次，我们按照马呈祥的指令，装了两车棉花，拉到西宁交给湟中实业公司的孟全礼经理。回新疆时，孟经理给我们装了两车硼砂，并叫我们把 5 箱"黑货"（指大烟）装在车最下面。这 5 箱"黑货"共重 250 斤。所有箱上打着"西北行营"封条。有此封条，沿途宪兵不敢检查。

次日，我们从西宁出发，到了宪兵检查站，宪兵见箱上有"西北行营"封条，只作了登记未敢检查。这样我们把货顺顺当当地运到了新疆，把5箱"黑货"交给了马呈祥。马见这次运输没出问题，心里很高兴，胃口就更大了，叫我们继续跑运输，我们来往跑了几次也没出什么问题。

一次，马呈祥交给我5万块金圆券，叫我到河州去收大烟，那时金圆券刚开始发行，多数人还没有看到金圆券是啥样子。这次跑运输的同样是两辆大车。我来到河州时，金圆券已不景气了，25元金圆券只能兑换1块银圆。我有些迟疑，最后还是把所有的金圆券换成了2000多块银圆，买了400多斤大烟，用牲口驮到兰州。我们的车早在那里等候，我们把大烟装到卡车上，从兰州出发，装有大烟的车在后，没有装大烟的车在前。当我们的车行驶到30里铺时，突然涌出三四十个全副武装的宪兵挡住我们的去路，说有人告到宪兵司令部，说我们往上（新疆）拉的是大烟，往下拉的是枪支弹药进行贩卖。他们收了我的枪，还要检查车辆，我极力说明我们没有拉大烟、枪支，但他们不理我，两个宪兵一前一后把我守住。检查开始了，先检查第一辆车，车上没有大烟。但他们很害怕，万一查不出大烟和枪支就不好交差，所以每隔几分钟，把检查的情况往宪兵司令部汇报一次。从早晨12点开始检查到下午2点多才检查完第一辆车，他们没有查出什么。在准备检查第二辆车时宪兵司令部来了电话说，第一辆车没检查出什么就不要检查第二辆车了。我顿觉如释重负，他们也很客气地把枪还给了我。

到了新疆，我把这次外出的情况汇报了马呈祥。当谈到宪兵检查汽车的情况时，马呈祥气得脸色发青，马上给兰州宪兵司令部打电话说："我们骑五军只有两辆军车拉军用物资，可是你们的宪兵今天这里检查，明天那里检查，我军的车无法行动，从今天起我们的车不再跑了，一切军用品由你们供应好了。"马呈祥打了一阵官腔，镇住了兰州宪兵司令部，他们说了许多道歉的话，并一再表明他们确实不知道这些情况，表示当即通知公路沿线宪兵今后不许随便检查军车。从这以后，再没有人敢检查我们的军车了，就这样我通行无阻地干了两年多贩卖大烟的事。同志们问我，你究竟贩运了多少大烟，我也记不清了。反正，8000两黄金是用大烟兑换是真的，谁拿大烟去兑换了黄金，我也不知道，因为我没有和第三者联系过。

循化城关清真寺今昔简述

常明道　韩京夫

循化城关清真寺是我县享有盛名的一座大寺，其建筑结构的精巧和壮观肃穆的艺术风格，令人惊叹。对于该寺的历史没有任何文字记载。现将有关清真寺的今昔情况叙述如下。

雍正八年（1720），原任翰林院编修张缙次及其他县府人员为了加强对县城的防范工作，统治循化各族群众，强行选拔各民族民工数千人兴土筑城。当时城内回族30户也参加了筑城的行列，他们的吃苦精神得到了官府的赏识。筑城竣工后，恰巧县官身染重病，几次求医，均未见效。正在危难之际，回族大阿訇韩木撒施展妙方，使县官转危为安，大病根除，县官感激涕零。这时回族群众正为没有礼拜地基而甚为苦恼，便趁此良机要求县府批给回族群众清真寺地基一处，获得成功。于是韩木撒阿訇一边筹集资金，一边带领群众到南山森林中伐木，砍下的木料用绳一根根往下转运，经过无数磨难，他们用自己的汗水和智慧战胜了种种难关，在平地上建成了自己精神支柱——清真大寺。

该清真大寺占地面积4亩余，大殿占地面积600平方米。殿内有顶柱12根，过梁3个。南北圆形门窗各2扇，殿前檐伸出5丈，下有顶柱3根。左右墙壁用砖磨平雕刻成许多形象逼真、栩栩如生的图案。殿台阶的最低一级两端各有一个用石凿成的圆形天鼓，上面刻有八卦阴阳图案，其义为精诚团结，维护真教。在天鼓之下各有一只凿刻的石虎。

天鼓压虎，其意则是压住人的怒气，平心求教。整个大殿的外形与其他清真寺相似。

前南北廊房各有 5 间，都是雕梁画栋、飞檐叠拱、粉墙碧砖，其中间石径通往，两边松柏掩映。在石径断处，唤醒楼豁然矗立。翘首而上，高达 30 米，共分 3 层楼亭，占地面积 30 平方米。

通过唤醒楼便是清真寺大门。大门共由 6 扇并列而成，门的两旁是用青水磨砖组成的雕刻精细的花鸟工艺扇墙；门坊上顶四周雕梁画栋，美观精巧的 20 多个拱斗伸展出微妙的飞檐。总之，结构变幻奇妙、出神入化、绚丽多彩、独具一格，乃建筑史上的珍品。相传，有位著名木匠来到祖寺大门前，顿时被它那神奇的结构迷住了。为了弄清奥妙，他在清真寺大门下观赏品味了三天，到了最后一天，他猛然从地上爬起来高兴地拍手叫道："我懂了！"话音未落就丧生了。

到了乾隆十三年（1748），花寺太爷马来迟任清真寺教长时对该寺进行了大修补。上架时他亲自用斧头砍了三下，说："这个寺将来能成为三百家的海伊寺。"之后城关清真寺一天天兴旺起来。在寺中他培养了很多有名的大阿訇，为伊斯兰教的发展起了重要作用。

1968 年初冬，"文化大革命"残酷无情地吞噬了宏伟壮观的清真寺。从此整个祖寺大院销声匿迹，成了乱雀飞度、杂草丛生的地方，目睹其景令人痛心，悲愤交织。但回族群众坚信共产党的领导，坚信这一切不会长久。"四人帮"终于被打倒了，全国各族人民拍手称快。党的十一届三中全会像温暖的春风吹遍了祖国大地，我们党的事业走向正常轨道，各项政策得到逐步落实，尤其是党的宗教信仰自由政策得到贯彻执行。

1984 年,党和政府没有忘记在"文革"中被毁坏的寺院,在经济上给予了适当的补偿。城关清真寺补款 10 万元，四庄回族群众深受感动，表示一定要为党的社会主义两个文明建设做出贡献。

当务之急乃是重建城关清真大寺。于是由回族老人尹焕彩牵头，召集四庄回族代表，经研究后决定由尹焕彩、常明道、马英、陕国良、马麻个、马奴奴、马振德、马松吉格、王艾友布等人负责建寺。尹焕彩、索永芳、马占奎和马万里当下各捐款1000元。于同年3月1日组织人力、物力开始重建城关清真大寺。直至1986年10月1日，一座壮观典雅的礼拜大殿正式竣工，总投资17万余元，总投工46500个工日，占地面积600平方米。礼拜大殿既有古代建筑典雅肃穆的气势，也有当今西式建筑美观大方的风姿。

礼拜大殿檐下雕刻着八层花纹图案，每层图案各显特色，龙飞凤舞、灵巧入化。殿前6根红色的水泥大柱子傲然挺拔，像是大殿的卫士。玻璃殿门被阳光一照，反光如金，其左右6根绿色的水泥柱携门而起。殿内宽敞明亮，近前便是4根绿色的水泥柱子，熠熠闪光，地面全是木板铺成，明光透亮，左南右北各悬挂3盏圆形的水银灯。中间顶板悬挂梅花样式吊灯1盏，左南右北玻璃窗子各3扇。当你走出殿门，走下水泥台阶，那十一层台阶的最低一级的两端，八卦阴阳天鼓依然如故，向人们显示它的力量。

1986年10月1日，城关清真大寺召开了有500多人参加的礼拜大殿落成典礼，县有关部门的领导也参加了庆典并讲了话，鼓励信教群众要爱国爱教，团结一致共图"四化"大业。有的老人含着泪说："只有党的正确领导，才有了清真寺的新生，才有了穆斯林群众的今天啊！"

同盟会员、甘肃女学创办者邓宗先生事略

邓 明

20 世纪上半叶，黄河上游谷地循化出现了一户教育世家。他们或兴办女子教育，或打破"女禁"率先进入大学，或兴办甘宁青新第一所高等学校。他们辛勤耕耘，桃李遍及河湟谷地、三陇山川。这是教育史上一个颇引人注目的现象，大有深入研究的必要。这个教育世家的第一代传人，就是同盟会员、兴办女学的邓宗先生。

从廪生到甘宁青第一代大学生

邓宗，字绍元，号翰清，别号汉卿。清光绪八年（1882）出生于甘肃省西宁府循化厅起台堡（今青海省循化撒拉族自治县道帏乡起台堡村）。其始迁祖是南阳（今河南南阳）军人，明洪武年间随征西将军邓愈经略河州（今甘肃临夏），戍守循化，遂落籍起台堡，世代以耕读为生。邓宗之父名效忱（1840—1929），清同治、光绪年间武举人。母王氏，生七子：长子邓宝，在起台堡务农；次子邓富，字文卿，光绪乙酉（1885）拔贡，历任西宁师范学校校长、门源县长，能诗善文，清末参加循化厅地理调查，参与厅志纂修；三子与五子早夭；六子邓寰；七子邓寅，字炳卿；四子即邓宗。

邓宗从小进起台堡私塾攻读，18 岁左右考中循化厅儒学廪生，名列第一，后参加

录遗乡试，考列第一^①。光绪二十八年（1902），清廷废科举、兴学堂，陕甘总督崧蕃奉诏创建甘肃大学堂，邓宗以廪生资格考入就学。光绪三十年（1904），改名为甘肃文高等学堂，这是大西北除陕西省之外唯一的一所新式高等学堂，招收今甘肃、青海、宁夏、新疆士子入堂。这所学堂本着"中学为体、西学为用"的办学方针，设有经、史及数、理、化、外语等课程。总教习刘尔炘讲经学、修身；慕寿祺讲史学；日本教习讲博物、理化、教育与心理学；其他教习讲万国公法、英语等。这使来自山区的邓宗开阔了眼界，明白了除传统儒学以外，还有更为新颖、丰富的西方社会政治学与自然科学。他勤奋学习，学业大进，于光绪三十三年（1807）以优异成绩毕业，被授予贡生资格，并第一批保送北京深造。邓宗经过复试，成绩优秀，被京师大学堂（北京大学前身）优级师范科录取。从此，他在这所中国最早的高等学府里尽情吮吸优秀的科学文化知识，为他日后兴办教育奠定了坚实的基础。

反对清室　力主共和

这时，清廷更加黑暗腐败，帝国主义加快了瓜分中国的步伐，中华民族危在旦夕。邓宗通过陕西同学李仪祉（字协和，德国留学生，水利专家）逐渐接受了孙中山先生的民主主张，萌发了反清思想，遂改号为汉卿，寄寓民族意识，并秘密加入同盟会。还通过李与在日本的同盟会陕西分会井勿幕等反清志士暗通声气。同盟会陕西分会与陕甘留日学生创办了《秦陇》（后改名为《关陇》《夏声》）期刊，邓宗被聘为期刊的名誉成员，他省出微薄的生活费资助期刊，并在京师大学堂设立代派所，经营《秦陇》的发行工作。《秦陇》就是通过这些设在国内的代派所而输入国内的，所刊文章起了宣传革命思想、唤起陕甘人民觉醒的作用。

---

① 张建：《和邓绍元鹿鸣私宴元韵（其四）》，诗注"君入庠食饩，录遗乡试皆第一"，载民国十九年《鹿鸣私宴集》。

宣统三年（1911）初，邓宗以优异的成绩毕业，奖给举人资格。离京归甘时，他接受同盟会的密令，肩负发展盟员、宣传革命、策划甘肃反正的重任。他到兰州后，服务于教育界，秘密从事革命活动。他在兰州绣河沿的寓所实际上是同盟会的秘密活动点，他们常常聚会，策划反清活动。

宣统三年夏，邓宗以"开通风气、启迪民智"为理由，取得在庄严寺（今兰州晚报社）公开设立阅报社的权利，开甘宁青新四省（区）设报刊阅览室的先河。邓宗打扫修缮殿堂，与老师慕寿祺先生一同捐款邮购京、津、沪、汉、穗等地出版的报刊、书籍，陈列其中，供知识界阅读；同时暗地里传播同盟会刊物。这些报刊、书籍载有介绍新文化、新思想、新知识的文章，更多的载有鼓吹民族革命、反对帝制的文章，并载有革命党人风起云涌地反清活动的消息。当时，这犹如一股清新之风吹进闭塞的兰州城，使兰州知识界人士耳目为之一新，进而认清了形势，为甘肃共和做了舆论准备。10月10日武昌起义的消息传到兰州后，当局立即封闭了阅报社。

10月22日，陕西响应武昌革命，脱离清廷，建立军政府。陕甘总督长庚奏准署陕西巡抚升允率甘军征陕，遭到陕西民军抵抗。12月，各省纷纷独立，清廷被迫征求国体民意。长庚召集省城各界人士，借口讨论承认共和或力图恢复的问题，以窥测人心。邓宗与甘州（今张掖）王之佐慷慨陈词，指出全国共和已成定局，甘肃僻居西陲，财力不厚，势孤力单，根本不能逆潮流而动，以恢复帝制；只有响应共和，才能维护国家统一，地方安谧，才能保护个人身家财产。长庚恼羞成怒，暗暗在签名簿邓、王名下注明"革"字，一俟升允攻入西安，立即扑杀邓、王。

邓宗与王之佐先生因力谏共和未获成功，遂联络建成军柴洪山部炮队管带梁国璋，在绣河沿邓宗宅密谋反正。拟于除夕辞岁礼上捉拿长庚，宣布甘肃反正。不意督署有所察觉，将梁撤职，事遂寝。1912年2月12日（农历十二月二十五）宣统帝逊位，南北达成和议。长庚封锁消息，下令加紧攻陕。2月26日（正月初九），邓宗、王之佐、慕寿祺、水梓等28人集会甘肃法学堂，拟定三条决议：（一）选代表四人谒见长庚，要求立即宣布共和；（二）停止攻陕；（三）采用民国年号西历纪年。此时，旅京、沪甘肃绅士秦望澜等也致电敦促长庚立即宣布甘肃共和。长庚内外交困，见大势已去，只好让赵维熙暂摄总督，自己灰溜溜离兰而去。3月15日，邓宗与王之佐等人迎来临洮李镜清主持省务，甘肃宣告共和。接着成立临时省议会，推举邓宗、王之佐等36人为议员，李镜清为议长，刘尔炘、张林焱为副议长，选举邓宗等10人为甘肃代表，拟赴湖北参加各省议会代表大会。

8月，改组同盟会为国民党。国民党代理理事长宋教仁聘邓宗、王之佐、周之翰、慕寿祺、马邻翼、蔡大愚为特派员，组建国民党甘肃支部。邓宗与王之佐主要在教育界与进步青年中发展党员，填写证书。11月28日，在省文庙（今兰州二中）左公祠召开国民党甘肃支部大会，有1000多人参加会议，其中有党员300多人。大会推举慕寿祺为临时主席，主持会议。接着投票选举地方实力派马安良为支部长，周之翰为副支部长，王之佐为正评议长，慕寿祺为副评议长，邓宗为政事部主任干事。

邓宗立即筹措经费，延揽人才，筹建了甘支部机关报——《大河日报》。聘马安良兼社长，郑浚为总编辑。邓宗与聂守仁参与笔政。他们撰文抨击袁世凯投机革命的行径，宣传孙中山的主张。1913年11月，袁世凯下令甘督张炳华解散国民党甘支部，封闭了《大河日报》，并要收缴印刷设备。邓宗以印刷设备为民间经营为理由，力争不应收缴，遂得免于充公。

兴学从教　创办女学

宣统三年（1911）初，邓宗毕业回到甘肃，一直从事教育工作。刚到兰州，邓宗被甘肃提学使聘为甘肃优级师范教习，讲授教育学、伦理学、心理学、英语等课程。优级师范设在兰山书院（今兰州三中），招收全省各府、厅、州、县诸生入堂学习三至五年，毕业后分赴各地中学堂和初级师范学堂任教习。民国初年，甘肃教育界的名师狄道（今临洮）杨汉公、金县（今榆中）谢斌就是邓宗在优师的学生。

1913 年 3 月，甘肃优级师范改为甘肃省立师范学校，9 月邓宗被任为校长。他大力整肃校纪校规，扭转了学生违纪的现状，保证了教学工作的顺利实施。10 月，2 名学生私自外出十多天未归校，在学生中造成不良影响。邓宗认为："此自由行动，不惟丧失学生资格，且于学校管理上大有障碍。若不从严追究，何以儆效尤而维学风？"他根据学校《暂行简章》第 25 条，立即开除这 2 名学生，并请准甘肃教育司长马邻翼，发文学生原籍，追回学膳费和讲义费。通过这一断然措施，不仅提高了学生们遵守校纪的自觉性，而且使有限的学生补助费得到了合理的支付。

早在京师大学堂求学时，邓宗就接受了西方男女平等的民主思想，意识到女子获得教育权是男女平权的重要标志。常常慨叹甘肃缺乏女子教育，其重要原因是缺乏大批合格的女教师。于是，决心兴办女子师范教育。

1913 年 6 月，邓宗与王之佐、李德裕先生劝募经费，在兰州南府街（今金塔巷）租赁民房为教室，创办了甘肃第一所女子师范学校，出任主事（校长），以培养小学师资。由于风气未开，"男女授受不亲"的遗训仍禁锢着人们的头脑，"闺阁千金，足不出户"仍是一种规范，家长不愿送女上学。邓宗设法延聘女教员授课，聘女学监管理学生，因无人应聘，就动员夫人梁熙女士担任首任学监；先招收女儿邓春兰、侄女邓春藻、邓春芩入学，以起示范作用。经过这些颇费苦心的措施，终于打消了家长的顾虑，招收了 30 多位女学生。由于学生文化程度参差不齐，邓宗先让她们补习了一年功课。但因女教师程度较差，教学效果不理想，邓宗便聘请了一名年高德劭的饱学秀才方大士授课。不意家长一听是男教员上课，纷纷将女儿领回家去，只剩下邓氏三姊妹。

1917 年经甘肃省议会决议，改这所学校为甘肃省立第一女子师范学校，迁往兰山书院旧址（今兰州三中）。1920 年 2 月，省教育厅任命邓宗为校长。他多方努力，将每月大洋 300 元的经费增加到 530 元，然后聘请名师开满课程，提高了教学质量。

邓宗考虑到女学生整天被禁锢在学校与家庭中，不利于她们认识自然、激发美感，不利于她们的身心健康，于是组织了我省第一次女学生远足旅行的活动，震动了兰州。当时，女师学生每人每月发膳食费3元，学生多住家里，膳食费便被挪为家用。邓宗则认为学生的钱应花在学生身上，就令财务室将学生的膳食费积攒起来。这年暑期，邓宗就用这笔钱组织学生远足兴隆山。15辆轿车载着学生，她们奏着乐器、唱着歌，朝目的地驶去。在风景秀丽的兴隆山，学生们领略了大自然的美，结合博物，认识了一些花草树木，激发了学生热爱祖国锦绣河山的感情，陶冶了性情。

1921年，邓宗在女师创立甘肃第一所幼儿园，当时称为"蒙养园"。园址在女师西南部，教室里有玩具、小椅子；室外设滑梯、跷跷板。聘北京女子高等师范学校保姆科毕业生邓春芹为园主任，招收幼儿进行学前教育。

1914年4月，奉教育部令裁省教育司，在巡按使署内设教育科（类似后来的省教育厅），掌管全省文教事务。邓宗被任命为科长。他在任期内着重推进了基础教育。1915年，奉教育部令，通过巡按使署发布命令，改良全省私塾。当时，甘肃教育经费短缺，不能创办大批公立小学，严重影响了全省基础教育事业的发展。邓宗认为遍及全省城乡和私塾大有潜力可挖，只要各县举办短期塾师传习所，轮训熟读四书五经的塾师使之掌握一些教育学、心理学、算术、美术知识即可；或让师范生去当塾师更好。改良私塾，设国文（含作文、书法）、算术（含珠算）、手工（含纸工、泥工、豆工）、图画4门课程。但只设一名塾师，薪金不由国家支付，而由学生分担；学生十来人到二十来人不等；利用祠堂、庙宇、窑洞教学即可，不必投资建校舍。所以，改良私塾具有省费易行的优势。由于种种原因，全省改良私塾进展不平衡。1916年，邓宗就到兰州南关等10所改良私塾检查教学工作、学生作业，并逐一写出评案。他对黄家园改良私塾写的评案是："查该塾国文作法尚知注意应用文字；算术列式虽合，定位间有错误处，又算题中参用字码，尤为不合；手工种类太少。"[①] 通过这些具体督导，使省城改良私塾的教学质量逐步提高，对全国各地的改良私塾也起了示范作用。

---

① 刘尊贤：《清末甘肃优级师范学堂》，《甘肃文史资料选辑》第17辑，第1页。

1918 年 2 月，邓宗以省教育厅科长的身份对省立贫儿学校倍加扶持。此校增招 20 名新生，课本无着落，石板不够用，无法开课。邓宗从十分紧张的教育经费中拨出专款，解了燃眉之急，保证了这些劳动人民子弟的读书学习。

1919 年 6 月，北京女子高等师范向各省招生，邓宗主持考试，韩玉贞、孟自芳、田维岚、吴瑞霞、邓春兰、邓春芩 6 名女生以优异成绩被录取。但邓宗为避嫌疑，未让女儿邓春兰占用官费名额，而用自费让她去求学。后来，这 6 名女学生成为甘肃、青海的首批中等学校女教员。

解放前，教科书均由私营书局供应。1914 年，邓宗在兰州学院街（今武都路东段）创办合兴印书馆，一直到 20 世纪 30 年代，都从上海采购商务印书馆编印的新式教科书，以优惠价发行全省各县，保证了各中小学的正常教学工作，便利了学生，促进了教育。

1922 年（壬戌年），教育部颁发了"壬戌学制"，即小学六年（初小四年、高小二年），初中和高中各三年的学制。次年，甘肃省实行"壬戌学制"，一时间，适用新学制的教科书来不及配备，学校面临开不了课的危险。邓宗立即派人从上海购来大批经教育部审定的、符合新学制的教科书以应急需。省教育厅于 2 月 28 日训令直辖各校及各县知事，立即从合兴印书馆购置教科书①，满足了教学需要，保证了新学制的实施。邓宗还购进并销售各种进步书刊，以传播新思想、新文化。如五四时期的《新青年》《新潮》《民铎》《民国新人》等；甘肃旅京学生创办的《新陇》就是以合兴印书馆为"代派所"而输入兰州的。

1923 年，邓宗被选为甘肃教育会会长。他与教育会同人多方努力，促使甘肃督军陆洪涛从烟亩罚款项下拨出专款，建成教育会会议厅，给开展教育学术活动提供了场所。他还组织各种教育讲演会、讲习会，研讨推进我省教育事业的问题。在出席甘肃省教育行政会议时，大声呼吁增拨教育经费，振兴甘肃教育的问题。

1928 年，邓宗被聘为兰州中山大学（今兰州大学前身）评议会评议员，利用他在教育界的声望，积极为该校延聘教员，争取经费，为这所学校的草创和发展做出了很大的努力。

---

① 《甘肃教育司长马令安定、化平县知事》，载民国二年阳历十月十三《甘肃公报》第 481 号。

热心地方公益事业

1927 年爆发的宁汉战争，1930 年爆发的蒋、冯、阎大战，是国民党内部新军阀争权夺利的混战，它违背了孙中山的思想，给灾难深重的中国人民造成了新的苦难。邓宗非常苦闷，无力回天，逐渐对国民党的统治失去了信心，萌发了隐退的思想。1930 年中秋节后一日，邓宗在邓隆（德舆）先生所设的"鹿鸣私宴"上写的两首绝句，就是这种心情的流露：

年来时局等棋枰，苍狗浮云几变更。

只有至公堂畔月，照人依旧十分明。

中原龙战血花腥，鼍鼓声声走怒霆。

洗尽妖氛消尽劫，银盘如水酒初醒。

从此，他脱离政界，隐居兰州下沟亦园，与世无争地生活着。他写的联语："傍市临山且称乐地，莳花种竹聊以慰情。"正是这种田园生活的写照。他从洛阳引进牡丹名种姚黄、紫魏、玉蝴蝶，精心培育。花开时，上搭白布遮阳，延长了花期，听任游人观赏。

邓宗还做过一些社会救济事业与社会公益工作。1920 年 12 月，海固大地震，他捐出大洋 150 元，赈济灾民。1928 年，甘肃大旱，兰州雷坛河水流量锐减，溥惠渠水不敷浇灌，城南上下沟、官驿背后的一带菜地果园面临菜枯、果落的灾难。邓宗与邓隆组织菜农、果农集资制造了 3 辆大水车，置于白云观前，引黄水河浇城南园田，缓解了旱灾造成的损失。

1923 年，凉州（今武威）学者李叔坚先生病逝，邓宗挽以长联，表达哀思：

循吏本儒林，美公能身逝名存，东鲁桑麻留旧泽；

胜朝多遗老，问谁是时穷节见，西山薇蕨抱孤忠。

邓宗还被聘为一些学校董事会的董事，为学校募劝经费，推荐师资、提出改进教学的意见。他曾长期被聘为兰州龙岩小学（今上沟小学）董事，为这所私立学校的发展做了一些工作。

抗战期间，邓宗与孙炳元、赵元贞诸先生组织成立了"兰州北京大学同学会"，会址设在中街子43号，联络甘、宁、青的校友和流亡到兰州的沦陷区校友，齐心协力，搞好抗日救亡工作，并为发展甘宁青的文教事业做了一些有益的工作。著名学者顾颉刚、杨向奎等先生曾是该会会员。

眷眷故乡情

循化的山水养育了邓宗，酥油糌粑、松州茶一直是他最喜欢的饮食。他流寓兰州后，仍对家乡一往情深，尽其所能对家乡做了一些事情，以表达他的赤子情怀。

（一）支持文教事业

邓宗深知文化教育的重要性，他向循化学校及学生多次赠送自藏钤有"惜阴堂存书"章的图书以及合兴印刷馆所印图书，以启迪家乡子弟的智慧。这些图书至今仍在循化庋藏。

抗战时，邓宗以北大学长的身份，通过北大学生会向西宁湟川中学及循化中学推荐北大德文系王文俊、史学系王树民、物理系刘鸿宾任教，使这些学校的教学质量有所提高。

邓宗认为河湟地区某些人士的诗情与学术水平并不亚于东南首善之区的士人，于是他主持刊印河湟文人学者的文集，以发扬光大河湟精神。1915年，他在兰州合兴印刷馆出版的《鸿雪草堂诗集》就是其中的一种。此书用二号宋体铅字排印，显豁醒目，校对精良，装帧大方。此书是西宁咸丰辛酉拔贡张思宪（慎斋）的诗集，其诗苍凉悲壮，有杜工部遗风。

（二）扶掖家乡子弟

邓宗在兰州合兴印刷馆、下沟亦园热情周到地接待循化负笈学子，提供食宿，并为之四处奔走，介绍报考相应学校；同时资助贫寒子弟学费，使之完成学业，以服务于桑梓；或介绍他们谋取职业。如1916年在甘肃公立法专门学校求学的循化子弟詹世铭（新吾）、马师融（昭明）、赵焕奎（星五）、马师援（文波）等就是其中的一部分。

邓宗任甘肃省立师范学校校长时，勉励河湟子弟不仅要刻苦攻读书本知识，而且要面向大自然，仔细观察它的奥秘。一年级学生詹世典受到启发，就利用寒假攀登街子山，采集大理石标本，并作文字说明："循化有大理石之一种，色白，呈苍绿色之斑点，由石灰岩变质而成，可刻印章及妆饰品，产循化街子山。"后赠学校，参加学生课外活动展览。

（三）调解民族矛盾

1926年，循化县部分撒拉族与回族群众因宗教纠纷，不幸发生械斗流血事件，事态有扩大之虞。省府即派邓宗以循化人身份前去调解。他立即坐"架窝子"（驮轿），兼程赶到循化，走访当事双方头面人物，好言规劝，请以地方为重，以民族和睦为重，互为谅解，不要仇杀。他建议对械斗中的无辜伤亡者，可按"旧例旧规"办理善后，不要再追杀所谓"凶手"。劝解双方尽量避免械斗升级、激化矛盾，以免酿成更大的流血事件。经多方劝诫，双方情绪始有缓和。为了彻底解决问题，邓宗邀请双方头面人物到省城进一步协商。到兰州后，经省府宴请、调解，邓宗又在亦园宴请他们，并进一步做调解工作。经过艰苦的说服，终于化干戈为玉帛。

晚年及亲属

1955 年,邓宗在兰州病逝,终年 73 岁。甘肃省政协、民革省委送了花圈、挽联、挽幛;邓宝珊省长送白绸挽幛,悼念这位辛亥革命老人、甘肃省教育界前辈。

夫人梁熙（? —1950）,临夏人,未上过学。暇时向丈夫及子女问字音字义,并学写毛笔字,积日既久,能够阅读演义与唱本,如《红楼梦》《西游记》《薛仁贵征东》《薛丁山征西》等就是常读之书。平时吃斋礼佛。民国初年被聘为兰州女师学监,严肃校规,稽查学生出入,考查学生起居动作,缓解了家长的疑虑,促其将女儿送往女师上学,对甘宁青首所女师的建立做了点实事,长女邓春兰、长子邓春膏、次子邓春霖。

吁请解除大学女禁的首倡者邓春兰女士生平纪实

孟国芳

[**原编者按**] 这篇文章是根据孟国芳同志所撰《1919：邓春兰吁请除解大学女禁始末》一文为主，参考其《邓春兰吁请大学解除女禁始末》一文，经编者略加删节和修订，仍保持了原作的基本面貌。但时间仓促，未能请原作者过目，特此致以歉意！

在五四新文化运动中，第一个喊出了妇女的心声，带头冲破了大学女禁，为争取妇女同男子有平等教育的权利，而建立了首功；并在甘肃民主妇女运动史上竖立了一块丰碑的著名人物——邓春兰女士，是出生在循化的一位自幼接受新思想、新教育、新文化的女界志士。其生平事迹，足资为后辈楷模。

民主思想的萌生与发展

清光绪二十四年（1898），清王朝在内忧外患中发生了一次资产阶级改良主义的维新运动，史称"戊戌变法"。邓春兰女士就在这年的 7 月 3 日（农历五月十五日），出生在甘肃省循化县起台堡村（现属青海省循化县）的一个耕读之家。

循化县是撒拉族、藏族、回族、土族和汉族多个民族的聚居地，交通闭塞，地瘠民贫，文化落后，读书人甚少。邓春兰祖上均务农兼营商业，祖父邓效忱在距家 10 里的立伦堂

（村治）经营小商。后虽在左宗棠统治西北时考中武举，但仍居家务农。邓效忱生有七子：长子邓宝务农；次子邓富为前清拔贡；三子与五子早夭；六子邓寰；七子邓寅；四子即邓春兰之父邓宗。光绪末年，邓宗从甘肃文高等学堂进入京师大学堂（北京大学前身），学习伦理学和英文。毕业回兰后，在甘肃巡按使署任教育科长，继任甘肃省教育厅科长，兰州女子师范学校即于是时建立。辛亥革命时，他不满清王朝统治的腐败与黑暗，积极参加进步活动。辛亥年十月间，在甘肃总督长庚召开的会议上，他和议员王之佐等人一起反对保皇主张，力主共和。由于家长的开明和家庭教育的熏陶，邓春兰自幼即接受其父民主思想的影响，得以不缠足，少便读书识字，并能与激进的民主主义知识分子恋爱结婚，进而树立起追求真理，反对旧传统、旧教条的新文化、新思想。

7岁时，邓春兰随其二伯回原籍循化县，入初等学校念书。该校全是男生，女生只有邓春兰和她两个姐姐（春藻、春芩），周围村人议论纷纭，说什么"想当女秀才、女举人"，又有的说"念书不是姑娘们的事"，等等。她们没有屈服于社会议论，在原籍上完初小后，于1909年其父从京师大学堂毕业回兰工作时，便同姐姐到省城求学，插班入女子高等小学（淑贞小学）读三年级。刚读半年，武昌起义爆发，学校停办。

辛亥革命第二年其父邓宗与李德裕先生募款兴办一个女子师范预科班，收学生30多人，大部分为外省籍，本省学生仅为邓春兰姐妹。补习一年后，其父察知女教师程度较差，为提高学生学习水平，便聘请一位60多岁的男教师讲授历史、国文二课。孰料，因这位60多岁的长者是男的，学生便纷纷走散了，只剩下邓春兰姐妹和一个叫孙梦兰的学生。她们三人只上了3个月的课，这个班就只好停办了。

又过了一两年，风气渐趋开通，省教育厅在原校址开设了女子甲种讲习所，邓春兰又到该校求学。学毕，其父拟在省城倡办一所略具规模的小学，她和姐姐就动手办起来，姐姐任校长，她负责教学，直至1919年7月离兰赴京前为止。

1916年暮春，邓春兰与蔡晓舟结婚。蔡是安徽合肥人，出生于1886年12月18日，早年丧父，由其祖父以行医抚养成人。少年时即怀救国之志，投笔从戎，曾参加由陈独秀任会长的"岳王会"发动的马炮营起义。失败之后，又力倡办学。一次为兴教办学与豪绅龚某争地，当众演讲，断其左手无名指，血书办学决心，故在当地有"九指病僧"之称。因才志不得伸展，又奔北京投结他人，后又辗转来甘，因与邓春兰志趣相投，遂结为夫妇。

由此可知，邓春兰的青年时代，是中国人民奋起反帝反封建的时代。在封建思想还很浓厚、封建势力不甘于退出历史舞台的情况下，她幸运地受到了父亲开明思想的熏陶，奠定了她以后接受新事物、开倡新事物的思想基础。加以她的家庭拥护辛亥革命，主张民主共和，为她以后的深造提供了有利条件。她读书较多，好学深思，更爱弹琴、作画、吟诗，具有多方面的文化知识，成为当时特别是在甘肃一带少有的具有开明思想的青年女子。她与蔡晓舟结婚后，受到了更多的新民主主义的思想影响。她不缠足，不戴戒指、耳环，不愿做闺阁小姐。虽然家庭经济条件优越，但仍致力于"服务社会"；虽受过师范教育，但仍向往于大学深造。这些思想的萌生与成长，都为她在五四期间积极参加青年运动、争取妇女解放准备了充分的条件。

吁请开放大学女禁

在五四运动倡导的"民主、科学"两面旗帜下，广大青年知识分子对"男女平等""社会公开""婚姻自由""男女同校"等要求，形成了思想解放的新潮流。邓春兰女士便在这股潮流的鼓舞下，勇敢地站到"争取男女教育平等"的最前列。1919 年 5 月 19 日，她上书北大校长蔡元培，申述妇女与男子应"职业、政权一切平等"。实现这一目的，"应以教育平等为基础"，要求"国立大学增设女生席""实行男女同班"。她从妇女解放的高度，阐述了男女同校的必要性。

蔡元培是当时国内学术界的泰斗，很有影响的教育家。他在辛亥革命后就提倡男女教育平等。1919 年 3 月 15 日，他在北京青年会的一次讲演中曾这样说："……外国小学与大学，没有不是男女同校的，美国的中学也大多数是男女同校。我们现在国民小学外，还没有这种组织。"蔡先生这时还只主张先试办，并未主张在国立大学实行男女同校。所以，邓春兰决定上书给这位早已主张男女同校的校长。

邓春兰将这些想法讲给丈夫和两个弟弟（邓春膏、邓春霖，分别在北大和清华上学），得到他们的热烈赞成和支持，遂于 1919 年 5 月 19 日，邓春兰在兰州写成了给北大校长的信。该信全文如下：

子民先生钧鉴：

敬启者。春兰早岁读书，即慕男女平等之义。盖职业、政权一切平等，不惟提高吾女界人格，合乎人道主义；且国家社会多一半得力分子，岂非自强之道？欧美往事，可殷鉴矣。我国数千年皆沿防隔内外之陋习，欲一旦冲决藩篱，实行男女接席共事，阻力必多。且女子无能力，何堪任事！是故万事平等，俱应以教育平等为基础。昔者，孔子作而泗滨皆儒冠，朱家兴而当代多侠客。自来社会风气之转移，未有不赖先觉之倡为之倡导者。倘因循锢陋，不加改正，势必至天然淘汰，亡国灭种而后已。我国提倡男女平等者，民国二年，先生任教育总长，宣布政见，于参议院曾一及之。乃如昙花一现，遂无人过问矣。今阅贵校日刊，知先生在贫儿院演说，仍主张男女平等。然则，我辈欲要求于国立大学增女生席，不于此时更待何时？复查贵校评议会议决议，附设中学有取单级教授之规定，每班人数，不拘多少。春兰拟代吾女界要求先生，于此中学添设女生班，俟升至大学预科，即实行男女同班。春兰并愿亲入此中学，以为全国女子开一先例。如蒙允准，春兰即负笈来京，联络同志，正式呈请。

肃此。只颂教祺！万福。

春兰鞠躬

五月十九日

此信写成后，寄给北京蔡晓舟转交蔡元培先生，适五四运动后，蔡元培先生因故一度去职离京，上书未起作用。邓春兰并未因此而气馁，于1919年7月间首途离兰赴京。抵京后又投书报界，大造男女同校舆论，终于冲破女禁藩篱。

乘风破浪　赴京求学

邓春兰致书蔡元培约一个月后，北京女子师范从各省招生。在邓宗的主持下，甘肃省教育厅经过考试，按成绩录取6名女生，其中有邓春兰和她的堂姐邓春芩。时邓春兰已嫁皖人，其父为避徇私之嫌，以自费送其进京求学，另5人则以官费上学。临行前，兰州女师举行欢送会，为她们披红戴花，希望为甘肃女子争光。省教育厅派人护送，邓家有一亲属随同照料。

当时甘肃交通闭塞，进京仅有北路（经内蒙古）和东路（经陕、豫）两条。东路以陆路为主，但道路崎岖，土匪出没。考虑到安全问题，决定让6位女生走北路，沿黄河顺流乘筏，至宁夏中卫改舟而下，再转陆路乘火车进京。

1919年7月25日，邓春兰一行辞别亲人，离家赴河边登上木筏，即夜宿筏上。木筏上搭有篷屋6个，邓春兰与其堂姐住用一个，食宿均在筏上。翌日（7月26日）清晨，即解缆起程。黄河水流湍急，风大浪涌，筏行中流，诚可谓乘风破浪矣。邓春兰一行女青年6人，在千里黄河的惊涛骇浪中奔波数日，于7月30日抵达中卫（宁夏属）。从此地起，河面较阔，道路较畅，遂舍筏改乘木船进发。于8月15日安达包头（内蒙古属），经丰镇（内蒙古属）转乘京绥路，于8月27日到达北京。旅途33天中，邓春兰作日记33则，处处显现出她那坚韧不拔、自强奋斗的精神。

和她同去的另5人中，2人已婚，只能读幼稚班；未婚2人，入正式班。邓春兰也已结婚，既不能入正式班，又不愿入幼稚班，因此进了补习班。

一学期后，北大开了女禁，遂入北大学习。

冲破女禁　入学北大

邓春兰致蔡元培先生信寄到北京时，正值五四运动的高潮期间，反动军阀疯狂镇压学生运动，逮捕爱国学生。蔡元培先生反对卖国，同情学生，亲到警察厅以身家作保。无奈北洋军阀政府恣肆暴虐，遂愤而辞职南下，经津去杭。

邓春兰并未因此气馁，在启程离京之际，又拟写《告全国女子中小学毕业生同志书》，后附《致蔡元培先生信》，交由蔡晓舟转致报界，继续为男女教育平等、争取女子进入国立大学而大声疾呼。《告全国女子中小学毕业生同志书》全文如下：

报界诸先生转全国女子中学毕业暨高等小学毕业诸位同志大鉴：

启者，欧战告终，西半球之女子，多因助战功勋，实行获得参政权利，出席国会，为议员者已有多人，将见其女总统出现矣。

反观我国教育，尚未平等，遑论职业！更遑论参政！相形之下，惭愤何如？妹不敏，已代我诸姊要求北京大学校长蔡子民先生，于大学忝我女生席。不意妹函至京，适遇变故，蔡校长辞职，归隐至今，尚无结果。然兹事体大，鄙意以为与其依赖他人之提倡。何如出于自身之奋斗！天下安有不耕耘之收获哉！顷拟组织大学解除女禁请愿团于北京，凡我入团姊妹，进行约有二途：其因个人学力不充，未及大学入学资格者，则在大学附近组织私塾，延聘大学教师授课，努力补习；其因教育当局受其他方面之压制，而不肯解除女禁者，则联合同志用种种方法，以牺牲万有之精神，至百折不回之运动，务达我目的而后已。诸姊乎！如不慊于东洋式之良妻贤母之教育乎，则盍速起而自图乎？妹非不知不慊于东洋教育者，则往西洋；然力能及此者几何人，其如我多数失学之姊妹何？一管之见如此，尚希高明有以教我。再妹家居陇右，去京四千余里，且大半未修铁轨，故顷虽起程来京，而抵京之期则难预定。目

前如蒙同志赐函，请暂交舍弟国立北京大学法预科学正邓春膏，或北京清华

学校中等科学生邓春霖转交均可。

　　肃此。敬问学绥！

　　　　　　　　　　　　　　妹邓春兰鞠躬

　　1919 年 8 月上旬，邓春兰一行尚在赴京途中，北京、上海许多大报就发表了邓春兰的这个呼吁书和致蔡元培校长的信。其中北京《晨报》于 8 月 3 日以《邓春兰女士来书请大学解除女禁》为题，刊于第六版；上海《民国日报》于 8 月 8 日，以《邓春兰女士男女同校书》为题，刊于第八版。邓春兰要求大学开放女禁的呐喊，与新文化运动共鸣，轰动了社会，随之也引起了一场激烈的争论。

　　"女子问题"本来就是新文化运动的一个组成部分，五四前夕，当时影响极大的著名刊物《新青年》就登出记者启事，表明妇女问题的重要性，指出妇女自身议论妇女问题者尚少，希望妇女积极谈论这一问题。在这种情况下，邓春兰的呐喊很快就得到了响应。当时文化界著名人物陈独秀、李大钊、胡适等人都纷纷为报刊撰写文章，主张妇女解放，支持男女同校。《少年中国》《少年世界》等杂志还出版了"妇女号"，专门讨论了男女教育平等、职业平等及婚姻家庭等有关妇女问题。妇女问题成了当时舆论界关注的一个重要课题。

　　继而，新文化运动的坚强斗士李大钊在《战后之妇人问题》一文中，赞成"合妇人全体之力量去打破那男子专断的社会制度"。著名学者胡适也鼓吹妇女解放，他在《大学开女禁问题》一文中，还具体设想了开女禁的步骤和程序。后来大学开放女禁，男女同校的进程，大体上是按胡适的这个设想实行的。邓春兰的呼吁与呐喊，在全国舆论界产生了积极的效果。

　　1919 年 9 月 19 日，蔡元培复职北大校长，年底蔡元培就男女同校问题答上海《中华新报》旅京记者时说："大学之开女禁问题，则余以为不必有所表示。因教育部所定

规程，对于大学学生，本无限于男子之规定，如选举法中选举权者。且稽诸欧美各国，无不男女并收。故余以为无开放女禁之问题。即如北京明年招生时，倘有程度相合之女学生，尽可报考。如程度及格，亦可录取也。"蔡先生答记者问，据理再次主张开放虽无条文规定，但又实际上存在的大学女禁，而且具体地提出了实施办法。次年 2 月，北京大学第一次招收了 9 名女学生入文科旁听。她们是王兰（江苏无锡人，哲学系），奚浈（江苏南汇人，英文系），查晓园（浙江宁海人，英文系），邓春兰（哲学系）、韩恂华（天津人，哲学系），赵懋芸（四川南溪人，哲学系），杨寿璧（贵阳人，哲学系）程若勤（安徽歙县人，国文系）、赵懋华。这 9 名女学生就是北京第一批女学生，也是我国历史上第一批男女同校的女大学生。

大学女禁被五四时代邓春兰等这样一批女性冲破了！人们称这是"中国教育史上一大纪元"。在北大招收女生之后，全国高等学校纷纷仿效，陆续解除女禁。于是，男女同校、男女教育平等渐渐在国内传播开来，蔚然成风。当时，正在北京讲学的美国哲学家、教育家杜威的夫人，还在王府井大街 135 号楼上举行茶会，宴请北京大学女大学生表示祝贺，勉勉有加，并合影留念。

顽固的封建势力并不甘心退位，各派北洋军阀政府，都对男女同校横加阻挠和诬蔑。教育部曾致函北大，要该校在开女禁一事上"格外慎重"。某最高女校校长也向总统徐世昌告状，使有关机关对女旁听生进行了一番甄别。1920 年夏，直奉军阀取代皖系控制了政府，而对男女同校一事依然持不满和阻挠的顽固立场。然而，新文化运动的先锋仍在坚持斗争。陈独秀在《新青年》上著文说："关于男女同校这个问题，本来没有什么深的理论使得当个问题去讨论。像这种浅近的事大家还要大惊小怪地起来反对，可见中国人程度还同六十年前反对铁路时代差不多！"

边学习，边探索，为妇女解放继续奋斗

冲破大学女禁，进入北大学习后，邓春兰一边学习，一边探索，为妇女解放和男女平权而继续奋斗。1919年10月15日，她在《少年中国》第四期"妇女号"上撰文，论述妇女解放与整个民主运动的关系，提出妇女解放的主要课题。文中明确提出：要有中国人民的民主解放，必定先要有中国妇女的民主解放。

随着新文化运动的不断深入，邓春兰还认识到妇女解放的根本保证，是政权的解放。她在一文中极其明确地宣称："至于妇女解放的顺序，据春兰看来，是要先解放学校，然后再解放职业，然后再解放政权。到了解放政权，运动都成熟了，那什么废除妾、婢、娼、妓制度啦，什么改良婚姻制度啦，自然就如同衣袋里取东西一样容易了。"

不仅如此，邓春兰深入学习的同时，继续为妇女解放运动奔走呼号。她在《新陇》等刊物多次发表文章，表达的思想更为深刻、更为成熟。她具体地从教育、婚姻、劳动职业、儿童教育等方面，详细地阐明了争取男女平等、妇女解放的主张。她认为首先要谋求男女教育平等，实现女子教育普及，在知识方面逐步赶上男子；而后有机会从事社会劳动，达到经济上的独立。进而随着社会制度的改革，逐步实行家务劳动社会化及儿童公育等。邓春兰的这个思想，完全符合马克思主义关于妇女解放的观点，即"妇女的解放，只有妇女可以大量地、社会规模地参加生产，而家务劳动只占她们极少工夫的时候，才有可能"。其思想认识的逐步深化，真可谓不谋而合，前后辉映。

五四运动之后的活动

邓春兰等6名北京女师录取女生抵京那天（1919年8月27日），正好是反动当局被迫释放五四期间逮捕学生的一天。邓春兰征尘未洗，立即与丈夫蔡晓舟同志看望释放出来的甘肃籍学生。邓春兰的大弟邓春膏是此次被捕的7名甘肃籍学生之一，另6

人是清华的张心一、王和生、冯聘三，北大的王自治、田昆山、张明道。从获释的学生那里，邓春兰了解到爱国学生遭镇压的实事，和男女青年共同斗争中不畏强暴，坚决与帝国主义、卖国军阀英勇斗争的事迹，激起了邓春兰极大的革命义愤与爱国热情。她以未能参加五四期间北京的运动，而深切地表示遗憾。

在五四精神的启迪下，邓春兰、邓春膏、邓春霖三胞姐弟和堂姐邓春芩 4 人，于 1919 年 12 月 13 日在他们的住处（北京后门内三眼井 15 号）成立了"春晓学社"，创办了《春晓学社季报》。学社以"研究学术，改良社会"为宗旨，以"自由、平等、奋斗、坚忍"为信条，开展了许多有益的工作。

春晓学社所办杂志《春晓学社季报》，虽因成员纯属家族性质，坚持时间不长，但就当时所出各期刊物内容来看，确已起到"研究学术，服务社会"的良好作用。邓春兰女士在季报上发表日记、杂文、诗等作品。特别是她在《北京学界的风潮》和《古今的奇事》两篇杂文中，无情地鞭挞了当时统治者的腐败，愤怒控诉反动军阀的暴行，对穷苦教职员和青年女同胞的不幸遭遇深表同情。

继"春晓学社"之后，甘肃在京的部分学生于 1920 年 5 月 20 日在北京创刊《新陇》杂志（现能看到的仅为二卷共五期）。《新陇》是由北京大学学生张明道首先倡议办的。王自治任编辑部主任，张明道任经理部主任，邓春膏、韩树森、田炯锦任编辑兼校对，积极参加五四运动的甘籍学生都是热心会员。邓氏姐弟四人都是骨干力量，和邓春兰一起赴京的女学生孟自芬、韩玉珍都积极参加了《新陇》的工作。总之，《新陇》集中了甘肃在京的优秀青年。《新陇》的重要宗旨之一是"望陇人觉悟奋兴，及污浊社会之改良"。因此，它根据甘肃的情况，反对封建礼教，提倡新文化、新思想，热情宣传五四精神，宣传科学与民主，研究探讨甘肃的社会问题。正因如此，《新陇》成了当时甘肃最有影响的刊物之一，该刊经过多种渠道进入兰州后，推动了甘肃的青年学生运动，打开了甘肃政治上的沉闷局面。

1921 年后，邓春兰关于妇女解放的思想更为深刻、更加成熟。她在《新陇》杂志

第一卷第四期上发表的《妇女解放声中之阻碍及补救方法》一文，充分地显现出她对妇女解放问题的深刻认识和思想光点，足资为后人敬钦!

重于事业　支持革命

1916年暮春，邓春兰与蔡晓舟结婚。婚后3个月，蔡晓舟即去北京从事革命活动，并与杨亮功合编五四一书，收集了五四运动珍贵史料。1919年8月，邓春兰赴京学习，得与丈夫团聚，遂有身孕。在此期间，蔡晓舟写成了《国语的组织法》一书，蔡元培为之作序，被誉为中国第一部（白话文）文法书。邓春兰与丈夫在京团聚仅两个多月，即鼓励并支持蔡回老家安徽从事革命活动。1920年8月，他们的女儿诞生。蔡晓舟为革命事业常常奔波于京、沪、皖之间，他们只能通过书信往来，互致关怀，讨论时事。1922年初，邓春兰因临产期，从北大辍学，随蔡晓舟去安徽合肥。后因不适应南方气候，母女一直生病，新生儿又未活成，只好于同年秋返回兰州，以致与丈夫再次分居两地。邓春兰在致蔡晓舟的一封信中有这样一段话："我俩成婚以来，已经五载，计算欢聚时间，不过五月。你为社会群众奋勇打前敌，我是极端赞成的！但你身体太弱，劳苦须有限度。"邓春兰还回忆，她与蔡结婚多年，在一起生活的时间总共不到一年。可见在处理事业与家庭关系上，邓春兰总是以事业为重。

正因为有邓春兰的大力支持，蔡晓舟能从事较多的革命活动。在安徽，他曾与王步文、朱蕴山等主编《黎明周报》《评议报》《洪永》《安庆学生》《自由魂》《新安徽》等进步刊物，还兴办学校，为工农劳苦大众办夜校等，借以宣传革命思想。1923年蔡与王步文领导学生开展反曹锟贿选总统的斗争，与其他35人遭北洋军阀政府的通缉。后来，蔡晓舟出走上海，又与一护理人员郑家贞结婚。1926年，为迎接北伐攻打合肥，蔡晓舟根据国民党左派省党部临时决定，与许习庸、郑鼎等一起领导了合肥北乡吴家庙武装起义，任安徽讨贼第四路军司令。起义失败后，蔡曾偕郑家贞来过兰州，并与中共甘肃特支负责人宣侠父一起探望过邓春兰及儿女。1933 年 6 月,蔡晓舟因积劳成疾,病逝于北京。

邓春兰于 1922 年秋从安徽返兰后之翌年,受聘于兰州女师任教。1927 年国共合作时期,经韩玉贞介绍加入国民党。1938 年,因她思想"左"倾,与共产党人有过来往,被反动的学校当局借故辞退。邓春兰不向邪恶势力低头,便长期闲居家中,母子三人相依为命,和父母生活在一起。

晚岁逢盛世　欣度新生活

新中国成立以后,邓春兰欣喜地迎来了新生活。她一生为争取男女平等而奋斗的目标,终于在中国共产党的领导下实现了。1957 年,她以花甲之年,被聘为甘肃省文史馆馆员。1980 年 12 月,在中国人民政治协商会议甘肃省第四届委员会第三次会议上增补为省政协委员。1982 年 6 月 9 日病逝,终年 85 岁。邓春兰在弥留之际,念念不忘祖国的强大和"四化"建设,遗嘱丧事从简,切戒浪费,并嘱不向党和政府提任何要求,遗体火化后,骨灰不要拿到家里,和已故同志放在一起,存留三年后,撒入曾经哺育她成长的黄河里。

邓春兰生有一男一女:长男蔡心镒(1917—1981),毕业于甘肃学院农科,善弈多才。解放后任职甘南州建筑公司。妻万益基,会宁人,兰师毕业,曾任小教 40 年,退休。生有二女一男。

次女蔡心铭(1920—1987),毕业于兰州大学医学系,曾任北京阜外医院眼科主治医生,中共党员,退休后,住在北京。其夫尚德延,满族,辽宁人。兰大医学系毕业,曾在美国哈佛大学进修麻醉学。解放后任兰州陆军医院军医,授上校衔,中共党员。1955 年调往北京解放军总院任军医,授大校衔。后为中国医学科学院阜外医院二级教授、兼任《中国外科杂志》副主编、《中国麻醉》主编,全国麻醉学会名誉主席。1987 年卒。

邓春膏博士事略

邓　明

　　邓春膏早年积极参加五四运动，编辑出版进步刊物《新陇》，向家乡输送新文化；横渡太平洋，留学美国。学成归国，筚路蓝缕，创办高等教育功在不磨。后任职监察，摘发奸贪，不畏强御。晚年从事文史工作。谨将他的一生分述于下。

不断追求进步的热血青年

　　邓春膏，字泽民，别号哲民、哲明。光绪二十六年（1900）八月二十六生于甘肃省循化厅起台堡（今青海省循化撒拉族自治县道帏乡起台堡村）。自幼入循化县立初级小学堂学习，宣统三年（1911），随父邓宗移居省城兰州，先后考入兰州西湖小学①、甘肃省立第一中学攻读。1917年考入北京大学哲学系。

　　当时正值反对旧道德、旧文化，提倡新道德、新文化，鼓吹民主与科学的新文化运动深入发展的时期。邓春膏接受时代感召，课余悉心阅读《新青年》《新潮》《每周评论》等宣传新文化的进步刊物，思想产生飞跃。当他读了鲁迅的《狂人日记》，产生了强烈的共鸣，挥笔上阵，讨伐吃人的封建旧礼教。当他看到报载湖南赵五贞女士在花轿中用自杀决绝行动反对包办婚姻的消息后，当听到好友罗芍洲为反抗包办婚姻承受

―――――――――

① 为湖南、湖北流寓兰州人士所办子弟学校，在贤后街湖南会馆。

不住家庭和社会的舆论压力郁郁而逝的噩耗后,不禁热泪奔流,写下随感录《是泪是血》,发出质问:"我不明白我国人受着这样痛苦的人,也不止他们两个。为什么他们这样奋斗,别的不是袖手旁观,就是死力阻止呢?难道这还是十七层地狱吗?"①他呼吁"有志的青年,不要气馁,放着胆子去改革,去造光明。须知将来的光明,就是他们的血和泪洗出来的……"②

1919 年旅京甘肃学生已达 90 多人,他们大都读书不忘国家大事,积极参加了五四运动。5 月 4 日,邓春膏与其他旅京甘肃学生加入北京学生队伍,集会天安门、火烧赵家楼,反对签订《巴黎和约》,要求取消"二十条",高呼"外争国权、内惩国贼"的口号,实行总罢课。6 月 1 日北洋政府连下两道命令,替曹汝霖等卖国贼竭力辩护,取缔爱国活动,命令学生立即复课。6 月 3 日,邓春膏等旅京甘肃学生和北京学生组成演讲团,走向街头进行爱国演讲宣传。他们怀藏小纸旗,分散到达预定地点,突然佩上讲演员徽章,挑起演讲团旗帜,慷慨陈词,宣传救国的道理。军警急忙驱散听众,逮捕掌旗的、演讲的,两个军警挟一个学生,押往警察署,旋转北京大学法科监禁。邓春膏与王自治、张明道（均北京大学）、张心一、王和生（均清华学校）、冯翰英（工校）、田昆山（中国大学）7 名甘肃籍学生被捕。监禁期间,北京学生联合会总干事、北京大学学生张国焘等去看望慰问。在各界人士的营救下,他们 7 人与其他被捕学生无罪释放,受到了同学们的热烈欢迎。他们 7 人合影留念。

12 月 13 日,邓春膏与堂姐邓春芩、姐邓春兰、弟邓春霖在北京三眼井 15 号寓所酝酿组织学社。命名时,邓春兰建议社名要有个"春"字,邓春霖则建议社名用"春晓"二字,获得一致赞成。于是成立"春晓学社","以研究学术,改良社会为宗旨"③,提出"自由、平等、奋斗、坚忍"的信条。学社注重精神上的结合,不设社长。有两名社员介绍,方能接纳新社员入社。社员每人每年缴纳会费 5 元。还创办了《春晓学社季报》杂志,每年出 4 期,每四期编为一卷,每季首月发行。稿件由社员撰写,每人编一期。

---

① ② ③ 　《春晓学社季报》,第一卷第一期。

今存《春晓学社季报》第一卷第一期，就是邓春膏编辑的，收入他的论文《文化之循环状况》和翻译小说《一根皮条》。前者论述了对儒家偶像的迷信与崇拜，必将导致文化因循守旧，毫无进步，呈循环状态的必然性。主张青年人打破儒家偶像，结束文化上的循环状态，推动社会的进步。后文系法国莫泊桑的短篇小说，今译名为《绳子的故事》。

经过五四洗礼的甘肃旅京学生，深感新思潮汹涌澎湃，一日千里，而故乡甘肃却僻处西陲，长夜漫漫，大梦未醒。他们商议向全省各县寄赠新文化读物，以开通风气，但因耗资过巨，势难持久，不如创办杂志，这不仅能够"传播现代之思潮，并以宣告本省状况于外界"[1]，而且能收事简省费之效。1920年2月，由张明道等人发出创办杂志的启事，获得40多人的赞成。3月14日，这40多名学生在北京大学38教室集会，决定创办《新陇》杂志，与会者即为《新陇》杂志社社员。大家推举王自治为编辑部主任，邓春膏、韩树森、田炯锦为编辑兼校对，张明道为经理部主任。接着邓春膏等社员各自捐资，并向旅京及在籍甘肃绅士募款，充作经费。5月20日，《新陇》第一卷第一期出版，邮往设在兰州的合兴印书馆及平凉、西宁、武威、宁夏、天水、陇西、狄道、酒泉各师范的代派所，再发行到全省各地。《新陇》是不定期铅印刊物，辟有"论著""调查选录""大事记""通讯""杂俎"等6个专栏，一直持续到1930年9月，因经费困难而停刊。前期《新陇》主要宣传五四精神，向甘肃输入新文化、新思想；后期则着重鼓吹北伐战争，反帝、反军阀。

邓春膏除编辑《新陇》外，还在该刊发表了许多论著、译作。他的《我们怎样预备创造新文化》一文，认为儒家学说仅仅是适应某一时代的产物，不能适用于百代万世。"若不问时代，只抱定这种学说（指儒学），不敢去谋新的创造、发明，这种学说便成阻碍文化进步的偶像。"他主张把新文化输送到甘肃去，首先要毁弃儒教偶像，但不是全盘否定它，而是变一味崇拜的态度为严正批评的态度。他还认为"学术是人类共同的，

---

① 《新陇》第一期第一卷。

没有什么国家种族的界限，只要于我们有裨益，就应该积极去吸收"。①本着科学的精神，加上吸收对中国有益的欧美文化，才能创造出中国的新文化。在《甘肃的留学问题》一文中，他不赞成去日本留学，"因为日本的学术，多自欧美输入，自己没有什么发明创造，与其间接的吸收，不如直接的吸收，换句话说，与其送日本留学，不如直接送到欧美。"②方能学到真髓。在杂感《求雨》中,他用辛辣的笔调抨击了甘清督军张广建祭祀金花娘娘、祈求降雨的愚昧行径。文章质问，倘若金花娘娘"能操纵雨，那么每处都有金花娘娘一类的一个雨神。这样大的世界，不知要多少雨神才能分配。而天国虽大，恐怕也要被挤破了吧！"③有力地揭穿了迷信的骗局。他还翻译了《教育与社会进步》、杜威的《教育上之道德原理》、托尔斯泰的短篇小说《三个问题》与《疏忽了的火烧掉房子》。邓春膏一边上课，一边编辑《新陇》，一边跑印刷厂。一次去印刷厂结算《新陇》印刷费，账房问："发票上开多少钱？"弦外之音是可以多开少付，余额可入私囊。邓春膏严正地说："印了多少本，就开多少本！"拒绝了账房的诱惑，保持了学生纯洁的本色，维护了《新陇》的利益，获得了社友们的赞许。

1922 年 7 月，邓春膏考取了留美官费生，在乘船赴美的同船留学生中，有吴有训（后为中国科学院副院长）、张闻天（后为中共中央总书记）、杨武之（著名教授，美籍华人物理学家杨振宁博士之父），他们相互交流思想，抒发救国救民的壮志，度过了漫长的海上生活。

邓春膏考虑到甘肃被落后的经济所制约，只能推行普及教育与职业教育，没有余力去办高等教育的现实，认为长此以往，甘肃势必更加落后。因而，他抱着教育救国，服务桑梓的愿望，考入斯坦福大学。1924 年获文学士学位，次年又获硕士学位。接着考入芝加哥大学，攻读教育哲学，汲取先进的教育思想，1927 年获博士学位。

---

① 《新陇》第一期第一卷。
② 《新陇》第一卷第四期。
③ 《新陇》第二卷第一期。

留学生活是艰苦的，由于官费常常不能按时汇来，积欠时间拖得很长，给日常生活造成困难。然而他毫不气馁，凭着西北人吃苦耐劳的精神，发愤读书，课余则到农场打短工，采收苹果、蔬菜，换取劳务费，补贴生活费用，自己做饭，节省开支，终于完成了学业。

惨淡经营甘肃学院

1927年底，邓春膏乘船回到上海，当地一所大学要聘他为教授，他以服务于桑梓为由加以婉辞。1928年2月，甘肃省主席刘郁芬聘邓春膏为兰州中山大学教授兼教务长，5月代理校长，7月任校长。1930年兰州中山大学改名为甘肃大学，仍留任校长。1931年奉教育部令改甘大为省立甘肃学院，出任院长，直至1936年5月。邓春膏主持这所甘肃最早的高等学府达8年之久，是解放前此院（校）历任院（校）长中职务最长的一位。这8年也是这所甘肃唯一高等学府从草创走向逐步发展的8年。

兰州中山大学的前身是清宣统元年（1909）的甘肃法政学堂。1913年改为甘肃公立法政专门学校。1928年改为兰州中山大学，设在萃英门举院内。分设文学院、理学院、法学院、教育学院、农学院、工学院、商学院、医学院，共31个系。

邓春膏29岁任兰州中山大学校长时，面对的是建立庞大的学科齐全的综合性大学与经费困难、师资匮乏的严重矛盾。甘肃本来地瘠民贫，再加地震、干旱接踵而至，军阀混战不已，经济更加凋敝，国库更加空虚，以致甘肃学院每年仅9万多元的经费也常常拖欠不拨，到1934年经费积欠已达20多万元，成为全国经费最少的一所高等学校。邓春膏从实际出发，根据经费、师资与学生出路，多次调整系科设置，到1931年设文学系、法律系、教育系与国文专修科、艺术专修科，后又设文史系、政治经济系、银行会计系与医学、农学、人事管理等专修科，使科系的设置逐渐趋于合理。邓春膏多方催要经费，团结教职员工开源节流，挣扎维持，惨淡经营，使甘肃学院获得稳步发展。其经营项目有如下几个方面：**1. 兴建校舍**。逐年建筑礼堂、教室、办公室、师生宿舍、图书馆、实验室、解剖室、浴室、游艺室共 300 多间。**2. 购置图书**。刚建校时，仅接受法政专门学校政法书籍及古籍 4000 余册。邓春膏每年都拨出资金派员赴上海购书，到 1934 年已有中文书 12574 册，西文书 216 册价值 1760 元。1935 年则有中、西文书 16355 册，价值 14437 元，并订阅杂志近百种。还将学院衡鉴堂改建图书馆，换地砖为三合土，添置书架、桌凳，方便了读者，其规模之"宏伟冠兰州各校"① "在此偏僻之西北，亦谓首屈指矣"②。**3. 增购仪器**。至 1935 年购置各种仪器、标本、模型，价值 9000 多元。还设立了出版课（校印刷厂），从上海购置铅印机一架，专门印刷讲义、书籍和校刊。**4. 开办农场**。1931 年在小西湖购置 30 亩地，辟为农场，次年又在雁滩中河滩购置 140 亩地充作农科实习园地。学生们在老师的指导下，试验粮食作物的丰产栽培技术。**5. 添设医专**。在院附属医院的基础上设立医学专修课（后发展演变为兰州医学院），开甘肃自己培养医学人才的先河。**6. 扩辟赛场**。开辟了网球、垒球、排球、篮球与田径场地，陆续添置了体育器械，使学生有了锻炼身体的场所。这些设施的建设，为甘肃学院教学工作的正常运转奠定了坚实的基础。

除经费外，师资缺乏是严重的问题。首先，大学毕业或留学外国的甘肃籍师资不敷聘用。其次，东南一带的大学师资或不习惯甘肃气候与生活习俗，或受不了数千里的长途劳顿，更严重的是甘肃的教师待遇比东南诸省低得多，所以，他们不愿接受甘院的聘任。邓春膏从实际出发，从四个方面着手，解决了甘院师资匮乏的困难。一是礼贤下士，优礼有加地延聘甘肃籍大学毕业生与留学生。如聘请美国哥伦比亚大学哲学博士、天水赵宗晋教法律哲学、英文；聘日本明治大学法学士、皋兰杨清汉教务长授财政学；聘日本早稻田大学文科毕业生、会宁王维屏教日语；聘北京私立中国大学政治经济系毕业生、榆中谢斌教社会学纲要；聘清华大学国学研究院毕业生、天水冯

① ② 哲民：《本院之过去及未来》，《甘肃学院半月刊》、民国二十三年第三十期；《甘肃通志稿·教育志·大学》。

国瑞、司秋沄分授古书真伪及其年代讲疏与修辞学、国语发音学。二是聘请各机关的大学生与留学生做兼职教员。如聘请高等法院院长冯致祥授民法总则、刑事诉讼法。三是聘请学有专长的地方人士任教。如聘镇原举人慕寿祺为文史系教授；聘榆中进士杨巨川为教授，讲诗学；聘永登举人周应沣讲国文诗词；聘兰州国画家曹蓉江教国画花卉，他边讲边作画示范，教学效果良好；聘富有音乐才能的临洮孙培珍任艺术科音乐教师；聘武威李鼎超授文字学。四是选拔甘肃学院优秀毕业生留校任教，榆中杨国桢（晚舟）就是其中之一。

数学教员毛士莲女士（北京大学数学系毕业）穿着入时，有人不以为然，认为有失师道尊严，不宜聘用。邓春膏未盲从，却去听课，发现她讲课深入浅出，推导时逻辑性很强，而且学生们反映良好，于是力排众议，仍然下了聘书。后来那些不主张聘她的人也改变了看法，认为邓春膏用人重在才学。

武威李鼎超继承家学，精于小学。1931 年他病卒于上海，邓春膏立即召开校务会妥善安排其后事，并函告权国庆，将其《陇右方言》等遗作携回陇上，从而避免了学术遗稿的散佚。

邓春膏经过多年努力，甘院 1934 年有专职教员 18 人，1935 年达 39 人，其中留学生 11 人，获博士学位的 5 人，解决了师资缺乏的问题，保证了教学质量。

邓春膏除主持甘院事务外，还讲授哲学概论、西洋哲学、法律哲学、经学通论与英文等课程。邓春膏还举办各种讲习会，请社会名流王庚山、赵元贞、田炯锦等演讲，活跃了学术气氛，开阔了学生们的视野。邓春膏在暑期讲习会上作过"理想与人生"的报告，指出："个人没有理想，不免流于自私、颓唐、盲目；社会没有理想，会陷入混乱，不能振作，无目的，无计划。"并进一步指出："只有于社会有益的思想方是理想。只求个人幸福的，可以叫作野心，不配叫作理想。"他还说，理想是人生的计划，是标准，是努力的目标，并举例解说："何以俄国以战败的国家，又经过大变化，大灾荒而现在居然秩序安定，国势日强呢？岂不是共产党人为热烈希望共产主义而努力的结果吗？"

接着下断语："理想是理性的生活所不可缺的条件。没有理想，人生就无计划、无秩序，自私自利。理想能使人到南北极做科学的探险；它能使人到非洲荒野之地去传道布教；它能使人箪食瓢饮，不改其乐；它也能使人当刀斧临头，视死如归；所谓富贵不能淫，贫贱不能移，威武不能屈的精神。"还告诫学生不要把学校当作科举场所，把谋取毕业证书当作人生的最高理想。勉励他们树立远大理想，专心研求学问，以备将来勤勉地为西北人民服务。

每当牡丹盛开时，邓春膏总要召集学生到寓所"亦园"，一边赏花，一边开学术讨论会，引导学生各抒己见，辩难质疑，气氛十分活跃。这种苏格拉底式的教育方法很受学生欢迎。

邓春膏还从有限的经费中拨出专款，开辟学术园地，先后创办了《兰州中山大学月刊》《甘肃大学季刊》《甘肃大学半月刊》《甘肃学院季刊》等学术刊物，先后聘司秋沄、高文蔚等编辑，刊载了王国维翻译斯坦因的《流沙访古记》、司秋沄的《伊凉诸曲考》《我国之世界学者王国维》、杨国桢的《周南召南的研究》、张次房的《广告战的准备研究》《德国最后的经济状态》、田炯锦的《美国联邦之趋势》等论著，在敦煌学、经济学、政治学等领域进行了有益的学术探索。

邓春膏也在校刊上发表了《哲学之起源》《何谓道德》《何谓哲学》《低能儿童之心理与教育》等论文。对中、西哲学史作了深入的分析与比较，对哲学、道德的起源、进化、行为标准发表了系统的创见。《低能儿童之心理与教育》一文，较早地把法国比奈与西蒙刚刚提出的智商概念、智力测验的方法介绍到中国来。指出英国皇家委员会衡量低能儿童的不足之处。他认为以社会经济为标准去衡量低能儿童，则"不能对一切人应用，也不能在一切情形之下应用。因为环境有简有繁，职业有难有易"。[①]而以教育为标准，即以学习成绩衡量是否为低能儿童则局限性太大，因为导致学习成绩低的因素很多："或因身体太弱，或因旷课太多，其他如视听的不良及神经病等，都足以影响到成绩。所

---

① 刊载在《兰州中山大学半月刊》，民国十九年九月十五日第一期。

以仅学业成绩,不能断定儿童是否低能"。①文章最后提出了教育低能儿童的方法。反映了邓春膏对弱智儿童问题的关切以及开发其智力的努力。这是中国较早论述弱智儿童问题的文章。

为了锻炼学生的口头表达能力与敏捷的思维反应,邓春膏于1930年10月举办班级讲演竞赛会。他与司秋法、高文蔚任评判员,从机锋四起的讲演者中评出3名优胜者,发给奖品,勉励他们"对言论宜切实练习"。②

为了培养学生们的组织能力,发挥学生们的聪明才智,邓春膏倡导成立了以学生为主体的课外作业委员会,下设文学部、言论部、道德部,由教员任各部指导员,每部聘若干学生为干事,组织全体学生开展课外活动。有时举办文学讲座,有时去兼任民众学校义务教员。邓春膏还拨出专款,支持文学部编辑出版学生期刊《小园地》,着重发表学生的优秀习作。

邓春膏早在留美时就十分喜爱体育锻炼,最爱打网球。后来有感于胞弟邓春霖体质素弱、英年早逝的憾事,所以特别重视甘肃学院的体育事业。他每年都派员到天津去购置篮球、足球、排球、网球及田径器械。聘请体育专门人才张培楞、王毓泰、王万寿分授田径、球类、武术。还聘来兰州体坛名将段焯训练院篮球队,使球艺迅速提高。邓春膏规定每天下午课外活动时,学生都要上操场锻炼,并常常督促检查。他天天坚持打网球,以示倡导;他的球艺很不错,甘肃网球名手王仲志也很难取胜,因而,甘院的网球运动很普及。他还每年举办全院师生运动会,促进了体育锻炼活动。

1931年夏,邓春膏发起组织了省城各机关学校球类比赛会,他被大家推选为会长,下设篮球、网球、足球、排球四个组,甘院学生赵仲义、农校体育主任魏广义等四人分任组长。省城各球队轮番角逐,十分热烈紧张,吸引了众多观众。邓春膏抽时间亲临督战,并自费给球队队员购买卤牛肉、糕点、水果,补充体力的消耗。最后,甘院

---

① 刊载在《兰州中山大学半月刊》,民国十九年九月十五日第一期。
② 《班次讲演竞赛之举行》,载《小园地》,民国十九年十一月一日第一期。

篮球队、足球队、网球队击败球类劲旅五十一军、省立兰州一中、兰州师范等球队，获这三项球类的第一名。这是 20 世纪 30 年代兰州规模最大的一次球类竞赛。

1936 年 5 月，邓春膏为了抵制国民党教育部压缩甘院系科、缩小规模的训令，愤而辞去院长职务。

邓春膏任兰州中山大学、甘肃大学、甘肃学院的校、院长期间，克服极端困难，终于将这所几近夭折的甘肃唯一高校甘肃学院维持下来，为国立兰州大学的建立奠定了基础。

辞职后的邓春膏又被聘为甘院文史系主任、哲学系教授，直至 1940 年末。1948 年又被聘为国立兰州大学教授。当时，兰大客籍与本籍教授之间发生矛盾，引起学潮，外籍师生人心惶惶，纷纷想离兰东归。历史系主任顾颉刚教授以北大学长身份请邓春膏以及张维、水梓、裴建准等地方人士出面斡旋。他们一面劝说本籍师生宽厚待人，理解客籍教授舍弃优越条件讲学边陲的精神，一面劝慰客籍教授不计前嫌，继续为西北文化教育事业做贡献，劝留外省籍学生珍惜年华、用心读书。经过苦口婆心的说服工作，终于调解了对立情绪，缓解了矛盾，安定了人心，稳定了兰大的秩序。

探讨"开发西北"的良策

九一八事变后，国人重视边疆问题，开发西北的呼声日高。在这股热潮中，邓春膏做了一些有益的工作。1932 年底，邓春膏与王自治、金益乾、朱铭心、田炯锦、高文蔚、安立绥、周介丞等 34 名教育界人士发起组织了"民呴社"，其宗旨是"研究学术，促进西北建设"。创办了期刊《民呴》，由高文蔚等人编辑，甘院出版课印刷，发行到兰州各学校，交流对时局的看法，提出开发西北的建议。邓春膏在《民呴》上发表的《一年来列强之政治经济》一文分析了 1932 年世界经济危机中英、法、德、日等资本主义列强在政治与经济上急剧变动的情况。自日本发动九一八事变后，希特勒的国社党对内反共，对外仇视法国，叫嚷"根本推翻凡尔赛条约，停付赔款"。[①]邓春膏认为这种论调"在德国内政外交极端困难之时，易为人所听信"，[②]且"希氏亦野心勃勃，非居人下者"。进而推测有爆发世界大战的可能，提醒国人密切关注事态的日益恶化。

1933年初，邓春膏、刘汝璠、郭维屏、谭克敏被推举为"西北问题研究会兰州分会"常务干事，会址设在甘院。他们开展了三项工作：一是在甘院中山堂（今至公堂）举办"西北问题暑期学术讲演会"，邓春膏、水梓、邓宝珊等18人被推选为讲师，分题讲演有关开发西北的问题；二是创办《西北问题研究会会刊》，刊登有关学术论文；三是在五泉山、萧家坪一带开辟林场，栽植洋槐、榆树、柳树、椿树，引水浇灌，抚育管护，树木长势良好，二年生洋槐高达170多厘米。

监察纪事

1941年，经陕西水利专家李仪祉推荐，监察院长于右任任命邓春膏为该院监察委员，任职7年多，在重庆金刚坡寓住5年多，1946年秋到南京任职。在举国抗战的艰苦岁月里，邓春膏不畏强御，摘发奸污，颇受时誉好评。宁夏省国大代表雷启霖因揭发抨击宁夏省主席马鸿逵乱抓壮丁，盘剥商人，鞭拷虐杀无辜的劣迹，被马罗织为内乱罪、诽谤罪，将雷捕入南京狱中，拟押往宁夏，杀雷以泄私愤。一时间南京舆论大哗。邓春膏作为西北人，通过记者发表评论，支持雷先生通过法律起诉，维护自己的正当权利。最后在社会舆论的压力与西北人士的救援下，雷无罪获释。

邓春膏自奉甚俭，每餐仅一盘豆芽、一盘咸鱼、一份萝卜汤；女儿穿着打补丁的蓝布大衫去上学。虽然物质生活很清贫，但精神生活很充实。他常与郭沫若、沈尹默（监察委员）、杨武之过从，或议论时局，关注抗日大事；或谈论文艺、哲学。其时，沈尹默书两首七律诗幅，上款题"泽民先生两教"：

① ② 邓泽民：《一年来列强之政治经济》，载《民嚣》，民国二十二年一月一日第一期。

其一

群怨兴观几字诗，心铭骨刻已深劚。

无端哀乐谁能免，有用□□□最宜。

事尽乘除生妙解，语通消息有余师。

数回来遇仍相□，□□旁人哪得知。

其二

众中简作寒温语，暇日耽吟淡远诗。

视昔枉配□□故，通今犹未合时宜。

诗书以外余君辈，风月当前尽我师。

名佩痴符何用笑，情怀未必要人知。

（"文革"中诗幅右下角被撕毁，故缺八个字，以"□"代替）沈先生的这两首七律，表达了他与邓春膏的友谊。

虽然邓春膏远离西北任监察委员，但对西北的教育事业仍然十分关注。1947年初，他在《西北通讯》上发表了《从西北人的立场谈现行的考试制度和留学政策》一文，针对去年全国留学生考试中，甘、宁、青三省无一人及格的严酷现实，指出了考试院不顾各省文化程度不平衡的实际而强求一律所造成的流弊，如果不立即予以补救，全国文化就要畸形发展。他建议在保证质量的前提下，适当从宽录取西北学生，并建议中央容许西北各省自己考送最需要的"畜牧、兽医、制革、毛纺、水利、采冶的人才"。因为"内地人多不愿到边疆服务，胜利后，技术人员大批东归……若西北不自己着手造就人才，这些事业永无发达的希望"。1947年4月，于右任院长任命邓春膏为监察院甘肃、宁夏、青海监察使。在他离南京赴兰州任职的前夕，向来采访的《陇铎》杂志记者谈了自己的施政方针："在自己的地方上做事，固然可以得到人地熟、消息灵通的好处，所以往往因而掣肘，所以最好能防患于未然，达到监察的高尚理想境地。……

监察使署的工作，大都偏重于实事既生之后的弹劾与检举，往往废了'防患于未然'积极的一面，我很想二者不至偏废"。① 记者认为"邓先生不但有打老虎的决心，而且有番教训老虎的苦口婆心。"②

邓春膏在监察使短短的一年任期内，常常轻车简从，到各地视察政情。所到之处不接受地方官的招待，随便找个旅店住下就行，买碗面条，或泡茶吃饼就是一顿饭，用自己的清廉作风来影响，以刷新吏治，达到"防患于未然"的目的。然而，这对积重难返、病入膏肓的国民党吏治来说，未免显得书生气十足。尽管如此，他还是认真地去履行自己的职责，每视察一地后，均写书面报告上呈于右任院长，并提出解决问题的办法。

1947年2月9日至6月17日，邓春膏视察青海民和、乐都、西宁、湟中等地，对青海省的经济命脉——畜牧业给予高度重视。他发现占有全省面积70%的畜牧区很不景气，当局"墨守成法、毫无改造，兽疫及植物病害无法防治。加之近数十年牛瘟流行，死亡惨重；天气亢旱，频年歉收，民生疾苦，达于极点。省府三十二年（1943）呈请中央设兽疫防治处,惜经费不充,收效甚微"。③ 他了解到青海矿产资源异常丰富，只因全省尚在手工业时期，无现代工业，经济力量薄弱，缺乏矿冶专门人才，所以不能大量开采矿产。他看到各县中等学校师资奇缺，经费困难，无法进行正常的教学工作，以致撤销了乐都、民和、大通、湟源、贵德、化隆等七县的中等学校，依其性质分别归并到西宁各中等学校合并授课。他看到青海省图书馆只藏有50多部珍贵古籍，但奇缺当代的图书杂志，给社会教育造成了极大的困难。他看到司法人才奇缺，各县法院人员不足，办理案件非常迟缓。军队风纪败坏，所到之处乱拉夫，随便侵入民宅，乱拿老百姓的东西。他了解到全省喇嘛教徒有40多万，发现这种宗教热造成了蒙藏区域

---

① ② 红园：《访问即将履新的甘宁青监察使——邓春膏先生》，载《陇铎》，民国三十六年三月十五日新二号。

③ 《甘宁青监使署关于视察青海省的报告》。

人口的减少，生产落后，社会发展迟滞。^① 并提出了解决措施。

1947 年 7 月 21 日至 25 日，邓春膏视察永登县，发现田赋兵役方面弊端丛生。由于土地申报清丈工作既不彻底，复查时又走过场，以致"地多粮少，粮少地多之情形极为普遍"。^②结果导致科则不公平，流弊所至，产生了"富者益富，贫者益贫"^③的现象，他建议"切实调整科则"。^④他还发现永登征兵额逐年增加，民不堪其苦。1946 年征兵 175 名，1947 年征兵 203 名，附征 57 名，严重影响了农家生产。保、甲长采用抽签法征兵，他们上下其手，中签应征壮丁多为贫苦农民。士绅富豪子弟很少应征，即便偶有中签者，则去雇买壮丁顶替应征。

此行，沿途农民拦车投书状 6 件，邓春膏均予以妥善处理。数十名达川农民拦车请愿，邓春膏下车聆听，才知这里因水利失时，夏禾被晒而歉收，请求减免田赋。他便到该村详查属实，予以抚慰，然后据情转函省府核办。^⑤

1947 年 8 月 19 日至 9 月 13 日，邓春膏视察河西各县，看到各县"社会经济实属贫穷，人民生活至为艰苦。今年旱魃为虐，夏禾歉收，群情更为惶恐，尤以河西人口日渐减少，诚为甘肃一大危机"。^⑥他认为"其所以造成今日贫穷之现象者，虽曰天灾，究属人事之不藏"。他看到各县缺乏合格师资，小学教员多由小学毕业者充任，建议各中学开设简易师范班与国民学校教员培训班，轮训不合格的教员，以提高小学教学质量。他了解到河西各县入学学生仅占全部人口的 5%~7%，"文盲之多，殊堪惊人，普及河西国民教育，实为当务之急"。他还了解到河西除鼎新、金塔、古浪未设中学外，其余各县最少已设县立中学一所。就建议"未设中学之县份，其属于县立者，应尽量筹谋基金，其属于省立者，应通盘筹措经费、充实设备、改善管教、延聘优秀教师，并提高其待遇"。

邓春膏在河西沿途接受民众书状 31 件，其中水利方面纠纷案件最多。他经过调查，

---

① 　《甘宁青监使署关于视察青海省的报告》。
② ③ ④ ⑤ 　《甘宁青监察使署关于视察永登及湟惠渠的报告》。
⑥ 　《甘宁青监察使署视察甘肃第六、七行政区经过及沿途接受人民书状与处理的报告》。

"核其属于土劣凭借优越势力，压迫贫民，勒占水利，而牵涉法律问题者，已函转各该县司法机关办理。"① 调查到的贪污舞弊案件，多为乡镇保长所为，就转该县县府或司法机关处理。

1948年3月9日至13日，邓春膏视察兰州阿干镇煤矿与山寨矿场，他下到矿井，发现民营煤窑仍用土法采煤，没有机械设备。洞内坡度大，路径曲折，所架矿柱间隔距离太宽，且不坚固，塌陷冒顶的惨剧经常发生。就建议"刷直洞巷，充实设备"。②

然而，由于国民党政权日趋腐败，政治日趋黑暗，弊政丛生，所谓监察弹劾工作流于形式，收效不大。例如，邓春膏曾对青海省主席马步芳授意赵珮利用湟中实业公司倒卖黄金案予以检举，但上面以该公司手续合乎法律予以曲护。又如青海人士匿名铅印一册揭露马步芳祸害青海的小册子，送到邓春膏手中，邓立即将此小册子上报监察院，请于立案核查，上面不愿得罪地方实力派，事遂寝。

参加民革　从事文史工作

1950年召开甘肃省人民代表大会，邓春膏被邀请为列席代表与会。次年3月，在中共西北局统战部和中共甘肃省委的领导与支持下，民革中央派李翰园到兰州筹组民革兰州市分部筹委会（后改为民革甘肃省委员会），即介绍邓春膏加入民革。4月，中共甘肃省委统战部任命邓春膏为民革兰州分部驻会常委兼秘书组长。后任民革甘肃省委会常委兼秘书组长、民革甘肃省委社会联系工作委员会主任委员。定为行政13级。他和民革成员一道积极参加了社会主义革命和社会主义建设事业。在抗美援朝战争中积极捐款。

1957年被错划为右派，降职降薪，次年调为兰州市政协驻会委员，行政18级。

---

① 《甘宁青监察使署视察兰州市区的报告》。
② 《春晓学社季报》第一卷第一期。

1961 年摘掉"右派"帽子。

邓春膏在兰州市政协主要从事搜集整理研究地方文史资料的工作。他常常登门拜访老前辈、老同事、老同学以及自己的学生，动员他们写"三亲"资料。有的年事太高不能动笔，有的不善属文，就让他们口述，自己记录，然后经过整理、润色，以口述者名字发表。《清末至抗战期间茯茶行销西北简述》一文就是他采访杨自舟、董文廷、聂丰年诸先生后整理成文，发表于《甘肃文史资料汇辑》上的。同时，他自己也写了许多"三亲"史料，如《五四运动时期甘肃旅京学生刊物〈新陇〉》就是与朱镜堂合写的。

"文革"中，邓春膏又一次受到冲击，横遭批斗、抄家，数千册中西图书荡然无存。1949 年春，以战备为由，全家被疏散于甘肃省西和县，每月仅发 54 元生活费。1972 年因病重返回兰州，卧病西李家湾寓所，或读英文版《天方夜谭》，或自玩桥牌自娱。1976 年 4 月 7 日，因心血管病突发而逝，终年 76 岁，葬兰州韩家坪公墓区。

邓春膏生性淡定，沉默寡言，平易近人，遇事能持其大。暇时，爱好体育锻炼，善打网球和桥牌。

妻窦香兰（1912—1988），字蕙卿，甘肃榆中人。1928 年考入兰州中山大学，为甘肃第一代女大学生，当过教员。任兰州市政协第五、六、七届委员。

邓春膏夫妇生有四女，分别简介如次：

长女，邓光秀，兰州女中肄业，兰州教师进修学院中文科毕业，中共党员。历任小学、中学教员，教龄达 40 年，荣获优秀教员称号。已退休。长婿徐懋鼎，临夏人，中央大学政治系毕业，历任兰州市人民政府秘书、区办工厂干部。现离休。

次女邓光清，兰州师范音乐科毕业，民革成员。任幼儿园、小学教员。任兰州市七里河区第十一届人大代表。任兰州市民革妇女委员、民革七里河支部副主委。现退休。次婿赵恒民，临夏人，金陵大学电机系毕业，民革成员。甘肃省送变电工程公司工程师。现退休。

三女邓光平，兰州师范文艺科毕业，民革成员，小学教员。现退休。三婿康五昌，河北平山县人，甘肃省建七公司会计师。现退休。

四女邓光瑜，甘肃师范大学外语系英语专业毕业，现任西北民族学院外语系副主任，副教授。1987年至1989年赴美哥伦比亚大学访问并讲学，该校巴纳德妇女中心《妇女论文集》收录6篇译文（汉译英）。四婿牛晋龄，甘肃临洮县人。西北民族学院政教系毕业，现任中共西北民族学院党委办公室主任。

邓春膏遗文目录

1.《文化之循环状态》春膏并载《春晓学社季报》第一卷第一期，1919年；

2.《一根皮条》毛柏桑著（莫泊桑）春膏译（出处同上）；

3.《我们怎样预备创造新文化？》邓泽民并载《新陇》第一卷第一期；

4.《留学问题之我见》邓哲民并载《新陇》第一卷第二期，1920年6月20日；

5.《甘肃的留学问题》（上）春膏并载《新陇》第一卷第四期，1921年4月20日；

6.《教育与社会进步》（续）哲民译（出处同上）；

7.《教育上之道德原理》杜威著，春膏译，并载《新陇》第二卷第一期；

8.《学校与社会》春膏并载《新陇》第一卷第五期，1921年5月20日；

9.《三个问题》（小说）托尔斯泰著哲民译并载《新陇》第一卷第五期，1921年5月20日；

10.《求雨》哲民（出处同上）；

11.《疏忽了的火烧掉房子》托尔斯泰著，哲民译（出处同上）；

12.《何谓道德》邓春膏并载《甘肃大学季刊》第一卷第一号，1928年；

13.《哲学之起源》邓春膏并载《兰州中山大学月刊》第二、三期，合刊1929年；

14.《何谓哲学》邓春膏并载《兰州中山大学月刊》第一卷第一期，1929年；

15.《低能儿童之心理与教育》泽民并载《兰州中山大学半月刊》，1930年9月15

日第一期；

16.《理想与人生》邓泽民并载《民呦》创刊号，1932 年 12 月 1 日；

17.《一年来列强之政治经济》邓泽民并载《民呦》第一卷第二期，1933 年 1 月 1 日；

18.《本院之过去及未来》哲民并载《甘肃学院半月刊》第三十期，1934 年 4 月 1 日；

19.《现行监察制度述略》邓春膏并载《和平日报·学术论坛》；

20.《从西北人的立场谈现行的考试制度和留学政策》邓春膏并载《西北通讯》第三期，1947 年 4 月 10 日；

21.《义理之辨》邓春膏《西北日报》；

22.《五四运动时期甘肃旅京学生刊物（新陇）》邓春膏、朱镜堂并载《甘肃文史资料选辑》第 17 辑。

邓春霖博士事略

邓　明

邓春霖是西北早期的留美兽医博士，但未及施展才华，英年早逝，留下了深深的遗憾。然而，他苦苦求索，立志振兴中华，繁荣西北经济的奋斗精神，至今仍有教育意义。

为中华雄飞于世界而学习

邓春霖，字济民，笔名椿龄。光绪二十九年（1903）农历八月二十七生于循化县起台堡。4岁发蒙，常端坐炕上捧书吟诵不已。6岁考入循化县立初级小学读书。1913年考入兰州两湖（湖南、湖北旅兰子弟学校，故名）高级小学读书。1915年考入甘肃省立第一中学。课余常读报章杂志，关心国家大事，反复阅读《庄子》《楚辞》《陶渊明集》，密加圈点。1917年所写春游作文《皋兰山旅游记》，发表议论："嗟乎！年华之易去，犹如河水之奔流，孔子喻'逝者如斯'良有以也。矧今者我国政体迭更，内务纷纭，外患频仍，财政困难。近则中德断交之风波又起于不测，四千余年之老大中国将随此河之浩流而长逝乎？抑并彼孤塔之崛起而永峙乎？夫国家兴亡，匹夫有责。既为国家之一分子，必当尽其分子之责任。倘青年时代一无所就，尚能期他日尽国民之责任耶？"表达了一种珍惜年华，奋发学习，将来为国尽责的思想。该文发表于是年上海《学生》杂志上。

邓春霖在《拟祝宪法成立词》作文中，抒发了强烈的爱国主义感情：“我国有面积四万万方里，合人民四百兆之多，组成一伟大民族之团体，宜乎可以雄飞于世界矣！”他在作文《课罢伤心语》中进一步申说救国主张：“若人民急图自强，同心协力，以御外侮，宁为玉碎，不为瓦全，国兴国亡，我其共之，则何愁国家之不强耶？茫茫神州中，凡黑发黄肤之人，孰非轩辕黄帝之子孙乎？岂忍视黄祖创造古国任人瓜分耶？”正是这种使中华雄飞于世界的强烈责任感，促使邓春霖勤奋学习。放学后，邓春霖常与姐姐邓春兰、哥哥邓春膏一起阅读报刊书籍，交流心得，作文赋诗，互相砥砺。读倦之时，品箫抚阮，陶冶心情。姐弟之间，感情笃深。1918年春，邓春膏从北京大学写《寄济民三弟》诗，友于之情，溢于言表：

烟开柳色秀，日落晚霞红。

烽火春来急，思情别后重。

我欲归故园，举身托春风。

春风微且徐，每教异想空。

素怀凌云志，投笔远树功。

一去三千里，惟君攸与同。

何以数年里，依然似转蓬。

人身如夜月，离合焉能穷。

常因苍雁至，系书寄海东。

邓春霖在哥哥“素怀凌云志”“投笔远树功”的思想影响下，萌发了外出求学，学成造福家乡的志向。

清华园里爱国心

是年6月22日，北京清华留美预备学校来兰州招生，邓春霖报名应考，在众多的应考学生中，他与安立绥（1900—1960）考试成绩名列第一、第二名而被录取，实现了夙愿。

6月28日，邓春霖乘木筏顺黄河破浪直下宁夏，换船达包头，乘马车抵丰镇，转乘火车，于8月10日抵北京，旅途逐日记载各地人情风俗、山川草木，成《塞外长途记》一卷，下引两段，可见一斑。

二十八日，兰山初晓，寺钟方鸣，解缆之声喧传入耳。鼓桨直赴中流，顺波而下，大有乘风破浪之慨。刹那间而人已远，是行亦云壮矣。过盐场堡，经十八家滩，复五六里为桑园峡，长二十余里，两山壁立，水势险恶。出峡为石川，周围皆山，中间一小平原，童叟怡怡往来田间。筏行至此，宛如桃源间津矣。约十里，为大峡，长约三四十里。水势更险，大风暴起，波涛汹涌，兀起数尺，湿人衣襟。行筏稍疏，即遭不测，危险之状，想长江三峡亦不过如是而已。必有老于经验之水手，而后可免意外之灾。出峡为峡口村，因风势难行，暂为系缆。未几，细雨萧瑟，因泊于是。由兰垣至此凡一百二十里。

（七月）二十六日，晴，舟绕乌拉山而行。睡中闻枪声隆然掠舟顶而过。回顾舵工面无人色，讯之同人，始知河岸原有军人守之，所以防匪类，堵奸细。意至善也。而此种军队驻于人迹稀少之处，行为直同盗贼，凡民船至此，彼等强令移岸，苛求备至。时被拘之船十余艘先在其地，适舟行经此，敲诈未遂，此弹之所由来也。幸有军队护送，未致受伤，然私念国家耗无数金钱，日兢兢以练兵，所以期保护人民，巩卫国土。今则非惟不能有济于国，时且残害及民。至于外侮横来，未战先逃，上怀庚子、甲午之往事，未尝不太息痛恨欲绝也。噫！以民生脂膏养无数盗贼，国家前途尚堪言哉？一念至此，但觉怒发冲冠，不可遏止。行一百四十里，泊于五青台。

航程的险恶，破浪而进的精神风貌，以及对国事的忧虑，无不跃然于纸上。

邓春霖到清华后，眼界大开，发愤向上。课余常在清华图书馆广泛阅读中西书籍，学业日益精进，被选为本级评议员干事及干部长、清华学生会评议员及干事部长，被聘为《清华周刊》编辑。他以多才多艺见称。1923年除夕，他表演双簧，谐态百出，同学们捧腹而笑，谑称"滑稽大王"。他还精于烹调，善于棋艺。1924年10月10日，清华举办化装比赛，邓春霖组织同学加紧排练，演出成功，为本级夺得优胜锦标。1925年上海发生五卅惨案的消息传到清华，学生义愤填膺，编写反帝剧本，排练演出，筹款援助罢工工友。邓春霖在剧中扮演被虐杀的工人，形神毕肖，使观众深受感动，激发了观众的爱国热情。

邓春霖面对满目疮痍的神州大地，忧心如焚，不断在国文习作中探讨关于振兴中华的种种方略。如《兵战不如商战，商战不如学战说》强调教育培育新人的重要性。文章说："今日之立国于世界者，非政治优美不可，非工艺发达不可，非军备精锐不可，非社会文明不可。领此数者完备而无遗，非先造就新人物不可。造就新人物者，惟有新学问、新思想耳。"《财政困难急宜补救说》一文建议当局振兴实业，消灭军阀，均贫富，尚节俭，以解决财政困难。《广开工厂制造国货说》一文主张发展民族工业，以抵制列强倾销洋货。这些不成熟的爱国主张，表达了一个17岁青年对祖国的赤子之心。

邓春霖热爱大自然，每当读书疲倦时，常在清华荷塘、西园草地、圆明园废墟徘徊、徜徉，捕捉诗思，调节脑筋，以利攻读。所作《秋夜行——月夜登近春园最高处望圆明园》，在描写萧索秋景时，突出了圆明园的断垣残壁，谴责了列强的侵略行径，抒发了爱国主义思想：

秋月惨淡不堪描，霜风吹树声萧萧。

玉宇到处星光微，天河横波隐玉桥。

谯楼鼓起人初静，万树烟锁宛似绡。

阶下寒蛩鸣切切，墙外黄犬吠声遥。

独坐无事踏月去，苔痕尽头多黄沙。

何处传来玉笛声，犹是塞外闻悲笳。

信步登山曲径暗，履声到处惊睡蛇。

颓墙断垣横浓雾，便是昔日帝王家。

白云苍狗万千变，时势如弈今昔非。

可叹壮丽秦宫殿，一经楚炬无复巍。

荒园无人栖狐兔，每到夜深鸱鹗飞。

我今相对感不尽，独自徘徊忘却归。

忽闻远处钟声起，响透疏林醒鹜眠。

拍拍举起披霜翼，相随掠影过深渊。

漫游那觉漏声晚，立久不禁罗衣寒。

缓步回声觅去路，长歌声里带月还。

在五四精神的影响下，1917年底，邓春霖与姐姐、哥哥成立春晓学社，编辑《春晓学社季报》。他在该报发表了论著《我的白话文学谈》《我的"自然主义"观》和小说《鬼世界》等文章。《我的白话文学谈》指出，反对白话文，坚持文言文的人，思想太旧，有"仿古的毛病"。故意把文章写得高古，使"平常人也就看不懂文章了"。他说"现在的世界，是平民的世界，天地间所有的幸福，要人人都享受；一切道理，要人人都明白"。因而，要把那种虚伪矫饰的旧文学推翻，"创造实在的、明白的白话文章，然后人民的思想，才能常新，教育才能普及"。同时批驳了"白话文没有文学价值"的论调，他说："这话实在不通，先拿中国最有价值的《诗经》《史记》说，这两部书是不是当时的白话？杜工部的诗也有很多是用白话作的。至于元朝的词曲、施耐庵的《水浒传》,曹雪芹的《石头记》是不是用白话作的？是不是有文学的价值？"最后用对比的方法讲自己的经验：以前写文言时，"往往把极好的意思被词句束缚住了，写在纸上毫无精神。有时想出了个好题目去作，刚作一半，被那些虚伪的藻饰把脑子搅乱了，兴味也没了，就丢开在一边。自从使用白话文以后，每逢着一个题目，发表些意见，振笔直书，全没有挂碍，能把所有的意思，一概表达出来，所以觉着非常便利。我希望那些反对白话文的人都去试试，不要闭着眼睛去反对呀！"

《我的自然主义观》一文把庄子的"自然主义"分为两方面去论述："积极观的'自然主义'能辅助社会到文明的境地""消极观的'自然主义'能妨害社会文明的进步"。他认为从猿进化到人再演进到现代文明世界的过程，都是积极观的"自然主义"所演进的。如果持消极的"自然主义""永远不求进化，恐怕现在的文明世界还在猿人时代的状况呢"。他认为"积极观的'自然主义'是随着时势的需要，去求发明、进步，消极观的'自然主义'一切悉听诸天命，不求人力的设施，从这个地方看起来，第一种观念，自然比第二种高尚的多了"。《鬼世界》是隐喻式的短篇小说，写恶魔们盘踞在一座极黑暗的屋子里折磨青年人。后来青年们觉醒了，高呼"奋斗！奋斗！努力！努力！"终于推翻了黑房子，全成了光明的世界。青年们欢庆胜利，"觉的这宇宙，另是一种精神的样子"。

1920 年初，40 余名旅京甘肃学生集会成立《新陇》杂志社，邓春霖是与会者之一，会后即为社员，他捐赠生活费充作经费，被推为会计。各募捐员将捐册及所募捐款项寄交邓春霖后，他一一上账，以提供《新陇》印刷用费；并将捐献者人名及捐资金额与收支情况定期公布在《新陇》上，以示鸣谢和财务公开，获得社员及读者的好评。

1922 年以后，邓春霖与田炯锦、安立绥、朱铭心、苏振甲任《新陇》编辑，出版过 20 多期，所发文章着重传播新文化，反对旧礼教；鼓吹大革命，支持北伐军；反对甘肃军阀强迫农民种植罂粟，敛财害民，征兵无度。邓春霖在《新陇》第二卷第一期上发表了《在甘多年来之回顾》，揭露了黑暗与守旧的甘肃怪现象：一是虽然已入民国，但仍重用举人进士，"不管他的学问怎样，能力怎样，总以为是圣人"。"反之对于学界新进，或青年学生虽有极大的抱负，真实的学问，要想贡献桑梓，尽力社会，可是他们绝对不信任，因而'资格'这两个字，是限制青年的桎梏"。二是崇拜古人，墨守古人遗训，"不敢稍逾分寸"。如果有人不识时务，"去揭露他们的秘密，指出他们的荒谬，卫道士就会'恼羞成怒，百般和你作对'"。三是重男轻女的野蛮习惯尤其严重，女子出嫁后生了男孩"就算得了一场大功劳"。"若是生了女儿，就算命运不佳，受别人的暗气，自己也认为没有光彩，只好忍气吞声，自怨命苦。这也是因为男子的淫威太大了，解放运动的潮流，永没有波及的缘故"。四是工农饱受压迫，"工作时间毫无限定，乡下的雇工更是可怜。一年役同牛马，苦得死去活来，所得工资，最多不过十几串铜钱"。他认为"若是长此终古，恐怕归于天演淘汰之途咧！"

1926年5月1日，邓春霖在《新陇》第55期上发表了《"为夫难"》(杂谈)，针对甘肃守旧者提出的"高级小学以上，不宜女子来学"的谬论，批驳道："在四千年以前，这种论调，当然为一定不移之真理""处身20世纪之时代，尚古调独弹，为男子凡事优先论"，此固出于"维持名教诚意，无如不合时宜何？"为男女平等、女子有受教育权进行了呼吁。

1926年邓春霖参加了"三一八"运动，抗议日军炮击大沽口。段祺瑞屠杀学生，邓春霖被挤倒在地，埋在尸堆中，幸免于难。

负笈美国　潜心实学

1927年，邓春霖毕业于清华学校留美预备部，即与安立绥一起乘船漂洋过海，赴美留学。

在船上，两人各谈志向，邓春霖慨然愿学科学技术，以振兴实业，开发西北为己任。安立绥则认为政治走不上轨道，要解决其他问题，无异于沙滩上建塔，就怂恿邓春霖研究政治。当时，汹涌澎湃的大革命浪潮激荡着每一个青年的心，他俩也不例外，便决定一个学政治，一个学军事，以报效祖国。抵美后，邓春霖考入芝加哥大学政治系，安立绥考入塞台得陆军大学。

邓春霖在研究了一段政治学后，仔细观察了美国的政治制度，便陷入了沉思。他发现美国与中国的国情大相径庭，所学政治系的各门课程是为解决美国问题而设立的，倘若将这些学说照搬到中国，则必然是行不通的。与其花费精力学无用之学，不如当机立断改学实用之学。由于邓春霖生在循化，长于牧区，深知西北最宜发展畜牧业。然而，他亲眼看到瘟疫过处，牛羊横尸草原，给牧民造成了巨大的损失。于是，他断然转习兽医学，考入阿奥瓦邦农工大学兽医系。经过四年朝夕钻研，1931年毕业，获兽医学博士学位。为了便于将来服务故乡，还选修了生物、生理卫生、牧畜、细菌等学科。

刚毕业，邓春霖听到美国科学家在菲律宾研究成功牛瘟预防与治疗方法的消息，就通过主任教授介绍到中国留美监督处，转请清华大学保送赴菲律宾考察，立即获得批准。7月下旬，邓春霖乘船离美归国。他在清华大学办理考察手续时，患急性黄疸型肝炎，于10月5日逝世，终年29岁。灵柩由孙汝楠送回，归葬兰州。省城文教界人士在上沟朱家庙举行公祭。天水张云石（曦）先生撰挽联："论学术中外兼长，重溟远渡蜚声早；在人伦事畜两负，泉壤应知瞑目难。"他从美国带来的大量英文版畜牧兽医学书籍，后归西北畜牧兽医学院。

综观邓春霖匆匆走过的29度春秋，可以看到他的生命之旅是遵循爱国主义的轨迹运行的。他为了切切实实报效祖国，断然舍弃了可以博取高官厚禄的政治学业，选择了远为艰苦的，然而于民于国有利的畜牧兽医专业，这在20世纪20年代不能不说是有远见卓识之举。他的这种祖国利益高于一切的思想，是值得我们学习的。

亲属情况

夫人詹世南（1901—1951），字稚方，循化县城人。她从甘肃省立女师毕业，任女师教员，甘肃省驿运处职员。

儿子邓光国（1921—1981），字翊华、翼华。复旦大学法律系毕业。甘宁青监察使署职员。抗战时暑期，以大学生身份被调充盟军汉中空军基地英语翻译。解放后任业校语文教员、工人、中学英语教员。夫人马凤英，临夏人，兰州女中毕业，任小学教员40年，小学高级教师，民进成员，现退休。分获城关区、兰州市"优秀教师"称号。生二子三女。

邓春霖著作目录

1.《秋日感言》；

2.《拟祝宪法成立词》；

3.《旅行记》；

4.《皋兰山游记》；

5.《课罢伤心语》；

6.《兵战不如商战，商战不如学战说》；

7.《晋谢玄大破秦兵于淝水论》；

8.《读诸葛武侯出师两表书后》；

9.《送李鸣南先生视学河西序》；

10.《项羽论》；

11.《财政困难急宜补救说》；

12.《广开工厂制造国货说》；

13.《论和蒙利害》；

14.《塞外长途记》；

15.《我的白话文学谈》（载《春晓学社季报》1919年 一卷 一期）；

16.《我的"自然主义"观》（同上）；

17.《鬼世界》小说（同上）；

18.《甘肃近来社会方面种种情形概录》（载《新陇》一卷 三期）；

19.《在甘多年来之回顾》（载《新陇》二卷 一期）；

20.《为夫难》（载《新陇》民国十五年五月一号第五十五期）。

后 记

"循化文史丛书"全四卷《积石古风》《福天宝地》《泉润四庄》《时空回响》如期出版，是循化县政协第十六届委员会的重要工作成果，也是打造书香循化、人文循化工程取得的重大成就。

这套颇具统战性、史料性和可读性的丛书，选材角度宽，人物类型多，内容涉猎广，时间跨度大，真实地记录了百年来循化的重大历史事件和重要历史人物以及社会变迁的方方面面，展示了时代文明进步的足迹。这些翔实可信的文化遗产，填补了循化地区民族史料征集出版的空白，必将为存史、资政、团结、育人、弘扬爱国主义精神、繁荣文化事业、促进民族团结发挥积极的作用。

《积石古风》展现了循化地区汉族人文历史镜像。"循邑名宿""学界名流""风流人物"等九个栏目，展示了近现代以来的历史风云人物和新中国成立至今在教育文化等诸多领域涌现出来的时代翘楚。

《福天宝地》聚焦于循化藏族地区的历史文化和人文情怀。丰厚的人文精神是循化藏族地区文化的灵魂，影响着这片土地上人们的思想观和价值观。

《泉润四庄》的诸多史料，都是在阡陌村巷和老人们零碎的记忆里捡拾和挖掘的珍宝。这些或美好或甜蜜或悲壮或沉重的乡村记忆，再现了历久弥新的精彩瞬间和悠悠乡愁。

《时空回响》是综合性的史料选辑。广征博采、史海淘宝，拾遗补阙、百态纷呈是其鲜明的特色。

"循化文史丛书"自征集、编纂至出版，得到了中共循化县委的高度重视和县政府的大力支持。青海民族大学也抽调部分教授和专家学者，为丛书的编辑工作付出了极大的心血。

中国文史出版社对基层政协文史资料工作的关心和支持，促成了"循化文史丛书"在专业的文史出版部门付梓。段敏副总编、王文运主任、李晓薇编辑以其深厚的专业学养和精益求精的敬业精神，严把政治关、史实关和文字关，坚持体现"三亲"特色，极大地提升了丛书的品质。

谨此，对所有关心、指导、支持和帮助征集、编纂和出版工作的领导、编辑和撰稿人员表示衷心的感谢。

本丛书在史料征集和编纂工作中仍有不少瑕疵或不尽如人意之处，诚望各位专家和广大读者批评指正。需要说明的是，由于各种原因，征集到手的史料未能全部入选丛书，我们在对这些撰稿员的辛勤付出致以谢忱的同时也表示深切的遗憾，望予见谅。

"循化文史丛书"编委会